Deutschdidaktik aktuell

Hrsg. von Günter Lange · Karl Schuster · Werner Ziesenis

Band 3

Schreiben lernen

Aufsatzunterricht in der Grundschule

von

Franz-Josef Payrhuber

Unter Mitarbeit von
Johannes Schattner, Ruth Walzik und Ilse Weber

Mit Beiträgen von
Karl Schuster und Wilhelm Steffens

Schneider Verlag Hohengehren GmbH

Deutschdidaktik aktuell

Herausgegeben von Günter Lange, Karl Schuster, Werner Ziesenis

Umschlaggestaltung: Wolfgang H. Ariwald, BDG, 59519 Möhnesee

Gedruckt auf umweltfreundlichem Papier (chlor- und säurefrei hergestellt).

Schreiben lernen :
Aufsatzunterricht in der Grundschule / von Franz-Josef Payrhuber.
Unter Mitarb. von Johannes Schattner ...
Mit Beitr. von Karl Schuster und Wilhelm Steffens. – 4. unveränd. Aufl..
Baltmannsweiler : Schneider-Verl. Hohengehren, 2003
(Deutschdidaktik aktuell ; Bd. 3)
ISBN 3-89676-726-7

Printed in Germany – Druck: Hofmann, Schorndorf

Inhaltsverzeichnis

Vorwort der Reihenherausgeber

Deutschdidaktik aktuell ist eine neue Studienreihe, in der möglichst viele relevante Themen des Faches Deutsch in grundlegenden Monographien behandelt werden.

Alle Bände dieser Reihe besitzen in der Regel eine vergleichbare Struktur. In einem ersten Teil werden jeweils die theoretischen Grundlagen eines Themas dargestellt, und zwar sowohl die fachwissenschaftlichen Voraussetzungen als auch die entsprechende didaktische Diskussion. In einem zweiten Teil werden Fragen der Unterrichtspraxis behandelt und, wenn möglich, konkrete Unterrichtsmodelle vorgestellt.

Deutschdidaktik aktuell plant und bietet Einzelbände:

- zu den Grundfragen der Deutschdidaktik
  (z. B. Schriftspracherwerb, handlungs- und produktionsorientierter Literaturunterricht, projektorientierter Deutschunterricht)
- zur Sprachdidaktik
  (z. B. Grammatikunterricht, mündlicher Sprachgebrauch, schriftlicher Sprachgebrauch, Didaktik des Rechtschreibens)
- zur Literatur- und Mediendidaktik
  (z. B. Drama, Roman, epische Kurzformen, Kinder- und Jugendliteratur, Theater, Zeitung und Zeitschrift, Film und Fernsehspiel im Unterricht).

Dabei können die einzelnen Themen mit Stufenschwerpunkt oder schulstufenübergreifend behandelt werden.

Deutschdidaktik aktuell richtet sich an ein breites Leserpublikum, also nicht vorrangig an Hochschullehrer, sondern vielmehr an Lehrerinnen und Lehrer, Referendarinnen und Referendare, Studentinnen und Studenten.

Die Aufsatzdidaktik hat sich in den letzten beiden Jahrzehnten unter verschiedenen Vorzeichen, nicht zuletzt unter kognitionspsychologischem Aspekt, zu einer Didaktik des Schreibens entwickelt. Das vorliegende Buch, das nach seiner Erstveröffentlichung, überarbeitet und im neuen Gewand, hier nun im Kontext der Reihe **Deutschdidaktik aktuell** erscheint, zeigt neue Wege der Schreibdidaktik sowie der Praxis des Schreibens in der Grundschule auf.

Der Titel 'Schreiben lernen' markiert die grundlegenden Prämissen: dass Schreiben nichts Selbstverständliches ist, das sich ganz von allein entwickelt, sondern dass man es erst lernen muss; und zweitens, dass ein solches Hinführen zum Schreiben nicht wie im traditionellen Aufsatzunterricht ergebnisorientiert, im Blick auf das Endprodukt des 'gelungenen' Textes gesehen werden darf, sondern dass sich 'Schreiben lernen' als Prozess vollzieht, so dass die Momente des Versuchs, der Vorbereitung und der Überarbeitung ein stärkeres, ja maßgebliches Gewicht erhalten.

War der traditionelle Aufsatzunterricht der Grundschule weitgehend auf die Einübung der Darstellungsform des Erzählens bzw. noch enger der Erlebniserzählung eingeschränkt, so vermitteln die vier großen Kapitel des Buches über *personalkrea-*

tive Schreibformen, kommunikative Schreibintentionen, literarische Schreibanlässe und *Schreiben in Projekten* die ganze Spannweite der Möglichkeiten, die ein moderner Schreibunterricht im Grundschulbereich umfassen sollte.

Diese Auffächerung enthält aber gleichzeitig Implikationen, die zu Recht über den Rahmen einer Didaktik allein des Schreibens hinausweisen. Wenn es nicht nur gilt, von der mündlichen Spracharbeit zur schriftlichen hinzuführen, sondern ebenso „von der Schriftlichkeit zur Schriftlichkeit", dann gehören Lesen und Schreiben in einen unauflöslichen Zusammenhang. Literarische Texte werden zu Schreibanlässen, Schreiben und Schreibversuche der Schüler gewinnen die Funktion der Texterschließung. Payrhuber und seine Mitautoren legen nicht nur eine ausgezeichnete Schreibdidaktik vor, sie präsentieren zugleich eine elementare produktionsorientierte Literaturdidaktik, ohne dabei den Begriff 'produktionsorientiert' zu gebrauchen. Es geht in dem umfangreichen Kapitel über *literarische Schreibanlässe*, und nicht nur dort, um die funktionale Integration von Lese- und Schreibunterricht.

Eine andere Weise der notwendigen Grenzüberschreitung vermittelt das Kapitel *Projekte*. Natürlich liegt der Schwerpunkt auf dem Schreiben in Projekten, gleichzeitig liefert das Kapitel aber wieder eine überzeugende Einführung in Formen der Projektarbeit in der Grundschule.

Die dem Haupttext hinzugefügten *Stichworte zum Schreibunterricht* informieren den Leser knapp und kompetent über die wichtigsten aufsatzdidaktischen Entwicklungen und Strömungen, die weit über den grundschulspezifischen Kontext hinausreichen und so den Gesamtzusammenhang der Didaktik des Schreibens im Auge behalten.

Das Buch ist aus Erfahrungen der Lehrerfortbildung heraus entstanden. Es ist, wie die Autoren es selbst sehen, „das Ergebnis erfahrungsgeprüfter Theorie und theoriegeprüfter Praxis". Die didaktischen Reflexionen werden mit einer Fülle von Beispielen und Modellen belegt. Theoretische Fundierungen und praxiserprobte Erfahrungen bilden zusammen ein attraktives, zukunftsorientiertes Konzept für einen Schreibunterricht in der Grundschule – der gerade nicht als isolierter Lernbereich verstanden werden darf.

Göttingen im September 1998 Günter Lange
Werner Ziesenis

Vorwort

Vielfach wird das Schreiben in der Schule – es heißt dort zumeist noch „Aufsatzschreiben“ – von den Lehrerinnen und Lehrern als eine Belastung empfunden, der sie sich, wenn sie könnten, gern entzögen. Da von der Schule jedoch erwartet wird, dass sie den Kindern die Fähigkeit zum Schreiben vermittelt, ist das so leicht nicht möglich. Folglich entledigen sich nicht wenige Lehrerinnen und Lehrer dieser lästigen Pflicht, indem sie sich Methoden und Themenstellungen bedienen, die sich angeblich in einer langen Tradition bewährt haben. Die Frage, ob diese sinnvoll sind und die Schüler in ihrer Schreibfähigkeit tatsächlich voranbringen, wird, wegen ihres Potentials an Irritationen, erst gar nicht gestellt.

Es ist kein Zerrbild, das ich hier zeichne. Zahlreiche Erfahrungen, die meine Mitautorinnen und Mitautoren und ich in vieljähriger Fortbildungstätigkeit gemacht haben und bis heute machen, bestätigen den Befund. Dabei ginge es auch anders. Denn die Didaktik hat seit den Siebziger Jahren Konzepte entwickelt, die dem Schreibunterricht nicht nur neue Grundlagen und praxisrelevante Perspektiven geben, sondern ihn sogar zu einem Handlungsfeld machen könnten, dem Freude oder Spaß nicht fremd sind. Ganz offensichtlich ist aber vom Ertrag dieser Theoriediskussion nur wenig im schulischen Alltag angekommen. In unserer Fortbildungsarbeit sahen wir uns dadurch herausgefordert, eine Vermittlerrolle einzunehmen, also gleichsam eine Brücke zwischen neuen theoretischen Ansätzen und vorhandener Praxis zu errichten, auf der hin- und herzugehen sich lohnen würde. Was uns dabei, trotz mancher Beharrungstendenzen, an Aufgeschlossenheit für andere, neue Arbeitsweisen begegnet ist, hat uns zur Arbeit an diesem Buch motiviert.

Wir wollen mit ihm folglich weder eine neue Didaktik noch ein Handbuch schulischen Schreibens vorlegen. Dass wir gleichwohl einen Erwartungshorizont treffen, haben uns die erfreulich positiven Reaktionen von Fachkritik wie Lehrerinnen und Lehrern auf die erste Auflage gezeigt. Das Buch erscheint nun, inhaltlich im Wesentlichen unverändert, in einer neuen Aufmachung. Wir wünschen uns, dass es auch in dieser Form eine gute Resonanz findet.

Dabei möchten wir jedoch nicht unbescheiden werden; denn den didaktisch-methodischen Stein der Weisen haben auch wir nicht zu bieten. Unsere Intention zielt auf eine mitvollziehbare Darstellung erfahrungsgeprüfter Theorie und theoriegeprüfter Praxis. Die in diesem Buch beschriebenen Beispiele für das Schreibenlernen in der Grundschule sind darum immer in Reflexionen auf ihre theoretische Fundierung eingebunden und sie sind zugleich ohne Ausnahme das Ergebnis reflektierter Praxiserfahrung. In keinem Fall wollen die Beispiele „Rezepte“ sein, sie werden vielmehr, über ihre Belegfunktion hinaus, allein in der Absicht mitgeteilt, unseren Leserinnen und Lesern eine mögliche Richtung anzuzeigen, in der sie dann eigenständig weiterarbeiten und -probieren müssen. Dass sich derart der Schreibunterricht verändert, ist das erhoffte Ergebnis unserer Bemühungen.

Wenn hier und im anschließenden Text statt des singularen „Ich“ das plurale „Wir“ gebraucht wird, ist dies kein anmaßender Pluralis majestatis, sondern ein echter Plural. Obgleich ich meine Rolle in der Weise verstand und wahrnahm, aus vielen Einzelberichten ein möglichst kohärentes Ganzes zu erstellen, der vorliegende Text ist das Ergebnis der gemeinsamen Schreibarbeit von Ruth Walzik, Ilse Weber, Johannes Schattner und mir. Um der Identifizierbarkeit willen sind aber die Texte der beiden Beiträger mit dem Namen ihres jeweiligen Verfassers ausgewiesen; gleiches gilt für die „Stichworte zum Schreibunterricht“ im Anhang.

Der Erfahrungshintergrund „Lehrerfortbildung“, der den auslösenden Impuls zum Schreiben dieses Buches gab, verbindet mich, über meine Mitautorinnen und Mitautoren hinaus, auch mit den Beiträgern Dr. Karl Schuster und Prof. Dr. Wilhelm Steffens. Ich habe ihnen nicht nur für ihre Beteiligung zu danken, sondern auch für die fördernde Kritik und die weiterführenden Anregungen, mit denen sie die Entstehung des ganzen Buches begleitet haben.

Bedanken möchte ich mich bei allen, die, auch wenn ich sie im einzelnen nicht namentlich benennen kann, zum Zustandekommen dieses Buches beigetragen haben, insbesondere bei den nicht wenigen Kolleginnen und Kollegen, die das Manuskript in verschiedenen Stadien auf seine Plausibilität und die Schreibanregungen auf ihre Praxistauglichkeit geprüft haben. Nicht zuletzt bedanke ich mich bei meiner Frau, die meine Arbeit an dem Manuskript nicht nur mit viel Geduld begleitet, sondern auch durch Erprobungen in ihrem Unterricht inhaltlich bereichert hat.

Juli 1998 Franz-Josef Payrhuber

Wovon wir ausgehen und was wir wollen

„Wir hatten – ich war damals zwölf – mit der Klasse das [Altonaer] Museum besucht, danach sollten wir die Säle, die wir besichtigt hatten, beschreiben, also den Weg, den wir genommen hatten, vom Zunftsilber bis zu den Trachtenstuben. Mich aber interessierte allein das Steinbeil. Es hatte nämlich zwei Bohrlöcher für den Schaft. Ein durchgehendes und ein unfertiges. Ich hatte das Bild vor Augen, wie jemand über diesem schon zugeschliffenen Stein gebeugt saß und tagaus, tagein mit einem hölzernen Drillbohrer an dem Loch arbeitete, bis es zu dieser Unterbrechung kam, eine Korrektur. Wie kam es dazu? Ich habe mit einer Geschichte eine Antwort darauf gesucht. Ich habe für diesen Aufsatz, für die acht Seiten lange Geschichte, eine 5 bekommen. Thema verfehlt, und dann auch noch 40 Rechtschreibfehler. Der Lehrer, Herr Blumental, las den Aufsatz der Klasse zur Abschreckung, und um mich lächerlich zu machen, vor. Alle lachten denn auch. Nur ein Schüler, Georg Hüller, stand auf und versuchte Herrn Blumental zu erklären, was ich mit der Geschichte gemeint haben könnte. Aber Herr Blumenthal sagte nur: Alles Quatsch! Hinsetzen! Und die anderen durften wieder lachen."

Der sich hier, aus Anlass einer Poetikvorlesung über das Schreiben, an seinen Aufsatzunterricht in der Schule erinnert, ist der Erzähler Uwe Timm (1993, 15). Seine Erfahrung ist nicht singulär, sie fügt sich in eine lange Kette gleichartiger Zeugnisse von anderen Schriftstellern ein. Nun mag ja zutreffen, dass Autoren eine besonders kritische Sicht auf jene Zeit haben, in der sie das Schreiben lernen mussten. Man braucht aber nicht erst Schriftsteller zu befragen, um zu erfahren, wie negativ die schulische Schreibpraxis bewertet wird; die Erinnerung an ungeliebte Schreibaufgaben und quälende Schreibsituationen ist bei vielen Erwachsenen sehr lebendig. Es wundert daher nicht, dass der Begriff 'Aufsatz' im öffentlichen Bewusstsein sehr diskreditiert ist.

Die Schule hat an dem schlechten Ruf des Aufsatzes schwer getragen. Es wurden deshalb vielfache Anstrengungen unternommen, die Situation positiv zu verändern. In der didaktischen Diskussion haben sich seit den siebziger Jahren die Perspektiven über die traditionellen Darstellungsformen hinaus geweitet, neue Aspekte sind hinzugekommen, andere Funktionen berücksichtigt worden, und die Fixierung auf das Schreibergebnis, den fertigen Text, hat sich zugunsten der Orientierung am Schreibprozess verschoben. Angesichts dieser Entwicklungen zögern heute nicht wenige Didaktiker und Lehrer[1] weiterhin den Begriff *Aufsatz* zu gebrauchen, weil er für sie mit Inhalten besetzt ist, die mit ihren Auffassungen von schulischem Schreiben nicht mehr übereinstimmen.

Auch wir haben uns im Titel dieses Buches für den Begriff *Schreiben* entschieden. Weil *Schreibenlernen* allerdings auch den → *Schriftspracherwerb*[2] meinen kann,

[1] „Didaktiker", „Lehrer", „Schüler" o. ä. sind im Folgenden, wenn nicht konkrete Personen gemeint sind, als Oberbegriffe für die männliche und weibliche Wortform zu verstehen. Wir benutzen diese Form aus sprachökonomischen Gründen und ohne jede diskriminierende Absicht – auch auf ausdrücklichen Wunsch der mitbeteiligten Autor*innen*.

[2] Der Pfeil vor einem Begriff verweist auf ein „Stichwort zum Schreibunterricht" im Anhang.

nehmen wir im Untertitel den Begriff *Aufsatz* doch noch einmal auf. Wir drücken damit aus, dass unser Thema das Schreiben von Texten ist – allerdings nicht das Schreiben nur weniger normierter Textsorten, sondern der gesamten Vielfalt, die unsere Schriftkultur entwickelt hat und verfügbar hält. Das heißt, um es mit einigen programmatischen Schlagwörtern der Didaktik zu sagen: „Sätze“ (Gössmann 1976) ebenso wie „Geschichten“, „Texte für Leser“ (Böttcher u. a. 1973) gleichermaßen wie Texte für den Schreiber selbst (Kochan 1977), freie Texte wie kreativ-literarische, Texte zur kommunikativen Vermittlung ebenso wie Texte zur „literarischen Geselligkeit“ (Mattenklott 1979). Sofern diese Offenheit gegeben ist, scheint uns um der leichteren Verständigung willen vertretbar, den Begriff *Aufsatz* noch weiterhin zu gebrauchen, wenn vom Schreiben in der Schule gesprochen wird – als Synonym für Gleichartiges und Gleichwertiges.

1 Zur Praxis gegenwärtigen Schreibunterrichts

1. Tag

Frau M., 4. Schuljahr, kurz vor den Weihnachtsferien: „Wir müssen noch einen Klassenaufsatz vor den Ferien schreiben, weil wir erst zwei Aufsätze geschrieben haben.“
Die Klasse hört diese Ankündigung mit gespannter Aufmerksamkeit, einzelne Reaktionen werden laut, etwa „Uaaah“ (undefinierbarer Stöhnlaut, eventuell als Unmutsäußerung zu identifizieren).
„Ich habe euch etwas ganz Lustiges mitgebracht“, versucht Frau M. die Schüler zu locken. „Wir brauchen nur noch einen Tageslichtprojektor. Den habe ich eben in der Klasse 4 c gesehen.“
Ein Schüler wird losgeschickt. Fünf weitere glauben jedoch, dass sie gemeint seien, erheben sich ebenfalls und stürzen zur Tür. „Immer dürfen die“, schimpfen drei Schüler, die die Lehrerin zurückgerufen hat. In die allgemeine Unruhe hinein rufen andere: „Machen wir jetzt den Adventskranz an?“ – „Sabine hat ihr Türchen am Kalender noch nicht aufgemacht.“ – „Der Nikolaus hat mir einen ‘gameboy’ gebracht.“
Der Tageslichtprojektor wird auf seinem Wagen an den Tischen und Ranzen vorbei, da und dort heftig anstoßend, in die Klasse gefahren und in Position gebracht. Die Motivationsphase kann beginnen. Frau M. sucht die sechs Einzelbilder der ausgewählten „Vater und Sohn“-Geschichte zusammen, legt sie auf die Glasplatte des Projektors, wartet mit gespannter Miene auf eine erträgliche Ruhe und spricht: „Bitte schaut euch die Bilder jetzt einmal an.“ Damit betätigt sie den Schalter, ein blitzartiges Aufleuchten der 500-Watt-Lampe ist für einen Moment erkennbar, dann folgt Dunkelheit. Die Kontrolle des Steckers in der Steckdose und ein weiteres erfolgloses Betätigen des Schalters führen zur Erkenntnis: „Der Projektor ist kaputt.“
Frau M. vertröstet die Kinder auf den nächsten Tag. Die Kerzen des Adventskranzes werden entzündet.

2. Tag

Die Bildgeschichte liegt den Kindern in Kopie vor. „Schaut euch die Bilder genau an. Sagt mir dann, was euch dazu einfällt.“ Frau M. erwartet spontane Schüleräußerungen.
„Das ist lustig.“ – „Das habe ich in ‘Bimbambino’ schon gesehen.“ – „Das verstehe ich aber nicht.“ – „Schon wieder diese Bilder!“ – „Der Mann heißt Herr Meier und sein Sohn heißt Fritz.“ – „Dürfen wir die Bilder ausmalen?“ – „Die Geschichte könnten wir vielleicht mal

spielen." – „Quatsch!" – „Das kennen wir doch schon." Diese ersten mündlichen Äußerungen der Schüler, deren Spontaneität nur mühsam in ein Unterrichtsgespräch eingebunden werden kann, münden in den konkreten Arbeitsauftrag: „Denkt euch eine passende Überschrift aus und schreibt die Geschichte für morgen mal auf."

Zwei Tage später

Frau M. hat inzwischen die „wörtliche Rede" und die „Begleitsätze" wiederholt. Die vorgelesenen Schülertexte entsprechen nicht ihren Erwartungen. Insbesondere Wortsammlungen setzt sie deshalb als Schwerpunkt ihrer Unterrichtsstunde fest: „Heute wollen wir gemeinsam treffende Tunwörter für 'gehen' und ausschmückende Wiewörter suchen."

An der Tafel erscheint eine Liste der Verben und Adjektive. Zu Übungszwecken fordert die Lehrerin die Schüler auf, nun Sätze zu bilden. Es wird formuliert:

- Der Vater stolpert ins gemütliche Wohnzimmer.
- Der ungehorsame Fritz rast in die duftende Küche.
- Die fröhliche Mutter trippelt um den viereckigen Tisch.
- Der böse Vater trampelt über den dicken Teppich.

Die Szene ist keine direkte, protokollartige Wiedergabe einer realen Situation, sie ist fiktiv, aber dennoch nicht frei erfunden, sie verdichtet nur einige unserer Eindrücke von gegenwärtiger Praxis, die wir in der Fortbildung, insbesondere bei schulinternen Kursen, gewonnen haben. Das entworfene Bild ist einseitig, gewiss; es spart die gerade in der Grundschule ebenfalls vorfindbaren neuen Schreibsituationen und -formen aus. Es ist aber durchaus kein Zerrbild; denn dominant ist dort nach wie vor die – auch von anderen (vgl. Baurmann 1990) berichtete – Verfahrensweise, dass die Unterrichtsarbeit „fast ausschließlich durch die zu schreibenden und dann zu benotenden klassenaufsätze bestimmt" wird (ebd., 7) und dafür „möglichst vertraute schreibaufgaben" gewählt werden, „die sich angeblich im unterricht bewährt haben" (ebd.) – in der Grundschule also Erlebnis- oder Phantasieerzählungen, Bildgeschichten, Vorgangsbeschreibungen und dergleichen. Aufmerken lässt allerdings, dass die 'bewährten' Aufgaben keineswegs den Unterrichtserfolg gewährleisten, der ihnen eigentümlich sein soll bzw. ihnen nachgesagt wird; es bleibt noch reichlich Platz für Unzufriedenheit und Unbehagen. Einer der Lehrer, die zu Beginn eines Fortbildungskurses gebeten worden waren, unter Anwendung des → *Cluster*-Verfahrens einige Gedanken zum Begriff 'Schreiben' zu äußern, notiert:

„Mühsam – es war das erste Wort, das mir dazu einfiel. Warum?

Ganz einfach, weil sich für mich Schreiben in erster Linie mit dem 'Aufsatzschreiben' in der Schule verbindet, das für die Schüler unendlich mühsam ist, weil es eine für sie ungewohnte und ungeliebte Tätigkeit ist.

Gleichzeitig ist es für mich mühsam, weil die Korrekturen unendlich viel Zeit in Anspruch nehmen und mir dennoch ziemlich sinnlos erscheinen."

In einer anderen Fortbildungsgruppe schreibt eine Lehrerin:

„Das erste Wort, das mir zu 'Aufsatz' einfiel, war Nachtschicht. Gemeint ist natürlich die Korrekturarbeit. Ich lese die Aufsätze meiner Viertklässer gleich in der Schule, bringe zu Hause rechtschriftliche Korrekturen an, verzweifle, überschlafe und sitze ab halb vier Uhr nicht im Arbeitszimmer, sondern am Küchentisch und halte Zwiesprache mit Kind und Schreibprodukt oder umgekehrt, bringe handschriftliche Bemerkungen an, mache Häufchen und sehe klarer. Das Ganze ist recht großer Stress."

Die Äußerungen stehen nicht allein, sie ließen sich in ihrem Aussagegehalt durch zahlreiche andere stützen. Um so mehr fordern sie heraus, nach Ursachen zu forschen. Eine davon haben wir in der Tatsache ausmachen können, dass in der Grundschule das Fach Deutsch oft von Lehrern unterrichtet wird (oder werden muss), die dafür nicht ausgebildet sind; eine andere, die zum gleichen Ergebnis führt, in den Ausbildungsdefiziten derer, die im Studium nicht und im Referendariat wenig mit derart 'profanen' Dingen befasst wurden, wie den Schülern das Schreiben von Texten zu vermitteln und wie auf ihre Texte fördernd, beurteilend und bewertend zu reagieren wäre; sie mussten sich stattdessen mit 'richtiger' Sprach- und Literaturwissenschaft beschäftigen. Es wundert nicht, wenn diese Lehrer sich dann an das halten, was sie noch aus ihrer eigenen Schulzeit in Erinnerung haben oder was sich ihnen als bewährte Praxis darstellt; es wäre allerdings reichlich vermessen, ihnen deswegen einen Vorwurf zu machen.

Aber wäre ihnen vielleicht doch vorzuhalten, dass sie sich nicht mit den von der Didaktik neu entwickelten Konzepten vertraut gemacht haben? Wer so fragt, muss sich die Gegenfrage gefallen lassen, ob sich die übrigen Lehrer hierin denn erkennbar anders verhalten. Mangels gesicherter empirischer Daten ließe sich eine Antwort in beiden Fällen nur auf vage Vermutungen stützen, und dies verspräche wenig Ertrag für Folgerungen, die dann auch Fortschritte nach sich zögen.

Wir verändern stattdessen die Perspektive und lenken die Aufmerksamkeit auf die begründete Vermutung, dass sich in den verbreiteten Behauptungstendenzen traditioneller Schreibweisen auch die Diskrepanz zwischen didaktischer Theorie und schulischer Praxis auswirkt, die Otfried Hoppe 1984 schon für die damals unzureichende Rezeption des kommunikativen Schreibens feststellte. Die Diskussion des Handlungsfeldes in der Didaktik hat die theoretische Fundierung vorangebracht und dem schulischen Schreiben dadurch zweifelsohne neue Perspektiven eröffnet, nicht selten ist sie jedoch auf dieser Ebene stehengeblieben und hat die Praxisrelevanz ihrer theoretischen Ansätze nicht hinreichend einsichtig und überzeugend gemacht, geschweige denn – von vereinzelten Bemühungen abgesehen – durch Modelle für deren praktische Umsetzung Voraussetzungen für wirksame Anwendungen geschaffen.

Wenn eine andere Schreibpraxis künftig den Unterricht leiten und strukturieren soll, reichen überzeugende Theorien allein nicht aus. Es bedarf auch der Beispiele, die dem Lehrer die erforderlichen Veränderungen einsichtig machen, damit er sein eigenes didaktisch-methodisches Konzept entwickeln kann. Andernfalls bleibt alles nur wieder beim Alten: hier die Theorie und dort die Praxis, und beides ohne eine Spur von Übereinstimmung. Damit freilich ist niemandem gedient: den Lehrern nicht, weil ihnen das Schreiben*lehren* eine mehr oder minder frustrierende Last bleibt, den Schülern nicht, weil ihr Schreiben*lernen* allein auf normierte Darstellungsformen eingeschränkt wird.

Die Grundschule soll die Basis dafür legen, dass aus Schreibunkundigen einmal „versierte“ Schreiber (Baurmann 1990, 8) werden können. Es ist unsere Absicht, mit diesem Buch zu helfen, dass ihnen das *Schreibenlernen* dank kompetenter und motivierter Lehrer gelingt und ihnen das Schreiben, in der Schule und im späteren Leben, nicht „ein Graus“ (Timm 1993, 8) wird.

2 Unsere Intention

Wir haben nicht den anmaßenden Anspruch, die konstatierte Diskrepanz zwischen Theorie und Praxis gänzlich zu überwinden, wollen aber durchaus einen Beitrag dazu leisten, indem wir gleichsam eine Brücke zu errichten versuchen, auf der hin- und herzugehen sich lohnen könnte. Wir möchten den Leser auf kein umzäuntes und mit ‘richtigen’ Handlungsanweisungen vollgestelltes Praxisareal führen, wo ihm der didaktisch-methodische Stein der Weisen übergeben wird, sondern ihn sozusagen in Brückennähe halten, in Sicht- und Hörweite zur Theoriediskussion, an deren Entwicklung er praktisch handelnd teilnimmt, das heißt probierend, Fehler machend, korrigierend, Neues versuchend, möglicherweise sogar auch einmal übers Ziel hinausschießend. Die in diesem Buch aufgeführten Beispiele für das Schreibenlernen in der Grundschule sind folglich keine ‘Rezepte’. Indem sie jeweils mit Reflexionen auf ihre theoretische Fundierung versehen sind, gewinnen sie den Charakter modellhafter Anregungen. Sie setzen keine Markierungspunkte einer methodischen Ideallinie, sondern geben nur die Richtung an, in der weitergearbeitet und -probiert werden kann; es sind also keine unterichtspraktischen Unikate, vielmehr Entwürfe für mögliches Arbeiten unter Bedingungen, die in jeder Lerngruppe und bei jedem Lehrer jeweils anders sind.

Die Offenheit, die wir für eine verantwortliche, umsichtig und selbstkritisch nach Versuch und Irrtum angeordnete Unterrichtsarbeit einfordern, war uns selbst Leitlinie bei der Rezeption der didaktischen Konzeptionen, die durch die Radikalkritik am → *sprachgestaltenden Aufsatz* seit den siebziger Jahren neu entwickelt wurden. Es mag für die didaktische Theorieentwicklung zutreffen, dass ein neues programmatisches Konzept sich nur durchsetzen kann, wenn es dem vorhandenen die weiterwirkende Kraft nimmt, für seine Akzeptanz in der Praxis gilt dies jedoch nicht in gleichem Maße. Wenn die didaktische Diskussion sich in Gegenbewegung zu einem an Aufsatzgattungen orientierten Unterricht zuerst auf das kommunikative Schreiben konzentriert hat und heute, Einsichten der Lernpsychologie verarbeitend, ihr Interesse auf die kognitiven Prozesse richtet, die im Innern des schreiben[lernen]den Schülers ablaufen, muss das nicht bedeuten, dass damit alle früheren Entwürfe obsolet geworden sind, zumal die Konturen eines Schreibunterrichts, dessen konstituierende Bezugsgröße die Subjektivität des Schülers ist, gegenwärtig noch sehr undeutlich sind. Nicht wenige Aspekte gerade der neuen Strömungen des personalen, freien oder kreativen Schreibens haben ihrerseits außerdem tiefe, zuweilen bis in die Reformpädagogik zurückreichende Wurzeln, die sich so einfach nicht abschneiden lassen; unter der Prämisse der Subjektivität ist sogar der – in der schreibdidaktischen Theorie – jahrelang verpönte Erlebnisaufsatz wieder zu Ehren gekommen.

Wir haben aus derartigen Überlegungen die Schlussfolgerung gezogen, unsere Unterrichtsarbeit – und entsprechend die Konzeption dieses Buches – nicht auf eine einzige und möglichst die neueste didaktische Strömung zu stützen, sondern auf mehrere, wobei wir die Entscheidung an den Kriterien ausgerichtet haben, ob sie sich als konsensfähig erwiesen und in der Vergangenheit durch eine gewisse Dauerhaftigkeit ausgezeichnet haben. Das erstrebte Ergebnis ist weder ein Einheitskonzept, das beharrlich miteinander verbinden will, was nicht zusammenpasst, noch ein Programm der Beliebigkeit; es basiert auf einer Pluralität, welche die profilbildenden Eigenheiten der zugrunde liegenden didaktischen Entwürfe wahrt. Da Pluralität nicht mit Gegensätzlichkeit identisch ist, brauchen wir die zahlreichen Berührungspunkte und Gemeinsamkeiten der einzelnen Konzepte folglich auch nicht, um einer missverstandenen Abgrenzung willen, zu unterdrücken oder gar zu eleminieren. Wir streben gleichwohl an, die jeweils dominanten Momente ersichtlich und nachvollziehbar werden zu lassen. Der dargelegten Absicht entsprechend werden – nach Ausführungen zum *Schreibprozess* – in einem ersten Kapitel *personal-kreative Schreibformen* thematisiert, in einem weiteren *kommunikative Schreibintentionen* und in einem dritten *literarische Schreibanlässe*, bevor wir Vorschläge für *Projekte* machen, in denen mehrere *Schreibweisen* gleichzeitig wirksam werden können.

„Das Sprechen, die Muttersprache, lernen wir als Kinder meist spielend, zuweilen auch unter Druck. Anders verhält es sich mit dem Schreiben. Das geschieht unter Zwang. Schreibenlernen ist eine Disziplinierung, für die man stundenweise kaserniert wird. Und wer desertiert, kann, zumindest hier in Deutschland, von der Polizei gestellt und zurückgebracht werden. Schulpflicht heißt das."

Noch einmal zitieren wir eine Reflexion des Schriftstellers Uwe Timm (1993, 9), weil sie anschaulich das Problem pointiert, dass Schreiben im Gegensatz zum Sprechen nichts Selbstverständliches ist, die Motivation zum Schreibenlernen nur kulturbedingt, aber nicht aus sich selbst heraus erfolgt. Die Schreibforschung hat, von diesem Faktum ausgehend, untersucht, wie die Schreibfähigkeit sich bei Kindern entwickelt, und ist zu dem Ergebnis gekommen, dass Schreiben keineswegs „gewissermaßen 'von selbst' zum Schreibenkönnen führt" (Feilke 1993, 31). „So richtig das Diktum 'Schreiben lernt man nur durch Schreiben' auf der einen Seite ist, so wichtig ist es auf der anderen Seite zu sehen, daß Schreiben *alleine* nicht genügt" (ebd.). Schreiben ist in eine Vielzahl kultureller Bedingungen eingebettet; und erst deren „Kontrolle und didaktisch kreative Ausgestaltung" geben den lernenden Schreibern „Entwicklungschancen" (ebd.). Um sie zu eröffnen, reicht weder ein „produktzentrierter", noch „individuumzentrierter" (ebd.), noch „kommunikativer" oder „kreativer" Schreibbegriff aus, es ist vielmehr eine Vorstellung zugrunde zu legen, die Schreiben gleichermaßen als Instrument der Verständigung, der Aufbewahrung von Informationen, des kreativen Sprachspiels begreift wie seine Funktion als Stützpfeiler bei der Entwicklung der eigenen Person anerkennt. Dieser Vorstellung vom Schreiben sehen wir uns verpflichtet.

Schreiben als Prozess
Vorbereiten, Überarbeiten und Beurteilen

[1] „Meines Erachtens sehen viele Schüler im Schreiben von Aufsätzen die für sie schlimmste schriftliche Arbeitsform, weil sie in der Regel immer wieder bescheinigt bekommen, wie schwierig es ist, sich gerade sprachlich zu verbessern. Man sollte diesen Kindern bei der Vorbereitung der Aufsätze stets Mut machen und zumindest bei der Auswahl der Themen entgegenkommen und keine schülerfremden Aufgaben stellen."

[2] „Grundlegende Bedeutung, sowohl für Lehrer als auch Schüler hat die Auswahl eines bzw. mehrerer Aufsatzthemen. Dabei kann ich mich gerade zu gut erinnern, dass dann, wenn mehrere Themen angeboten wurden, immer eins dabei war, das mich inhaltlich intensiver getroffen hat als die anderen. Im Sinne des kommunikativen Aspektes stand der Aufsatz immer nur als Medium zwischen mir und dem Lehrer – als beliebiges Beispiel der schriftlichen Fixierung von Gedanken, einzig mit dem Ziel des beurteilenden Feedbacks. An einem Beispiel sollte ich zeigen, wie ich mich mit etwas auseinandersetze; die inhaltliche Komponente war sekundär."

[3] „Bei der Auswahl der Thematik des Aufsatzes sollte der Lehrer beachten, dass die Schüler in der Lage sind oder sein sollten, sie zu verstehen oder gegebenenfalls gedanklich nachzuvollziehen. Das Umfeld der Schüler, die soziokulturellen Faktoren, müssen berücksichtigt werden. Hinzu kommen natürlich altersspezifische Überlegungen, so dass die Schüler nicht überfordert werden. Dies kann im Vorfeld des Aufsatzes durch Gespräche oder entsprechend ausgesuchte Texte vom Lehrer erfasst werden."

[4] „Jeder Aufsatz sollte sowohl inhaltlich als auch formal eine klare, erkennbare Gliederung aufweisen. Die Gedanken müssen in logischen Beziehungen zueinander, wohlgeordnet, auf ein Ziel, einen Höhepunkt, ein Ergebnis hinzielen.

Die Gliederung ist ein äußeres Zeichen dafür, dass der Verfasser den Gesamtverlauf im Auge hat und damit inhaltlich das gestellte Thema zu bewältigen weiß, letztlich also über den Dingen steht."

Bei diesen vier Texten handelt es sich um Reflexionen von Grundschullehrern zum Aufsatzschreiben. Sie sind nicht das Ergebnis systematischen Nachdenkens, sondern assoziative Reaktionen im Zusammenhang eines Clusterings. Dadurch aber sind sie authentisch, weil sie zu einem Komplex von Erfahrungen, Einstellungen, Problemwahrnehmungen ganz subjektive Akzente setzen. Wir lassen im Einzelnen unkommentiert, welches Spektrum an Erwartungen und Forderungen sich hier darstellt und wie sensibel oder unsensibel sich die Verfasser auf die Schreibfähigkeit der Kinder einstellen. Stattdessen richten wir die Aufmerksamkeit auf einen Aspekt, der in allen Äußerungen, teils mittelbar, teils unmittelbar und ungeachtet manchen Unbehagens, impliziert ist: die Ausrichtung der Unterrichtsarbeit auf das Ergebnis, das Endprodukt des 'gelungenen' Textes, der seinerseits an ein vorgegebenes Muster, an eine der tradierten Aufsatzformen gebunden wird. Weil dies wiederum ein bestimmtes methodisches Vorgehen bei der Vorbereitung und Ausführung der Schreibaufgabe bedingt, findet sich hierin indirekt auch die Analyse Jürgen Baurmanns (1990) bestätigt, dass die Praxis weithin durch drei deutlich voneinander geschiedene Produktionsphasen geprägt ist: „Einer knappen vorbereitung folgt die zeitlich befristete niederschrift; in der regel schließt sich eine auswertung im unterrichtsgespräch an, wobei lehrer oder schüler nach dem vorlesen einzelner aufsätze gezielt zum text fragen stellen (10)." Wir sind uns mit Baurmann darin einig, dass diese statische Verfahrensweise durch ein Methodenkonzept abgelöst werden muss, das sich nicht am Schreibergebnis, am 'schönen', 'gelungenen' Endprodukt, sondern am Schreibprozess orientiert. Das heißt nicht, dass der fertige Text bedeutungslos wird, wohl aber, dass die Momente der Vorbereitung und der Überarbeitung stärkeres, ja maßgebliches Gewicht erhalten, weil sie erst das eigentliche Schreiben*lernen* ausmachen. Insbesondere das Überarbeiten von Texten hat die gesteigerte Aufmerksamkeit der Schreibdidaktik gefunden. Auch Grundschulkinder sollen nämlich lernen, was Erwachsene (meist) schon praktizieren: nicht einfach 'drauflos zu schreiben' und es dabei bewenden zu lassen, sondern Formulierungen und Texte nach dem (ersten) Aufschreiben noch einmal zu bearbeiten (vgl. Baurmann/Ludwig 1996, 17).

Die Schüler sollen nicht länger wie bisher nur einige wenige Aufsatzformen bzw. Textmuster beherrschen lernen, die so ohnehin nur in der Schule vorkommen und in der Schreibpraxis sonst keine Entsprechungen haben; sie sollen sich vielmehr eine Schreibfähigkeit aneignen, mit der sie die Vielfalt der Formen und Situationen gestalten können, in denen Schreiben für sie von Bedeutung ist – in der Schule, außerhalb der Schule und in nachschulischen Lebenszusammenhängen.

Zweitklässer beim Schreiben von Texten

1 Schreiben als Prozess

Schreiben, das schriftliche Formulieren bzw. aktive eigene Produzieren von Texten, ist „schwer“ (Antos 1988, 40), nach allen bisherigen Erkenntnissen der Schreibforschung jedenfalls schwerer, als vielfach angenommen. Wenn beispielsweise eine Lehrerin notiert „Schreiben wäre oft angenehmer, wenn meine Hand genauso schnell wie meine Gedanken sein könnte und ich es hinterher noch lesen könnte“, wenn also selbst ein Erwachsener Schwierigkeiten damit hat, Gedachtes und sprachlich Entwickeltes mit seiner Schreibmotorik zu koordinieren, um wieviel mehr werden Kinder sich mühen müssen, hiermit zurechtzukommen. Schreiben erfordert aber nicht nur die Kompetenz zu solchen Koordinationshandlungen, sondern das Einlösen einer insgesamt sehr „komplexen Leistung“ (Antos 1988, 39), „die gleichermaßen emotionale, kognitive, soziale und sprachliche Aspekte berührt“ (ebd.).

Den Schreibprozess einsichtig zu erhellen, bedarf es noch intensiver Forschungen; fassbar wird er derzeit nur in Modellen, die in Teilvorgänge oder -aspekte auflösen, was eigentlich ein komplexes Ganzes ist. Uns erschien das offene Modell plausibel, das Baurmann/Ludwig (1986a) und Baurmann (1990) konturieren. Beim Schreiben wirken danach sowohl motivationale wie situative Bedingungen und es greifen konzeptionelle, innersprachliche, motorische und korrigierend-redigierende Prozesse ineinander.

Motivationale Vorgänge mit kognitiven und emotional-affektiven Komponenten sind die Grundlage des Schreibens. Ohne sie würde nicht geschrieben. Sie wirken ständig auf die Intensität, Richtung und Form des Schreibvorgangs ein. Keine einzige Produktionsphase ist ohne ein Mindestmaß an Motivation denkbar. Gleichermaßen setzen Schreibanlass, emotionale Lage des Schreibers, Vorstellungen vom Adressaten, Ort und Zeit der Textproduktion *situative Bedingungen*, und nicht zuletzt beeinflussen auch inhaltliches Vorwissen, kognitive Fähigkeiten, emotionale Bereitschaft und dergleichen die Textproduktion (Baurmann/Ludwig 1986a, 18; Baurmann 1990, 11).

Im Geflecht der jeweils gegebenen Bedingungen und Möglichkeiten wird der Schreiber *konzeptionell* tätig. Er muss zumindest eine ungefähre Zielvorstellung von seinem Schreibvorhaben entwickeln, Wissen bereitstellen, das seiner Absicht dient, und sich eine *„Idee vom (zu schreibenden) Text“* (Sitta) bilden, einen Schreibplan entwerfen (ebd.).

Erst auf dieser Grundlage kann der Schreiber dann den entscheidenden Schritt vollziehen und seine *Idee* oder zumindest Teile davon sprachlich umsetzen. Auch diese Prozesse vollziehen sich noch im Kopf des Schreibenden, also *innersprachlich*. Der gedankliche Entwurf muss in einer Folge von Sätzen (Textbildung) und diese wiederum in einer Folge von Wörtern (Satzbildung) ausformuliert werden, die sich in ihrer Struktur an den Konventionen der geschriebenen Sprache orientieren (ebd.).

Die innersprachliche Textstruktur wird dann in *motorische* Handlungen umgesetzt: Das Gedachte und sprachlich Entwickelte wird aufgeschrieben (ebd.).

Redigierende Tätigkeiten, also vielfältige Formen des Überarbeitens, die einen ständigen Wechsel zwischen Lesen und Schreiben, Überarbeiten und Entwerfen verlangen, sind während des gesamten Vorgangs mitzudenken. Dabei vergleicht der Schreiber immer wieder einzelne Wörter und Sätze mit den Vorstellungen, die er beim Planen vom Text gewonnen hat. Gegebenenfalls versucht er, das Gedachte und das Verwirklichte durch Korrekturen, Verbesserungen, Nachträge oder Neufassungen einander anzugleichen (ebd.).

Baurmann und Ludwig (ebd.) haben aus diesem Modell einige didaktische und methodische Folgerungen abgeleitet, die für das Textschreiben von grundsätzlicher Bedeutung sind. Sie beziehen sich auf den Hintergrund der Textproduktion und auf den Schreibvorgang.

Schon vor dem Schreiben im Unterricht sind sorgsam die situativen Bedingungen zu beachten (ebd.). So kann etwa die Aufforderung an den Schüler, zu einer bestimmten Zeit, an einem bestimmten Ort über ein bestimmtes Thema zu schreiben, in einem erheblichen Maße seine Motivation negativ beeinflussen. Andererseits kann es ihn sehr anspornen zu wissen, dass sein Text in einem 'Buch' oder einer 'Klassenzeitung' veröffentlicht wird, die Gleichaltrige lesen sollen.

Wichtig ist, dass die Kinder reichlich Zeit zum Schreiben haben oder, wenn erforderlich, nach einem Zeitraum des Verschnaufens, nach einer Unterrichtspause etwa oder am nächsten Tag, weiterschreiben können, ohne dass der Lehrer korrigierend eingegriffen hat. Es lässt sich immer wieder beobachten, dass die Kinder mehr und besser schreiben, wenn sie zeitlich nicht gedrängt werden.

Sorgfältige Beachtung verdient auch der Hintergrund der Textproduktion. „So scheitern schreibende kinder oft daran, daß sie zwar genügend inhaltliches vorwissen besitzen, es aber für ihren text nicht 'nach außen' zu bringen vermögen. Hier muß auf geeignete weise geholfen werden“ (Baurmann 1990, 11); im Zusammenhang personaler Schreibformen beispielsweise haben sich das Cluster-Verfahren (s. S. 66f.) und die Vorgabe von Reizwörtern (s. S. 60ff.) oder Rahmenthemen (s. S. 54f.) gut bewährt.

„Während des schreibens gibt es vor allem zu beginn situationen, in denen eingriffe von außen stören. Aber je weiter der text wächst, desto weniger möglichkeiten bleiben und um so sorgfältiger, auch genauer muß gearbeitet werden. Insbesondere kinder wissen, wie wichtig gerade in diesem stadium das passende wort oder der geeignete satz ist. Und häufig spüren sie zugleich, daß ihre kräfte und konzentration nachlassen. Dann sind hilfen in einem eng begrenzten bereich schon erwünscht – etwa bei bestimmten orthographischen, grammatikalischen und stilistischen unsicherheiten“ (Baurmann 1990, 11). Es sollte selbstverständlich sein, dass der Lehrer zu solchen Hilfen bereit ist und seine Funktion keinesfalls erst im späteren Korrigieren und Zensieren sieht; was während des Schreibens richtig gemacht wird, braucht im Nachhinein nicht berichtigt und verbesssert werden. Auch die in

Gesprächen immer wieder geäußerte Sorge, die Hilfestellung des Lehrers beeinträchtige die Originalität der Schülertexte, ist unbegründet. Bei diesem Argument schwingen nicht nur schwer einlösbare Erwartungen an die 'schöpferischen' Kräfte der Schüler mit, es bleibt vor allem außer Acht, dass beim Schreiben immer wieder Wiederaufnahmen und Wiederholungen möglich und nötig sind: „Konzipiertes wird überdacht, sprachlich Gefaßtes nochmals hin- und hergewendet, bereits Geschriebenes wird wieder gelesen, überprüft und ggf. abgeändert." (Baurmann/Ludwig 1986a, 18)

Dass das Schreiben sich in einem ständigen Wechsel von Entwerfen und Überarbeiten vollzieht, ist als grundsätzlicher Befund zu verstehen. Grundschulkindern, besonders wenn sie erst anfangen Texte zu produzieren, fehlt es hierfür noch an Erfahrung. Sie müssen folglich zweierlei lernen: wie sie zum Schreiben kommen und wie sie das einmal Geschriebene noch revidieren und optimieren können. Didaktisch gewendet und als Aufgabe für die Unterrichtsarbeit formuliert, heißt dies: das Schreiben von Texten ist (vom Lehrer) sorgfältig vorzubereiten, und es ist zudem eine Überarbeitungskompetenz (der Schüler) anzubahnen und weiterzuentwikkeln. Inwieweit beides gleichzeitig möglich ist, muss im Einzelfall genau geprüft werden; grundschulgemäß dürfte sein, die didaktischen Prinzipien „vom Vertrauten zum Neuen" und „vom Einfachen zum Komplexen" (Baurmann/Ludwig 1986a, 22) sehr ernst zu nehmen.

In diesem Zusammenhang muss auch auf die Notwendigkeit von *Differenzierung* und *Individualisierung* aufmerksam gemacht werden. Gegen diese Erfordernis wird insbesondere dann verstoßen, wenn beim sogenannten 'Klassenaufsatz' alle Kinder unter identischen Arbeitsbedingungen dieselbe Schreibaufgabe bewältigen müssen. Die schnelleren Lerner werden durch diese Praxis in ihrer Leistungsfähigkeit oft zu wenig, die „langsamen Lerner" (A. Kern) nicht selten zu viel gefordert.

Hans Traxler: Prüfungsaufgabe

Aber nicht nur für diese spezifische Schreibsituation, die üblicherweise der Leistungsbewertung und -benotung dient (s. S. 33ff.), sondern grundsätzlich gilt, dass Kinder unterschiedlich zu fördern und zu fordern sind, weil sie eben nicht alle gleich sind. Gerade beim Schreiben (und Lesen) sind die Unterschiede oft erheblich. Kinder haben verschiedene Vorerfahrungen, Vorkenntnisse, Neigungen und Interessen, sie lernen unterschiedlich selbstständig, auf verschieden Wegen und mit unterschiedlichem Erfolg. Es sollte deshalb selbstverständlich sein (oder werden), dass im Schreibunterricht differenziert und individualisiert wird: beim Vorbereiten in der Anzahl und dem Ausmaß der Übungsformen, beim Umfang und Schwierigkeitsgrad der Schreibaufgaben, beim Zeitaufwand zu ihrer Erledigung und nicht zuletzt bei den Hinweisen und Hilfen zur Überarbeitung der Texte (vgl. Baurmann 1991, 10).

Beim *Überarbeiten* selbst scheint uns bedeutsam, die Tätigkeiten, die ein kindlicher Schreiber selbstständig während des Schreibvorgangs erbringt, von jenen abzuheben, die er aufgrund von Hinweisen, sei es von Schülern oder vom Lehrer, im Nachhinein ausführt (s. S. 25ff.). Texte eigenständig überarbeiten zu können, ist das Ziel, zu dem sich die Kinder in der Grundschule aufmachen. Auf dem Weg dahin aber brauchen sie, entsprechend ihrem Entwicklungsstand und ihren Begabungsdispositionen, gezielte Hilfen und Anleitungen. Je jünger die Schüler sind, um so mehr haben diese ihren Platz nach Abschluss einer Textfassung und nicht während der Textproduktion. Die noch ungeübten Schreiber brauchen eine Distanz, eine zeitliche vor allem, um sich ihrem Text noch einmal prüfend zuzuwenden, wenn sie denn überhaupt nochmals zum Überarbeiten zu motivieren sind.

Von den auf Überarbeitungsprozesse bezogenen Rückmeldungen sind schließlich Reaktionen zu unterscheiden, die der Lehrer in der Absicht gibt, einen Text zu *bewerten* und zu *benoten*. Selbstverständlich schließen auch die Überarbeitungshinweise Urteile ein, die auf bestimmten textrelevanten Maßstäben beruhen. Anders jedoch als die Prüfungszwecken dienenden Bewertungen haben sie fördernden Charakter, wollen sie „den vorliegenden text verbessern und schreibern insgesamt weiterhelfen“ (Baurmann 1990, 12). Es sollte unstrittig sein, dass im Schreibunterricht das „fördernde Beurteilen“ (ebd.) gegenüber dem „prüfenden Bewerten“ (ebd.) Priorität hat (s. S. 34ff.). Dies ist auch quantitativ gemeint: Schreiben lernt man nur durch Schreiben, folglich ist jede Gelegenheit, die Schreibkompetenz zu festigen und zu erweitern, wahrzunehmen. Ein Unterricht, in dem sich die Anzahl der Schreibhandlungen bzw. -aufgaben denen der benoteten „Klassenaufsätze“ annähert oder mit ihnen gar identisch ist (vgl. Fritzsche 1984, 286f.), darf nicht (mehr) Realität sein.

Unterrichtswirklichkeit sollte dagegen sein (oder werden), dass die Einsichten über den Schreibprozess und die sich daraus ergebenden Folgerungen den Bezugspunkt aller didaktisch-methodischen Handlungen bilden. Wir selbst haben diese in unseren Modellen und Anregungen zwar nicht jedesmal expliziert, sie sind aber immer mitgedacht.

2 Vorbereiten

Schriftliche Texte, Aufsätze, sind das Produkt eines Schreibvorgangs. Sie haben einen bestimmten Inhalt, eine bestimmte Form, einen spezifischen Stil und sie sind in bestimmte kommunikative Zusammenhänge eingebettet. Zu ihrem Zustandekommen und Gelingen ist, jedenfalls in der Schule, eine gründliche und sorgfältig geplante Vorbereitung erforderlich. Wir meinen damit, Jürgen Baurmann und Otto Ludwig (1986a) folgend, „jene unterrichtlichen Schritte, die zu einer konkreten Schreibaufgabe hinführen" (ebd., 21), „also die inhaltliche und sprachliche Planung, die Materialaufbereitung und erste Formulierungsversuche" (ebd.), oder anders gesagt, „alle Produktionsphasen bis zum ersten zusammenhängenden Entwurf" (ebd.).

2.1 Beschreibung des Handlungsfeldes

Die Vorbereitung von Aufsätzen betrifft alle Aspekte, die einen Text ausmachen, insofern kann es, den Blick auf das Endprodukt richtend, angebracht sein, den gelingenden Umgang mit ihnen durch ein Arrangement spezifischer Übungen zu fördern – zu denken ist etwa an die sogenannte Wortfeldarbeit. Der Perspektivenwechsel zugunsten des Schreibprozesses mag im Einzelfall zu scheinbar ähnlichen Übungsformen führen, die Akzente werden jedoch erkennbar anders gesetzt und durch die Frage bestimmt, welche schriftsprachlichen Fähigkeiten durch die Vorbereitung auf das Schreiben von Aufsätzen entwickelt werden können. Baurmann und Ludwig (1986a) benennen fünf Teilkompetenzen, die nach den schon erwähnten Prinzipien „vom Vertrauten zum Neuen" und „vom Einfachen zum Komplexen" anzubahnen und zu festigen sind.

1. Bei der Aufsatzvorbereitung sollen die Schüler „zu einer zunehmend klareren Vorstellung des Schreib*zwecks* gelangen" (ebd., 21). Dazu gehört, dass sie über die beabsichtigte Wirkung nachdenken und sich klarmachen, ob sie einen unterhaltsamen oder sachlich-informierenden Text schreiben, ob sie lediglich einen Sachverhalt mitteilen oder auch auf das Denken und Handeln des Adressaten Einfluss nehmen möchten. Jüngeren, noch ungeübten Schreibern wird man den Schreibzweck hin und wieder noch vorgeben, ansonsten wird ihn der Lehrer gemeinsam mit den Schülern erarbeiten (ebd.).

2. „Bei vielen Schreibaufgaben wird zu überlegen sein, in welcher Weise *die Leserrolle* zu berücksichtigen ist" (ebd.). Es geht dann um Antworten auf Fragen wie: „Soll ausdrücklich ein bestimmter Leser oder Leserkreis angeschrieben werden? Werden denkbare Leser zumindest ins Auge gefaßt?" In welcher Beziehung steht der Schreiber zum Leser oder zur Lesergruppe? Was weiß er, beispielsweise, über ihr Alter, ihren Beruf, ihre Interessen, ihre Einstellungen? Ist dieses Wissen bedeutsam für den Schreiber des Textes? (Ebd.)

3. Jedes Schreiben baut *inhaltlich* auf Erfahrungen, Wissen und Einschätzungen auf. „Häufig werden sich auf dieser Grundlage geeignete Ideen und Einfälle für

das Schreiben zwanglos ergeben. Dann wieder kann es nötig sein, etwa im Unterrichtsgespräch Wissen und Erfahrungen auszutauschen, zu ergänzen oder weiteren Wissenserwerb anzuregen", beispielsweise durch Nachfragen, Beobachten, Experimentieren, Besichtigen oder Lesen (ebd.).

4. „Das verfügbare oder zusätzlich erworbene Wissen" ist dann „in einen *Schreibplan* einzuordnen" (ebd.). Unter Planung versteht die Schreibforschung in diesem Zusammenhang „die konzeptuelle Vorwegnahme eines Handlungsverlaufs zum Zwecke der Realisierung eines bestimmten (Kommunikations)zieles" (Feilke 1993, 24). Da dieses Ziel jedoch nicht völlig feststeht, sondern im Verlauf des Schreibprozesses, auch in Abhängigkeit vom entstehenden Text, ständig modifiziert werden kann, darf der Begriff nicht auf eine bestimmte Phase festgelegt werden. „Planungsaktivitäten können ständig parallel zum eigentlichen Schreibprozeß mitlaufen, stehen verständlicherweise aber empirisch primär am Anfang der Schreibhandlung. Sie dienen dem Entwurf und der konzeptuellen Integration von Problemlösungen im Schreiben" (ebd.).

   Bei der Ausführung seines Schreibplans wird sich der Schreiber um eine insgesamt „verständliche und wirkungsvolle, wahrhaftige und ggf. originelle Darstellung bemühen" (Baurmann/Ludwig 1986a, 21). Grundschulkindern erleichtert es das Schreiben erheblich, wenn ihnen dabei ein literarisches Textmuster (nicht zu verwechseln mit den 'Aufsatzarten'!) als auszugestaltender Rahmen zur Verfügung steht, ein Märchen etwa oder eine Schildbürgergeschichte, ein Eulenspiegelschwank oder eine Fabel (ebd.).

5. Schließlich sind, ob innerhalb oder außerhalb bestimmter Textmuster, angemessene Sätze *zu formulieren* und in eine textangemessene Reihenfolge zu bringen. Je ungeübter die Schreiber sind, um so intensiver bedürfen sie hierfür der Förderung. Die Vorbereitung orientiert sich „an Fragen wie …
   - Wie folgen die einzelnen Sätze hintereinander? Wo ist die Reihenfolge zwingend, günstig, wo veränderbar?
   - Welches Wort passt an einer bestimmten Stelle im Text, im Satz?
   - In welcher Reihenfolge müssen oder sollten einzelne Wörter im Satz stehen?
   - In welcher Weise ist diese Entscheidung vom vorangehenden oder folgenden Satz abhängig?
   - Wie sind einzelne Wörter im Satz zu flektieren?" (Ebd., 22)

2.2 Übungsformen

2.2.1 Förderung der Planungskompetenz

Wer die Planungskompetenz von Grundschülern fördern und Misserfolgserfahrungen dabei minimieren möchte, sieht sich auf Beobachtungen der Schreibforschung verwiesen, die besagen, dass bis zu einem Alter von zehn Jahren praktisch keine Indikatoren vorliegen, die eine Trennung von Textproduktion und Planung bzw. von Planungsphasen überhaupt anzeigen (Feilke 1993, 25). „Wenn sie mit einer

Schreibaufgabe konfrontiert werden, beginnen Kinder bis zu diesem Alter unmittelbar mit dem Schreiben. Im Unterschied zu älteren Schreibern gibt es so gut wie keine Planungspausen vor dem Schreibbeginn" (ebd.).

Nach diesen Beobachtungen ist der in Praxishandreichungen oft zu lesende Vorschlag wenig hilfreich, den Kindern zu empfehlen, sich vor der Ausführung ihres Schreibplans Notizen zu machen. Noch bei den Zehnjährigen seien nämlich Text und Notizen praktisch nicht zu trennen. Selbst bei der expliziten Aufforderung, erst Notizen zu machen und dann auf der Grundlage dieser Notizen einen Text zu schreiben, begännen zehnjährige Schreiber sofort mit der Textproduktion, oder anders formuliert, Notizen und Text seien nahezu identisch. Veränderungen würden bei der Übernahme der Notizen kaum vorgenommen. Erste deutliche Unterschiede träten hier bei den Vierzehnjährigen auf (Feilke, ebd.).

Trotz dieser empirischen Befunde kann auf einigen Problemfeldern die Planungskompetenz auch von Grundschulkindern behutsam gefördert werden. Wir skizzieren im Folgenden Übungsformen zu den Schwierigkeiten des Beginns und des Textaufbaus.

(1) Hilfen für den Textanfang

„Reflektierte Schreiber haben häufig mit ihren ersten Sätzen große Probleme, weil mit dieser 'Standpunktwahl' die weitere Entwicklung des Textes bis zu einem gewissen Grad vorgezeichnet wird. Oder anders herum betrachtet: Mit dem Textanfang beginnt der Verselbständigungsprozeß eines Textes, was als 'Vermehrung der Zwänge' bzw. als sukzessive Einschränkung von Fortsetzungsmöglichkeiten verstanden werden kann" (Antos 1988, 46)

Grundschulkindern fehlt zwar noch die Problemsicht auf solcherart innere Logik eines Textes, aber die Schwierigkeit, vor dem leeren Blatt sitzend mit dem Schreiben zu beginnnen, haben viele von ihnen schon erfahren. Da wirkt es motivierend und ermutigend, wenn ihnen ein Anfang vorgegeben wird. Dass schon etwas dasteht, an dem sich die eigene Vorstellung orientieren kann, das Anlehnung ermöglicht für die noch unsicheren eigenen Formulierungsschritte, erleichtert den Beginn.

Im *ersten und zweiten Schuljahr* reicht als Impuls meist schon aus, wenn ein Satzanfang vorgegeben wird, den die Kinder dann zu einer ganzen „Geschichte" von ein, zwei oder mehreren Sätzen verarbeiten; später, im *dritten und vierten Schuljahr*, kann man einige Sätze oder auch nur eine Idee anbieten, zum Beispiel:

- „Komm", sagte die Katze, „jetzt wollen wir einmal ..."
- „Steig auf meinen Rücken", sagte mein Wellensittich und flog mit mir ...
- Als wir zusammen im Bett lagen, da flüsterte mein Teddy ...
- Einmal war ich unsichtbar ...
- Als ich allein auf der Insel war ...
- Mit meinem Freund zusammen kann ich über Häuser springen. Gestern ...
- Wir haben einen Lehrer. Wenn er fröhlich ist, wachsen Blumen auf seinem Kopf ... (Mayer, 1994)

Das Weitererzählen einer angefangenen Geschichte, eines Märchens, eines Schildbürgerstreiches, eines Eulenspiegelschwanks, einer Fabel oder auch eines (Erzähl-)Gedichtes, das Weiterschreiben eines berichtenden oder erklärend-beschreibenden Textes ist in der Praxis zu Recht verbreitet. Es ist eine sehr hilfreiche Aufgabe für das Schreibenlernen, weil der unfertige Text zwar Schreibideen anbietet, den Schreiber aber nicht von vornherein auf eine bestimmte Lösung festlegt (s. die Beispiele S. 154f.).

Eine Variante zu dieser Aufgabenform lässt sich arrangieren, indem zu einer Erzählung verschiedene Anfänge zur Auswahl vorgegeben werden. Der Schüler muss sich erst einen aussuchen, bevor er die Fortführung schreibt; beispielsweise dadurch, dass er zwischen verschiedenen Erzähl- oder Darstellungsperspektiven wählt. Im *vierten Schuljahr* werden vorschlagsweise zu einer Eulenspiegelgeschichte die nebenstehenden Anfänge angeboten (s. auch das Beispiel S. 186).

In Schreibversuchen hat sich als ebenso überraschende wie überzeugende Lösung der Anfangsschwierigkeiten erwiesen, Kinder selbst vorbereitend mehrere Anfänge schreiben und anschließend den passenden ausssuchen zu lassen. Für das vierte Schuljahr dürfte dies ein Verfahren sein, das eine Erprobung lohnt. Es „entlastet die Kinder und macht sie frei und bereit für die nächsten Aufgaben“ (Baurmann/Ludwig 1986a, 22).

> Die Katze und die Mäuse
>
> Die Mäuse, die von einer Katze sehr geplagt wurden, berieten in einer Versammlung, wie sie sich gegen ihren gefährlichen Feind besser wehren könnten. ...

Anfang einer Fabel – Schreibaufgabe für ein viertes Schuljahr

> [1] Einmal kam ich nach Hessen, wo ein Landgraf regierte. Bei ihm gab ich mich als Maler großartiger Gemälde aus, obwohl ich gar nicht malen kann. Ich zeigte ihm aber herrlich bemalte Tücher, die ich in Flandern gekauft hatte. Die gefielen dem Landgrafen sehr gut. ...
>
> [2] Letztes Jahr, meine lieben Freunde, hat Till Eulenspiegel nun auch mich hereingelegt. Eines Tages kam er an und gab sich als großartiger Maler aus. Er zeigte mir prächtig bemalte Tücher, und ich glaubte, die habe er gemacht. Also ...
>
> [3] Liebe Kollegen, so etwas wie mit Till Eulenspiegel ist mir mein ganzes Leben noch nicht passiert. Dieser Schelm stellte mich als Malergeselle ein. Zusammen mit zwei anderen sollte ich ...

Anfänge einer Eulenspiegelgeschichte – Schreibaufgabe für ein viertes Schuljahr

(2) Hilfen für den Textaufbau

Schreibenden bereitet die Ordnung der Sätze in einem Text in vielen Fällen keine Schwierigkeiten, obwohl sie keineswegs willkürlich ist. „Sie finden die richtige Reihenfolge spontan, oder sie ergibt sich unmittelbar aus dem dargestellten Sachverhalt. Wird eine Geschichte erzählt, so folgen die Sätze in der Regel dem zeitlichen Ablauf der Begebenheit. [...] Es gibt aber auch viele Fälle, in denen der darzustellende Sachverhalt eine Reihenfolge nicht nahelegt oder so komplex ist, dass eine geordnete Darstellung nicht spontan zustande kommt. In solchen Fällen sind wir wohl oder übel gezwungen, den Schreibablauf und damit die Organisation des Textes zu planen" (Baurmann/Ludwig 1986b, 38). Bei geübten Schreibern geschieht die Planung vornehmlich im Kopf, eventuell wird sie durch Notizen unterstützt. Da Kinder sich damit aber, wie oben ausgeführt, noch schwertun, brauchen sie Angebote, um sich im Aufbauen eines Textes zu üben.

(a) Verwürfelte Sätze ordnen

Diese einfache Übung kann man ohne weiteres vom dritten Schuljahr an vorsehen. Sie „soll den Schülern zunächst noch auf eine eher impressionistische Weise eine Einsicht in die Ordnung von Texten vermitteln, d. h. die Einsicht, daß die Sätze in einem Text geordnet sind und wie sie geordnet sind" (Baurmann/Ludwig 1986b, 39). Die Schüler erhalten – auf einem Arbeitsblatt – einen Text, dessen Sätze verwürfelt sind. „Die Aufgabe besteht darin, die einzelnen Sätze in eine solche Reihenfolge zu bringen, daß am Ende eine Geschichte entsteht. [...] Die Geschichte sollte nicht zu umfangreich sein und einen erzählenden Inhalt haben, damit die Schwierigkeiten nicht gleich zu Beginn solcher Übungen zu groß werden" (ebd.). Großbuchstaben, die den Sätzen vorangestellt sind und als Siglen fungieren, helfen Schülern und Lehrer, sich über die Reihenfolge zu verständigen. Als methodische Variante schlagen Baurmann/Ludwig (ebd.) vor, den Schülern statt eines Arbeitsblattes Papierstreifen zu geben, auf denen jeweils ein Satz einer zusammenhängenden Geschichte steht. „Je nach Länge der Geschichte und der Größe der Klasse kann man so vorgehen, daß jeder Schüler, daß Tischnachbarn oder Tischgruppen einen Streifen bekommen" (ebd.). Möglich ist auch die Kombination beider Präsentationsformen: Die Schüler erhalten ein entsprechend aufbereitetes Arbeitsblatt, schneiden die Sätze selbst auseinander und arbeiten dann weiter.

Auf Wanderschaft

A Sie konnten Schilder auf dem Wegweiser nicht lesen.

B Er brach die Schilder ab.

C Aber der Wind löschte es aus.

D Einer zündete ein Streichholz an.

E Dann warf er sie hinunter.

F Ein Schildbürger kletterte den Wegweiser hinauf.

G Zwei Schildbürger standen im Dunkeln an einer Wegkreuzung.

Verwürfelte Schildbürgergeschichte

„Mit jüngeren Schülern, die das Verfahren noch nicht kennen, wird eine passende Reihenfolge der Sätze *gemeinsam erarbeitet*. Dabei werden die ausgewählten Sätze nach und nach an der Tafel bzw. Pinnwand angeheftet oder als Folienstreifen auf den Overheadprojektor gelegt. Die jeweilige Anordnung sollte von den Schülern begründet werden. (Die Schüler werden dabei ein Gesamtkonzept im Kopf haben oder auf den vorangegangenen Satz achten.) Zwischen den einzelnen Sätzen sollten beim Legen zunächst große Abstände bleiben, damit nachträglich noch Veränderungen (insbesondere Einschübe) möglich sind. Leistungsfähige Lerngruppen werden zunächst die ganze Geschichte *selbständig* legen, dann vorlesen und ihre Entscheidung begründen" (Baurmann/Ludwig 1986b, 40). (Die vorgeschlagene Schildbürgerschichte kann, wenn die Reihenfolge gefunden ist, auch als Kern einer Erzählung genommen werden, die noch zu erweitern ist.)

(b) Verwürfelte Textteile ordnen

Diese Übung steigert die Anforderungen. Die Kinder erhalten – vorschlagsweise wieder auf einem Arbeitsblatt – eine Geschichte, deren Absätze (bzw. Abschnitte) verwürfelt sind. Sie haben nun die Aufgabe, die ursprüngliche oder zumindest eine passende Reihenfolge zu finden. Bei einer solchen lesenden Erarbeitung lernen die Kinder, besonders auf jene Texthinweise zu achten, welche die Reihenfolge der einzelnen Sätze oder Absätze, den Anfang und den Schluss markieren.

Die Geschichte vom Vater, der die Wand hoch ging
Ursula Wölfel

A "Und so einer will mein Sohn sein!" rief der Vater. "Ich könnte die Wände hoch gehen."

B Der Junge hatte nämlich Angst vor fremden großen Hunden, er hatte Angst vor den beiden frechen Mädchen von nebenan, und er hatte Angst, wenn das Licht im Treppenhaus plötzlich ausging.

C Ein Vater ärgerte sich oft über seinen Jungen, weil der ihm zu ängstlich war.

D Das tat er dann. Er ging vor Wut die Wand hoch. Als er aber an die Zimmerdecke kam, fiel er vor Schreck wieder herunter. Da oben saß nämlich eine Spinne.

Verwürfelte Abschnitte einer Geschichte

Wie bei anderen Übungen empfiehlt es sich, zunächst einige Beispiele gemeinsam zu erarbeiten, bevor die Kinder sich in Partner- oder Einzelarbeit selbstständig mit den Aufgaben beschäftigen.

Selbstverständlich ist unverzichtbar, dass über die Lösungen auch gesprochen wird, insbesondere wenn sie voneinander abweichen. Es ist deshalb hilfreich, die einzelnen Textteile wieder (s. o.) mit Siglen zu versehen, um eine rasche Verständigung über die jeweils gewählte Reihenfolge zu gewährleisten. Unterschiedliche Lösungen kann man leicht dadurch provozieren, dass man in einer verwürfelten Geschichte in einem Abschnitt ein Textstück ausspart – bei einer Fabel z. B. die Schlusspointe – und von den Kindern selbständig ergänzen lässt.

Baurmann und Ludwig (1986b, 40) schlagen die Übungsform des Verwürfelns auch für Lieder und Gedichte vor. Bewährt haben sich ihrer Erfahrung nach Erzählgedichte und solche Texte, die dem Sprachulk und dem Sprachspiel nahe sind, beispielsweise die Gedichte *Die Feder* von Joachim Ringelnatz, *Das Feuer* von James Krüss oder *Das Große Lalula* von Christian Morgenstern.

Bei der Rekonstruktion von Erzählgedichten kann sich der Schüler primär am Geschehensablauf orientieren, bei anderen Gedichten zusätzlich an Formmerkmalen wie dem Reim, dem Metrum oder dem Rhythmus; es kann folglich zumeist ein eindeutiges Ergebnis gefunden werden. Bei sprachspielerischen Gedichten muss das nicht so sein, weil in ihnen oft der Inhalt gegenüber der Form zurücktritt und sie von ihrer Struktur her mehrere Lösungsmöglichkeiten zulassen; gerade darum aber ist die Beschäftigung mit Sprachspielen besonders motivierend und sachdienlich.

Eine weitere Variante der Übung lässt sich arrangieren, wenn die Schüler aufgefordert werden, selbst geschriebene und verwürfelte Geschichten zu ordnen. Jeder schreibt eine kurze Geschichte auf einen Zettel, zerschneidet das Blatt und mischt anschließend die Teile. Die Bruchstücke erhält der Nachbar, der sie zu einer vollständigen Geschichte zusammensetzen muss.

Das große, kecke Zeitungsblatt

Josef Guggenmos

1. Strophe:

Heut wanderte durch unsre Stadt
ein großes, keckes Zeitungsblatt,
mir selber ist's begegnet.

2.–5. Strophe (verwürfelt):

kam es gelaufen, hopp, hopp, hopp,
Allmählich wurd es müd. Es kroch,
ganz plötzlich einen Sprung.
Stieg steil empor in kühnem Flug,
Dann aber tat das Zeitungsblatt
und landete dann wieder.
von weitem mir entgegen.
Herab die Straße im Galopp
es schlurfte nur, es schlich nur noch.
wobei es ein paar Saltos schlug,
Und legte still sich nieder.
Da lag's, wie eine Flunder platt.

6. Strophe:

Da saß es nun und duckte sich.
Jetzt krieg ich dich! – Doch es entwich
mit tausend Purzelbäumen.

- *Wie lauten die Strophen 2–5? Schreibt die zwölf verwürfelten Zeilen auf Papierstreifen, dann könnt ihr besser probieren.*
Hier eine Hilfe: In der zweiten Strophe kommt das Wort „hopp" vor, in der dritten „schlich", in der vierten „tat", in der fünften „Saltos".

Beispiel für das Ordnen eines verwürftelten Gedichtes (nach Steffens 1981b, 85ff.; 1998) – viertes Schuljahr

Eine spielerische Variation zum Rekonstruieren von Texten aus (zerschnittenen und) verwürfelten Teilen ist das Puzzlen. Die Übung ist einfacher als das Ordnen, weil hier der Zuschnitt der Puzzleteile das Finden der richtigen Lösung erleichtert.

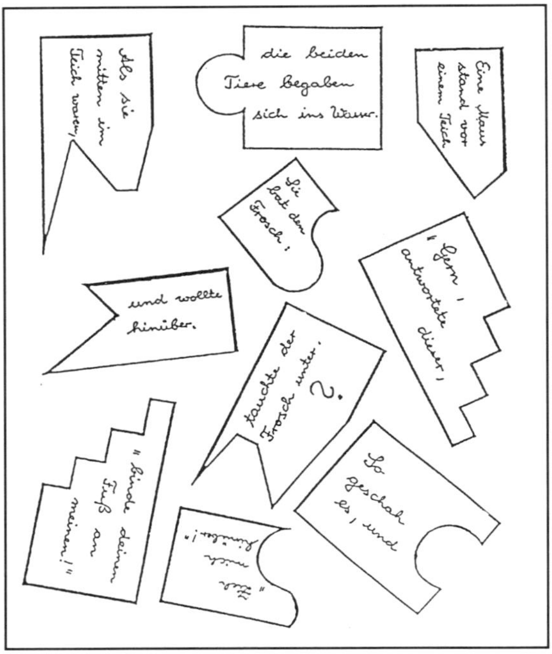

Beispiel für ein Puzzle – zweites Schuljahr

2.2.2 Förderung der Formulierungskompetenz

Wortschatzübungen, syntaktische Übungen, Umstell-, Ersatz-, Weglass- und Erweiterungsproben gehören seit langem zum didaktisch-methodischen Repertoire, um an der sprachlichen Form, dem sprachlichen Ausdruck von Sätzen und Texten zu arbeiten. Sie haben ihren unbestrittenen Wert, vor allem wenn sie auf konkrete Schülertexte bezogen sind. Weil es dazu aber eines bereits vorliegenden Produkts bedarf, sehen wir ihren didaktischen Ort primär in der Phase der Überarbeitung und weniger bei der Vorbereitung von Aufsätzen. Wir schlagen stattdessen einige Übungsformen vor, die auf den Prozess des Formulierens bezogen sind bzw. die Formulierungskompetenz der Kinder fördern und festigen könnten. Es handelt sich, im Unterschied zu grammatischen, um stilistische Übungen. „Grammatische Regeln legen den Sprachgebrauch fest und lassen keine Wahl. Stilistische Regeln betreffen die Auswahl zwischen verschiedenen grammatikalisch korrekten Alternativen; es gibt passende und unpassende, auffällige und unauffällige, akzeptable und weniger akzeptable Formulierungen, es gibt gute und schlechte Wahl“ (Fritzsche 1994, 242). In diesem Übungszusammenhang ist hilfreich, die Kinder an den Gebrauch eines Synonymwörterbuchs (z. B. den Duden der „sinn- und sachverwandten Wörter“) zu gewöhnen, in dem sie nach bedeutungsähnlichen Wörtern suchen und für ihren Textzusammenhang auswählen können (vgl. ebd., 253).

(1) Wörter auswählen

Wortwahlübungen zielen auf die „Ersetzung und Ausdifferenzierung eines Ausdrucksbereichs (z. B. eines Lexems) zur Vermeidung von Wiederholungen“ (Antos 1988, 46). Sie sind besonders sinnvoll, wenn damit Alternativen ermittelt werden, die auf unterschiedlichen Stilebenen (z. B.: gehoben: 'schauen'; normal: 'sehen'; umgangssprachlich: 'gucken'; grob: 'glotzen') vorkommen. Die folgenden beiden Sätze zur Demonstration einer Übung zur *Wortwahl im Einzelsatz* beziehen sich inhaltlich auf die Bildgeschichte „Dackel Willi" von Hans Kossatz (s. S. 133 ff.). Die Schüler erproben, welches Wort am besten passt.

	schaut	verträumt	
Dackel Willi	guckt	still	einem Schmetterling nach.
	glotzt	hungrig	

	spritzt	
Der Vater	zielt	mit dem Schlauch.
	wackelt	

Selbstverständlich können diese Übungen zur Wortwahl auch auf *Satzfolgen* bzw. *zusammenhängende Erzählungen,* d. h. auf *Texte* übertragen werden (s. nebenstehendes Beispiel).

(2) Sätze formulieren

Typische Formulierungsprobleme, die immer wieder in den Kindertexten beobachtet werden können, stellen sich beim Satzanfang, bei der Weiterführung und beim Schluss von Sätzen sowie bei der Verbindung von Satzfolgen.

Übungen bieten entweder für jeden *Satzanfang* zwei oder drei Formulierungsalternativen an oder aber richtige Satzanfänge, deren *Fortführungen* offen sind. Die erste Form entspricht weitgehend den Übungen zur Wortwahl, bei der zweiten geht es darum herauszufinden, dass bestimmte Satzanfänge nur auf eine bestimmte Weise fortgesetzt werden können, wenn sie einen „Sinn" ergeben sollen.

Thomas überlegt	*Claudia Lehna*
Thomas überlegt, was er machen will.	
	Münze.
Er holt eine	Murmel.
	Schachtel.
	schimpft
„Was soll das?"	spricht seine Mutter.
	fragt
	die Rückseite
„Wenn	die Kugel oben liegt,
	der Adler
	Kino,
gehe ich ins	Büro,
	Haus,
	hinten
wenn die Zahl	oben ist,
	vorne
	Fußballspielen,
gehe ich zum	Schwimmen,
	Reiten,
	Mütze
und wenn die	Kugel auf
	Münze
	liegen
dem Rand	stehen bleibt,
	sitzen
	Hausaufgaben.
mache ich	Kopfstände.
	Frühstück.

Beispiel einer Wortwahl-Übung

Wieder beziehen wir uns bei dem Demonstrationsbeispiel auf die Bildgeschichte „Dackel Willi“ von Heiner Kossatz:

Der arme Willi wird
plötzlich weggeblasen.
ganz naß und erschrickt.
klatschnaß.

Der Bösewicht
lacht den Hund schallend aus.
lacht schadenfroh.
hat Mitleid und muss weinen.

Willi
ist verärgert und rennt ganz schnell weg.
schüttelt sich und ist sehr verärgert.
ist ärgerlich und böse.

Texte für das Üben von *Satzverbindungen* können derart aufbereitet werden, dass anstelle der Satzänfänge oder Konjunktionen Lücken bleiben. Angebote an Wörtern werden gemacht, allerdings nicht allein die passenden.

Bestrafte Habgier — Nach Äsop

Ein Hund, der ein Stück Fleisch im Maul trug, überschritt einen Fluß. ________ sah er seinen Schatten im Wasser und meinte, das sei ein andrer Hund, der ein größeres Stück Fleisch habe. ________ ließ er das eigene fallen und ging auf das Spiegelbild los, ________ das Fleisch zu rauben. ________ dabei kam nur heraus, daß er beides verlor, das fremde Fleisch, weil es überhaupt nicht da war, ________ das eigene, ________ es vom Wasser weggetrieben war.

- Die folgenden Wörter können dir dabei helfen, die Sätze besser miteinander zu verbinden: *und, dabei, deswegen, also, sofort, aber, weil, um, auf einmal*

(3) Texte anschaulicher machen

Nicht selten können Texte, die bereits recht gelungen sind, noch anschaulicher gemacht werden. Hierbei helfen vor allem Adjektive. Zwei Übungsvarianten sind denkbar: Entweder werden in einem Text Lücken gelassen, in die die Schüler beim Schreiben diejenigen Adjektive einfügen, die ergänzend zum Text (in verwürfelter Reihenfolge) angeboten werden; in jede Lücke passt hierbei ein Adjektiv. Oder es sind im Text selbst an der einzusetzenden Stelle drei bis vier Adjektive vorgegeben, von denen jeweils eines auszuwählen ist. Hierzu als Beispiel der Anfang eines bekannten Märchens:

Der (braune/dicke/leckere/fette) Pfannkuchen

Der (braune/dicke/leckere/fette) Pfannkuchen sprang aus der (heißen/runden/großen) Pfanne und rannte in die (fremde/aufregende/weite) Welt. Er begegnete dem (kuscheligen/kleinen/langohrigen) Hasen. Der Hase sagte: „Pfannkuchen, bleib stehen.“ Aber der Pfannkuchen lief weg. Dann begegnete der Pfannkuchen einem (quiekenden/frechen/kleinen) Schwein. [...]

Zur Ausbildung des Sprachgefühls ist aber auch die Erfahrung wichtig, dass die Verwendung von Adjektiven, eventuell noch von möglichst vielen, nicht zwangsläufig auch zu einer Textoptimierung führen muss. Das 'schmückende Beiwort', wie das Adjektiv im traditionellen Aufsatzunterricht gern genannt wurde, ist genau auf seine Funktion im jeweiligen Text zu überprüfen. Zuweilen mag es eher störend wirken, als zu größerer Anschaulichkeit beitragen. Um den Kindern eine solche Erfahrung zu ermöglichen, schlagen wir vor, mit Texten zu arbeiten, die – nach dem Vorbild von Janoschs *Elektrischem Rotkäppchen* – durch ein stets wiederkehrendes, aber immer unpassendes oder unsinniges Adjektiv verfremdet sind. Als Demonstrationsbeispiel wählen wir den Anfang des Märchens von der *Goldenen Gans*.

> Die singende Gans *Nach den Brüdern Grimm*
>
> Es war einmal ein singender Mann, der hatte drei Söhne, davon hieß der singende der Dummling; er wurde verachtet und verspottet und von allen singend behandelt. Eines Tages wurde der Dummling in den singenden Wald geschickt, um singendes Holz zu hacken. Plötzlich erschien ein altes, singendes Männlein, grüßte ihn singend und sprach: „Gib mir eine Stück von deinem Brot und lass mich einen Schluck aus deiner Flasche trinken, ich bin so hungrig und durstig." Der singende Dummling war gleich bereit, seine armselige Mahlzeit mit dem Alten zu teilen, und das alte, singende Männlein versprach, dass der Dummling für seine Großherzigkeit singend belohnt werden solle. Zum Abschied sagte er zu ihm: „Dort steht ein singender Baum, den hau ab, so wirst du in den Wurzeln etwas finden.
>
> Der singende Dummling ging hin und hieb den singenden Baum um, und wie er fiel, saß in den Wurzeln eine singende Gans, die hatte Federn von reinem Gold. Er hob sie heraus, nahm sie singend mit sich und ging singend in ein Wirtshaus, da wollte er übernachten. [...]

(4) Die Vergangenheitsform üben

Beim kindlichen Erzählen und Berichten ist die dominierende Zeitform zumeist das Perfekt. Man muss seinen Gebrauch nicht generell als unangemessen werten, insbesondere im ersten und zweiten Schuljahr sollte man mit korrigierenden Hinweisen zurückhaltend sein. Im dritten und vierten Schuljahr können Übungen, die nach dem Muster des folgenden Beispiels gestaltet sind, dazu beitragen, dass die Kinder in der Anwendung der 'eigentlichen' Erzählzeit, dem Präteritum, allmählich sicherer werden.

> Flug ins Traumland
>
> Julia [gehen] wie jeden Morgen zur Schule. Plötzlich [stehen] eine wunderschöne Frau vor ihr. Julia [erschrecken]. Die Frau aber [lächeln] und [sagen]: „Hab keine Angst. Ich bin die Traumfee und möchte dich mit ins Traumland nehmen." Sie [nehmen] Julia an der Hand. „Wir fliegen ja", [rufen] Julia. Nach einem kurzen Flug [ankommen] im Traumland. „Hier ist es wunderschön", [sagen] Julia und sie [sehen] sich die Bäume und Blumen auf den Wiesen an. [...]

(5) Sätze beenden

Wolfgang Menzel (1993) hat darauf hingewiesen, dass sich das Gefühl für den Satz in der Grundschule nur sehr allmählich durch den Umgang mit der geschriebenen Sprache entwickele. Denn in der gesprochenen Sprache gäbe es so etwas wie „Sätze" nicht; hier werde das Ende eines Gedankens allenfalls durch den Melodiebogen und die Pausenzeichen signalisiert. „Daher haben die meisten Kinder beim Niederschreiben ihrer Gedanken Schwierigkeiten, an Zeichen zu denken, die das Ende von Sätzen signalisieren. Sie vergessen Punkte oder Kommas beim Schreiben; denn das Schreiben ist von inhaltlichen Gesichtspunkten bestimmt, zumal wenn es sich um Dinge handelt, an denen die Kinder emotional beteiligt sind."

Es ist also erforderlich, dass die Kinder eine Sensibilität für die Satzzeichen ausbilden. „Satzzeichen haben sich erst ganz allmählich entwickelt. Heute sollten Kinder Zeichen wie Punkte und Kommas als 'Hilfszeichen für das Lesen' verstehen lernen. Für das Schreiben brauchen sie sie ja auch nicht, da sie selbst wissen, wo ein Gedanke zu Ende ist. Der Leser aber weiß das nicht; er muß es erst aus dem Zusammenhang erschließen. Im Hinblick auf den Leser also sollten die Kinder lernen, Satzzeichen zu setzen" (ebd.).

Die Übungstexte hierfür werden entweder so arrangiert, dass bei ihnen – anfangs – die Punkte und – später außerdem – die Kommas fehlen oder so, dass die Punkte sehr willkürlich gesetzt sind; je nach gewolltem Schwierigkeitsgrad werden die richtigen Satzanfänge groß oder klein geschrieben.

Übungsbeispiel 1: Text ohne Punkte und Kommas

> In der Gärtnerei
>
> Die Klasse 3 besichtigt eine Gärtnerei in den warmen Gewächshäusern wachsen viele Blumen in Pflanzkästen kommen die Samen zur Aussaat sie quillen und keimen die jungen Pflänzchen werden pikiert sie werden aus den Pflanzkästen herausgenommen und in Blumentöpfe eingetopft eine Berieselungsanlage gießt alle Pflanzen automatisch vor dem Verkauf werden die Blumen noch einmal umgetopft eine Topfmaschine füllt Blumenerde in die größeren Töpfe der Gärtner hat für die Kinder der Klasse eine ganz besondere Blume gezüchtet es ist eine gelbe Primel mit einem Mohrenkopf.

Übungsbeispiel 2: Text ohne Kommas und mit willkürlicher Punktsetzung

> Der Fuchs und die Trauben
>
> Ein Fuchs strich durch einen Weinberg und sah. an einem Spalier besonders saftige Trauben. hängen die ihm das Wasser im Munde zusammenlaufen. ließen er sprang um sie herunterzureißen. aber sie hingen zu hoch er nahm einen neuen Anlauf. und sprang zum zweiten. Mal aber wieder vergebens er versuchte es. noch ein drittes Mal und noch einmal. verfehlte er die lockende Beute schließlich. verließ er enttäuscht den Weinberg. und sagte: „Eigentlich bin ich gar nicht hungrig, und wahrscheinlich sind diese Trauben ganz sauer."

3 Überarbeiten

Die Möglichkeit, einen Text nach dem Aufschreiben noch überarbeiten zu können, gilt der Schreibforschung als einer der großen Vorteile, den das Schreiben gegenüber dem Sprechen hat (vgl. Augst 1988). Nur der Schreibende kann seine einmal getroffene Entscheidung revidieren, „und zwar sowohl technisch als auch zeitlich so, daß die Öffentlichkeit, der Kommunikationspartner davon nichts merkt“ (Kreisel 1994, 238); dem fertigen Text ist nicht anzusehen, „ob, wann und wie er überarbeitet worden ist“ (ebd.). Für die Entwicklung einer Schreibkompetenz ist die Fähigkeit zum Überarbeiten von Texten ein ebenso zentraler Faktor wie die Planungs- und Formulierungsfähigkeiten. Augst (1988) übernimmt sogar die These des Amerikaners Hirsch, der Schreiben mit dem Überarbeiten gleichsetzt und auf die bündige Formel bringt: “Schreiben ist Überarbeiten“.

3.1 Beschreibung des Handlungsfeldes

In der wissenschaftlich-didaktischen Literatur finden sich relativ enge Auffassungen zur Überarbeitung von Texten neben recht weiten. Zu den engen Auffassungen rechnet Marina Kreisel (1994) jene, „die das Korrigieren (Berichtigen) aus dem Überarbeiten herausnehmen, es vom Überarbeiten abtrennen“ (237). Das sei zum Beispiel dort der Fall, wo es heiße: „Wir wollen unterscheiden zwischen Berichtigung und Überarbeitung:

- *berichtigt* werden wirkliche Fehler (Rechtschreibfehler, Zeichensetzungsfehler, grammatische Fehler, Auslassungen);
- *überarbeitet* werden die Stellen, die nicht eigentlich falsch, sondern die nicht so recht gelungen sind“ (Menzel 1979, 135; vgl. auch Baurmann/Ludwig 1996, 14).

Zu den weiten Auffassungen vom Überarbeiten rechnet Kreisel (ebd., 238) jene, die das Korrigieren einschließen. Besonders weit geht in dieser Hinsicht Gerhard Augst (1988), der jede Form der Textveränderung im Prozess der Textproduktion zum Überarbeiten rechnet, sofern sie einer Optimierung des zunächst als Entwurf verfassten Textes dient. In seinem Modell ist es grundsätzlich unerheblich, ob die Überarbeitung sich nur „auf den Austausch einzelner Wörter“ begrenzt, in Form umfänglicher Veränderungen erfolgt oder „bis zur Neukonzeption des ganzen Textes“ führt (ebd., 53). Eine weite Auffassung vom Überarbeiten zugrunde legend, unterschieden Baurmann und Ludwig (1985) nach ihrer „Tiefe“ fünf verschiedene Arten von Revisionen: Nachträge, Korrekturen, Verbesserungen, Umsetzungen und Reformulierungen.

Unter *Nachträgen* verstehen Baurmann und Ludwig

„– kleinere kosmetische Korrekturen am Schriftbild
- Verdeutlichungen von Buchstaben und Buchstabenfolgen
- kleinere Ergänzungen (wenn beispielsweise ein Buchstabe oder gar ein Wort fehlt)

- Streichungen (wenn etwa ein Buchstabe oder ein Wort versehentlich zweimal geschrieben worden ist)
- Ergänzungen zur Interpunktion (jedoch nicht Korrekturen von fehlerhaften Setzungen" (259f.).

Korrekturen heben sprachliche Normverletzungen auf. Sie „betreffen
- die Zeichensetzung
- die Orthographie
- die Syntax
- die Semantik von Wörtern und Wortkombinationen" (260).

Korrekturen sind „notwendige (obligatorische) Veränderungen" an den Textentwürfen. „Neben ihnen gibt es andere, die zwar nicht obligatorisch sind, weil keine Normverletzung vorliegt, aber dennoch geboten sein können" (ebd.). In diesem Falle sprechen Baurmann und Ludwig von *Verbesserungen* bzw. von „stilistischen Veränderungen am Textentwurf" (ebd.).

Zu den *Verbesserungen* „gehören die Wahl
- eines anderen Wortes
- einer anderen Redensart
- einer anderen syntaktischen Konstruktion

aber auch
- Veränderungen der Satzverbindungen
- Vermeidung von Wiederholungen
- persönliche Eigenheiten im Ausdruck des Schreibers
- und anders mehr" (ebd.).

Stärker als Nachträge, Korrekturen und Verbesserungen greifen Umsetzungen und Reformulierungen in die Textsubstanz ein. Von *Umsetzungen* sprechen Baurmann und Ludwig, wenn sich Revisionen auf die „Planbildung" beziehen, von *Reformulierungen*, wenn der Schreiber „mehrere Sätze, einen Abschnitt, ein ganzes Kapitel und schließlich den ganzen Text" verändert (260f.).

Unabhängig davon, wie tief die Überarbeitung im Einzelnen reichen soll, in jedem Falle gilt, dass ein Text „überhaupt erst einmal als 'überarbeitungsbedürftig' erkannt bzw. akzeptiert werden" muss (Kreisel 1994, 239), weil anders die Revisionsmöglichkeit ungenutzt bleibt. Der Schreibende muss erst einmal erfahren, wo und wie er etwas ändern kann (August 1988, 53); anders gesagt, er muss sich die benötigte Überarbeitungskompetenz erst einmal aneignen können. Überarbeiten von Texten will also gelernt sein; „es ist auf Wissen verschiedenster Art angewiesen, es bietet zugleich Raum, Wissen zu erwerben, auch Wissen anzuwenden [...]. Und das Überarbeiten will trainiert werden" (Kreisel 1994, 239).

Beobachtungen der Schreibforschung lassen es freilich ratsam erscheinen, mit Erwartungen an frühe und sich dann kontinuierlich fortsetzende unterrichtliche Vermittlungserfolge zurückhaltend zu sein. Die größten Entwicklungsschritte in der

Überarbeitungsfähigkeit, die tatsächlich zu einer Textoptimierung führen, sind danach nämlich erst im Übergang vom Jugendalter zur Adoleszenz zu erkennen, während zuvor der Text bei Sechs- bis Achtjährigen, ungeachtet erfolgter Hinweise, zumeist unbearbeitet bleibt und die Überarbeitung auch später deutlich lokal gebunden ist (Feilke 1993, 28). Orthografische Korrekturen, Satzumstellungen und ein Austausch von Wörtern ohne größere textuelle Relevanz stünden im Vordergrund. Zwar überarbeiteten alle Altersgruppen, aber die Texte würden durch das Überarbeiten in der Regel nicht besser und oft sogar schlechter, weil bis ins Jugendalter hinein die Überarbeitungsfähigkeit noch nicht voll entwickelt sei (ebd., 29). Der Text werde zwar kontinuierlich „nach-gelesen" und insofern kontrolliert, ebenso würden Schwächen durchaus festgestellt, aber es fehle an globalen Kriterien für die Diagnose und die Entwicklung von Formulierungs- oder Textstrukturalternativen. Der Grund dafür scheine die noch nicht ausgebildete Fähigkeit zur abstrakten Repräsentation von Kommunikationszielen und -adressaten im Text, mithin mangelndes Textstrukturwissen zu sein (ebd.).

Im Blick auf die motivationalen Bedingungen des Schreibenlernens in der Grundschule (vgl. Baurmann/Müller 1998) ist dies ein äußerst sensibler Punkt. Kinder bis zu etwa acht Jahren „sind gar nicht in der Lage, die Schwächen ihrer Texte als *Text*schwächen zu erkennen, sie also in Beziehung zur Textebene zu interpretieren; die Überarbeitung ersetzt deshalb bestenfalls in einer Art Kurzschluß oft nur eine Schwäche durch eine andere; dies kann zu einem Teufelskreis von Schreibenttäuschungen führen" (ebd.). Gerade diese aber gilt es zu verhindern. Das heißt, an die Adresse des Lehrers gesagt: Er sollte keine Formen der Revision erwarten oder fordern, die das Kind aufgrund seiner Entwicklung noch nicht leisten kann. Der Lehrer sollte sich auch darüber im Klaren sein, dass Überarbeiten und Übungen im Überarbeiten „häufig intensive Arbeit am Detail, gewissermaßen Filigranarbeit, langwierige Annäherung an den Gegenstand – Verweilen, Zurückgehen, erneutes Prüfen, Verändern" – bedeuten (Kreisel 1994, 239), Leistungen also, zu denen das Grundschulkind nur bedingt fähig ist. Es ist schon viel erreicht, wenn es für die Einsicht sensibilisiert ist, sein Text sei noch verbesserungsfähig, und daraus im Rahmen seiner Möglichkeiten Konsequenzen ableitet.

Richtungsweisend solle eine Orientierung an dem Ziel des Schreibunterrichts sein, den Schüler in die Fähigkeit einzuüben, das in seinem Text „auszudrücken, was er meint, und zwar zunehmend differenzierter und komplexer" (Dehn 1991, 49). Das Ziel schließt die Vorstellung ein, dass der Schüler aufgrund seiner Schreiberfahrungen letztlich zu einem eigenen Schreibstil findet, das heißt, über die Fähigkeit verfügt, das, was er meint, so zu sagen, dass er das Formulierte als ihm gemäß empfindet (vgl. Ludwig 1994, 23) und sich damit identifizieren kann. Helga Bleckwenn (1990, 18) hat den Weg zu diesem Ziel als Kultivierung des → Sprachgefühls beschrieben und die Schritte dahin als „Stilarbeit" (vgl. auch Ludwig 1994) bezeichnet. Sie meint damit Aufgaben, „in denen das Sprachgefühl angesprochen wird und die gefühlsmäßige Wahl durchdacht und begründet werden muß. Daraus könnten gewisse Regularien abgeleitet und in einem längeren Arbeitsprozeß auch manche Stilprinzipien einsichtig gemacht werden. Durch derartige Sensibilisierung kann nach und nach auch die Ambivalenz bestimmter Textmerkmale erkannt werden, daß etwa Wortwiederholungen meist störende Nachlässigkeiten sind, daß sie aber auch als bewußte Intensivierungen fungieren können" (ebd.). Im Kontext solcher Stilarbeit bewegt sich der Lehrer, wenn er mit den Schülern das Überarbeiten von Texten übt, wenn er mit ihnen an der Ausformulierung ihrer Texte arbeitet (vgl. Ludwig 1994, 18).

3.2 Übungsformen

Wir beschreiben im Folgenden Übungsformen, die in der didaktischen Literatur empfohlen werden und die sich in unserer Unterrichtspraxis als förderlich für die Entwicklung der Überarbeitungskompetenz erwiesen haben. Sie beziehen sich auf korrigierende und verbessernde Revisionen, die Grundschüler nach den Beobachtungen der Schreibforschung (vgl. Baurmann/Ludwig 1985, 261 ff.) zu erlernen und anzuwenden in der Lage sind.

(1) Laut lesen

„Um überhaupt auf Mängel des Textentwurfes aufmerksam werden zu können, muß der Schreiber erst einmal seine Formulierungen durchlesen" (Baurmann/Ludwig 1985, 257; vgl. auch Baurmann/Ludwig 1996, 16). Lautes Lesen zwingt hierbei erfahrungsgemäß zu besonders sorgfältigem Lesen. Der Schüler wird zum (fremden) Leser seines eigenen Textes und prüft Wort für Wort, Satz für Satz: zuerst auf die Klangqualität, dann vor allem daraufhin, ob sein Gedanke, den er mitteilen will, in der vorliegenden Form wirklich getroffen ist (vgl. Bleckwenn 1990, 19) oder ob er ihn noch präzisieren muss. Gegenüber einer verbreiteten Praxis, gleichartige, sinnverwandte Wörter (Synonyma) relativ beliebig gegeneinander auszutauschen, ist hier „der Gedanke" der Maßstab, wenn ein „treffenderes Wort" an die Stelle des ursprünglich gewählten gesetzt wird.

Verbesserungen setzen Distanz zum eigenen Text voraus. Diese kann verstärkt werden, wenn der Schüler seinen Text nicht gleich nach der Niederschrift, sondern erst in einem Abstand von einigen Tagen wiederliest (vgl. Fritzsche 1994, 197), oder wenn er ihn nicht selbst liest, sondern sich ihn von einem Partner laut vorlesen lässt.

(2) Sich über das Textverständnis austauschen

Dieser Vorschlag von Mechthild Dehn (1991, 49) basiert auf der Überlegung, dass Kinder etwas über andere Gestaltungsmöglichkeiten erfahren, wenn sie andere Texte hören. Das Verfahren unterscheidet sich von Vorschlägen zur Korrektur und Kritik (z. B. auch in → Schreibkonferenzen) vor allem darin, dass die Orientierung nicht an zuvor festgelegten inhaltlichen und gestalterischen Kriterien erfolgt, sondern versucht wird, dem Stil des Kindes, wie es den Text vom ersten Wort an erzeugt, verstehend zu folgen und aus ihm Orientierung zu gewinnen. „Diese Orientierung ist leichter, je größer die Kenntnis der Funktion von stilistischen Merkmalen ist – man könnte sie auch einfach 'Sprachgefühl' nennen [...]. Naheliegend ist, dieses Verständnis den Schülern zurückzuspiegeln, indem LehrerIn und Kinder die Vorstellungen benennen, die der Text wachruft [...] – auch die Assoziationen und Verwirrungen“ (ebd.).

(3) Gemeinsam Überarbeiten

Das Überarbeiten in gemeinsamem Tun – auch an gemeinsam erarbeiteten Texten – zu üben, ist in mehrerer Hinsicht vorteilhaft (Kreisel 1994, 239): alle Kinder können am Entstehungsprozess eines Textes teilhaben; es werden mehr Einfälle produziert, mehr Möglichkeiten entwickelt, den Text zu verändern; Erfolg und Freude sind stärker gewährleistet; bereits jüngeren Kindern wird ermöglicht, eine distanzierte Haltung zu ihrem eigenen Text einzunehmen, sich in die Rolle des nicht wissenden Lesers zu versetzen; es werden die sprachlichen Erfahrungen bereichert; Misserfolge – sofern es denn welche sind – können gemeinschaftlich verantwortet werden.

Das gemeinsame Üben ist besonders in den beiden ersten Schuljahren angebracht, doch keineswegs auf diese Altersstufe begrenzt. Später kann das Üben auch in Gruppen- oder Partnerarbeit geschehen und schließlich in Einzelarbeit. Die Übungstexte sollten durchweg kurz sein; nicht selten genügen schon ein Satz oder ein Abschnitt. Außerdem sollten die Texte in der Regel aus dem unmittelbaren Unterrichtsgeschehen kommen, d. h. an der aktuell bearbeiteten Schreibaufgabe festgemacht werden; denn so lässt sich am ehesten ein Transfer gewährleisten und vermeiden, dass die geübten Verbesserungsmöglichkeiten ins Leere zielen. Spezifisch arrangierte Übungen können gleichwohl ergänzend angebracht sein. Mechthild Dehn (1990, 50) spricht in diesem Zusammenhang von „Etüden“ und meint, mit ihrer Hilfe könnten die Kinder „abseits ihrer eigenen Gedanken und Gefühle“ den Umgang mit Stilelementen operativ lernen.

Unentbehrlich ist, dass der Übungstext schriftlich präsent ist, an der Wandtafel, über Tageslichtprojektor oder Arbeitskopien – gleichgültig ob mit der ganzen Klasse, in Gruppen oder mit Einzelpartnern gearbeitet wird. Das in den → Schreibkonferenzen praktizierte Verfahren, den Text nur vorzulesen, ist allenfalls für inhaltliche Hinweise ausreichend, für detaillierte Spracharbeit am Text genügt es nicht, dazu ist das Vorlesen zu flüchtig.

(a) Eine Einladung überarbeiten

Kinder eines zweiten Schuljahres haben zu der Geschichte von der Maus, die einen Freund sucht (s. S. 181 f.), ein einfaches Schattenspiel selbst geschrieben und eingeübt.

Nun steht noch die Einladung zur Aufführung aus, die Eltern, Verwandten und Freunden überbracht werden soll. Nach der Vorüberlegung, was alles in einer Einladung bedacht werden soll, diktieren die Kinder dem Lehrer Sätze, die dieser unverändert an die Tafel schreibt.

Am Freitag führen wir ein Schattenspiel auf. Alle sind herzlich eingeladen. Die erste Vorstellung beginnt um 8.30 Uhr. Das Stück heißt: Die Maus sucht einen Freund. Die zweite Vorstellung beginnt um 9.30 Uhr. Wenn die Eltern und ihr kommt, freuen wir uns. Wir spielen in der Frühlingsschule. Wir spielen im Raum 2. Die Kinder aus der 2b.

Der Tafeltext wird mehrfach laut vorgelesen, bis einige Schüler bemerken, dass bestimmte Stellen eigentlich der Verbesserung bedürften: Da ist was durcheinander. – Das Datum fehlt. – Das Wort „spielen“ kommt zweimal vor. – Da kann man was in einem Satz zusammenziehen.

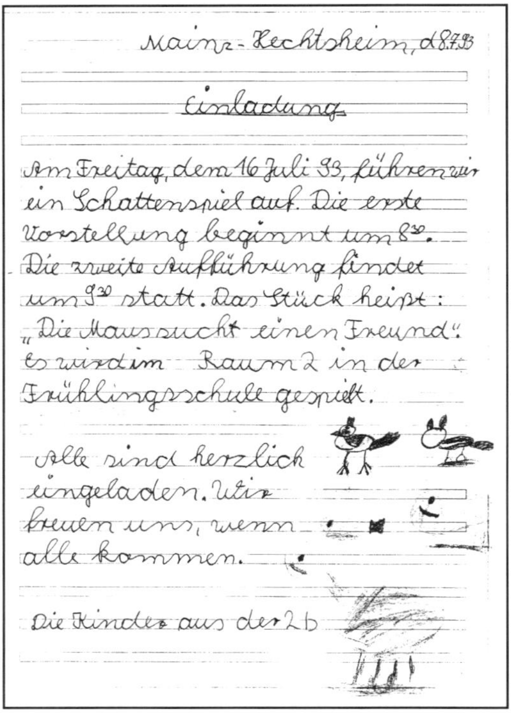
Mainz-Hechtsheim, d 8.7.93

Einladung

Am Freitag, dem 16 Juli 93, führen wir ein Schattenspiel auf. Die erste Vorstellung beginnt um 8^{30}. Die zweite Aufführung findet um 9^{30} statt. Das Stück heißt: „Die Maus sucht einen Freund“. Es wird im Raum 2 in der Frühlingsschule gespielt.

Alle sind herzlich eingeladen. Wir freuen uns, wenn alle kommen.

Die Kinder aus der 2b

Überarbeiteter Text

Sollten die Schüler in der sprachlich-stilistischen und inhaltlichen Beurteilung eines Textes noch wenig geübt sein, muss der Lehrer entsprechende Impulse geben, um sie zu einer kritischen Überprüfung zu veranlassen. – Gemeinsam wird nun der Tafeltext umgeschrieben.

In einer Erprobungsklasse ergab sich, dass das Wort „alle“ als Bezeichnung der Adressaten von der Mehrheit der Schüler akzeptiert wurde, obwohl der Lehrer Bedenken äußerte. Der Gebrauch des Wortes „alle“ bewahre die Schreiber vor einer zu ausführlichen Aufzählung der einzuladenden Gäste (Mama, Papa, Bruder, Schwester, Opa, Oma, Tante, Freund usw.): „Es weiß doch jeder, wer gemeint ist!“ lautete das schlagende Argument. Und was die Wiederholung des Wortes betraf, meinten die Schüler: „Es sollen ja *alle* kommen und nicht nur *viele.*“ Eine solche Diskussion über den Text, der währenddessen immer wieder durch Lesen überprüft wird, zeigt, dass der Lehrer bereit sein muss, sich auf die Argumentation der Schüler und ihr begründetes Bestehen auf einer bestimmten Formulierung einzulassen, sofern diese nicht unangemessen, missverständlich oder falsch ist.

(b) Eine Mustergeschichte überarbeiten

Grundsätzlich sollten die Kinder das Überarbeiten an ihren eigenen Texten üben; denn hier dürfte ihnen dessen Relevanz am ehesten einleuchten. Wolfgang Menzel gibt in diesem Zusammenhang allerdings den bedenkenswerten Rat, dieses im Grundsatz richtige Verfahren nicht zum unumstößlichen Prinzip zu machen. „Man sollte vielmehr aus diesen Texten 'Mustergeschichten' zusammenstellen, die zum Überarbeiten besonders geeignet sind – und an denen alle etwas lernen können" (Menzel 1990, 28).

Das folgende Beispiel einer Mustergeschichte gehört thematisch in den Zusammenhang „Texte vervollständigen"; geübt werden soll das Schreiben eines Schlusses zu der „Geschichte von den drei kleinen Schweinchen" (s. S. 155ff.).

> *Dann klettert der Wolf auf das Dach. Dann will er in den Schornstein klettern. Und da holen die drei kleinen Schweinchen einen Topf mit Wasser, Und dann tun die Schweinchen den Topf in den Kamin. Dann kann der Wolf sich nicht mehr halten, und da rutscht er in den Topf. Da tun die Schweinchen den Deckel auf den Topf. Und dann muß der Wolf sterben. Da sind die Schweinchen froh. Und dann singen sie und tanzen.*

Die Überarbeitungsaufträge zu dieser Mustergeschichte lauten:

- Lies den Text mehrmals deinem Partner vor.
- Sprecht über den Text.
- Unterstreicht mit einem farbigen Stift, was euch nicht gefällt.
- Verbessere nun die Geschichte. Wenn du die Sätze umstellst oder manche Sätze miteinander verbindest, klingt die Geschichte besser. Sicher findest du auch ausdrucksvollere Verben (Tunwörter).
- Mache einen Entwurf und überprüfe ihn durch Vorlesen
- Schreibe nun deinen überarbeiteten Text auf.

(4) Den Umgang mit sprachlichen Operationen üben

Zu den elementaren Überarbeitungsfähigkeiten gehört das Umgehen mit sprachlichen Operationen, die der Sprachwissenschaftler und -didaktiker Hans Glinz entwickelt hat: der Klang-, Ersatz-, Erweiterungs-, Weglass-, Umstell- und Umformungsprobe. Diese Sprachproben sind wichtige Hilfen, um die Kinder mit der Erfahrung vertraut zu machen, dass und wie Wörter, Sätze und Abschnitte in ihren Texten während des Schreibprozesses noch verändert werden können. Damit für solche Überarbeitungen in den Texten genügend Platz ist, sollte man die Schüler daran gewöhnen, in ihren Entwürfen immer eine Zeile Zwischenraum zu lassen. Gleiches gilt selbstverständlich auch für Übungstexte, die der Lehrer bereitstellt.

Die folgenden Übungsbeispiele zu den grundschulrelevanten Operationen Ersatz-, Erweiterungs-, Weglass- und Umstellprobe beziehen sich inhaltlich auf die Kinderkurzgeschichte „Hannes fehlt" von Ursula Wölfel (s. S. 167ff.), die davon erzählt, wie Hannes auf der Rückfahrt von einem Klassenausflug vermisst wird.

(a) Ersatzprobe

In der Ersatzprobe werden Wörter, Wortkomplexe, Satzglieder gegen ähnliche (gleichartige, sinnverwandte) ausgetauscht, „die dem Gedanken noch nicht genau entsprechen“ (Bleckwenn 1990, 19). Es erfolgt eine Überprüfung der Formulierungen in Hinblick auf die Informationsänderung und auf die Änderung der Wirkung beim Leser.

Text:

Der Lehrer führte Hannes zum Bus und sie fuhren singend nach Hause.

Überarbeitung:

Der Lehrer *brachte* Hannes zum Bus und sie fuhren *erleichtert zur Schule* zurück.

(b) Erweiterungsprobe

In der Erweiterungsprobe werden Wörter, Wortkomplexe, Satzglieder als zusätzliche Informationen in einen Satz eingefügt.

Text:

Er entdeckte Hannes.

Überarbeitung:

Er entdeckte den *schlafenden* Hannes.

Oder:

Er entdeckte Hannes, *der schlafend hinter einem Baumstumpf lag.*

(c) Weglassprobe

Die Weglassprobe oder auch Abstrichmethode (Elimination) reduziert den Satz, streicht unnötige oder überflüssige Informationen weg.

Text:

Da hörte der Lehrer *auf einmal* ein *lautes* Schnarchen, *er* ging dem Geräusch nach und *da* entdeckte er *den schlafenden* Hannes, *der hinter einem Baumstumpf lag.*

Überarbeitung:

Der Lehrer hörte ein Schnarchen, ging dem Geräusch nach und entdeckte Hannes.

(d) Umstellprobe

Die Umstellprobe ist ein Verfahren des Verschiebens (Permutation), das die Reihenfolge der Satzglieder ändert. Es hilft, gleiche Satzbaumuster zu vermeiden, und verdeutlicht die unterschiedlichen Wirkungen verschiedener Stellungen.

Text:

Hannes dachte: „Hoffentlich lachen sie mich jetzt nicht aus.“

Überarbeitung:

„Hoffentlich lachen sie mich jetzt nicht aus“, *dachte Hannes.*

4 Beurteilen

[1] Die Notengebung beim Aufsatz ist meiner Meinung nach die schwierigste [Aufgabe]. Es existieren keine Fehlerzahlen wie beim Diktat und keine Punktzahlen wie etwa in der Mathematik, mit denen sich die Note exakt ermitteln ließe. Je mehr Praxis der Lehrer auf diesem Gebiet hat, desto leichter wird es ihm fallen, die Noten zu vergeben. Jedoch bleibt es schwierig, rein objektiv zu bewerten.

[2] Da ich in puncto Notengebung häufig denke, ein anderer Lehrer würde diesen Aufsatz ganz anders bewerten (am eigenen Leib als Schüler erfahren), brauche ich sehr lange, bis ich mich zu einer Note durchgerungen habe. Ich lese meist alle Aufsätze durch, versuche zu vergleichen (gleichartige zu finden) und beginne dann erst mit der Korrektur. Aus diesem Grunde habe ich bisher meist nur die untere Grenze der vorgeschriebenen Anzahl der Arbeiten erreicht.

Ganz ehrlich gesagt, gibt es für mich nichts Schlimmeres als Aufsätze zu benoten. Ich schiebe es oft mehrere Tage vor mir her, nicht aus Faulheit (andere Arbeiten korrigiere ich meist sofort), sondern aus Unbehagen.

[3] Viel Mühe haben die Schüler darauf verwandt, einen Aufsatz zu erstellen: Vorentwurf, evtl. Stichwortsammlung, Überarbeitung und Reinschrift. Und ich muß jetzt den *roten Stift* nehmen und anstreichen, unterstreichen, durchstreichen, Anmerkungen, Ergänzungen usw. hinzusetzen, so daß bei manch schwachem Schüler von dem Original nur noch wenig zu erkennen ist. Und das so etwa zwanzig Mal hintereinander.

[4] Kriterien: Ist der Sinn erfaßt, [...] sprachlich sauber ausgedrückt? Ist wörtliche Rede verwandt? Stimmen die Abläufe? Sind die Satzanfänge unterschiedlich? Sind die Sätze nach dem gleichen Muster gestrickt? Sind die Sätze ausgeschmückt oder sind es einfache Sätze? [...]

[5] Ausdruck: Hat der Schüler versucht, treffende Ausdrücke zu finden? Hat er nicht zu oft Substantive (Namenwörter) oder Verben (Tätigkeitswörter) wiederholt? Ist es ihm gelungen, eigene Wortschöpfungen einzufügen?

Augenfällig an diesen fünf Lehrertexten sind zuerst die Mühsal und das Unbehagen, das ihre Verfasser zum Beurteilen von Schüleraufsätzen bekunden; sie dürften hierin durchaus repräsentativ sein. Bemerkenswerter erscheint uns allerdings die Eindeutigkeit der Aussagen über den Umgang mit den Ritualen überkommener Verfahrensabläufe und die Fixierung auf Schreibnormen wie den 'guten treffenden Ausdruck', die Verwendung der 'wörtlichen Rede' oder die Vermeidung von 'Wiederholungen'. Die Blickrichtung der Beurteiler gilt nicht dem, was die Schülertexte an inhaltlicher Relevanz und sprachlicher Angemessenheit zu erkennen geben (vgl. Dehn 1993; Nussbaumer 1991), sondern allein der Überprüfung, inwieweit sie vorgegebene Normen erfüllen. Konsequenterweise reduziert sich das Beurteilen auf den Aspekt der Bewertung und Benotung, es wird nicht als integrales Element des Schreibprozesses erkannt und anerkannt.

Beurteilen aber umgreift mehr als nur das Bewerten. Es ist vor allem keine Handlungsweise, die sich ausschließlich auf den fremden Text bezieht, vielmehr auch und zuerst dem eigenen Text gilt: „Differenziert und versiert schreibt, wer seine schreibabsichten mit dem geschriebenen in einklang bringen kann. Schon die entscheidung, einen text abzuschließen oder aus der hand zu geben, setzt eine beurteilung voraus. Das durchlesen und überarbeiten des gesamten textes oder einzelner passagen sind ohne wertungen nicht denkbar [...] Die textproduktion schließt also das beurteilen schon immer mit ein“ (Baurmann 1990, 12).

Diese grundsätzliche Aussage über das Beurteilen steht nicht im Widerspruch zu der Erfahrung, dass Grundschulkinder, die im Schreiben noch wenig oder gar nicht geübt sind, zunächst nicht in der Lage sind, ihre eigenen Texte sicher zu beurteilen. Sie ist vom Ziel des Schreibenlernens her formuliert; folgerichtig resultiert aus ihr die Forderung, die Kinder „über eine wohlüberlegte, pädagogisch sinnvolle und didaktisch angemessene fremdbeurteilung [...] nach und nach zur eigenbeurteilung ihrer texte hinzuführen“ (ebd.).

4.1 Reaktionsweisen auf Texte

Die Fremdbeurteilung ist, entgegen einer (noch) weit verbreiteten Praxis, nicht mit dem Bewerten durch den Lehrer einfach gleichzusetzen. Im Anschluss an Jürgen Baurmann (1987a, 19ff.; 1990, 12), der seinerseits Überlegungen von Hubert Ivo (1982) aufgenommen hat, unterscheiden wir drei „Modi“, wie auf Texte der Schüler reagiert werden kann: das Weiterführen, das fördernde Beurteilen, das prüfende Bewerten.

Eigentlich müsste Konsens darüber bestehen, dass in der Grundschule (und darüber hinaus) dem fördernden Beurteilen Priorität einzuräumen ist, sukzessiv ergänzt durch Formen des Weiterführens von Texten. Das fördernde Beurteilen gibt Differenzierung und Individualisierung Raum, es fügt sich bruchlos in einen Schreibunterricht ein, der „auf vielfältige Weise ermutigen, anregen, anspornen und auch einfordern will“ (Baurmann/Müller 1998, 19) und für den wir in den weiteren Kapiteln dieses Buches Vorschläge machen.

Diesem Konzept steht aber die gesellschaftlich begründete und administrativ durchgesetzte Forderung an die Schule bzw. den Lehrer entgegen, Bewertungen vornehmen zu müssen, in denen sich im Interesse einer Gleichbehandlung alle Schüler derselben Leistungsüberprüfung unterziehen müssen. Das Dilemma ist spätestens seit den kontroversen Diskussionen in den siebziger Jahren um die Qualität und den Sinn Aufsatz*bewertung* bekannt (vgl. Beck/Payrhuber 1975). Die ernst zu nehmenden Einwände, die die Beurteilungsforschung gegen die Funktion des Aufsatzes als Prüfungsinstrument formuliert hat, beanspruchen nicht einfach übersehen zu werden. Die wichtigsten davon sind, dass ein und derselbe Aufsatz „von verschiedenen beurteilern unterschiedlich benotet“ wird; dass ein und dieselbe Lehrkraft „selbst über einen mittleren zeitraum hinweg kaum stabil bewerten“ kann; und dass oft „in die beurteilungen erwägungen“ einfließen, „die weder auf den (vorangegangenen) aufsatzunterricht noch auf schreibdidaktische zielsetzungen zu beziehen sind“ (Baurmann 1987a, 21). Schwierigkeiten und Quellen von Unsicherheiten zeigen sich außerdem in den Befunden, dass Beurteiler durch Informationen über den Schreiber oder die Schreibsituation im Unterricht mit ihrer Benotung in eine bestimmte Richtung gelenkt werden können; dass Mängel in der sprachlich-formalen Gestaltung eines Textes (Handschrift, Orthographie, Grammatik) die Notengebung selbst dann noch negativ beeinflussen, wenn die Beurteiler aufgefordert werden, solche Gesichtspunkte bei der Notenfindung nicht zu berücksichtigen; dass die Reihenfolge, in der Beurteiler bei der Bewertung vorgehen, sich auf die Benotung auswirken, d. h. zu Beginn des Beurteilungsvorgangs vorliegende Arbeiten strenger bewertet werden als Aufsätze, die Beurteiler zum Schluss benoten.

Das Fazit aus solchen Befunden der Forschung kann eigentlich nur heißen: Aufsätze sind für die prüfende Bewertung reichlich ungeeignet (Baurmann 1987a, 21). Da die schulisch-gesellschaftlichen Bedingungen derzeit jedoch keinen Verzicht auf die prüfende Bewertung und Benotung zulassen, liegen zwei Folgerungen nahe: Erstens ist das prüfende Bewerten auf die Anzahl der Schreibaufgaben zu beschränken, die jeweils (administrativ) vorgegeben sind. In diesen Fällen sind dann zweitens Verfahren und Maßstäbe anzuwenden, die den subjektiven Spielraum der Bewertenden möglichst einengen und eine Vergleichbarkeit und jederzeitige Überprüfbarkeit der Bewertungen gewährleisten.

Diese, bezogen auf die Realität der Schule notwendigen Prämissen gilt es zu beachten, wenn wir im Folgenden die drei Reaktionsweisen auf Schülertexte noch etwas genauer beschreiben. Sie erklären auch, warum wir dem prüfenden Bewerten dabei den breitesten Raum geben.

4.1.1 Weiterführen

Beim *Weiterführen* vorliegender Texte “stehen die Beurteilungen nicht im Vordergrund, sie laufen implizit mit“ (Baurmann 1990, 12). Die Leser – in der Klasse sind es (meist) die Schüler – können auf einen Text zunächst so reagieren, dass sie ihn hinterfragen, Lücken, Mängel, Unklarheiten aufzeigen oder ihn mit einem Kommentar versehen. In der „schulischen Praxis“ besteht nicht selten „die Gefahr, daß die Schüleräußerungen nicht als Ausdruck von Gemeintem *verstanden* werden, sondern als Leistungsdokumente bewertet werden“ (Fritzsche 1994, 208). Was Schüler schriftlich äußern, fordert aber „primär nicht ein Urteil, sondern eine Antwort“ (ebd.) – und diese gibt nicht allein der Lehrer, sie kommt gleichermaßen von den Mitschülern. Diese können dabei auch von der Leser- in die Schreiberrolle schlüpfen und den Text ‘von außen her’ fortführen, indem sie beispielsweise Textteile ergänzen oder Parallel- und Gegentexte verfassen, in der Art etwa, wie sie dies beim Umgang mit poetischen Texten (s. S. 192 ff. u. 174 ff.) kennen gelernt haben.

4.1.2 Förderndes Beurteilen

Förderndes Beurteilen zielt darauf, „aus einem inhaltlich kargen einen inhaltsreicheren, aus einem sprachlich ungelenken, unklaren oder unverständlichen einen sprachlich gewandten und gut lesbaren aufsatz werden zu lassen“ (Baurmann 1987a, 20). Förderndes Beurteilen muss keineswegs auf kritische Reaktionen oder klare Wertungen verzichten, „aber eine solche beurteilung muß begründet und einsichtig sein" (ebd.). Die Aussagen zu einem Text sind intentional so anzulegen, dass sie dessen Verbesserung stützen und den Schüler insgesamt in seinen *Schreib- und Überarbeitungsfähigkeiten* weiterbingen. Der angemessene didaktische Ort des fördernden Beurteilens ist darum jene Phase im Schreibprozess, wenn „zumindest ein erheblicher teil des textes im entwurf 'steht', die gesamte produktion aber noch nicht abgeschlossen ist" (Baurmann 1987a, 21).

In der Praxis bewährt hat sich in dieser Phase die Einrichtung eines vom Lehrer besetzten sogenannten '*Schreibbüros*', das die Schüler aufsuchen können, um Fragen zu ihrem Text zu stellen, weiterführende Hilfen zu erbitten oder auch nur Bestätigung zu bekommen.

'Schreibbüro'

4.1.3 Prüfendes Bewerten

Prüfendes Bewerten dient primär der Kontrolle der Lernergebnisse und impliziert damit auch eine Einstufung und Auslese der Schüler aufgrund der erbrachten Leistung. Das übliche Instrument des prüfenden Bewertens ist der benotete *'Klassenaufsatz'*, selten(er) werden Vergleichsarbeiten oder Tests herangezogen. Grundlage der Benotung ist die *Korrektur*, d.h. die intensive „Auseinandersetzung des Lehrers mit den einzelnen Elementen des Schülertextes und ihrem Zusammenspiel“ (Beisbart 1990, 251); ihr Ergebnis schlägt sich nieder in Randbemerkungen bzw. Kennzeichnungen und Verbesserungen“ (ebd.).

Wenn die korrigierende Beschäftigung des Lehrers mit dem Schülertext einen Sinn haben soll, muss sie in erster Linie dem Einbringen von fördernden Anregungen dienen und nicht dem Feststellen von Fehlern und Mängeln. Ansonsten wäre auch eine anschließende Verbesserung des Textes durch den Schüler völlig überflüssig, weil sich die Funktion der Korrektur in der Bewertung erschöpft hat. Lernanregung geben sollte auch die ausführliche Stellungnahme am Schluss, die sogenannte ‘Verbalbeurteilung’, die auf keinen Fall fehlen darf. Sie genügt nicht ihrer Funktion, wenn sie lediglich die Note legitimiert, also Gelungenes und Misslungenes abwägt. Hier kann außerdem „der aus pädagogischen Gründen sehr bedeutsame intraindividuelle Aspekt berücksichtigt werden“ (Beisbart 1990, 264).

Im gelingenden Fall beabsichtigt also auch das prüfende Bewerten eine Verbesserung des vorliegenden Textes und eine Förderung der Schreibkompetenz. Es lässt sich allerdings nicht übersehen, dass diese Absicht in vielen Fällen fehlschlägt, „da die lapidare Plazierung innerhalb der Lerngruppe mittels Note und vor allem die weitreichenden Folgen solcher Benotungen selbst wohlmeinende pädagogische Intentionen häufig verzerren oder gar völlig zunichte machen“ (Baurmann 1990, 12). Ein Schüler, der signifikante individuelle Fortschritte gemacht hat, ist gewiss schwer zu weiteren Schreibversuchen zu ermutigen, wenn ihm – im Vergleich zu den anderen – gleichwohl nur eine unzureichende Leistung bescheinigt wird.

Entschieden werden muss – vom einzelnen Lehrer oder von der Fachkonferenz einer Schule – nicht zuletzt auch, welche Fassung des Schülertextes bewertet (und benotet) werden soll. Nach Baurmann (1987b) sind grundsätzlich „drei Varianten [...] denkbar:

- Der Entwurf und die Überarbeitung werden einzeln bewertet.
- Erst nach Abschluß der Überarbeitung wird der gesamte Schreibvorgang mit einer Note bewertet.
- Der Entwurf wird mit einer Vornote bewertet, die durch die Qualität der Überarbeitung dann nuanciert werden kann“ (37).

Baurmann hebt an allen drei Varianten den Vorzug hervor, dass sie im Rahmen der gegenwärtigen Beurteilungspraxis prozessorientiert seien, ohne dass damit ein allzu großer Mehraufwand verbunden sei. Der Entwurf und die Überarbeitung würden, für alle Schüler sichtbar, gewürdigt, die Wahrscheinlichkeit, dass die Schreiber sachangemessen beurteilt würden, vergrößere sich, da verschiedene Verfahren kombiniert würden und die Zahl der Beurteilungen insgesamt erhöht werde (ebd.).

Baurmanns grundsätzlich plausible Argumentation ist für die Grundschule allerdings zu nuancieren. Gegen Ende der Grundschulzeit mag es angehen, mit allen drei Varianten zu operieren. Solange aber die Phasen von Entwurf und Überarbeitung bei den Kindern noch weitgehend undifferenziert miteinander verbunden sind, sollte der Schreibvorgang insgesamt nur mit einer Note versehen werden. Wir halten es darum für sehr problematisch, wenn sogar von Lehrplänen[1] eingefordert wird, das Überarbeiten von Texten als *notenrelevante* Leistung in die Bewertung von Klassenaufsätzen einzubeziehen. Nach diesem Konzept reagiert der Schüler auf die Korrekur und Bewertung (einschließlich Benotung) der „Erstfassung" seines Textes und erstellt nach den Vorgaben des Lehrers eine – nochmals zu bewertende – „Zweitfassung". Das Urteil über diese fällt um so besser bzw. schlechter aus, je genauer bzw. ungenauer die Schüler sich an die Korrekturanweisungen gehalten haben. So sinnvoll dieses Verfahren in späteren Klassen ist, so unangemessen ist, es in der Grundschule als Regelfall zu fordern. Die Beobachtungen der Schreibforschung zeigen nicht nur, dass Grundschüler mit diesem Leistungsanspruch überfordert sind, es ist auch nicht zu sehen, dass von diesem Verfahren ein motivierender Zuwachs an Schreibkompetenz ausginge.

In den Erörterungen um die Bewertung spielt die Frage nach den Maßstäben eine nicht unerhebliche Rolle. Als Grundsatz gilt, dass für Klassenarbeiten dieselben Kriterien anzuwenden sind wie für wissenschaftliche Tests (vgl. Fritzsche 1994, 216), also Objektivität, Validität (Gültigkeit) und Reliabilität (Zuverlässigkeit). In den Argumentationen des Schulalltags bleibt davon meist aber nur die Forderung übrig, das Ergebnis der Bewertung müsse *objektiv* sein. Demgegenüber haben Grzezik und Fischer (1985) den bedenkenswerten Einwand formuliert, es möge zwar für die Forschung interessant sein, dass verschiedene Beurteiler möglichst zu einem einheitlichen Ergebnis kommen sollten, für den Schüler sei aber viel bedeutsamer, dass das individuelle Urteil 'seines' Lehrers über einen längeren Zeitraum, also im Regelfall über ein bis zwei Schuljahre hinweg, *konstant* bleibe.

Grzesik und Fischer legen auch dar, welche Beurteilungsverfahren diese Stetigkeit bei der Beurteilung in hohem Maße gewährleisten. Neben der *Schnellbeurteilung nach dem Gesamteindruck* ist das vor allem die Verwendung nicht allzu umfangreicher *Kriterienkataloge*.

(1) Schnellbeurteilung nach dem Gesamteindruck

Bei der Schnellbeurteilung bewerten drei Beurteiler den einzelnen Aufsatz nach globalem Ersteindruck, während ein weiterer Beurteiler die formalsprachlichen Verstöße ermittelt und danach den Text benotet; aus dem Mittel der Einzelnoten ergibt sich sodann die Aufsatznote. Die Schnellbeurteilung hat sich vor allem im Zusammenhang mit der Vergabe von Qualifikationen (z.B. bei Prüfungen) bewährt, ihre Anwendung ist aber auch im Alltag sehr hilfreich, wenn ein einzelner Beurteiler Zweifel an seiner Note hat und sein Urteil absichern möchte; denn

[1] Im Lehrplan Deutsch Grundschule von Rheinland-Pfalz aus dem Jahr 1984 heißt es beispielsweise: „Bei der Aufsatznote selbst gibt die Leistung in der Erstfassung, die im Unterricht anzufertigen ist, den Ausschlag. Die bei der Überarbeitung und der Reinschrift erbrachte Schülerleistung sollte in die Endnote mit eingehen, darf aber die Note für die Erstfassung in der Regel nur bis zu einer Notenstufe verändern." (62)

mehrere Beurteiler ergeben mehrere Sichtweisen auf den Text. Sollen dagegen bestimmte Lernfortschritte bewertet werden, dann bietet sich der Einsatz von Kriterienkatalogen an.

(2) Kriterien der Textbewertung

In der Untersuchung „Was leisten Kriterien für die Aufsatzbeurteilung?" kommen Grzesik und Fischer (1985) zu dem Ergebnis, dass sich alles in allem die drei Kernkriterien *Inhalt, Aufbau* und *Sprache* als besonders geeignete Beurteilungsgesichtspunkte erweisen. Auf den ersten Blick scheint dies nur eine bewährte Beurteilungspraxis zu bestätigen. Diese Einschätzung verkennt jedoch, dass mit den drei Kernkriterien ein Rahmen gewonnen ist, innerhalb dessen weitere Präzisierungen und Differenzierungen vorgenommen werden können. Ulrich Eisenbeiß hat hierfür bedenkenswerte Vorschläge gemacht, denen wir uns – mit einigen Modifikationen – anschließen.

1. *Inhalt.* Fragen an die inhaltlich- sachliche Bearbeitung des Themas sind:
- In welchem Maße lässt der Schülertext Inhaltskenntnisse, Ideen, Sachverstand erkennen (vgl. Fritzsche 1994, 225)?

„– Wird zwischen wichtigen und unwichtigen Elementen (eines Gegenstandes, eines Vorgangs, eines Handlungszusammenhangs) unterschieden?
- Werden die wesentlichen Gesichtspunkte eines Themas vollständig und kontinuierlich ausgeführt oder sind in mehr oder weniger großem Umfang Lücken zu registrieren?" (Eisenbeiß 1990, 258)

2. *Aufbau.* Beurteilungsgesichtspunkte zur Strukturierung des Schülertextes sind:
- "die Proportionalität der Teile [...]
- die Art der Zusammenfügung der Einzelelemente (von reiner Addition bis zu feinsinniger chronologischer, räumlicher, funktionaler bzw. logischer Verknüpfung)
- die Übersichtlichkeit für den Adressaten" (ebd.).

3. *Sprache.* Beurteilungsgesichtspunkte sind hier die stilistische Bewältigung der Schreibaufgabe und die sprachliche Richtigkeit.

Stilbeurteilungskriterien sind
- 'Angemessenheit': Adäquatheit der Darstellungsform im Verhältnis zum Darstellungsinhalt (einschließlich der Konventionen der Textsorte); Sprachgefühl des Verfassers
- 'Verständlichkeit': Intention des Verfassers, Einstellung auf den Leser (kommunikativer Aspekt) (vgl. ebd., 262).

Sprachliche Richtigkeit zeigt sich im
- Einhalten der grammatischen Normen: Wortbildung, Syntax, Flexionen
- Einhalten der orthografischen Normen (ebd., 268).

Es liegt in der Natur der Sache, dass auch diese präzisierenden und differenzierenden Kriterien noch recht global bleiben müssen, weil ihnen sonst keine übergreifende Gültigkeit zukommt. Sie geben aber eine Orientierung über die Zielrichtung, auf die hin für jede konkrete Schreibaufgabe einzelne Kriterien zu entwickeln sind. Von dieser Aufgabe der konkreten Umsetzung kann der Lehrer in einem prozessorientierten Schreibunterricht nicht entbunden werden. Bei der Zusammenstellung eines solchen Kriterienkatalogs sind die folgenden Fragen, die Jürgen Baurmann (1987a) zusammengestellt hat, hilfreich:

- Bezogen auf die *Schreibaufgabe*: „Welche gesichtspunkte sind wichtig bzw. weniger wichtig? Welche anforderungen sind hier komplex bzw. weniger komplex?"
- Bezogen auf die *Schreiber*: „Welche anforderungen sollten die schreiber-innen auf jeden fall erfüllen? Welche teilleistungen sind darüber hinaus wünschenswert? Welche anforderungen gehen über den gegenwärtigen leistungsstand hinaus? Welche (teil-) aufgaben überfordern eher?"
- Bezogen auf den *vorangegangenen Unterricht*: „Welche anforderungen sind unmittelbar im unterricht vermittelt und durch üben gesichert worden? Welche anforderungen können von ähnlichen schreibaufgaben her übertragen werden? Welche anforderungen sind nur gelegentlich oder überhaupt nicht angesprochen worden?" (24)

Die Frage, wie viele Einzelkriterien den Kernkriterien zugeordnet werden und ob bestimmte Aspekte stärker als andere gewichtet werden sollen, kann nicht verallgemeinernd festgesetzt werden. Dies ist eine schreibdidaktische Entscheidung, die der Lehrer von Fall zu Fall zu treffen hat (ebd.). Die *Schreibhilfen*, die wir in unseren Unterrichtsvorschlägen zu zahlreichen Schreibaufgaben formulieren, sind der Versuch solcher Konkretisierungen.

Ein Beispiel

Wir wollen zunächst den Zusammenhang von *Schreibhilfen* und *Bewertungskriterien* an einem Beispiel verdeutlichen; darauf Bezug nehmend wollen wir sodann einen Vorschlag zur *Notenfindung* machen. Ausgangs- und Bezugspunkt der als Beispiel gewählten Schreibaufgabe ist die fabelähnliche Geschichte *Warum das Schwein weinte* von Iwan Krylow. Diese Geschichte soll, nach hinreichender Beschäftigung mit ihrem Inhalt und nach das Schreiben vorbereitenden Übungen, analog wiedererzählt werden.

> Warum das Schwein weinte — *Iwan Krylow*
>
> Ein Schwein, das auf einem Bauernhof lebte, hörte, wie sich die Menschen stets mit seinem Namen beschimpften. Die Magd sagte zum Knecht: „Du hast mich belogen, du bist ein Schwein!" Der Bauer sagte: „Dieser Händler ist ein Schwein, er hat uns betrogen." Und die Bäuerin schalt die Magd: „Wie schmutzig und unordentlich ist die Küche. Das ist doch eine Schweinerei."
>
> So ging es fort, und das Schwein kränkte sich immer mehr und mehr darüber. Eines Tages, als es wieder zuhören musste, wie man seinen Namen missbrauchte, legte es sich in seinem Koben nieder und weinte.

> Im Stall war aber auch ein kleiner Esel. „Warum weinst du?" fragte er mitleidig das Schwein. „An meiner Stelle würdest du auch weinen", schluchzte das Schwein. Und es erzählte alles dem Esel. Dieser hörte voll Anteilnahme zu, und dann sagte er: „Ja, das ist wirklich eine Schweinerei."

Die *Schreibaufgabe* lautet: Erzähle die Geschichte neu: Das Schwein kommt an einem Schulhof vorbei. – Für ein *drittes Schuljahr* werden hierzu folgende *Schreibhilfen* formuliert:

1. Erfinde drei verschiedene Situationen, in denen sich Kinder auf dem Schulhof mit dem Ausdruck „Schwein" beschimpfen und erzähle sie mit deinen Worten.
2. Benutze dabei die wörtliche Rede.
3. Ersetze „sagen" durch ein anderes Verb (Tunwort).
4. Erzähle, wie es dem Schwein zumute war, als die Kinder seinen Namen missbrauchten.
5. Den Schluss, die Unterhaltung zwischen Esel und Schwein, darfst du aus der Geschichte übernehmen. Du kannst ihn aber auch selbst gestalten.

Auf der Grundlage der beschriebenen Kernkriterien zur Bewertung eines Schülertextes und unter Einbezug der zur Aufgabe gegebenen Schreibhilfen, wird nun ein Katalog von zehn Einzelkriterien erstellt, die untereinander gleichgewichtig sind.

Inhalt

1. Ist das Thema insgesamt angemessen ausgeführt?
2. Wird von drei Situationen auf dem Schulhof erzählt?
3. Entsprechen die drei Situationen dem Thema der Geschichte?
4. Wird das Gefühl des Schweines zutreffend beschrieben?
5. Ist der Schluss der Geschichte anders als in der Vorlage.

Aufbau

6. Ist der Handlungsverlauf plausibel?
7. Ist ein logischer Zusammenhang der Geschichte erkennbar?

Sprache

8. Kommt wörtliche Rede vor?
9. Wird das Wort „sagen" durch andere Verben variiert?
10. Ist der Text sprachlich richtig?

Zu überlegen ist nun, welcher Maßstab zugrunde gelegt werden soll, um den Grad der Erfüllung eines jeden Einzelkriteriums zu erfassen. Es wäre denkbar (solche Vorschläge werden in schulinternen Konferenzen immer wieder auch gemacht), hierbei sehr zu differenzieren, beispielsweise in Analogie zu den Notenstufen mit einer Skala von 1 (sehr gut) bis 6 (ungenügend) zu operieren. Solche Verfahren sind freilich recht kompliziert oder auch nur sehr umständlich und für die praktische Handhabung in der Unterrichtsrealität nur mit Einschränkungen zu gebrauchen. Zudem wird nach den Erkenntnissen der Beurteilungsforschung die Bewertungszuverlässigkeit keineswegs wie von selbst erhöht, wenn die Anzahl der Bewertungsmaßstäbe immer mehr zunimmt. Es ist dem Anspruch einer zuverlässigen Bewertung durchaus angemessen, wenn mit einem Maßstab gearbeitet wird, der drei Kategorien anwendet: voll erfüllt, erfüllt, nicht erfüllt.[2]

Ordnen wir der Kategorie 'voll erfüllt' 2 Punkte zu, der Kategorie 'erfüllt' 1 Punkt und der Kategorie 'nicht erfüllt' 0 Punkte, ergibt sich bei den zehn Einzelkriterien unseres Beispiels eine Bandbreite von 0 bis 20 Punkten, innerhalb derer die vom Schüler erbrachte Schreibleistung einzuordnen ist.

Der letzte Schritt des Bewertungsprozesses ist die Benotung der Schülerarbeit auf der Grundlage der erreichten Punktzahl. Wir schlagen hierfür folgende Stufung vor:

0–1	Punkte = Note 6 (ungenügend)
2–4	Punkte = Note 5 (mangelhaft)
5–8	Punkte = Note 4 (ausreichend)
9–12	Punkte = Note 3 (befriedigend)
13–16	Punkte = Note 2 (gut)
17–20	Punkte = Note 1 (sehr gut)

Wie die Gewichtung der Einzelkriterien in Relation zu ihrer Anzahl steht, so steht auch die Gesamtpunktzahl in Relation zur Notenstufung. Erhöht sich die Anzahl der Einzelkriterien, erhöht sich auch die Punktzahl, was heißt, dass auch die Stufung in Relation zu den Noten verändert werden muss.

Angesichts vieler einschlägiger Diskussionen halten wir in diesem Zusammenhang den Hinweis für angebracht, dass bei der Bewertung eines Aufsatzes die gesamte Breite der Notenskala ebenso selbstverständlich genutzt werden sollte, wie dies bei der Bewertung anderer Schülerleistungen innerhalb und außerhalb des Deutschunterrichts gehandhabt wird. Die von nicht wenigen Lehrern hartnäckig vertretene und in entsprechende Praxis umgesetzte Auffassung, ein Schüleraufsatz solle nie oder nur im Ausnahmefall mit 'sehr gut' oder 'mangelhaft' und 'ungenügend' benotet werden, hat vor den Einsichten der Beurteilungsforschung keinen Bestand. Wir haben zwar, in Hinsicht auf die Noten 'mangelhaft' und 'ungenügend' Verständnis für eine solche Praxis, wenn sie sich auf ernsthafte pädagogische Argumente stützt; wir müssen jedoch konstatieren, dass das vorgeblich kindzugewandte pädagogische Handeln in vielen Fällen nur Ausdruck der eigenen Unsicherheit ist. Unzutreffende Bewertungen durch den Verzicht auf bestimmte Notenstufen sind nicht der richtige Weg, um aus diesem Dilemma herauszufinden. Wir empfehlen stattdessen ein kontinuierliches *Beurteilungstraining*, und zwar zusammen mit mehreren Kollegen; dies erweist sich hier als eine sehr tragfähige Alternative.

Der erprobende Umgang mit Kriterien bzw. einem Kriterienkatalog, wie wir ihn beispielhaft beschrieben haben, wird mit voraussagbarer Gewissheit nicht dazu

[2] In diesen Vorschlag und in den Vorschlag zur Notenstufung sind auch Überlegungen eingegangen, die Jürgen Baurmann auf Fortbildungskursen zur Diskussion gestellt hat.

führen, dass bei der Bewertung der Aufsätze *objektive* Ergebnisse erzielt werden. Gleichwohl kann erreicht werden, dass nun subjektive Urteile minimiert, möglicherweise sogar verhindert werden, dass der Lehrer also – in dem oben beschriebenen Sinne – zu *konstanten* Urteilen kommt. Dies ist in der schwierigen Aufgabe der Bewertung von Schülertexten nicht gerade wenig.

Ob die Kriterien unseres Beispiels plausibel und praktikabel sind, möge der Leser selbst an der nachfolgenden Schülerarbeit überprüfen; die sprachlichen Fehler sind nicht korrigiert.

Warum das Schwein weinte

Es war einmal ein Schwein, das ging spazieren. Es kam an einem Schulhof vorbei. Es war gerade Pause. Das Schwein setzte sich hin und schaute zu. Da hörte das Schwein, wie man seinen Namen mißbrauchte. Uli schrie: „Du bist ein Schwein, du hast mir meine Hosen dreckig gemacht!" Klaus rief: „Gerhard, du Schwein, komm her und entschuldige dich beit Ute." Udo sagte: „Komm her, du Schwein, ich will es dir geben!" Als das Schwein das hörte, war es ganz traurig, und ging auf den Bauernhof zurück. Es legte sich in einen Koben nieder und weinte.

Im Stall war aber auch ein Esel. Der Esel fragte: „Warum weinst du?" Das Schwein, erzählte alles dem Esel. Der Esel hörte zu und sagte: „Ja, das ist wirklich eine Schweinerei."

Schülerarbeit – drittes Schuljahr

(3) Bewertung der Rechtschreibung

Während die Kernkriterien Inhalt, Aufbau, Sprache in einem Aufsatz miteinander korrelieren, besteht nach den Forschungen von Grzesik und Fischer (1984, 177) ein Zusammenhang dieser Kriterien mit der Rechtschreibleistung offenbar nicht. Deshalb ist es sinnvoll, Rechtschreibleistungen von Aufsatzleistungen getrennt zu bewerten. Es schafft „nur Verwirrung, wenn die Rechtschreibung in die Gesamtbeurteilung des Aufsatzes einbezogen wird" (Fritzsche 1994, 217). Völlig irreführend wird eine Gesamtnote, bei der die Rechtschreibleistung fehlerhaft ermittelt worden ist, beispielsweise so, dass nur oberflächlich die Zahl der Rechtschreibfehler ermittelt wurde, aber Wiederholungs- und Analogiefehler nicht beachtet wurden. „Die Menge der Anstreichungen allein sagt noch gar nichts über das Können des Schülers" (ebd.).

4.2 Beurteilung personal-kreativen und literarischen Schreibens

Vom fördernden Beurteilen braucht keine Schreibweise, kein Schülertext ausgenommen zu werden, entgegen einer oft geäußerten Ansicht auch nicht das personal-kreative und das literarische Schreiben. Zwar ist, insbesondere beim personalkreativen Schreiben, Vergleichbarkeit kaum möglich, weil es das für alle verbindliche Thema nicht mehr gibt, ja eigentlich immanentes Prinzip ist, möglichst divergente und originelle Texte zu erhalten; und häufig kommt noch hinzu, dass der Schüler Persönliches preisgibt, das man nur ungern einer qualifizierenden Bewertung unterwirft. Das alles ist aber kein Grund, auf eine *Rückmeldung* an den Schüler zu verzichten, zumal er sie in der Regel auch erwartet, oder grammatische und orthografische Fehler unkorrigiert stehen zu lassen. Die Form der Reaktion ist freilich sehr sorgfältig abzuwägen. Als Leitlinie empfiehlt sich die Überlegung Kaspar H. Spinners: „Der Lehrer korrigiert nicht einfach nur formal das Geschriebene, sondern reagiert mündlich oder schriftlich auf den Inhalt des Aufsatzes, indem er einen weiterführenden Gedanken äußert, eine Frage stellt, sein Interesse für eine bestimmte Aussage kundgibt, einen Einwand erhebt; statt nur Zensor zu sein und mit dem Rotstift zu operieren, tritt er so in eine tatsächliche Kommunikation mit dem Schüler“ (1980, 74).

Zuweilen wird empfohlen, kreatives Schreiben ganz aus der Beurteilung herauszunehmen, solange es für die Schüler noch neu sei; denn die Kontrolle behindere zunächst die Kreativität, für die ja Angstfreiheit Voraussetzung sei (Fritzsche 1994, 210). „Manche Verfahren zur Kreativitätsförderung (Brainstorming, Clustering, auch Feedback bei der Textrezeption) setzen deshalb die Beurteilung von Äußerungen für eine begrenzte Zeit absichtlich außer Kraft“ (ebd.). Ein Plädoyer für einen völligen Verzicht auf Beurteilungen ist aus solchen Überlegungen jedoch nicht herzuleiten. Kreatives Schreiben ist zwar „insofern freies Schreiben, als es nicht den im Alltagssprachgebrauch üblichen Bindungen und auch nicht den üblichen schulischen Kriterien unterliegt. Als literarisches Schreiben unterliegt es allerdings letztlich den Maßstäben der Literaturkritik“ (ebd.).

Unter der Prämisse, dem kreativen Schreiben einen grundlegenden Stellenwert im Unterricht beimessen zu wollen, schließt Spinner sogar eine Bewertung und Benotung kreativer Schreibleistungen nicht aus. Das erfordere zwar von den Unterrichtenden eine besondere pädagogische Sensibilität und stelle neue Anforderungen an ihre fachliche Kompetenz, es sei jedoch grundsätzlich „nicht einzusehen, warum es Deutschlehrkräften nicht ebenso möglich sein soll, kreative Texte zu beurteilen, wie es die Kunstlehrkräfte mit Bildern von Schülerinnen und Schülern tun. Gemeinsames Besprechen von Schülertexten unter Kolleginnen und Kollegen und auch mit Schülerinnen und Schülern hilft, die Kriterien zu klären und Sicherheit zu gewinnen“ (1993, 23).

Personal-kreative Schreibformen

Der → *sprachgestaltende Aufsatz* wirkt bis heute nach. Zwar hat diese schreibdidaktische Konzeption – insbesondere durch das in den siebziger Jahren dagegen gesetzte → *kommunikative Schreiben* – ihre alles beherrschende Position verloren, gleichwohl ist sie aber noch, wie ein Blick in gängige Methodikbücher für Lehrer und „Trainings-" oder „Arbeitsbücher" zum „Selbstunterricht" für Schüler bestätigt, sehr existent (vgl. Baurmann 1993, 300ff.). Eine Erklärung dürfte sein, dass die hier verfolgte Beherrschung fester, vorgegebener Aufsatzarten bzw. -gattungen, Stil- oder Darstellungsformen der Erwartung vieler Lehrer entgegenkommt, das Schreiben von Texten in einem strengen, von der ersten bis zur zehnten Klasse reichenden Lehrgang so vermitteln zu können, dass bei „zielstrebiger Arbeit" des Schülers (Fritz Rahn 1938, zit. n. Ludwig 1988, 432) ein Erfolg gewährleistet ist, die entstehenden Texte zudem wenigstens annähernd „objektiv" beurteilt und benotet werden können. Es wundert unter diesem Betracht kaum, dass das Konzept des „systematisch" aufgebauten „Aufsatzlehrgangs" in einem neueren „Handbuch für Lehrende und Studierende" (Beck/Hofen 1990, 161ff.) auch für die Grundschule favorisiert wird.

Im Zentrum schulischer Arbeit steht bei dem sprachgestaltenden Aufsatzunterricht eindeutig das Endprodukt des Schreibens, der 'gestaltete' Text. Bei kommunikativem Schreiben tritt diese ausschließliche Textzentrierung zwar zugunsten einer Vielfalt anderer Bedingungen zurück, aber auch hier „gilt noch in gewisser Weise, daß es sich auf die 'Lösung einer Aufgabe' bezieht und den Unterricht vom (pragmatisch brauchbaren) Text her aufbaut" (Schober 1988, 106). Der Schreibprozess und insbesondere die Funktion des Schreibens für den Schreibenden selbst interessieren nur am Rande oder gar nicht. Sie kommen erstmals – wieder – in den Blick, als in den achtziger Jahren die Reformpädagogik mit ihrem Konzept des → *freien Aufsatzes* wiederentdeckt wird und außerdem Impulse der Freinet-Pädagogik aufgenommen werden. Intensives Interesse findet der schreibende Schüler, seit die Deutschdidaktik – in produktiver Rezeption lernpsychologischer, vor allem kognitionspsychologischer Einsichten – nach Formen sucht, insgesamt die Subjektivität der Schüler ernst nehmen zu können (vgl. Spinner 1994, 147ff.). Für die Schreibdidaktik bedeutet dies, *Schreibformen* zu entwickeln, die den Schülern ermöglichen, ihre Subjektivität zu äußern und zu gestalten, die ihnen also Mut machen zu *personal-kreativem Schreiben*. Schreibformen dieser Art, die in der wissenschaftlich-didaktischen Literatur diskutiert und unterrichtlich erprobt werden, werden mal als *freies*, mal als *kreatives*, mal als *subjektorientiertes* oder *authentisches* Schreiben bezeichnet. Damit ist keinesfalls immer dasselbe gemeint, Akzente werden durchaus unterschiedlich gesetzt, gemeinsam ist diesen didaktischen Strömungen allerdings die Absicht, den personalen Aspekt im Schreibunterricht zu betonen, was zu allererst heißt, dem Kind – und später dem Jugendlichen – „Gelegenheit zu geben, sich selber in den Schreibprozeß einzubringen" (Boueke/Schülein 1985, 277).

Wenn wir im Folgenden noch ausführlicher auf das freie, kreative und subjektorientierte Schreiben eingehen und einige Formen mit Beispielen belegen, die wir im Unterricht erprobt haben und im Ergebnis für mitteilenswert halten, beabsichtigen wir damit nicht die Herausarbeitung von Unterschieden der einzelnen Schreibformen. Die getrennte Darstellung erleichtert es uns jedoch, auf Akzente aufmerksam zu machen, die eine Schreibform gegenüber einer anderen auszeichnet, ohne dass darüber das sie Verbindende übersehen wird. Im Unterricht werden die Formen ohnehin parallel vorkommen oder sich miteinander mischen.

1 Freies Schreiben

Aus einer rückschauenden Perspektive auf die didaktischen Strömungen der letzten Jahrzehnte wird nachvollziehbar, dass in Gegenbewegung zur Dominanz eines erst gattungsorientierten und dann kommunikativen Aufsatzunterrichts in den achtziger Jahren solche Konzepte mit einer starken Resonanz rechnen konnten, die einen erlebnisorientierten Schreibunterricht propagierten und den Grundschülern freistellten, wann, wo und *worüber* sie schreiben. Im Kontext solcher, jetzt personal interpretierter Ansätze, konnten manche traditionellen Aufsatzformen wiederbelebt werden, wenn sie nur hinreichend subjektorientiert schienen. Es wird sogar verständlich, dass selbst die Erlebniserzählung, die bei vielen Didaktikern der siebziger Jahre geradezu geächtet war, wieder zu einer zentralen Schreibform wurde (vgl. Sennlaub 1980).

1.1 Didaktische Einordnung

Im gleichen Maße wie in den reformpädagogisch beeinflussten Ansätzen besteht die Freiheit der „freien Texte“ im Konzept der Freinet-Pädagogik zunächst auch einmal darin, die dem schulischen Schreiben anhaftenden Rituale und Zwänge zu umgehen. „Im einzelnen gliedert sich diese Freiheit wie folgt:

1. *Räumlich.* Es gibt keinen fürs Schreiben festgesetzten Ort. Die Kinder schreiben, wo sie Lust haben. (‘Abends auf einer Tischkante; auf den Knien, wenn sie der Großmutter zuhören; auf der Schulmappe, bevor sie in die Klasse gehen’.)

2. *Zeitlich.* Es gibt keinen fürs Schreiben reservierten Zeitpunkt. Vor allem ist das Schreiben nicht in einen Stundenplan eingegliedert. Das Kind kann an einem Tag mehrere Texte schreiben, um dann einen Monat lang überhaupt nichts zu schreiben.

3. *Schreibzeug.* Es gibt für den freien Text keine genormten Hefte; womit das Kind schreibt, ist seine Sache. Die individuelle Auswahl des Papiers, der Schreibutensilien ect. spielen für die Kinder eine große Rolle, was man sonst nur Schriftstellern einzuräumen pflegt.

4. Orthographisch/grammatikalisch. Der Text wird nicht mehr nach orthographisch/grammatikalischen Normen bewertet. Das heißt nicht, daß keine Methoden verwendet werden, um Rechtschreiben und Grammatik zu lernen“ (Boehncke/Humburg 1980, 97).

Diese mehr methodischen Voraussetzungen der „freien Texte“ sind eingebettet in ein pädagogisches Konzept, das die Kinder zu solidarischem, auf gesellschaftliche Veränderungen zielendes Handeln führen will. Die Funktion der „freien Texte“ für diesen Erziehungsprozeß beschreibt E. Freinet (1985, 52) so: „Fordern wir doch unsere Schüler auf, ihr Leben natürlich und einfach zu erzählen. Lesen wir diese Aufsätze, die wirklich der Ausdruck des persönlichen dynamischen Ichs sind, das sich in ständiger dynamischer Entwicklung befindet. [...] Kurz, organisieren wir [...] eine Gesellschaft von Kindern, die ihre eigene Literatur produziert, die sich nicht durch das Nachahmen beeindruckender Vorbilder, sondern durch die Arbeit und das Leben vervollkommnen wird.“

Im freien Text können die Schüler also „sich selbst darstellen, ihre Bedürfnisse, Interessen, Wünsche ausdrücken, er bietet die Möglichkeit der Selbst- und Fremderfahrung, in dem Wahrgenommenes und Erlebtes im Schreiben bewußt gemacht wird und im Gespräch mit den anderen faßbarer, objektivierbarer wird: ein Schlüssel zur Realität und zu ihrer Bewältigung gemeinsam mit anderen“ (Mattenklott 1979, 44).

Das Ergebnis des Schreibens wird nicht, wie im herkömmlichen Aufsatzunterricht üblich, nach vorgegebenen Lernzielen bewertet. Das Geschriebene kann in der Klasse vorgestellt, kritisiert, verbessert werden. Die Inhalte und Textarten ergeben sich aus dem Lernprozess selbst und aus den sich verändernden Kommunikationsanlässen und Erfahrungen in der Lerngruppe.

Nicht unerheblich ist in diesem Konzept die Herstellungs- und Zirkulationspraxis der freien Texte; ohne Druckerei hält Freinet sie für ebenso sinnlos wie das Drucken seinerseits ohne Klassenzeitung und Korrespondenz, weil sie anders nicht ihrer Funktion als fundamentale Kommunikationsmittel entsprechen können. Jede Klasse hat darum eine Handdruckerei. „Sie ist Knotenpunkt von geistiger und körperlicher Arbeit. Die Fertigkeiten, die zu ihrer Bedienung nötig sind, schulen die manuellen Fähigkeiten der Kinder; komplexe Arbeitsabläufe werden für sie durchsichtig, sie vollziehen sie selbst“ (Matten-

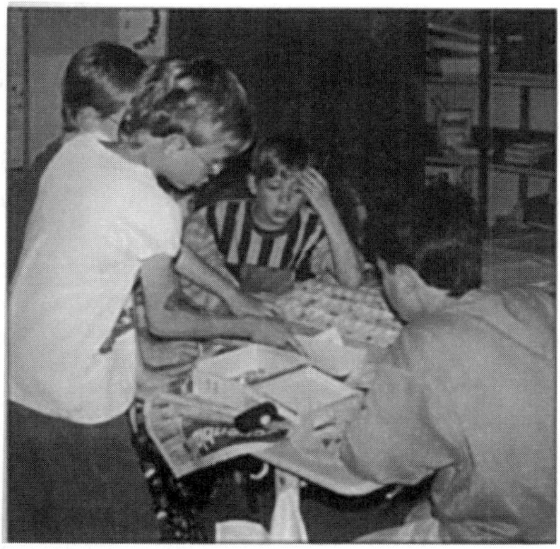

Schüler eines dritten Schuljahres beim Drucken mit einem Druckkasten klott 1979, 44). Durch die Druckerei werden die Texte der Kinder zudem mitteilbar: nicht nur den anderen Schülern und dem Lehrer, sondern über die Klassengrenzen hinaus auch weiteren Adressaten, etwa den Briefpartnern in der organisierten Schüler- und Klassenkorrespondenz oder den Eltern.

Beachtenswert ist nicht zuletzt, dass die einzelnen Schreibtätigkeiten untereinander in keinem hierarchischen Verhältnis stehen. „Es wird nicht bloß geschrieben, um drucken zu können, gedruckt, um eine Zeitung oder Korrespondenz zu machen. Jeder einzelne Vorgang ist zugleich autonom *und* eingebunden in einen sozialen Verwendungszusammenhang. Gerade weil das sorgsame Setzen, Vervielfältigen, Versenden, Kritisieren, Verbessern etwas Selbstverständliches ist, das Schreiben von vornherein als Kommunikationsmedium für andere begriffen wird, können die einzelnen Tätigkeiten intensiv und ihren eigenen Gesetzmäßigkeiten entsprechend ausgefüllt werden, ohne daß das Schielen auf die Verwertung zum entscheidenden Konstituens der Textpraxis würde“ (Boehncke/Humburg 1980, 98).

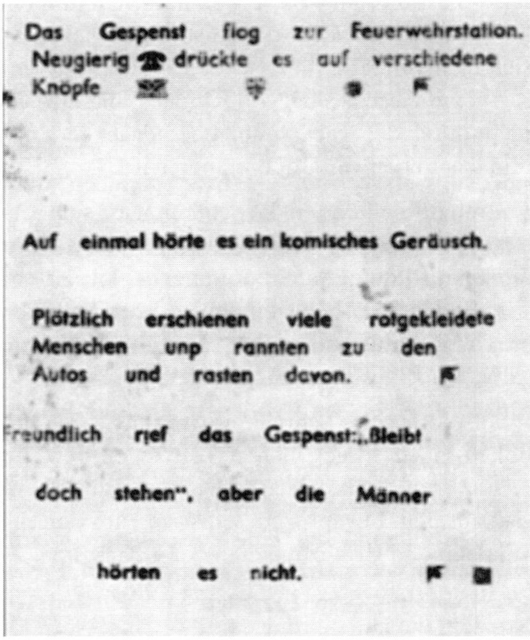
Das Gespenst flog zur Feuerwehrstation.
Neugierig drückte es auf verschiedene
Knöpfe
Auf einmal hörte es ein komisches Geräusch.
Plötzlich erschienen viele rotgekleidete
Menschen unp rannten zu den
Autos und rasten davon.
reundlich rief das Gespenst: „Bleibt
doch stehen“, aber die Männer
hörten es nicht.

Seite aus dem Buch „Abenteuer eines kleinen Burggespenstes“, das Kinder eines dritten Schuljahres selbst geschrieben und gedruckt haben.

Das Konzept von Freinet uneingeschränkt in den ‘normalen’ [Schreib-]Unterricht zu übernehmen, dürfte unter den Bedingungen derzeitiger Schulwirklichkeit schwierig sein. Wohl aber kann (und sollte) es als Anstoß dienen, Freiräume für ein Textschreiben zu schaffen, das insofern ‘frei’ ist, dass es den Schüler weder thematisch noch formal festlegt und ihn weitmöglichst auch über Ort und Zeit des Schreibens entscheiden lässt. Allerdings ist deutlich darauf hinzuweisen, dass auf diese Weise entstehende Texte nur sehr bedingt den ‘freien Texten’ der Freinet-Pädagogik ähneln. Wir sprechen daher in diesem Zusammenhang auch nicht von ‘freien Texten’, sondern lieber von ‘freiem’ oder auch ‘spontanem’ Schreiben.

Gestaltungsspielräume für diese Art freien oder spontanen Schreibens lassen sich am ehesten im Rahmen der Wochenplan- oder ‘Freien’ bzw. ‘Beweglichen’ Arbeit (→ offener Unterricht) realisieren, da sich der Schüler hier selbst seine Arbeitszeit einteilt und über die Abfolge seiner Tätigkeiten entscheidet; auch die Projektarbeit ist dafür sehr geeignet. Freies Schreiben lässt sich gewiss aber auch dort realisieren, wo derartige Unterrichtsformen nicht praktiziert werden.

Die Erwartungen an das freie Schreiben sollten nicht überfrachtet werden. Otfried Hoppe (1984, 306) scheint uns seine Reichweite zutreffend einzuschätzen, wenn er sagt: „Das freie Schreiben könnte zumindest gewährleisten, daß jeder Schüler da anfangen könnte zu schreiben, wo er es sich selbst zutraut; die Produktion im Kontext der Klasse läßt ihm die Chance, beim Übergang vom Erzählen zum Veröffentlichen an den Ideen, Vorschlägen, kritischen Einwänden der anderen zu lernen.“

Für sachangemessen halten wir auch die beiden von Hoppe angeführten *„methodischen Voraussetzungen“* (ebd., 307), an die das Gelingen des freien Schreibens gebunden ist:

1. Die Schüler müssen „eine Vorstellung von dem bekommen, was man alles schreiben kann“. Freies Schreiben mit dem Erzählen von Erlebnissen gleichzusetzen, ist unzureichend; es muss zumindest auch einen spielerischen Umgang mit der Sprache einschließen und zum Verfassen phantasievoller Texte ermutigen. Helfen kann hierbei ein Literaturunterricht, der den Schülern zeigt, wie vielfältig die sprachlichen und stilistischen Möglichkeiten sind.

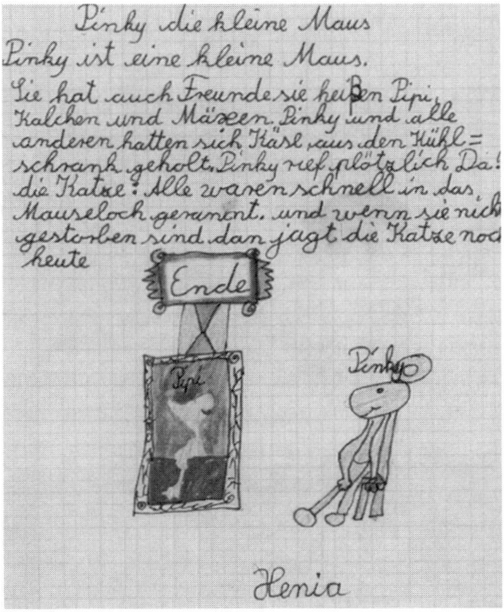

Seite aus einem ‘Erinnerungsbuch’ – Ende zweites Schuljahr

2. „Es müssen genügend Verwendungsmöglichkeiten für die fertigen Texte vorhanden sein“ (ebd.), und zwar in der Art, wie sie Freinet vorgeschlagen hat; also etwa Klassenzeitungen (s. S. 283ff.), Bücher (s. S. 272ff.), oder Klassenkorrespondenzen (s. S. 290ff.).

Nebenstehend ist eine Seite eines solchen ‘Buches’ abgebildet. Jedes Kind hat dazu eine Geschichte beigesteuert, die es sich im Laufe der beiden ersten Schuljahre selbst ausgedacht und freiwillig aufgeschrieben hat. Weil das Buch noch später an den Anfang der Schulzeit erinnern soll, sind die einzelnen ‘Kapitel’ durch Seiten eingeleitet, auf denen die Kinder gruppenweise ein Foto mit ihrem Namen eingeklebt haben.

Texte, die im Zusammenhang freien, spontanen Schreibens entstehen, haben in aller Regel orthografische und grammatische, anfangs oft auch schreibmotorische

Fehler. Es gehört zum Selbstverständnis dieser Schreibform – und eigentlich nicht nur dort –, dass mit solchen Fehlern tolerant umgegangen wird (s. S. 34ff.). Die Kinder ahnen wohl von ihren ersten Schreibversuchen an, dass ihre Texte nicht immer fehlerfrei sind, und sie merken, dass der Lehrer ihre Geschichten manchmal nur mit Mühe lesen kann (vgl. Dehn 1990, 137). „Aber diese Erfahrungen müssen sich erst konkretisieren" (ebd.). Wichtiger als vorschnell korrigierend einzugreifen ist, den Kindern als Lehrer die Erfahrung zu ermöglichen, selbst erproben zu sollen, ob sie schon schreiben, d. h. die verschiedenen dafür erforderlichen Teilfähigkeiten koordinieren können.

Ein geeignetes Medium neben den oben schon genannten, die Vielfalt an Texten zu veröffentlichen, die beim freien, spontanen Schreiben entstehen, ist die Lese- bzw. Geschichtenwand. Das Spektrum der Lesewand kann insgesamt sehr breit sein; sie kann, besonders im ersten und zweiten Schuljahr, auch Bilder enthalten oder Rätsel, gefundene (und damit auch gelesene) Zeitungsartikel und vieles andere mehr.

Bei der Geschichtenwand wird die Offenheit der Themen und Formen zugunsten der Konzentration auf eine Schreibform eingeschränkt. Es wird beispielsweise verabredet, dass die Texte an der Geschichtenwand nur von Selbsterlebtem handeln sollen, dass nur fabulierte Geschichten oder Texte zu Büchern angehängt werden. Entscheidend ist, dass in allen Situationen der Charakter der Freiwilligkeit gewährleistet ist. Es soll der Entscheidung und der Sponaneität des Einzelnen überlassen sein, ob und wann er für die Lese- bzw. Geschichtenwand etwas schreibt.

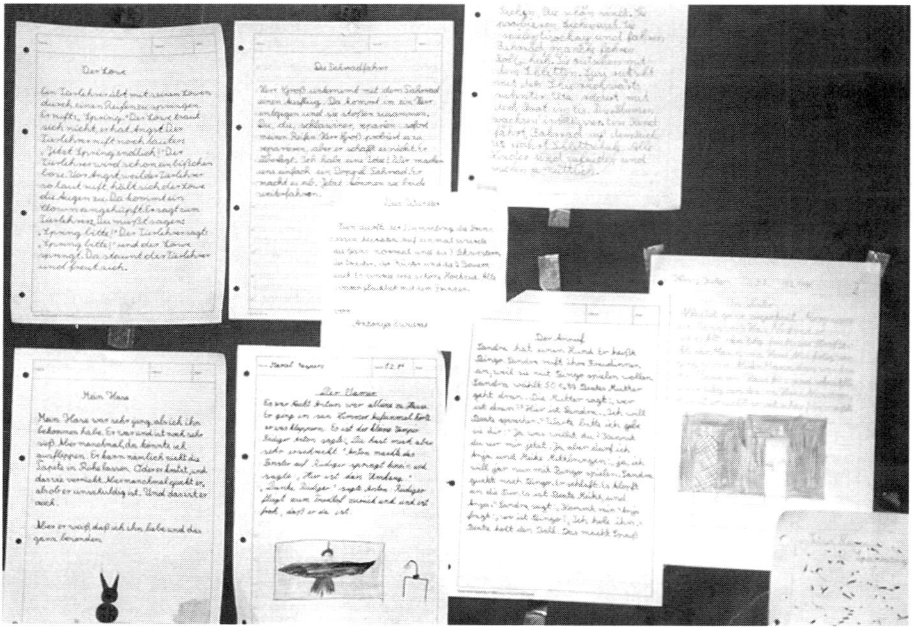

Geschichtenwand

1.2 Schreibanregungen

(1) Frühes Geschichtenschreiben

Sobald die Schüler das Schreiben erlernt haben, wollen sie ihre Fähigkeit nutzen, um sich mitzuteilen. Frei von stilistischem oder formalem Zwang entstehen so vom Ende des ersten Schuljahres an Texte, die je nach individuellem Leistungsvermögen unterschiedlich in Inhalt und Form, Qualität und Quantität sind. Auch wenn ein Schüler nur etwas, was er toll findet, für andere abschreibt und damit vielleicht zum ersten Mal freiwillig schreibt, ist das ein anerkennenswerter Beitrag.

Frühes Schreiben im ersten Schuljahr – Bild und Text

„Eigene Erlebnisse sind häufig die ersten Themen *früher Geschichten.*" (Dehn 1990, 136) Zu ihrer gedanklichen Verarbeitung trägt bei, dass die Kinder das Erlebnis zuerst aufmalen, bevor sie darüber schreiben. „Naheliegend ist für sie zunächst, ihre Bilder zu erläutern, mit kurzen Kommentaren oder als wörtliche Rede" (ebd.). Schon vom ersten Schuljahr an sind auf diese Weise Schreiberfahrungen möglich, die spontan zustande kommen. Sie können „auf einfache Weise angeregt werden, dadurch daß es ausdrücklich Gelegenheit dazu gibt, dadurch daß beschriftete Bilder oder Kindertexte vorgelesen und aufgehängt werden" (ebd.), beispielsweise an der Lese- bzw. Geschichtenwand.

Spontan geschriebener Text – Ende erstes Schuljahr

Im Anfangsunterricht (und darüber hinaus) bewährt sich auch Mechthild Dehns Vorschlag (ebd.), der Lehrer solle Texte von Kindern, die noch nicht über hinreichende Schreibkompetenz verfügen und deshalb große Schreibhemmungen haben, nach Diktat aufschreiben. „Das Befolgen 'schriftsprachlicher Logik' ist für manche, die beim Reden geradezu 'übersprudeln', sehr schwierig, nämlich das Wichtige herauszufinden und die Kontextbeziehungen und Bewertungen nicht durch Gesten und Lautstärke, sondern durch Textbezüge darzustellen" (ebd.). Charlotte Röhner (1997, 87) stellt ebenfalls fest, dass beim Diktieren „für die Entwicklung der Schreibfähigkeit höchst Bedeutsames" geschieht. „Vor den Augen der Kinder verwandelt sich die gesprochene Sprache in grafische Zeichen, die für Lesekundige wieder erschlossen werden können. Erste Laut-Buchstaben-Korrespondenzen werden hör- und sichtbar angebahnt, wenn der Erwachsene dabei lautiert und die Aufmersamkeit des Kindes dabei auf die Entsprechung von Lauten und Buchstaben lenkt." Die Lehrer sollten darauf achten, dass die Kinder langsam diktieren und die Sätze selbstständig formulieren. Wesentlich sei dabei, dass die Kinder im Diktiervorgang die mündliche Sprachform allmählich in die schriftliche transformieren.

Es sollte sich allerdings von selbst verstehen, dass der Lehrer ausschließlich als *Schreibsekretär* fungiert, das Diktierte also wörtlich aufschreibt, auch wenn es „nah an der Sprechsprache ist", „damit das Kind den (anschließend vorgelesenen) Text als seinen eigenen erkennen und annehmen kann" (ebd.).

(2) Frühes Briefeschreiben

Die didaktische Anregung, „lebendige vorschulische erfahrungen mit dem schreiben aufzunehmen, möglichst früh dem schreiben von 'Kritzelbriefen' das verfassen erster texte folgen zu lassen und dadurch das schreibenlernen [im Anfangsunterricht] mit der textproduktion zu verbinden" (Baurmann 1994a, 137), hat sich für die Praxis als sehr innovativ erwiesen. Das Konzept, „auf dem hintergrund der schreibfähigkeiten von schulanfängern" kein „bestimmtes festes ziel" anzusteuern, sondern „eine entwicklung anzustoßen" (ebd., 139), ist um so wirkungsvoller, je offener die unterrichtlichen Situationen gehalten werden. Briefe können zu seiner Realisierung nachhaltig beitragen. Das von Baurmann berichtete Angebot einer Lehrerin, ihr jederzeit einen Brief schreiben und mit einer Antwort darauf rechnen zu können, setzt den Anspruch gewiß sehr hoch, lässt die Kinder aber zweifelsohne „eher und leichter zu wirklichen Briefen finden" (ebd.) als ein durchgeplantes und zielgerichtetes Unterrichtsarrangement. Briefe dieser Art eröffnen den Kindern „das weite feld des selbständigen verfassens von texten" (ebd., 133); sie sind zudem, was nicht übersehen werden sollte, eine Form personalen Schreibens, weil sie die Möglichkeit zu subjektiven Äußerungen geben, weil die Kinder mit ihnen ausdrücken können, was sie im Innern bewegt (vgl. ebd., 138).

Beachtenswert ist freilich auch der Hinweis Baurmanns (ebd., 139f.), dass außer dem „schaffen einer realen schreibsituation, die die abwesenheit eines adressaten voraussetzt, auch ein vertrautmachen mit formalen merkmalen wie anschrift, absender usw." für gelingendes Briefeschreiben „wichtige, nicht zu unterschätzende momente" sind, auf die von Anfang an geachtet werden sollte.

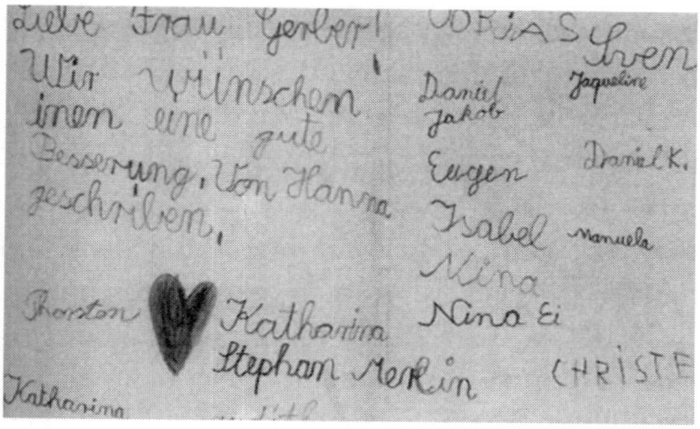

Brief an die erkrankte Lehrerin – erstes Schuljahr

(3) Kinderliteratur als Schreibanregung

Eine gute Möglichkeit, bereits im Anfangsunterricht spontane Schreiberfahrungen anzuregen, ist das *Vorlesen von Kinderliteratur.* Dafür eignen sich, wie Mechthild Dehn herausgefunden hat (1990, 136ff.), solche Bücher, die eine Figur aus vielen Einzelepisoden entstehen lassen, weil die Kinder dann ihrerseits weitere hinzufügen können, oder Bücher, die innere Erfahrungen thematisieren, die den Kindern vertraut sind (z. B. Einsamkeit, das Gefühl des Verlassenseins, Freude über einen Brief), oder auch einfache moralische Probleme wie das Verhältnis zwischen Starken und Schwachen. Mechthild Dehn nennt als Beispiele für Bücher dieser Art u. a. *Sofie macht Geschichten* von Peter Härtling oder *Post für den Tiger* von Janosch. Wir können diese Vorschläge um die Titel *Findefuchs, Wuschelbär, Hanno malt sich einen Drachen* von Irina Korschunow (vgl. dazu auch das Modell S. 254ff.) und *Der Hase mit dem halben Ohr* von Boy Lornsen ergänzen.

Ein Satz mit neuem Handlungselement: Im Buch tritt der Drache nicht auf, er bleibt ein ‘Gedankenspiel’.

Irina Korschunows Buch *Hanno malt sich einen Drachen* kann bereits gegen Ende des ersten Schuljahres gemeinsam gelesen werden. Wenn die Lektüre mittendrin unterbrochen wird, ergeben sich Gesprächs- und Schreibimpulse für subjektive Weiterführungen. Im Gesprächskreis formuliert jedes Kind zunächst einen Satz, der ein Handlungselement des bisher gelesenen Textes enthält. Dann formuliert es einen weiteren Satz, der die Geschichte um ein neues Handlungselement erweitert, das es sich selbst ausgedacht hat. Damit es sich ganz darauf konzentrieren kann, fungiert der Lehrer als „Schreibsekretär“ (s. S. 52), er schreibt die Sätze der Kinder mit, und zwar jeweils auf ein eigenes Blatt. Die Kinder malen zu ihren Sätzen dann noch ein Bild.

Die genannten Bücher – und sicher noch andere mehr – mit ihren durchaus schon komplexen Themen sind als Schreibanregungen „wesentlich besser geeignet als manche Bildergeschichte, die jeden Handlungsschritt gesondert einführt, oder als Bildmontagen, die vielerlei Assoziationen provozieren sollen, die jedoch beliebig bleiben und erst strukturiert werden müßten. Denn solche literarischen Texte enthalten bereits die Konzentration auf einen Erzählkern und können Betroffenheit hervorrufen. Und die ist der beste Antrieb, etwas aufzuschreiben“ (Dehn 1990, 137).

Sobald die Kinder selbstständig lesen können, schreiben sie gern auch zu Geschichten etwas auf, die sie zu Hause oder im Unterricht gelesen haben. Manchmal sind das nur nacherzählende Inhaltswiedergaben, nicht selten aber enthalten die Geschichten neue Handlungselemente oder sie sind schon kleine analoge Erzählungen. Die spontane Bereitschaft zum Schreiben derartiger Texte sollte sehr gefördert werden; wichtig ist dafür vor allem, dass Zeit zum Vorlesen eingeräumt wird, die Texte also ihre Adressaten finden.

Textangeregte spontan geschriebene Schülerarbeit – Mitte zweites Schuljahr

(4) Schreibimpuls ‘Offenes Rahmenthema’

Offene Rahmenthemen, die zum spontanen Erzählen auffordern, sind beispielsweise Erlebnisse in der Schule, Erlebnisse beim Sport, beim Spielen, im Urlaub, Erlebnisse mit Tieren im Zoo. Sie können heißen:

– Drachensteigen
– Nebel

- April, April
- Eine freudige Überraschung
- Fastnachtsspaß.

Die Rahmenthemen sind keine Überschriften, sondern Orientierungshilfen, die das Schreibziel markieren, echte Erlebnisse mit einem stark emotionalen Bezug aufzuschreiben. Der thematische Rahmen lässt den Schülern beabsichtigt einen großen Freiraum zu eigener Textplanung und -strukturierung.

„Ich kann mich gut daran erinnern, daß ich als Kind den ersten Schultag nach den Sommerferien mit Grauen entgegensah, denn jedesmal mußte ein Aufsatz geschrieben werden: 'Mein schönstes Ferienerlebnis.' Ebenso war es nach einem Ausflug. Von Ferien erzählen, erzählen – ja gerne, aber in Form eines Aufsatzes!"
Erinnerung einer Grundschullehrerin an die eigene Schulzeit

(5) Gemeinsame Erlebnisse als Schreibimpulse

Das 'schönste Ferienerlebnis' aufzuschreiben, gehörte im traditionellen Aufsatzunterricht zum unentbehrlichen Ritual des Schulbeginns, es war bei Lehrern ebenso beliebt wie von den Schülern gefürchtet. Auch Wandertage und Unterrichtsgänge wurden den Schülern meist durch die Vorahnung vergällt, am nächsten Tag in einem Aufsatz ihr herausragendes Erlebnis darstellen zu müssen. Solche Schreibanlässe, die sich aus einer gemeinschaftlich gemachten Erfahrung heraus ergeben, sind nicht gemeint, wenn hier Wandertage, Unterrichtsgänge, Schullandheimaufenthalte oder auch Zoo-, Schwimmbadbesuche u. ä. als Schreibimpulse genannt werden. Denn im Unterschied zum traditionellen Aufsatzunterricht, in dem alle Kinder gleichzeitig über ein thematisch vorgegebenes Erlebnis schreiben mussten, verfassen im Kontext freien, spontanen Schreibens nur diejenigen Kinder einen Text, die freiwillig etwas mitteilen, erzählen, berichten wollen. Eine besondere Motivation kann dabei die Möglichkeit sein, mit anderen zusammen einen Text über ein gemeinsames Erlebnis zu schreiben.

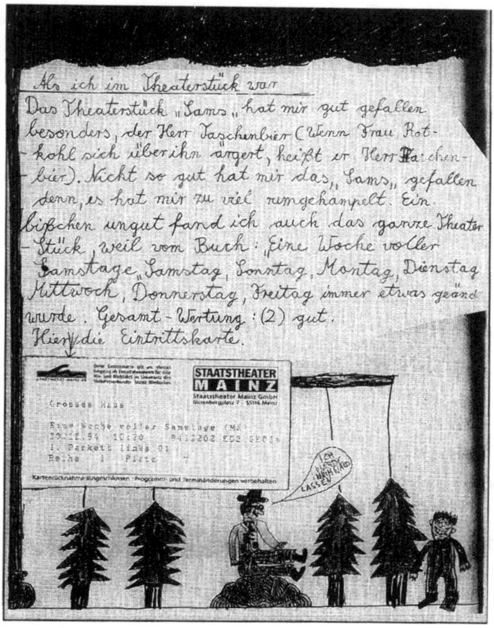

Schülerarbeit – viertes Schuljahr

Die Kinder eines *vierten Schuljahres* – beispielsweise – hatten gemeinsam im Theater das Kindermusical *Eine Woche voller Samstage* (nach dem gleichnamigen Buch von Paul Maar) gesehen.

Einige Tage nach dem Theatererlebnis und nach der Aussprache im Erzählkreis wurde den Kindern ein Blatt mit einer leeren Bühne in die Schreibecke gelegt. In einer Phase 'Freier' bzw. 'Beweglicher' Arbeit konnten sie den Impuls aufnehmen und einen Text zum Theaterbesuch schreiben.

Bei allen sechs Texten, die geschrieben wurden – vier in Einzel–, zwei in Partnerarbeit – zeigte sich, dass nicht nur das Theatererlebnis berichtet wurde, sondern auch persönliche Eindrücke zum Inhalt formuliert wurden.

(6) Anregungen zum Fabulieren

In der traditionellen Aufsatzdidaktik wird das Erzählen erfundener Geschichten meist mit dem Schreiben von *Phantasiegeschichten* gleichgesetzt. Gegenwärtig wird ergänzend oder alternativ dazu auch der Begriff *Fabulieren* benutzt, um den Aspekt des fiktionalen Erzählens besonders zu betonen. Weder der eine noch der andere Sprachgebrauch muss revidiert werden, wenn er sich nicht mit der Vorstellung verbindet, es gehe ausschließlich entweder um phantastisches oder um freies Erzählen. Denn erfundene Geschichten enthalten Elemente von beiden: sie geben dem Schreiber größtmögliche Freiheit im Darstellen und Ausgestalten einer eigenen Wirklichkeit, die durchaus auch von der Realität abweichen kann. Die didaktische Bedeutung des erfindenden Erzählens besteht für die Grundschule in zwei Leistungen: im Hervorbringen und im Strukturieren einer erzählten Welt. Das ist eine für die geistige Entwicklung der Kinder wichtige Qualität, ganz abgesehen von der kommunikativen Funktion, die dem Erzählen ohnehin zukommt.

Geschichten stellen sich nicht von selbst ein, beim Kind nicht und nicht beim Erwachsenen. Die kreative Energie, die sie hervorbringen, „braucht Anhaltspunkte, um sich zu entfalten, bedarf des Materials, mit dem sie umgehen" kann (Frommer 1992, 94). Als materiale Anhaltspunkte, die bereitzustellen Sache des Lehrers ist, haben sich im Unterricht Bildimpulse bewährt, aber auch Anfänge von Geschichten, Erzählkerne und Reizwörter. Es genügt aber nicht, dass die Schüler Anregungen aufgreifen und mit ihnen kreativ 'spielen'. Auch wenn es sich um erfundene Geschichten handelt, ist deren Aufbau nicht der Beliebigkeit preisgegeben. Die Form gibt der Erzählung gleichsam einen Rahmen, innerhalb dessen der Erzähler eine fast grenzenlose Gestaltungsfreiheit hat.

Im Jahre 1980 erschien im Thienemann-Verlag ein Buch mit dem Titel *Fabulier mit mir*, das die Ergebnisse eines Fabulierwettbewerbs enthält, bei dem Südtiroler Kinder „ihre schönsten Geschichten" erzählen sollten. Die Intentionen der Geschichten werden im Vorwort so beschrieben: „Manche davon sind lustig, manche traurig. Viele erzählen von seltsamen Dingen, einige erheitern, andere werden Euch nachdenklich machen." Die Geschichtensammlung zeigt, dass das Erfinden von Geschichten zu einer großen Themenvielfalt führen kann. So wird die Gliederung des Buchs zur anregenden Quelle für eigene Schreibideen. Das Inhaltsverzeichnis weist aus:

- Von allerlei sonderbaren Ereignissen und Erlebnissen
- Von Hexen, Gespenstern und anderen unheimlichen Dingen
- Von Katzen, Mäusen, Elefanten, Gorillas und anderen Tieren
- Treffpunkt Traumwelt – Treffpunkt Wunderwelt
- Von sprechenden Gegenständen und von Gestalten wie im Märchenbuch
- Geschichten von Freundschaft, Freiheit und Abenteuer
- Kreuz und quer durch Raum und Zeit
- Kriminalgeschichten
- Unvergessliche Erlebnisse
- Geschichten zum Weiterdenken.

Ergänzend noch eine Anregung: ein Text von Jörg Schubiger, der eine Fülle von Ideen für Geschichten enthält.

Die Geschichte von den Geschichten, die es noch nicht gibt

Die Geschichte von dem Mann, der jene Bücher kaufte, die am besten rochen, ist noch nicht erzählt. Und das ist nur eine der vielen Geschichten, die es noch nicht gibt. Dazu kommen all die Geschichten, die nochmal neu erzählt werden müssen.

Die Geschichte vom Wildschwein, vom Meerschwein und vom Sparschwein
Die Geschichte vom stummen Mädchen, das eine Sängerin wurde
Die Geschichte vom stummen Knaben, der stumm blieb
Die Geschichte von dir
Die Geschichte vom eingeschneiten Koffer
Die Geschichte von der Tür, auf der geschrieben stand: „Bitte eintreten und bald wieder gehen"
Die Geschichte von der Hundeflöte
Die wahre Geschichte
Die langweilige Geschichte
Die Geschichte vom Motorrad, das kein Motorrad, sondern zum Beispiel eine Wiese sein wollte
Die Geschichte von dem Jungen, der kein Junge, sondern zum Beispiel ein Mädchen sein wollte
Die Geschichte vom Telefon, das 1 mit 7, 6 mit 9 und 5 mit 3 und weiter nichts verwechselte
Die Geschichte vom steinernen Hemd
Die Geschichte vom Jungen, der plötzlich eines Nachts neben seinem Bett ein Niesen hörte
Die Geschichte vom schlauen Fuchs [...].

Natürlich wirst du nicht alle diese Geschichten selber erfinden. Verteile die Titel an Leute, die du kennst und magst, und gib ihnen Zeit zum Nachdenken. Spätestens nach einer Woche aber erkundigst du dich, ob die Geschichten fertig sind und wann du sie abholen kannst.

2 Kreatives Schreiben

Der Begriff der Kreativität wird heute für recht Verschiedenartiges gebraucht, auch und gerade im Zusammenhang mit dem Schreiben. Da wird er einmal in den Kontext produktiven Verstehens von traditionellen und modernen Erzählformen gestellt (Waldmann/Bothe 1993), ein andermal wird unter seinem Zeichen für das „Dichten“ in der Schule plädiert (Merkelbach 1993), wieder ein andermal wird seinem Potential in Schreibwerkstätten oder zum Zwecke literarischer Geselligkeit (Mattenklott 1979) nachgespürt. Alle diese Schreibsituationen und -formen, und noch andere mehr, beanspruchen mit durchaus plausiblen Gründen das Attribut „kreativ“ für sich. Daran braucht auch gar nicht gerüttelt zu werden, viele unserer eigenen Vorschläge stützen sich ebenfalls auf sie; Einwände scheinen uns allerdings angebracht, wenn als kreativ fast alles bezeichnet wird, was die Schüler halbwegs selbstständig aufs Papier bringen. Gleichwohl bekommt der Begriff der Kreativität im Kontext personalen Schreibens eine besondere inhaltliche Akzentuierung. Die sonstige Offenheit eingrenzend und präzisierend wird er dort auf jene Prozesse bezogen, die das subjektiv-authentische Ausdrucksbedürfnis stützen und fördern (vgl. Brenner 1990, 7ff.).

2.1 Didaktische Einordnung

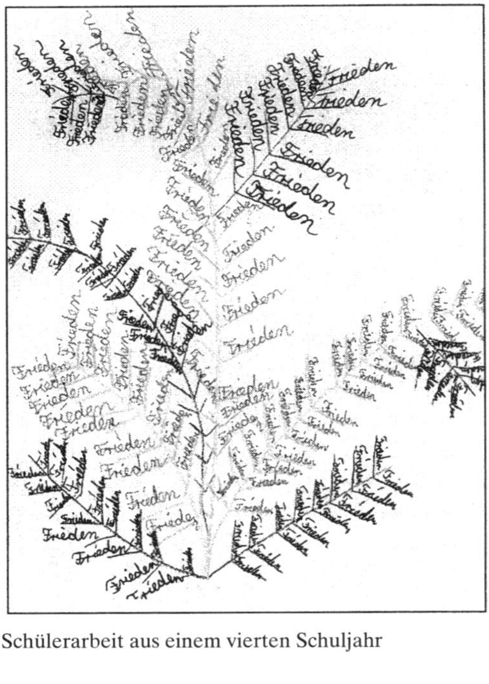

Schülerarbeit aus einem vierten Schuljahr

Der Reformansatz des → *kommunikativen Schreibens* mit seiner Forderung, situationsangemessene, partnerbezogene und effektive Texte ‘herzustellen’, hatte, wenn er konsequent verwirklicht wurde, im Ergebnis dazu geführt, dass im Unterricht nur noch pragmatische Texte entstanden sind. Schon früh hat Wilhelm Steffens (1977) diese Einseitigkeit kritisiert und gefragt, „inwieweit der kommunikative Ansatz ohne Berücksichtigung der personal-kognitiven Komponente voll praxisrelevant werden“ könne und ob bei einer Überpointierung des Kommunikativen „nicht ein Aufsatzunterricht ohne hinreichende Berücksichtigung der Sprache“ die Folge sei (62). Als Antwort hat Steffens den Vorschlag ausgearbeitet, kognitive Schreibprozesse in kommunikative zu integrieren, und er hat dabei vor allem dem kreativen „Spielen mit Sprache“ (Steffens 1981b/1998) eine große Bedeutung beigemessen. Die Aktivierung des kreativen Sprachspiels – gemeint sind damit z.B. Spiele mit Reimen, sinnverwandten Wörtern (Homonymen), Redensarten, das Verfassen von Unsinnstexten oder das Verfremden von Märchen – wurde durch die in den siebziger Jahren vorherrschende Auffassung gefördert, Kreativität erweise sich primär im divergenten Denken, also nicht allein in Ideen und Problemlösungen, sondern vorwiegend in neuen, überraschenden Möglichkeiten. In dieser Bedeutung wirkt der Begriff bis heute fort, für die Vorschläge in unserem Kapitel „literarische Schreibanlässe“ (s. S. 121ff.) ist er grundierende Voraussetzung.

In den achtziger Jahren ist, wie Kaspar H. Spinner (1993) aufgezeigt hat, eine „Subjektivierung des Kreativitätsbegriffs“ eingetreten: „Unter Kreativität wird nun in erster Linie Selbstausdruck, Entäußerung der verborgenen inneren Welt, Entwurf einer neuen subjektbestimmten Wirklichkeit verstanden“ (17). Indem die Schreibdidaktik diese Bedeutungsverschiebung mitvollzieht, unterstützt sie den implizierten „Rückzug ins Private“ (ebd.). „Lyrische Gedichte, tagebuchartige Notizen, Erzählungen von Erlebtem und andere autobiographische Ausdrucksformen“ treten in den Vordergrund (ebd.). „Man kann im kreativen Schreiben den Versuch sehen, sich gegen die zunehmende Anonymisierung unserer Gesellschaft zu wehren, sich zu behaupten in einer Welt, in der durch Medienflut und Bürokratisierung der einzelne immer mehr aus dem Blick gerät“ (ebd.).

Will man das Kreativitätskonzept nun aber nicht einfach nur als ein Verfahren nehmen, das dem Schreibenden zum Ausdruckgeben persönlicher Gefühle und Gedanken verhilft (ebd., 20), ist der Hinweis Spinners wichtig, „daß im kreativen Schreiben eine grundlegende Leistung von Schriftkultur zu Entfaltung“ kommen kann, die sowohl „Selbstreflexion und Individualität“ wie „Fremdverstehen“ bewirkt (ebd.). Im Zivilisationsprozess der Menschheit wird durch die Schrift nicht nur „das logische, lineare, analysierende, abstrahierende Denken“ gefördert, sie hat auch die Möglichkeit eröffnet, dass Menschen ihre „individuellen Imaginationen“ entfalten und ihre „Innenwelt“ ausloten, und sie schafft ihnen außerdem Spielräume, sich in ihrem „Hier und Jetzt“ zu vergessen und sich hineinzuversetzen „in andere Empfindungs- und Erfahrensweisen“, die von literarischen Texten gestaltet und vermittelt werden (ebd.).

Die didaktischen Folgerungen, die das personale Kreativitätskonzept nahe legt, bedürfen noch der Konturierung, insbesondere für die Grundschule. Die Grenzen zum freien und subjektorientierten Schreiben scheinen ebenso fließend wie zum sprachspielerisch-experimentellen und literarischen. Insbesondere gegenüber dem freien gilt allerdings für das kreative Schreiben der methodische Unterschied, dass „an die Stelle der freien Themenwahl bewußt gestaltete Inszenierungen von Schreibsituationen treten“ (Spinner 1993, 18). Einige dieser Situationen, die sich im beschriebenen Sinne herausheben lassen, wollen wir im Folgenden an Beispielen aus unserem Unterricht konkretisieren.

2.2 Schreibanregungen

(1) Denkmonologe verfassen

Kreatives Schreiben kann, wie angesprochen, in besonderer Weise ein Hineindenken in andere Perspektiven ermöglichen. Wenn beispielsweise „der innere Monolog, den eine literarische Figur an einer bestimmten Stelle geführt haben könnte, schreibend entworfen wird, dann vollzieht man innere Denk- und Empfindungsprozesse viel direkter nach, als wenn man im Gespräch über die Charaktereigenschaften oder über die Befindlichkeiten einer Figur diskutiert" (Spinner 1993, 20).

In den Modellen zum „Schreibanlass Kinderbuch", am Beispiel etwa des Brief- und Tagebuchromans *Ruf doch an, Papa!* (s. S. 234ff.) oder der Erzählung *Großvater im Bollerwagen* (s. S. 226ff.), lässt sich nachvollziehen, wie das Schreiben kleiner Denkmonologe bereits in der Grundschule angeregt werden kann.

(2) Schreibsituationen mit Reizwörtern arrangieren

Der Begriff Reizwort unterstellt, dass es Wörter gibt, die zum Erzählen anreizen. Die Erfahrung lehrt freilich, dass dies nicht unterschiedslos für jedes Wort zutrifft. „Je konkreter das Reizwort, desto lebendiger und suggestiver die Vorstellung, die es weckt. Durch die Fülle der semantischen Merkmale wird das mimetische Vermögen des Erzählers angesprochen. Das konkrete Reizwort ist der Köder, mit dem die zu erzählende Welt die Phantasie des Erzählers anlockt und auf die Probe stellt. Denn ein Reizwort will ausgeschöpft sein" (Frommer 1992, 95). Ein Reizwort sollte aber auch interessant sein, einen Mitteilungswert haben, weil es sich sonst nicht lohnte, davon zu erzählen. Es sollte kein modisches Wort sein, sondern – wie etwa *König* oder *Stadt* – ein Wort „mit elementarer Kernkraft", das genügend lange „auf der Welt" ist, „um Geschichten aufgesogen zu haben" (Kohl 1994, 139). Und auch einen Signalwert sollte es zuweilen haben, der den Erzähler auffordert, an „eine bestimmte Erzähltradition anzuknüpfen. [...] *Hütte* oder *Falltür* klingt nach Abenteuer, *Friedhof* nach Gruselgeschichte, *Fee* nach Märchen. Auch die Signalwörter bringen auf ihre Weise etwas hervor, sie öffnen eine Schleuse und lassen Erzähltraditionen in die erzählte Welt einströmen" (ebd., 96).

Ein Reizwort steht, zumindest in der Grundschule, selten allein, meist ist es Teil einer Gruppe von drei und mehr Wörtern. Die Schüler sind aufgefordert, um diese herum wie um Gelenkstellen ihre Geschichte zu bauen. Es genügt also nicht, dass die Reizwörter an irgendeiner Stelle des Textes vorkommen, sie müssen ein Kerngerüst ihrer Erzählung sein. Wortgruppen, die lediglich (wie etwa „Fahrrad – Auto – Krankenhaus" [vgl. Buchner 1992, 79] oder „Wintermorgen – Kätzchen – Aufregung") vertraute Handlungsschemata abrufen, sind wenig anregende Anreize zum Geschichtenerzählen und aktivieren kaum die Imaginationskraft, die für das kreative Schreiben so bedeutsam ist (vgl. Spinner 1993, 21). Es sollte daher methodisch bewusst auch mit Hindernissen gearbeitet werden, „z.B. mit zufällig zusammengestellten, nicht ohne weiteres zusammenpassenden Reizwörtern, die zur Herstellung neuer Verbindungen anhalten" (ebd.).

Das lässt sich etwa so arrangieren, dass drei, vier oder mehr Kinder ein Wort sagen, das sie sich ausgedacht haben, wobei intendiert ist, dass die Wörter keine inhaltlich zusammenhängende Kette ergeben oder zumindest eines darunter ist, das inhaltlich nicht in die Reihe passt.

Dieb Fenster Glatteis Papagei Gefängnis

In einer spielerischen Variante dazu schreiben die Kinder Bezeichnungen für typische Personen – z. B. Polizist, Feuerwehrmann, Raumfahrer, Erfinder – auf ein Kärtchen und außerdem auf ein zweites Kärtchen einen Gegenstand, der für die Person charakteristisch ist. Beide Kärtchensorten werden gemischt und jedes Kind zieht jeweils eins, zwei, drei oder mehr davon und nimmt sie als Anreiz zu einer Geschichte (vgl. Ossner 1994, 109).

Dieses Spiel kann man auch mit bestimmten Personengruppen inszenieren, z. B. mit Handwerkern, Sportlern oder literarischen Figuren. In den Märchen beispielsweise finden sich viele typische Figuren, die mit ebenso typischen Gegenständen verbunden sind: die Prinzessin mit der Erbse, der Kater mit den Stiefeln, Hans im Glück mit dem Goldklumpen oder dem Wetzstein und viele andere mehr. Für Kinder des vierten Schuljahres ist es eine sehr kreativitätsfordernde Aufgabe, Geschichten zu schreiben, in denen Märchenfiguren mit gar nicht zu ihnen passenden Gegenständen zurechtkommen müssen (z. B. das tapfere Schneiderlein mit dem Spinnrad), oder eine Art Schüttelmärchen (s. S. 190ff.), in denen sich Figuren verschiedener Märchen begegnen.

Man kann die Reizwörter auch auf die Flächen eines großen Würfels schreiben und dann zwei bis vier Wörter auswürfeln. Kreativitätsfordernde Hindernisse sind um so wahrscheinlicher, wenn mit zwei Würfeln gespielt wird.

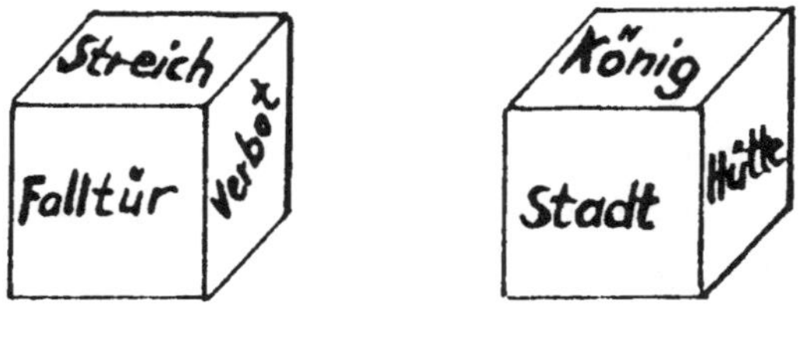

Wörterwürfel

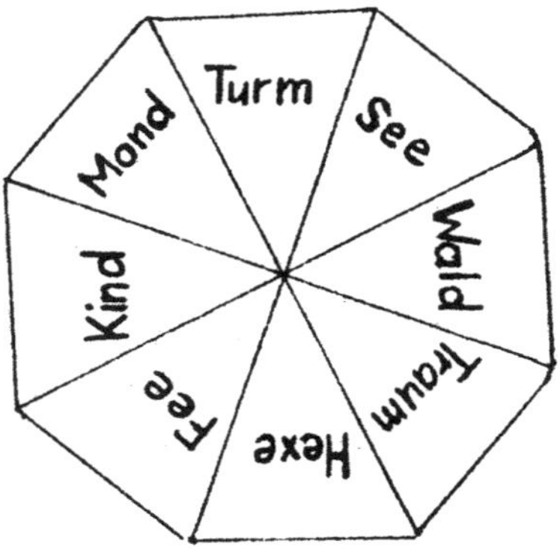

Wortkreisel

Eine Variante zum Würfel ist der Wortkreisel. Optimal ist, wenn in der Klasse so viele Kreisel vorhanden sind, dass in Partnerarbeit gespielt und geschrieben werden kann. Auf dem Kreisel können auch freie Felder sein; werden sie gedreht, darf das Kind ein Reizwort seiner Wahl verwenden.

Ein analoges Arrangement zu den Reizwörtern mit Hindernissen geht von einem Märchen aus, das die Schüler kennen. Der Lehrer gibt den Kindern beispielsweise fünf zusammenhängende Wörter, die das Märchen vom Rotkäppchen suggerieren: Mädchen, Wald, Blumen, Wolf, Großmutter. Das sechste Wort sprengt die Reihe; zum Beispiel: Hubschrauber.

Mädchen Wald Blumen Wolf Großmutter Hubschrauber

Die Kinder werden durch diese Vorgaben herausgefordert, „auf ein neues Element zu reagieren, das in Bezug auf eine bestimmte Serie von Begebenheiten unerwartet auftritt, sowie das vorgegebene Wort in eine bekannte Geschichte einzufügen und die vertrauten Worte mit dem neuen Zusammenhang, in den sie geraten sind, zu konfrontieren“ (Rodari 1992, 55).

Alle vorgeschlagenen Arrangements eignen sich vorzüglich dazu, differenzierende und individualisierende Anforderungen zu stellen, weil sich die Anzahl der Wörter sehr variabel halten lässt. Die Kinder sollten selbst entscheiden können, wie viele Wörter sie wählen, wie viele Kärtchen sie beispielsweise ziehen oder wie viele Wörter sie auswürfeln.

(3) Geselliges Schreiben

Sehr bedeutsam kann kreatives Schreiben, wie Kaspar H. Spinner (1993, 12) hervorgehoben hat, für die Erfahrung von Sozialität werden. Ein erster Ansatz dafür ergibt sich aus dem Vorschlag, das Geschriebene in der Gruppe auszutauschen, zum Beispiel in der Form, dass die Texte in der Klasse vorgelesen oder (auf einem Tisch o. ä. ausgelegt) zum Lesen zur Verfügung gestellt werden. „Der Austausch von Texten ist deshalb wichtig, weil diese ja nicht einfach die Erfüllung einer Aufsatznorm darstellen, sondern von den Schreibern persönlich vertreten werden und ein anderes Echo als Korrektur brauchen“ (ebd.).

Für das kreative Schreiben sind aber auch Arrangements typisch, die der von außerschulischen Schreibwerkstätten bekannten 'literarischen Geselligkeit' entsprechen. „Die Geselligkeit bedeutet nicht nur, daß die Schreibenden sich jemandem mitteilen können, sondern leitet auch dazu an, sich hörend und antwortend auf andere einzulassen" (ebd.), und eben deshalb trägt sie auch zu Sozialitätserfahrungen bei. Geselliges Schreiben kann Sozialität ermöglichen, „weil es einerseits von den Schreibenden mit ihrer ganzen Person verantwortet wird, aber andererseits doch einen Spielcharakter hat. Das Imaginäre, oft sogar Fiktive kreativer Texte ist Schutz in einer Geselligkeit, die begrenzte Nähe und damit eine Balance von Selbst- und Fremdverstehen ermöglicht" (ebd.).

Arrangements zu geselligem Schreiben formen viele Spiele aus dem außerschulischen Raum vor (vgl. u. a. Mosler/Herholz 1992). Bei ihrer Übernahme ist jeweils genau zu prüfen, ob sie sich auch für Grundschüler eignen, oder man muss passende Varianten entwickeln und erproben. Wir deuten einige Möglichkeiten an.

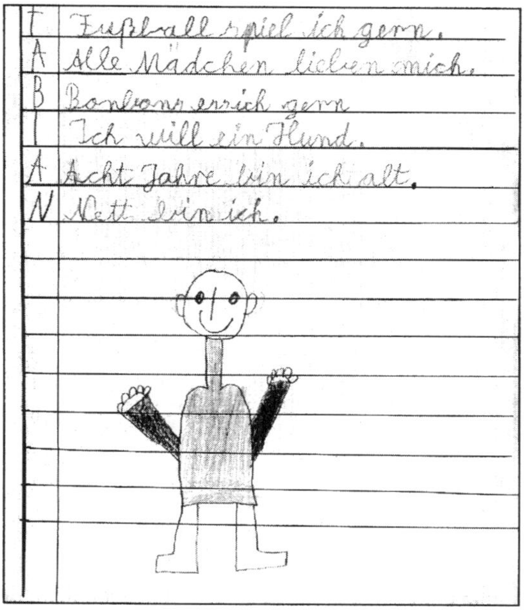

Namenspiel – Ende zweites Schuljahr

(a) Namenspiel

Jeder Schüler schreibt die Buchstaben seines Vornamens auf ein Blatt. Jeder Buchstabe ist der Anfang eines Wortes oder eines kurzen Satzes, mit dem er etwas Persönliches über sich auszusagen versucht, etwa: was er (nicht) gern mag. Das Spiel eignet sich besonders gut zur persönlichen Vorstellung in einer Gruppe, in der sich alle fremd sind. Ein Anlass ist beispielsweise gegeben, wenn die in einer Klassenkorrespondenz (s. S. 290ff.) einander verbundenen Partner sich erstmals besuchen.

In der eigenen Klasse kann aus dem Spiel ein Rätsel werden. Die Texte werden eingesammelt, gemischt und wieder ausgeteilt. Ein Kind liest vor, die Gruppe rät, welcher Text zu wem passt.

Oder: Die Namen und Texte werden auf Pappkärtchen geschrieben und danach eingesammelt. Jeder zieht sich nun ein Kärtchen und versucht, aus den Textvorgaben eine Geschichte zu machen (vgl. Mosler/Herholz 1992).

Kinder eines vierten Schuljahres, die sich mit einer Lesebuchsequenz über die Kinderbuchautorin Gudrun Mebs beschäftigten, haben sich vom Selbstportrait der Autorin „Wie buchstabiere ich mich heute“ anregen lassen, gleichartige Texte über sich selbst zu schreiben. Anders als in dem ersten Schreibspiel formulierten die Kinder zu den Buchstaben ihres Namens nicht nur einen Satz, sondern mehrere Wörter oder Aussagen, die ihnen passend erschienen.

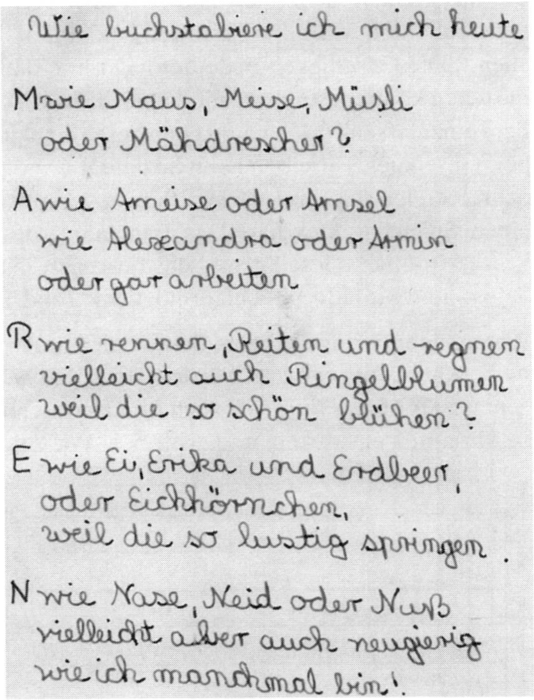
Wie buchstabiere ich mich heute

M wie Maus, Meise, Müsli
oder Mähdrescher?

A wie Ameise oder Amsel
wie Alexandra oder Armin
oder gar arbeiten

R wie rennen, Reiten und regnen
vielleicht auch Ringelblumen
weil die so schön blühen?

E wie Ei, Erika und Erdbeer,
oder Eichhörnchen,
weil die so lustig springen.

N wie Nase, Neid oder Nuß
vielleicht aber auch neugierig
wie ich manchmal bin!

Schülerarbeit – viertes Schuljahr

(b) Frage- und Antwortspiel

„Man geht von einer Reihe von Fragen aus, die bereits eine Folge von Ereignissen, d.h. etwas Erzähltes, einschließen. Zum Beispiel: Wer war es? Wo befand er sich? Was tat er? Was sagte er? Was sagten die Leute? Wie ist es ausgegangen?

Der erste aus der Gruppe antwortet auf die erste Frage und faltet den Zettel, damit niemand seine Antwort lesen kann. Der zweite antwortet auf die zweite Frage und knifft den Zettel ebenfalls. So geht es weiter bis zur letzten Frage. Die Antworten werden dann wie eine Geschichte vorgelesen. Dabei können völliger Nonsens oder der Kern einer komischen Geschichte herauskommen“ (Rodari 1992, 41).

(c) Wundertüte

Der Lehrer verteilt Zeitschriften. Innerhalb einiger Minuten soll nun jedes Kind aus dem Material zwei Wörter und zwei Fotos auswählen (ohne nötigen Sinnzusammenhang), ausschneiden und jeweils in eine Foto- und eine Textkiste legen. Dann zieht jeder aus den Kisten entweder ein Wort oder ein Foto und beginnt dazu einen Text zu schreiben. Die angefangenen Texte werden auf dem Gruppentisch ausgelegt. Jedes Gruppenmitglied greift blind nach einem Text, zieht aus den Kisten wieder ein Wort oder ein Foto und schreibt darauf bezogen die Fortsetzung (vgl. Mosler/Herholz 1992).

3 Subjektorientiertes Schreiben[1]

So wenig in der wissenschaftlich-didaktischen Literatur immer genau zwischen dem freien und dem kreativen Schreiben unterschieden wird, so wenig werden kreatives und *subjektorientiertes* Schreiben eindeutig gegeneinander abgegrenzt. Das „Handbuch des kreativen Schreibens" beispielsweise (v. Werder 1993) bietet eine Fülle von Schreibmöglichkeiten, die aber großenteils den subjektorientierten Formen zuzurechnen sind. Tatsächlich gibt es so viele Überschneidungen, dass eine saubere definitorische Trennung nur in Annäherungen und Ausschlüssen möglich ist. Man kann – etwas vergröbernd – sagen, dass jedes subjektorientierte Schreiben kreativ sein sollte, umgekehrt aber ist nicht jedes kreative Schreiben subjektorientiert. Das subjektorientierte Schreiben hat als gemeinsamen Fluchtpunkt die Subjektivität des Schreibvorgangs.

3.1 Didaktische Einordnung

Der unmittelbare Zusammenhang zwischen dem → *subjektorientierten Schreiben* und der Bildung einer Ich-Identität ist für Grundschüler nicht so ohne weiteres gegeben. Denn dazu ist selbstreflexives Denken Voraussetzung, was in der Regel erst ab der Pubertät einsetzt. Dennoch sind konkrete Möglichkeiten subjektorientierten Schreibens auch in der Grundschule verwendbar, zum Beispiel die Cluster-Methode beim Erzählen, die Identifikation mit einem Gegenstand durch die Aktivierung von Körpergefühlen oder die Phantasiereise. Diese Verfahren werden nachfolgend dargestellt.

Die subjektorientierten Schreibformen werden in der Regel streng von den kommunikativen unterschieden. Uns fiel in unserer Unterrichtspraxis jedoch auf, wie intensiv sich die Vorleseprozesse in der Gruppe bzw. Klasse gestalteten, ja häufig genug war geradezu eine gewisse Spannung spürbar, zu erfahren, was die anderen Kinder geschrieben haben.

Das Vorlesen der Aufsätze im traditionellen Aufsatzunterricht erübrigt sich in der Regel, da dasselbe Thema zugrunde liegt und zudem meist klischeebesetzt behandelt wird, so dass beim Vorlesen oft nur Beurteilungsaspekte im Vordergrund stehen. Einen ganz anderen Stellenwert hat das Vorlesen im subjektorientierten Schreiben, hier ist es ein wichtiges Moment des Schreibprozesses mit durchaus auch kommunikativer Tendenz. In der Regel sollte mit der Vorlesearbeit zunächst in der Kleingruppe begonnen werden, da die Schüler dadurch schon einmal Sicherheit gewinnen. Diese Kleingruppenarbeit kann natürlich auch zur Verbesserung der Texte genutzt werden.

[1] Den 'Basistext' dieses Abschnitts hat Karl Schuster verfasst, die Schülerbelege sind Ergebnisse unserer Erprobungen.

3.2 Schreibanregungen

3.2.1 Die Cluster-Methode

Die von Gabriele L. Rico (1984) entwickelte *Clusteringmethode* ist ein nicht-lineares Brainstorm-Verfahren, das auf der freien Assoziation basiert (Cluster = Haufen). Dabei soll das bildliche Denken gefördert, die unnachgiebige Zensur des begrifflichen Denkens umgangen werden. Der Schreiber soll die Angst verlieren. Das „Clustering“ wird von Rico als die „Kurzschrift des bildlichen Denkens“ bezeichnet. „Das Cluster mobilisiert die kindlichen Sprachmuster, die kindlichen Mythen. Es durchbricht die Schale des genormten Realismus der Klischees der Alltagsrede, die nur zu oft im Schreiben alle Lust abblocken. Das Kind lebt weitgehend mit der rechten Gehirnhälfte (dem Unbewußten). Erst durch die Sozialisation baut sich die Macht der linken Gehirnhälfte auf (das Bewußtsein), die alle Spontaneität im Denken durch das Zensieren der Gefühle unterbindet. Das Clusterverfahren setzt: Freie Assoziation gegen sterile Systematik, Bild gegen Begriff, Originalität gegen Konvention, Ganzheit gegen Detail und kindliche Originalität gegen erwachsene Routine“ (v. Werder 1986, 92).

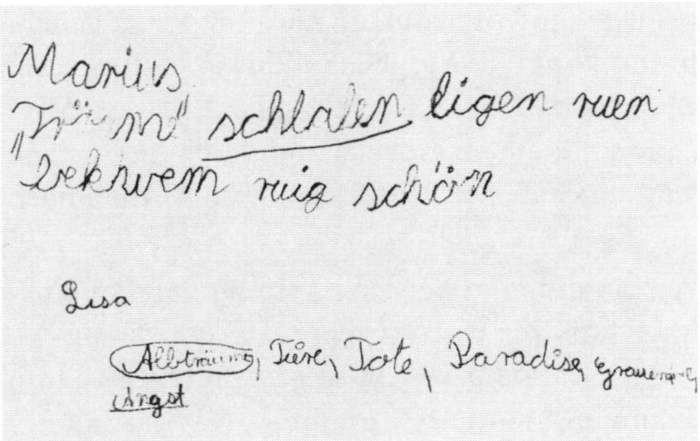

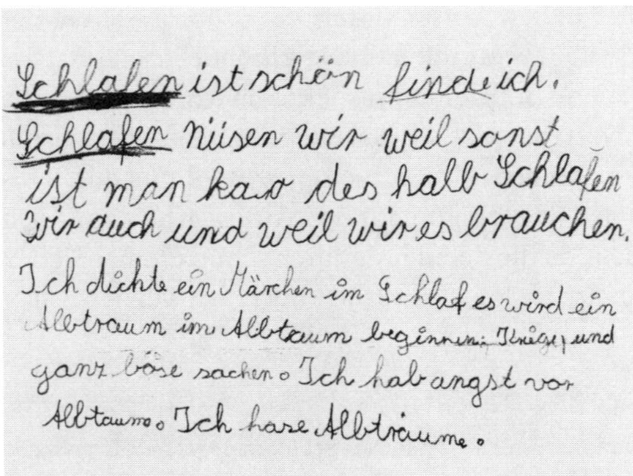

Um ein Kernwort werden spontan und möglichst schnell Assoziationsketten notiert, um die Zensur und Kontrolle auszuschalten. Zunächst zwei einfache Cluster-Beispiele aus einem *zweiten Schuljahr* zum Kernwort *Traum.*

Die Schüler haben den Teil des Cluster eingekreist, zu dem sie etwas schreiben wollten. Es entstanden die nebenstehend dokumentierten Texte.

Wichtig ist die Wahl des *Cluster-Wortes.* Grundsätzlich ist keine Wortart ausgeschlossen. Je klischeebesetzter der Begriff von vornherein sich den Schreibern darstellt, desto häufiger werden diese Klischees auch produziert werden. Wer in der Vorweihnachtszeit etwa das Wort „Weihnachtsbaum“ wählt, darf

Cluster zum Begriff „Ferien" – viertes Schuljahr

gewiss sein, dass er von den Kindern sehr viele ähnliche Entwürfe bekommen wird.

Schreibimpulse für das Erzählen von selbsterlebten Geschichten können „Erinnerungswörter" sein, in denen Geschichten stecken: z.B. Hauptwörter wie Angst, Mut, Zirkus, Schule, Ferien oder Verben wie träumen, aufwachen, sich schämen, überreden, suchen und finden.

Gute Erfahrungen lassen sich – mit älteren Schülern – auch mit Konjunktionen oder Adverbien machen, wie „dennoch", „manchmal" „oft" usw. Man kann schließlich auch einen ganzen Satz, ein Sprichwort, eine metaphorische Redewendung als Clusterbegriff verwenden. Das Clusterverfahren lässt sich universell einsetzen. Im Bereich des Erzählens kann also schon in der Grundschule „geclustert" werden, so dass der Schüler nun tatsächlich durch das „Versuchsnetz" auf Persönliches stößt, das er gerne aufschreiben möchte, zunächst für sich selbst, aber auch um anderen von sich etwas mitzuteilen. Allerdings sollte man das Prinzip der Freiwilligkeit des Vorlesens nicht verletzen, wenn jemandem sein Text zu persönlich, zu intim gerät.

3.2.2 Aktivieren von Körpergefühlen

Charakteristisch für viele *subjektorientierte Schreibformen* ist es, dass die übliche traditionelle Themenstellung durch Verfahren abgelöst wird, die versuchen, die Person als Ganzes mit ihren Emotionen und Erfahrungen anzusprechen und dabei auch die „Bedürfnisse" der rechten Gehirnhälfte zu berücksichtigen. Ein solches Vorgehen bedeutet *das Aktivieren von Körpergefühlen.* Jeder Mensch speichert in seinem Gehirn Bilder, Erfahrungen, Erlebnisse, Gefühle, zu denen er nicht ohne weiteres Zugang hat, weil sie sich einem rationalen Zugriff entziehen, u. U. auch nicht durch das Clustering evoziert werden können.

Die Körpergefühle beziehen sich dabei auf alle fünf Sinne: *Tasten – Riechen – Hören – Sehen – Schmecken.* Auch wenn man in der Wahrnehmungspsychologie nicht mehr von fünf, sondern von dreizehn Sinnen ausgeht – z.B. Berührungs- und Drucksinn, Temperatursinn, Schmerzsinn, Organempfindungssinn, Stellungssinn, Spannungs- und Kraftsinn, Lagesinn, Drehsinn (vgl. Stadler u. a. 1975, 82ff.) – „so ist doch für unsere Arbeit die Orientierung an den fünf 'klassischen' ausreichend, da dies auch für den Schüler fassbar und nachvollziehbar ist. Die Umweltreize, die uns überfluten, werden aber nicht als Einzelreize wahrgenommen, sondern meist als Träger von Bedeutungen (z. B. von Dingen, Personen, Ereignissen und Orten). Darüber hinaus hängt die vom Subjekt wahrgenommene Umwelt auch von den durch die Sozialisation vermittelten Einstellungen, Erwartungen, Bedürfnissen und Wünschen ab. Die persönlichen Vorbedingungen der Wahrnehmungen sind zum Teil auch ursächlich für die, vom Einzelnen vorgenommene, Selektion der Umweltreize. Wir können hier nur einige Beispiele andeuten.

(1) Tasten

Beim Tasten (und auch beim Riechen und Schmecken) haben sich die Kinder die Augen verbunden, um die Konzentration auf *einen Sinn* zu erleichtern. Sie saßen – in einem *vierten Schuljahr* beispielsweise – im Stuhlkreis und holten sich aus dem „Fühlsack“ einen Gegenstand heraus. Der Lehrer gab, den Begriff ‘Geschichte’ dabei bewusst vermeidend, den folgenden Impuls: Halte die Augen geschlossen, taste deinen Gegenstand in Ruhe so lange ab, bis dir etwas einfällt, was du schreiben möchtest.

Einige Kinder brauchten nur kurze Zeit, bis sie sich die Augenbinde abnahmen und auf ihren Platz zum Schreiben gingen, bei anderen dauerte es länger. Damit der erste Schritt erleichtert wird, haben wir den Schülern als Möglichkeit die Identifikation mit dem Gegenstand in der Ich-Form angeboten, aber nicht zur ‘Bedingung’ gemacht. Je geübter eine Klasse sein wird, desto weniger werden solche Hilfen notwendig sein.

Die Gegenstände müssen sorgfältig ausgewählt werden (bei uns z. B. Muschel, verschiedene Steintypen, Holzkästchen, Keramikfigur, Pinsel, Tomate). Wir haben solche Dinge zu vermeiden versucht, die schon von vornherein negative Gefühle auslösen oder durch überzogene Reaktionen eines Einzelnen ablenken könnten.

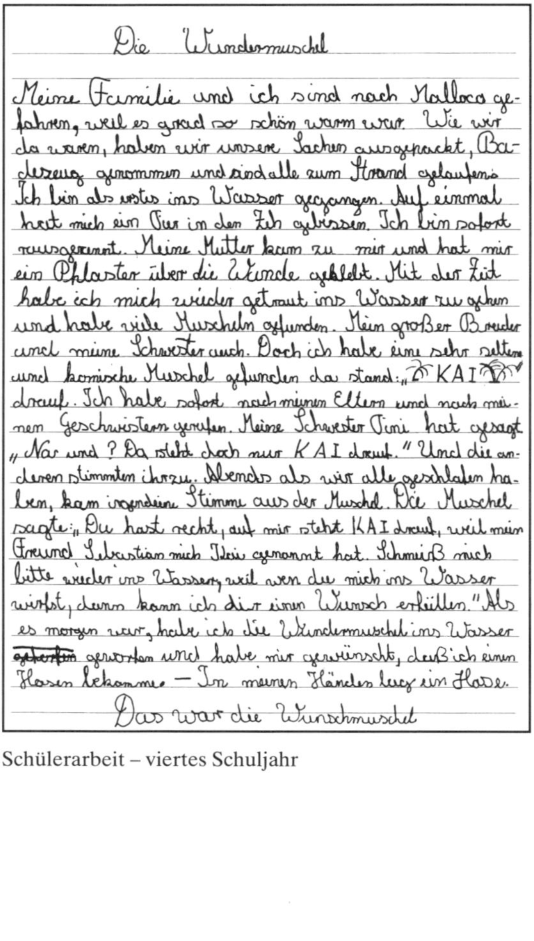
Die Wundermuschel

Meine Familie und ich sind nach Malloca gefahren, weil es grad so schön warm war. Wie wir da waren, haben wir unsere Sachen ausgepackt, Badezeug genommen und sind alle zum Strand gelaufen. Ich bin als erstes ins Wasser gegangen. Auf einmal hat mich ein Tier in den Zeh gebissen. Ich bin sofort rausgerannt. Meine Mutter kam zu mir und hat mir ein Pflaster über die Wunde geklebt. Mit der Zeit habe ich mich wieder getraut ins Wasser zu gehen und habe viele Muscheln gefunden. Mein großer Bruder und meine Schwester auch. Doch ich habe eine sehr seltene und komische Muschel gefunden da stand: „KAI“ drauf. Ich habe sofort nach meinen Eltern und nach meinen Geschwistern gerufen. Meine Schwester Tini hat gesagt „Na und? Da steht doch nur KAI drauf.“ Und die anderen stimmten ihr zu. Abends als wir alle geschlafen haben, kam irgendeine Stimme aus der Muschel. Die Muschel sagte: „Du hast recht, auf mir steht KAI drauf, weil mein Freund Sebastian mich Kai genannt hat. Schmeiß mich bitte wieder ins Wasser, weil wen du mich ins Wasser wirfst, dann kann ich dir einen Wunsch erfüllen.“ Als es morgen war, habe ich die Wundermuschel ins Wasser ~~geworfen~~ geworfen und habe mir gewünscht, daß ich einen Hasen bekomme. – In meinen Händen lag ein Hase.

Das war die Wunschmuschel

Schülerarbeit – viertes Schuljahr

(2) Sehen: Schreiben zu Klecksbildern

Klecksbilder sind gute „Anhaltspunkte" für die kindliche Fantasie. Sie geben einen rein visuellen Anlass zum Erfinden von Geschichten. Gerade weil sie unkonkret, zuweilen geradezu abstrakt sind, können die Kinder sie in ihrer Fantasie konkretisieren, können Gegenstände oder Figuren assoziieren und von oder mit ihnen subjektiv-authentische Geschichten erzählen.

Bevor jeder Schüler individuell eine Faltklecksarbeit herstellt und dazu eine Geschichte erfindet, sollte gemeinsam ein großes Klecksbild gemacht werden, an dem möglichst alle Schüler beteiligt sind. Schon bei der Herstellung des Bildes ist zu erwarten, dass die Schüler Dinge nennen, die sie dabei wahrnehmen. Diese Äußerungen greift der Lehrer auf, indem er das Bild an die Tafel heftet und die verschiedenen Assoziationen zu einzelnen Klecksen danebenschreibt. Im Gespräch werden die unterschiedlichen Wahrnehmungen erläutert. Dabei muss vermittelt werden, dass alle Deutungen gleichermaßen möglich sind, weil sie von etwas Unkonkretem ausgelöst sind, so dass jeder für sich damit etwas verbinden oder interpretieren kann.

Von den Wahrnehmungen und Assoziationen ist dann der Schritt zum Entwurf einer Geschichte zu leisten. Dazu stellen sich die Kinder vor, die Dinge und Figuren, die sie in den Klecksbildern assoziiert haben, treten miteinander in Beziehung, werden lebendig und erleben etwas.

Diese Phase der Ideenbildung kann in Partner- oder Gruppenarbeit geschehen. Die Partner oder Gruppenmitglieder teilen einander ihre Vorstellungen mit und diskutieren miteinander ihre Geschichtenentwürfe. Wichtig ist, dass darüber gesprochen wird, ob es sich wirklich um Entwürfe zu Geschichten mit einem inneren Handlungszusammenhang handelt oder nur um die Aneinanderreihung unzusammenhängender Handlungsideen. So vorbereitet, schreiben die Schüler individuell ihre Geschichte auf.

3.2.3 Die Fantasiereise

Die Fantasiereise (vgl. Burow/Scherpp 1981) ist eine Methode vor allem der Gestaltpädagogik (vgl. Zinker 1984), ein mentales Verfahren, das Eingang gefunden hat in die Psychotherapie und in die Sportpsychologie (wenn z. B. der Skifahrer mental die Strecke immer wieder mit seinem geistigen Auge 'durchfährt'). Man unterscheidet zwischen der gelenkten und ungelenkten Fantasiereise. Bei der *ungelenkten Fantasiereise* kann der Teilnehmer bei geschlossenen Augen die Bilder und Fantasien, die spontan in ihm aufsteigen, wie auf einer weißen Leinwand entstehen lassen. Bei der *gelenkten Fantasiereise* gibt der Gruppenleiter – in der Schule ist das meist der Lehrer – Bilder und Situationen vor, z. B. Urlaub, Wiese, Strand, Begegnung mit einem fremden Menschen.

Helga Bleckwenn und Rainer Loska (1989) haben mit diesem Verfahren experimentiert und fassen als Fazit zusammen: „Dabei fiel uns auf, daß es gegenüber sonst von uns angewandten Verfahren den meisten Schülern relativ leicht fiel, die

Texte zu schreiben. Offenbar werden bei der gelenkten Phantasie durch die verbalen Impulse des Lehrers unmittelbar Imaginationen bei den Schülern hervorgerufen" (63). Gerd Brenner (1990) betont in seinem „Leitfaden für die Praxis", dass das Verfahren genutzt werden kann, „wenn in Schreibphasen Klagen über Phantasiemangel laut werden oder wenn Darstellungen zu wenig intensiv, detailliert, konkret und 'belebt' erscheinen" (109).

Folgende Phasen und Schritte sind nach Bleckwenn und Loska (1989, 56) bei der Fantasiereise zu beachten:

- Die *Expositionsphase*, in der die Schüler den eigenen Körper wahrnehmen. Sie kann folgendermaßen angeleitet werden: „Ich möchte mit euch eine 'Phantasiereise' machen, eine Reise, die wir träumen. Träumen heißt nicht schlafen. Träumen kann man auch am Tag, sogar mit offenen Augen, aber es geht besser, wenn ihr die Augen zumacht. Bitte, macht jetzt die Augen zu. Und setzt euch möglichst bequem hin. Achtet nun darauf, wie ihr eueren Körper spürt und geht dabei eueren ganzen Körper durch. Fühlt euere Füße, euere Beine, euere Hände, euere Arme, euere Schultern. [...] Und während ihr so sitzt, mit geschlossenen Augen, auf eueren Körper und Atem achtend, denkt euch weg aus dem Klassenzimmer, weg aus der Schule ..."
- Die *Übergangsphase*, in der die Schüler sich „von der Alltagsituation" lösen und allmählich in die „Vorstellungswelt" eintreten. Die Ankunft am Zielort muss sprachlich klar markiert sein.
- Die *Imaginationsphase*, die „jeweilige Vorstellungsübung, die durch Vorschläge und lenkende Fragen des Lehrers stimuliert wird". Bleckwenn und Loska meinen, dass man auch mit zusätzlichen Sinnesreizen, „Klängen und Gerüchen" arbeiten könne. Das kann in den Anfangsphasen in manchen Klassen hilfreich sein. Entscheidender ist freilich die Wahl der Imaginationssituation. Sie muss so offen und anregend sein, dass sich ganz unterschiedliche Vorstellungsmuster entwickeln können. Wichtig ist auch, dass „die Intervalle zwischen den Fragen" groß genug sind, dass „sich eine entsprechende Vorstellung entwickeln kann".
- *Rückkehrphase*, also die Rückkehr vom Fantasieort in die Alltagsrealität. Sie darf nicht weggelassen, sondern muss mit entsprechenden Körperempfindungen (in umgekehrter Reihenfolge) bewusst gemacht werden. Die Schüler werden aufgefordert, tief zu atmen, sich zu recken und zu strecken und wieder wach zu sein. Ist ein Kind ganz weit weg, kann man es leicht berühren, um es zurückzuholen.
- In der abschließenden *Schreibphase* werden die Fantasien konkretisiert. Für jüngere Schüler ist es hilfreich, wenn sie ihre Erlebnisse, Gefühle, Vorstellungen erst in einem Bild ausdrücken, bevor sie zu schreiben beginnen.

(1) Fantasiereise ins Reich der Tiere

In einem *zweiten Schuljahr* haben die Kinder – nach einem Vorschlag von Doris Müller (1994) – eine Fantasiereise ins Reich der Tiere unternommen. Sie wurde mit folgendem Impuls angeleitet:

„Du kommst jetzt an einen See und weißt, daß du hindurchschwimmen mußt. Der See reicht in eine Höhle hinein. Dort wird das Wasser flacher. Du gehst durch einen dunklen unterirdischen Gang. Bald wird es heller und du kommst aus der Höhle heraus. Du bist jetzt im 'Reich der Tiere'. Hier siehst du Tiere aller Art. Schau ihnen eine Weile zu. Du wirst jetzt einem Tier begegnen und mit ihm ein besonderes Erlebnis haben." (67)

Schülerarbeit – Ende zweites Schuljahr

Die Schüler haben einige Minuten Zeit, die Begegnung mit dem Tier zu erleben. Anschließend werden sie auf demselben Weg zurückgeholt und malen und schreiben dann ihre Erlebnisse auf.

Als Variation schlägt Doris Müller eine Fantasiereise vor, auf der sich die Kinder mit einem Tier identifizieren. „Sie kennen schon den Weg ins 'Reich der Tiere', gehen in ihren Vorstellungen dorthin und treffen einen Zauberer. Und wenn er ein Kind mit seinem Zauberstab berührt, verwandelt es sich in ein Tier. [...] Mit diesem Tier identifizieren sich die Kinder eine Zeitlang [...]", als Anlass für das Schreiben.

(2) Fantasiereisen ins Land der Zwerge und Riesen

In Analogie zu der Fantasiereise ins Land der Tiere können die Kinder sich auch ins Land der Zwerge oder der Riesen (oder einen Wundergarten, in die sonderbare Stadt Tempone oder andere wundersame Länder wie das Schlaraffenland oder Alices Wunderland) aufmachen. Einstimmung in die jeweilige Thematik geben die bekannten literarischen Texte von Ludwig Bechstein oder Lewis Caroll oder volksliterarische Texte wie die beiden folgenden:

Im Land der Zwerge
So ist es im Land der Zwerge:
Ameisenhaufen sind da Berge,
das Sandkorn ist ein Felsenstück,
der Seidenfaden ist ein Strick,
die Nadel ist da eine Stange,
ein Würmlein ist da eine Schlange,
als Elefant gilt da die Maus,
der Fingerhut ist da ein Haus,
die Fenster sind wie Nadelöhre,
ein Glas Wasser wird zum Meere,
der dickste Mann ist dünn wie Haar,
der Augenblick ist da ein Jahr.

Im Land der Riesen:
So geht es im Land der Riesen:
Da mähen die Schneider mit Spießen,
da stricken die Mädchen mit Stangen,
da füttert man Vögel mit Schlangen,
da malen mit Besen die Maler,
da macht man wie Kuchen die Taler,
da schießt man die Mücken mit Pfeilen,
da webt man die Leinwand mit Seilen

(3) Fantasie-Ballonfahrt

„Vorgestelltes Fliegen, Schweben oder Gleiten in der Luft als Vogel oder Schmetterling, als Wolke oder als Feder, auf einem fliegenden Teppich, im Ballon, im Flugzeug oder in einem UFO vermittelt“ den Kindern Leichtigkeit und lässt sie die Dinge aus einer anderen Perspektive wahrnehmen (Müller 1994, 88). Sehr beliebt bei den Kindern sind Fantasiereisen im Ballon. Doris Müller regt eine Ballonfahrt u.a. mit folgenden Impulsen an: „... Und der Ballon beginnt zu steigen: höher und höher. Die Menschen unten auf der Wiese winken. Sie werden kleiner und kleiner. [...] Der Ballon schwebt nun ganz ruhig. Er geht über einen Wald und über ein Dorf, über Wiesen und Felder und einen See, über eine Weide mit vielen Tieren ...“

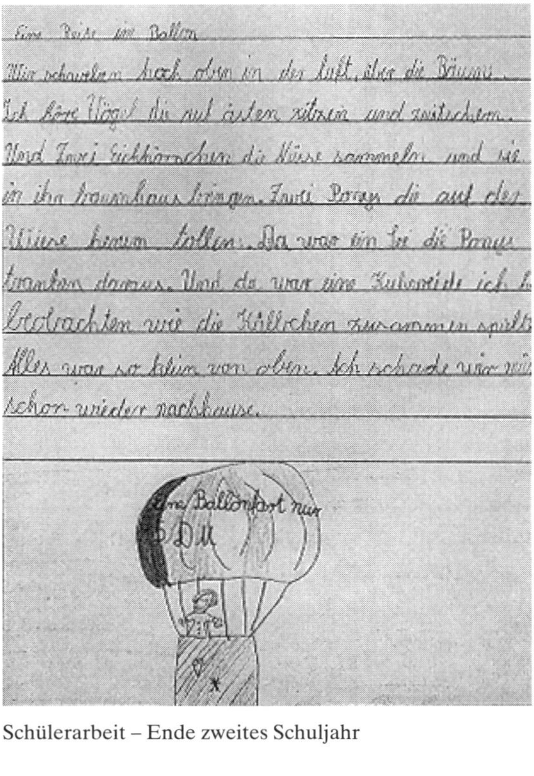

Schülerarbeit – Ende zweites Schuljahr

Kommunikative Schreibintentionen

Jedem kommunikativen Sprachgebrauch liegt – bewusst oder unbewusst – eine Absicht, eine Intention zugrunde, etwas zu bewirken. Sie ergibt sich aus dem Inhalt des Textes und ist abhängig von dem Partner, an den der Text sich richtet. Im Grunde könnte jeder Text, der geschrieben wird, eine andere Intention haben, und es gibt sie darum in einer großen Vielfalt.

Versuche, Schreibintentionen für den schreibdidaktischen Gebrauch zu strukturieren und zu gruppieren, orientieren sich zumeist an dem sogenannten „Organonmodell" des Sprachwissenschaftlers Karl Bühler (Erstveröffentlichung 1934), das informierendes, appellierendes und erzählendes Sprachhandeln unterscheidet. Diese Einteilung ist hilfreich, wenn sie nicht als starres Prinzip betrachtet wird, sondern lediglich als Hervorhebung einer dominanten Intention, die zu den anderen fließende Übergänge hat. Denn die Schreibpraxis lehrt, dass Erzählelemente durchaus Texte mit informierender Tendenz unterstützen und Berichte in allen möglichen Textformen vorkommen (Ludwig/Wolff 1978, 23), „daß eigentlich jeder appellative Text, sei es ein Einladungsschreiben, eine Glückwunschkarte, eine Such- oder Tauschanzeige für die Zeitung oder die Pinwand oder selbst ein Werbetext informierende Elemente enthält und daß umgekehrt ein informierender Text Appellatives aufweist. Das gilt für eine Wegbeschreibung (etwa für den Brieffreund, der zu Besuch kommen will und telefonisch nicht erreichbar ist) ebenso wie für eine Fundmeldung, eine Spielanweisung, ein Rezept oder eine Gebrauchsanweisung" (Neumann 1979, 67).

Rolf Sanner hat in seiner 1977 erstmals vorgelegten Aufsatzdidaktik drei Grundintentionen unterschieden: Informieren („in Kenntnis setzen durch: *Berichten, Beschreiben*"), Kommentieren („kognitives Darstellen durch: *Belehren, Erörtern, Deuten*") und Produzieren („im ästhetischen Sinne veränderndes Darstellen durch: *Erzählen, Schildern, sprachliches Spielen*") (29). Diese Einteilung weist zwar noch Übereinstimmungen mit dem Bühlerschen Modell auf, anders als dort ist für Sanner das Appellieren jedoch „keine Intention neben den anderen, sondern ein zusätzlicher [. . .] Aspekt", der in die anderen integriert ist (ebd.). Denn „jeder 'Appell' verfügt auch über eine Information, jede Erzählung appelliert auch durch die Wahl der Darstellungsmittel an die Teilnahme des Lesers"(ebd.).

Eine Strukturierung und Gruppierung des Schreibens nach Intentionen, wie Sanner sie beispielhaft vornimmt, ist zweifelsohne eine wichtige Erkenntnishilfe, wenn beachtet wird, dass eine systematische Gliederung von Schreibabsichten, die eindeutig voneinander abgegrenzt sind, nicht möglich ist. Darum sind schreibdidaktische Konzeptionen sehr problematisch, für die der Aspekt der Intention eine so erhebliche Bedeutung im Bezugsgeflecht des Schreibprozesses hat, dass sie von ihm aus den gesamten Schreibunterricht gliedern und organisieren (vgl. Boettcher u. a. 1973).

Diesem Beispiel folgen wir nicht, weil wir andere Einteilungsprinzipien für ebenso begründbar halten (s. S. 5ff.); außerdem würden hierdurch die Schreibhandlungen, die insgesamt ja keineswegs statisch sind, endgültig klassifiziert und eingeordnet. Da es jedoch viele Schreibsituationen gibt, in denen Schreibintentionen wichtig sind oder ihnen sogar Priorität zukommt, werden sie in diesem Kapitel eigens thematisiert. Denn dass die Intention ein wichtiger Faktor beim Schreiben ist, das sollen auch Grundschüler schon erfahren. Die Binnengliederung des Kapitels orientiert sich, über den sprachkommunikativen Aspekt hinaus, an Schreibhandlungen, die in der Lebenswelt der Schüler vorkommen, und an Schreibformen, die diese aufgrund ihrer Sprachentwicklung bewältigen können.

1 Erzählen und Berichten

In der traditionellen Aufsatzdidaktik waren die Erzählung und der Bericht zwei der grundlegenden Darstellungsformen, die der Schüler im Rahmen der „Gestaltungslehre" (Helmers 1971, 209ff.) zu erlernen hatte. Dabei wurden die Formen des „subjektiven" Erzählens detailgenau von denen des „objektiven" Berichtens unterschieden und abgegrenzt. Die „Methodik des Deutschunterrichts" von Reumuth und Schorb (1963), die in den fünfziger und sechziger Jahren für die Volksschule die Konzeption des → *sprachgestaltenden Aufsatzes* repräsentierte, stellte demgemäß der Erzählung die „Gebrauchsform" des „Sachberichts" gegenüber, dessen „Stil durch das Zurücktreten des nur Persönlichen" und durch die „Hingabe an die Sache" bestimmt werde (222f.).

Die Kontrastierung von „subjektiver" Erzählung und „objektivem" Bericht prägte freilich nicht nur den traditionellen Aufsatzunterricht. Auch nach der kommunikativen Wende des Deutschunterrichts in den siebziger Jahren wurden die alten Normen beibehalten, und nicht wenige „Modelle" in Zeitschriften und anderen „praxisorientierten" Veröffentlichungen propagieren sie bis heute. Dabei zeigen schon Alltagserfahrungen und nicht erst sprachwissenschaftliche Einsichten, dass eine exakte Unterscheidung von Bericht und Erzählung sehr schwierig, nicht selten unangemessen und in vielen Fällen völlig überflüssig ist. Wenn dieselbe sprachliche Tätigkeit nicht selten sowohl als „berichten" wie auch als „erzählen" bezeichnet wird (vgl. Ludwig/Wolff 1978, 19), geschieht dies völlig zu Recht. Zwar gibt es Fälle, in denen unsere Sprache keine gleichartige Verwendung zulässt – über ein Sportereignis beispielsweise wird nicht erzählt, und ein Märchen wird nicht berichtet –, sehr oft aber ist ein Unterschied kaum auszumachen. Da wird von einem Erlebnis mal erzählt, mal berichtet, und eine Formulierung, dass in der literarischen *Erzählung* eines Autors von einem Ereignis *berichtet* werde, erregt durchaus keinen Anstoß; selbst das Wörterbuch der „sinn- und sachverwandten Wörter" (Duden) bietet „erzählen" und „berichten" als Synomyme an.

Der Zusammenhang beider sprachlicher Handlungen wird erkennbar, wenn nicht gefragt wird, wie ein Bericht oder eine Erzählung aussieht, sondern was derjenige eigentlich tut, der berichtet oder erzählt. Er stellt, so haben es Ludwig und Wolff (1978) beschrieben, „einen Bezug zu einem Geschehen her, das dadurch ausgezeichnet ist, daß es für den Hörer oder Leser nicht wahrnehmbar ist, sei es, daß es zum Zeitpunkt des Berichtens oder Erzählens vergangen ist, sei es, daß es gleichzeitig mit dem Berichten oder Erzählen abläuft und vom Sprecher oder Schreiber wahrgenommen werden kann, nicht aber von dem Hörer oder Leser“ (17). Wer berichtet oder erzählt, erschließt sich Erfahrungen, um sie anderen erfahrbar zu machen. Er gibt seinen Partnern also die Möglichkeit, an dem teilzuhaben, was er selbst oder, weil wir viele Erfahrungen nicht selbst erwerben können, was er über andere erfahren hat (vgl. ebd.). Ludwig und Wolff (1978, 21) bestimmen daher das Erzählen und das Berichten als geistige Tätigkeiten, die Erfahrungen rekapitulieren.

Dass ein Erzähler seine Erfahrungen subjektiv darstellen darf, gilt als unbestritten, aber auch ein Berichtender muss „auf bewußte persönliche Stellungnahme und Wertung“ nicht verzichten, wie dies in der Didaktik (hier: Sanner 1975, 71) gefordert wird. Immer teilt er in seinem Bericht nämlich auch ein Stück von sich selbst mit, von seiner Interpretation des Geschehens und der Wirklichkeit. Warum sollte das unzulässig sein, wenn das Berichten nicht anders als das Erzählen eine Form der Kontaktnahme mit anderen ist? Es bezieht sich auf gemeinsames Wissen und gemeinsame Erfahrung. Darum sind auch sprachliche Normierungen entbehrlich, die verlangen, beim Berichten dürfe kein Tempus außer dem Präteritum benutzt werden, kein Konjunktiv und vor allem keine wörtliche Rede. „Selbstverständlich kann man im Präsens berichten“ und „auch den Konjunktiv kann man verwenden, wo er angebracht ist. [...] Völlig unverständlich ist [...] das Verbot der direkten Rede. Wenn es wirklich beim Berichten auf Sachtreue ankommen sollte, dann wäre anzunehmen, daß keine Form der Redewiedergabe geeigneter sei als eben die direkte Rede“ (Ludwig/Wolff 1978, 20).

Wenn Schüler im Schreibunterricht in der Fähigkeit des Erzählens und Berichtens gefördert werden, kann das Ziel folglich nicht sein, beide sprachlichen Tätigkeiten möglichst genau auseinanderhalten und auf sie bezogene normative Schreibregeln anwenden zu können. Grundschüler sind aufgrund ihrer psychischen Entwicklung großenteils noch gar nicht in der Lage, die unterschiedlichen Schreibhaltungen nachzuvollziehen und den damit verbundenen stilistischen Anforderungen gerecht zu werden. Ziel ist darum, die Schüler zu motivieren, Anlässe zum Erzählen und Berichten wahrzunehmen und sprachlich zu gestalten. Im „breiten Primärbereich ‘privater Erfahrungen’“ (Ludwig/Wolff 1978, 23) in der Familie, in der Schule, beim Spielen, beim Fernsehen, beim Lesen oder auch in Erlebnissen beim Sport oder auf Reisen erschließen sich Ereignisse und Begebenheiten, die einem Erzählenden oder einem Berichtenden so wichtig sind, dass er andere daran teilhaben lassen möchte. Erzählen und Berichten in der (Grund-) Schule beziehen sich also zuerst auf solche Situationen des Alltags. Davon unterschieden sind zwei Bereiche, die Ludwig und Wolff als Berichten und Erzählen im „engeren Sinne“ beschreiben (ebd., 19).

Während der Alltagsbezug dem Berichten „ein breites Spektrum“ an Textformen öffnet, „das vom Erlebnisbericht über Reportage und Interview später bis zur Facharbeit reicht“ (ebd., 23), sind Berichte im engeren Sinne, wie sie „meist von irgendwelchen Institutionen gefordert“ werden (ebd., 19), auch in ihrer Form festgelegt. Zeugenberichte zu einem Verkehrsunfall gehören dazu und Polizeiberichte, Behördenbescheide und amtliche Schreiben, auch beispielsweise Berichte der Lehrer an die Eltern ihrer Schüler. In solchen Berichten „gibt man Rechenschaft, mit ihnen rechtfertigt man sich“ oder „begründet einen Rechtsanspruch“ (ebd.). An sie wird darum auch der Anspruch auf genaue Wiedergabe eines Geschehens gestellt (vgl. ebd.). Sie kommen allerdings in Verwendungssituationen vor, die in der Regel außerhalb des Erfahrungsbereichs eines Kindes liegen. Schon ein Grundschüler kann heute zwar in die Situation eines Zeugen (bei einem Unfall im Verkehr o. ä.) kommen, er wird dann aber nur nach seinen Beobachtungen gefragt und niemand verlangt ihm einen formgebundenen Bericht ab. Der Verweis auf die Zeugensituation o.ä. rechtfertigt von sich aus also nicht ein Einüben des Zeugen- oder Unfallberichts, wie er für Polizei, Versicherung oder Zeitung gebraucht wird. Entgegen einer weitverbreiteten Praxis sollten Berichte dieser Art – wie Berichte im engeren Sinne insgesamt – in der Grundschule deshalb kein Unterrichtsgegenstand sein.

Nicht so generell kann man dies von den Erzählungen im engeren Sinne sagen. Damit sind bewusst(er) gestaltete, primär literarische Erzählungen gemeint. Sie „unterscheiden sich vom alltäglichen Berichten oder Erzählen weniger durch ihre Funktion [...], als vielmehr in ihrem Gegenstand. Es sind erfundene Geschichten. Das Geschehen, über das der Erzähler zu berichten scheint, ist von ihm allererst geschaffen, real hat es nicht stattgefunden“ (Ludwig/Wolff 1978, 19). Solches Erzählen zu fördern, ist auch schon in der Grundschule möglich und sinnvoll, wenn es in einfachen, elementaren Formen praktiziert wird (s. die Vorschläge S. 152ff.). Durch sie kann die Phantasie der Kinder geweckt und gefördert werden und planvoll „ins Spiel“ kommen.

1.1 Über Erlebnisse und Beobachtungen schreiben

Kinder erzählen und berichten, seit sie sprechen können; sie erzählen und berichten immer schon situationsbestimmt und adressatenbezogen. Das Erzählen und Berichten muss in der Schule also nicht gelernt, es muss bewusst gemacht werden, insbesondere wenn es nicht mündlich, sondern schriftlich geschieht. Darum darf die „Rekapitulation von Erfahrungen, wenn sie zu einem allmählichen Bewußtsein der geistigen Tätigkeit führen soll“ (Ludwig/Wolff 1978, 24), nicht nur spontan und beiläufig geschehen. Damit ist gegen spontanes und beiläufiges Schreiben überhaupt nichts eingewendet. Solche Aktivitäten sollten wo immer möglich aufgenommen werden (s. die Vorschläge S. 51ff.), Schreibunterricht aber muss weiter reichen. Um einem Leser ein „Nacherleben der Geschichte zu ermöglichen" (Hurrelmann 1980, 300) oder ihn an Erfahrungen teilhaben zu lassen, reicht es nicht aus, Erlebnisse und Beobachtungen mehr oder weniger genau wiederzugeben. Sie müssen auch gestaltet werden, weil sie sonst ihre Wirkung beim Leser nicht entfalten können. Fördernde Hilfen zu geben, um dies zu erlernen, ist eine der Aufgaben, die der Unterricht zu leisten hat. Die andere besteht im Vermitteln von Schreibimpulsen, die den Schüler anregen, Erlebtes und Beobachtetes zu erinnern und in Form einer Geschichte mitzuteilen.

1.1.1 Schreibimpulse für Beobachtungserlebnisse

Es fördert die Fähigkeit zur Wahrnehmung, wenn die Schüler üben, genau zu beobachten und ihre Beobachtungen dann aufzuschreiben. Als Anstöße für „Beobachtungserlebnisse" und deren sprachliche Gestaltung (Ostermann 1973, 161) sind Situationen ungeeignet, die „nur scheinbar das tägliche Leben des Schülers betreffen" (Ludwig/Wollf 1978, 23): ein Grundschulkind hat, wie oben bereits ausgeführt, „weder mit Unfallanzeigen noch mit Polizeiberichten direkt etwas zu tun" (ebd.). Die Anlässe müssen so beschaffen sein, dass für den Schüler ein Interesse daran besteht oder doch zumindest entwickelt werden kann, darüber zu schreiben. Am ehesten ist dies bei eigenen Erfahrungen der Fall, die auf „alltäglichen Vorkommnissen" (Ludwig/Wolff 1978, 23) beruhen. Anstoß für ein „Beobachtungserlebnis" kann aber auch ein Vorgang sein, der in der Schule – vorzugsweise im Sachunterricht (mitverfolgt wird, oder sogar – bei Vorformen des Protokollierens – der Unterricht selbst.

(1) Eigene Erfahrungen gestalten

„Wenn eigene Erfahrungen verarbeitet und gestaltet werden sollen, ist alltäglichen Vorkommnissen der Vorzug zu geben, die nicht bis ins letzte vorher festgelegt werden können. Man mag an 'strittige Sachverhalte', an 'besondere Vorfälle', an 'Konfliktsituationen', an 'natürliche Schreibanlässe' denken (Ludwig/Wolff 1973, 23).

(a) Morgens vor der Schule

Es kann anregend sein, darüber zu schreiben, was sich morgens vor der Schule abspielt, z. B.:

- zu Hause beim Wecken, im Bad, beim Frühstück
- auf dem Schulweg,
- im Schulbus,
- auf dem Schulhof.

(b) Kindergeburtstag

Vielschichtige Erfahrungs- und Beobachtungsmöglichkeiten bietet auch ein Kindergeburtstag, z. B.:

- Situationen am Tisch
- leckeres Essen
- Spiele
- Zusammensetzung der Geburtstagsgesellschaft
- Stimmung.

(c) Tiere

Kinder lieben Tiere, haben sie gern bei sich in der Wohnung oder im Haus, schätzen sie als Spielkameraden. Das Zusammenleben mit ihnen kann Anlass zu vielfältigen Beobachtungserlebnissen sein, z. B.:

- über das Verhalten der Tiere,
- über Erfahrungen der Zuneigung und Identifikation,
- über Situationen, in denen Tiere in der Familie zum Anlass von Konflikten werden.

(d) Auf dem Spielplatz

Der Spielplatz ist ein von Kindern häufig besuchter „Lebensraum". Hier werden lustige oder traurige Erfahrungen und interessante Beobachtungen gemacht, z. B.:

- Erfahrungen mit Spielgeräten,
- Erlebnisse in Spielsituationen mit anderen Kindern (vgl. auch den Schreibimpuls S. 124),
- Beobachtungen zum Verhalten von Freunden und Freundinnen.

(e) Im Schwimmbad

Grundschüler haben mannigfache Erfahrungen mit Wasser. Das Wasser als ein Element, in dem man sich wohlfühlt, das aber auch manchmal bedrohlich werden kann, regt zu vielerlei Beobachtungen an, die erzählt oder berichtet werden können, z. B.

- Beobachtungen bei Wasserspielen,
- Vorkommnisse mit anderen Schwimmern,
- eigene Erfahrungen beim Springen vom Sprungbrett.

(2) Schreibimpuls Spielidee

Stegreifspiele und Rollenspiele regen auf vielfache Weise an, eigene Erfahrungen zu erinnern und zu verarbeiten. Spielideen, aus denen die Kinder derartige Spielszenen entwickeln, liefern den erforderlichen Impuls (vgl. Ludwig/Wolff 1978, 24). Beispiele für Spielideen sind:

[1] Drei Freunde sind am späten Nachmittag noch mit den Fahrrädern unterwegs. Die Eltern haben ihnen eingeschärft, nicht weiter als bis zum nahen Fischweiher zu fahren. Nun sind sie aber bis zum Wald geradelt und Uli hat einen Platten.

[2] Lisa und ihr Freund Stefan sitzen an einem regnerischen Nachmittag in Lisas Zimmer. Sie langweilen sich; eigentlich wollten sie miteinander ins Schwimmbad gehen. Da haben sie eine Idee: sie erfinden gemeinsam eine „automatische Hausaufgabenmaschine".

[3] Die Klasse 3 b macht einen Ausflug. Sie haben gerade den Picknickplatz aufgeräumt und alle Spielsachen eingepackt, als dunkle Gewitterwolken aufziehen.

[4] Melanie, Michael und der kleine Olli finden am Rande des Abenteuerspielplatzes ein schwarzes, junges Kätzchen, das ganz erbärmlich miaut.

(3) Einen Vorgang darstellen

Anstoß für ein „Beobachtungserlebnis“ kann auch ein Vorgang sein; nach der Erklärung des Wörterbuchs ist das „ein Geschehen, ein Ablauf, ein Hergang“ (Wahrig 1978, 859). In den Normvorstellungen des traditionellen Aufsatzunterrichts war ein Vorgang vor allem unter dem Aspekt seiner rational erkennbaren Struktur darzustellen. Mag eine solche Forderung nach abstrahierendem Schreiben auf späteren Klassenstufen hin und wieder angehen, für die Grundschule ist sie unangemessen. Außerdem kann ein Vorgang auch „in seiner konkreten Sichtbarkeit“ gestaltet werden, „so wie er vom Betrachtenden mit wachen Sinnen aufgenommen wurde“ (Ostermann 1973, 159). Wenn in der Grundschule das Darstellen von Vorgängen überhaupt geübt wird, dann mit dieser Intention und durchaus „eingebettet in eine konkrete Erlebnissituation“ (ebd.).

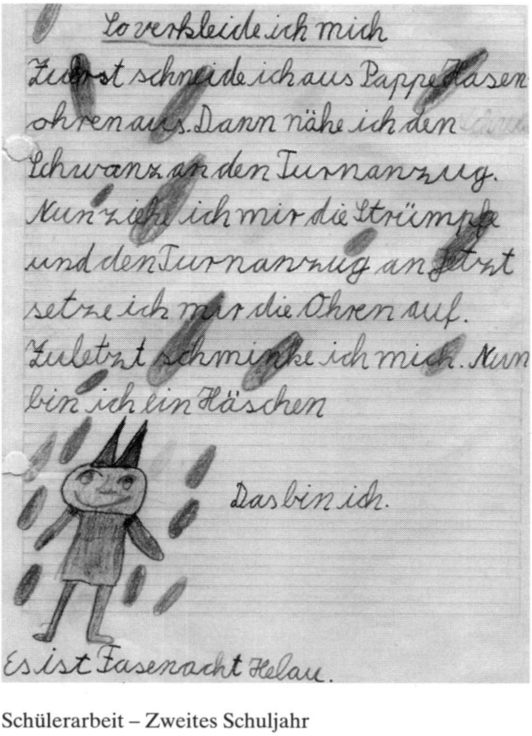

Schülerarbeit – Zweites Schuljahr

(a) Sich verkleiden

Fastnacht (Fasching, Karneval) ist eine solche „Erlebnissituation“. Die Zeit ist bei Kindern nicht zuletzt deshalb so beliebt, weil sie sich verkleiden und in fremde Rollen schlüpfen dürfen. Die Situation des Verkleidens kann – vom zweiten Schuljahr an – ein anregender, zudem ‘echter’ Anlass sein, einfache Vorgänge darzustellen.

Zur sachlichen Vorbereitung bringen einige Kinder ihre Fastnachtskostüme mit und demonstrieren vor der Klasse, wie sie sich verkleiden, wie sie Stück für Stück ein anderer werden. Während die übrigen Schüler das Verkleiden beobachten, stellen sie fest, dass es zwar keine verbindliche Vorschrift gibt, in welcher Reihenfolge die Einzelteile eines Kostüms angezogen werden, dass diese andererseits aber auch nicht völlig willkürlich ist.

Die Feststellung ist wichtig für die sprachliche Verarbeitung. Sie bedeutet: eine bloß ungeordnet aneinandergereihte Aufzählung genügt nicht, um einen Handlungsablauf darzustellen. Gemeinsam wird hierzu noch erarbeitet, welche Wörter (Adverbien) zur Verfügung stehen, um eine gewählte Reihenfolge sprachlich auszudrücken.

Grundlage für das Verfassen des Textes ist nicht ein „Demonstrationsvorgang" für alle, jeder Schüler schreibt vielmehr, wie er sich selbst verkleidet und welche Figur er darstellt. [Als] Adressaten der Texte sind gleichaltrige Kinder [gedacht], denen Vorschläge zum Verkleiden gemacht werden sollen. Um die Texte in einer attraktiven Form zu präsentieren, kann man mit ihnen ein Leporello (d. h. eine harmonikaartig zusammenfaltbare Bilderreihe) herstellen.

(b) Biologische und physikalische Experimente

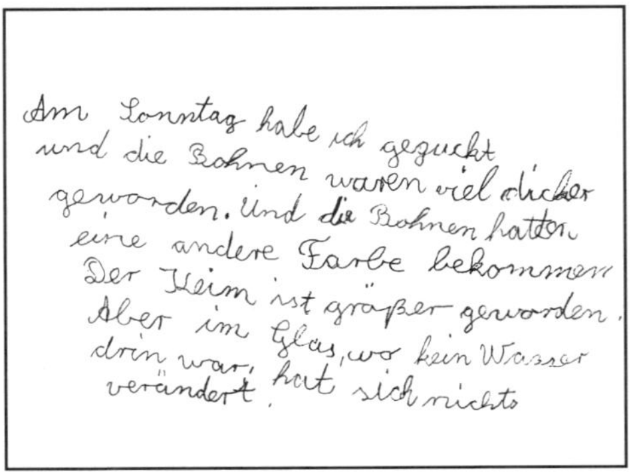

Die Verbindung von Sachunterricht und Sprach- bzw. Schreibunterricht hat man in der Praxis immer gesehen und mit wechselnder Intensität realisiert. Es gilt auch heute, die Möglichkeiten zu nutzen (etwa: Vermutungen äußern, Ergebnisse zusammenfassen). Wenn es um das Beobachten und sprachliche Darstellen von Vorgängen oder Abläufen geht, lassen sich im Sachunterricht – z. B. im Zusammenhang mit kleinen biologischen Versuchen oder physikalischen Experimenten – vielfältige Anlässe finden, auf die sich der Schreibunterricht stützen kann. Ein Schreibanlass aus dem Sachunterricht – Erfahrungsbereich Pflanzen – ist im *zweiten Schuljahr* das Wachstum einer Pflanze, wofür Kresse oder Bohnen dankbare Objekte abgeben. Anlass zu Vermutungen und Beobachtungen kann die vom Lehrer mitgeteilte Erfahrung sein, dass der Samen von Bohnen schneller keimt, wenn man ihn einen Tag in Wasser legt. Ein kleiner Versuch wird durchgeführt: in ein Glas kommt eine Bohne mit Wasser, in ein anderes eine Bohne ohne Wasser. Die Schüler schreiben zuerst ihre Vermutungen auf und einen Tag später dann ihre Beobachtungen.

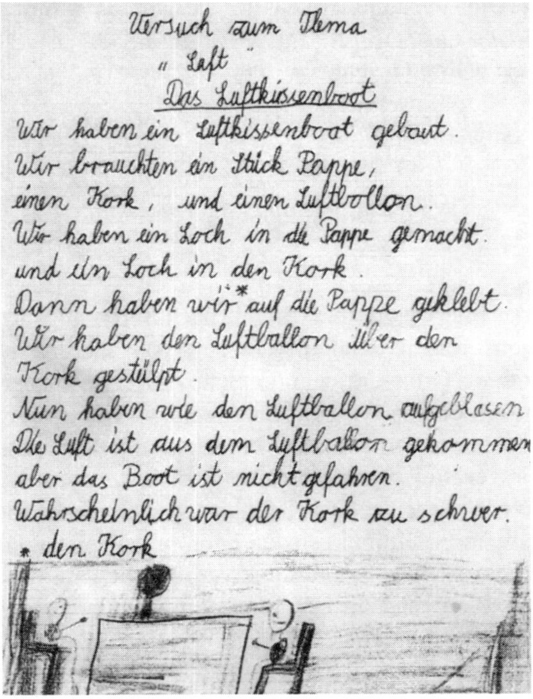
Versuch zum Thema
„Luft"
Das Luftkissenboot
Wir haben ein Luftkissenboot gebaut.
Wir brauchten ein Stück Pappe,
einen Kork, und einen Luftballon.
Wir haben ein Loch in die Pappe gemacht.
und ein Loch in den Kork.
Dann haben wir* auf die Pappe geklebt.
Wir haben den Luftballon über den
Kork gestülpt.
Nun haben wie den Luftballon aufgeblasen
Die Luft ist aus dem Luftballon gekommen
aber das Boot ist nicht gefahren.
Wahrscheinlich war der Kork zu schwer.
* den Kork

Schülerarbeit – drittes Schuljahr

Ein anderer Schreibanlass – vom Anfang des dritten Schuljahrs – stammt aus dem Erfahrungsbereich Luft. Die Schüler bekommen zwölf verschiedene Versuchsanleitungen angeboten. Sie setzen sich in kleinen Gruppen zusammen und entscheiden sich für einen Versuch. Die Vorbereitung und die Durchführung erledigt jede Gruppe selbstständig. Um im Anschluss an die Demonstrationen den Versuchsablauf und das Ergebnis auch an andere Interessenten weitergeben zu können, schreibt jede Gruppe ihren eigenen Versuch auf.

(4) Beobachtungen 'protokollieren'

Ein Protokoll fasst schriftlich die wesentlichen Ergebnisse zusammen, die etwa während einer Sitzung oder vergleichbaren Zusammenkünften besprochen worden sind. In der Grundschule ist es gewiss nicht angemessen, solche echten Protokolle – beispielsweise über eine Unterrichtsstunde – anfertigen zu lassen, wie dies in späteren Klassenstufen üblich und sinnvoll ist. Gleichwohl können Vorformen dort auch schon praktiziert, Ansätze zum Zusammenfassen von Beobachtungen und Abstrahieren von Einzeleindrücken geübt und erprobt werden.

Eine Klassenfahrt bietet – neben mancherlei Anlässen zum Erzählen und Berichten – auch Gelegenheit zum 'Protokollieren', beispielsweise wenn ein *Fahrten-Buch* geführt wird. Darin wird dann neben lustigen und spannenden Erlebnissen auch festgehalten, wie die Tage verlaufen sind.

Motivierend ist auch, protokollartig festzuhalten, was im Unterricht passiert ist. Eine einfache Form, die bereits im 2. Schuljahr praktiziert werden kann, ist der *Wandkalender*. Die Kinder tragen im Laufe eines Monats mehrere interessante Tage ein und schreiben dazu einen Satz, der das wesentliche Ereignis festhält. Außer der schriftlichen Übung der Vorform eines Protokolls beobachten die Schüler, wie sich im Laufe des Jahres die zwölf leeren Seiten, die zu Beginn des Kalenderjahres an die Seitentafel geklebt werden, mit Erlebtem füllen. Die vergehende Zeit wird erfahrbar, Erinnerungen werden festgehalten.

10.2.	*Heute hat die Schule wieder angefangen.*
13.2.	*Olivia hat Geburtstag. Wir haben Gummimäuse gegessen und viel gesungen.*
18.2.	*Leider war Frau Schier krank. Mathematik und Religion sind ausgefallen. Wir haben Freiarbeit gemacht.*
22.2.	*Heute mittag haben wir für den Jugendmaskenzug gebastelt.*
26.2.	*Heute war Besuch da. Er hat zugeguckt, was wir so alles machen.*

Aus dem Wandkalender eines zweiten Schuljahres

Eine andere Möglichkeit, Beobachtungen des Unterrichtsalltags protokollartig aufzuschreiben, ist das *Klassentagebuch*. Reihum, im wöchentlichen Wechsel, notiert ein Schüler darin Abläufe und Ereignisse. Subjektive Wahrnehmungen mischen sich dabei mit Faktenfeststellungen. Der Schüler schreibt auf, was ihm an den einzelnen Tagen wichtig erschienen ist, und stellt dar, wie er selbst in das Unterrichtsgeschehen eingebunden war. Es entsteht so ein sehr anschauliches Bild über den Verlauf eines Schuljahres und zugleich ein facettenreiches Erinnerungsbuch.

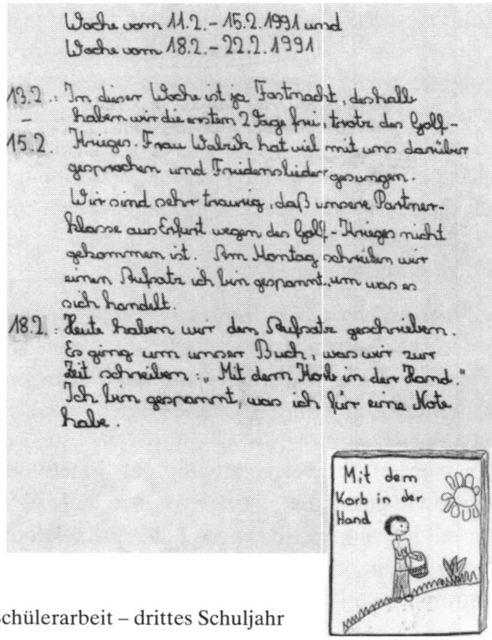
Woche vom 11.2. - 15.2.1991 und
Woche vom 18.2. - 22.2.1991

13.2. - 15.2.: Im dieser Woche ist ja Fastnacht, deshalb haben wir die ersten 2 Tage frei, trotz des Golf-Krieges. Frau Walrich hat viel mit uns darüber gesprochen und Friedenslieder gesungen.
Wir sind sehr traurig, daß unsere Partner-Klasse aus Erfurt wegen des Golf-Krieges nicht gekommen ist. Am Montag schreiben wir einen Aufsatz ich bin gespannt, um was es sich handelt.

18.2.: Heute haben wir den Aufsatz geschrieben. Es ging um unser Buch, was wir zur Zeit schreiben: „Mit dem Korb in der Hand." Ich bin gespannt, was ich für eine Note habe.

Schülerarbeit – drittes Schuljahr

1.1.2 Schreibanlässe für Interviews

Ein Interview ist eine Form der Befragung, um an bestimmte Informationen zu gelangen (die in der Regel dann weiterverarbeitet werden). Befragt werden beispielsweise Zeugen (von Unfällen o. ä.), Experten (z. B. Wissenschaftler), interessante Persönlichkeiten (z. B. Künstler) oder auch – bei Meinungsumfragen – ganz 'normale' Bürger. Interviews verlaufen zumeist mündlich, im Wechselspiel zwischen Fragenden und Antwortenden, es gibt aber nicht selten auch schriftliche (bzw. verschriftlichte) Interviews, die in Zeitungen oder Zeitschriften veröffentlich werden. Eine originäre schriftliche Form des Interviews ist der Fragebogen.

Das Interview muss nicht der Mittel- und Oberstufe vorbehalten bleiben. Schon in der Grundschule begegnen echte Situationen, in denen – in einfacher Art – Interviews gemacht werden können, und bei der Beschäftigung mit Erzählungen oder Kinderromanen zudem manche, in denen spielerisch durchgeführte fiktive Interviews angebracht sind (vgl. die Vorschläge S. 87ff. u. 245).

Die *Planungen und schriftlichen Vorbereitungen* sind abhängig davon, wo das Interview durchgeführt werden soll. Kommt der zu Befragende in die Schule und ist er von allen Kindern der Klasse befragbar, reicht das Erstellen eines Fragenkatalogs aus. Die Antworten werden für alle gemeinsam gegeben. Gehen einzelne Schüler oder Schülergruppen zu ihrem Interviewpartner, müssen auch die Antworten aufgeschrieben werden, um den Mitschülern darüber genaue Mitteilung machen zu können.

Die Vorbereitung eines Interviews erfordert fünf methodische Schritte:

1. Die Klasse bespricht (im Sitzkreis) das Thema. Die Schüler tragen ihre Interessen unter verschiedenen Aspekten zusammen.
2. Es werden Schwerpunkte für den Inhalt des Interviews verabredet.
3. In Kleingruppen, Partner- oder Einzelarbeit werden mögliche Fragen für einen Fragenkatalog zusamengestellt.
4. Die Verständlichkeit der Fragen wird durch Vorlesen überprüft. Unklare Formulierungen werden gemeinsam überarbeitet.
5. Die Reinschrift der Fragen erfolgt
   - entweder in Form eines Fragebogens (der zwischen den Fragen hinreichend Platz für die Antworten lassen muss)
   - oder auf Fragezetteln bzw. -karten (deren Rückseite für die Antwort freigehalten wird).

Das Interview selbst wird, je nach Befragungsort, von einigen Schülern einzeln, von anderen in kleinen Gruppen oder in der ganzen Klasse mit den ausgesuchten Partnern durchgeführt. Dabei werden die Fragebogen oder Fragezettel bzw. -karten benutzt.

Wenn die (einzelnen) Schüler (oder Schülergruppen) ihre Befragungen durchgeführt haben, halten sie ihre Ergebnisse fest und veröffentlichen sie an der Pinnwand, an der Wandzeitung oder in der Klassenzeitung.

Anlässe zu einem Interview gibt es im Laufe eines Schuljahres reichlich. Wir benennen nachfolgend einige erprobte Beispiele und fügen stichwortartig mögliche Inhaltsaspekte hinzu.

(1) Klassenkorrespondenz

Im Zusammenhang einer Klassenkorrespondenz (s. S.290ff.) wird ein Fragebogen entworfen, mit dessen Hilfe u.a. Einzelheiten erkundet werden können

- zum Partnerschüler, z.B. Aussehen, Lieblingsspeise, Hobbies;
- zur Schule, z.B. Anzahl der Klassen, Schüler und Lehrer;
- zum Wohnort, z.B. Sehenswürdigkeiten, Landschaft, Schule.

(2) Wie war es früher?

Im Rahmen des Sachunterrichts werden Großeltern oder ältere Bürger befragt zu den Themen

- Haushalt früher,
- Schule früher,
- Reisen früher,
- Aussehen des Wohnorts früher.

(3) Autorenlesung

Nach der Lektüre eines Kinderbuches oder anlässlich einer Lesung wird der Autor gefragt

- nach seinem täglichen Lebens- bzw. Arbeitsrhythmus,
- woher die Ideen für ein Buch kommen,
- wie man ein Buch schreibt,
- nach seiner Lieblingsgestalt in einem Buch und wie sie entstanden ist,
- was man als Schriftsteller verdient.

(4) Personen mit interessanten Berufen

Die Personen werden entweder in die Schule eingeladen oder an ihrem Arbeitsplatz besucht und zu Arbeitsgebieten ihres Berufs befragt, z. B.

- ein Winzer zu den Arbeiten im Weinberg,
- ein Polizist über seinen spannendsten Einsatz,
- ein Pfarrer über seine Ausbildung,
- ein Tierarzt nach Vorschriften, die bei der Haustierhaltung beachtet werden müssen.

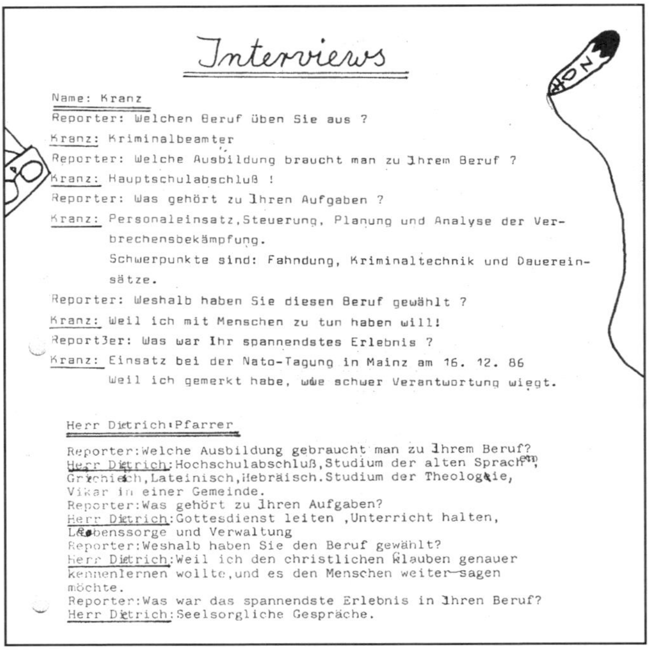

Interviews

Name: Kranz

Reporter: Welchen Beruf üben Sie aus ?

Kranz: Kriminalbeamter

Reporter: Welche Ausbildung braucht man zu Ihrem Beruf ?

Kranz: Hauptschulabschluß !

Reporter: Was gehört zu Ihren Aufgaben ?

Kranz: Personaleinsatz, Steuerung, Planung und Analyse der Verbrechensbekämpfung.
Schwerpunkte sind: Fahndung, Kriminaltechnik und Dauereinsätze.

Reporter: Weshalb haben Sie diesen Beruf gewählt ?

Kranz: Weil ich mit Menschen zu tun haben will!

Report3er: Was war Ihr spannendstes Erlebnis ?

Kranz: Einsatz bei der Nato-Tagung in Mainz am 16. 12. 86
Weil ich gemerkt habe, wie schwer Verantwortung wiegt.

Herr Dietrich: Pfarrer

Reporter: Welche Ausbildung gebraucht man zu Ihrem Beruf?
Herr Dietrich: Hochschulabschluß, Studium der alten Sprachen, Griechisch, Lateinisch, Hebräisch. Studium der Theologie, Vikar in einer Gemeinde.
Reporter: Was gehört zu Ihren Aufgaben?
Herr Dietrich: Gottesdienst leiten, Unterricht halten, Lebenssorge und Verwaltung
Reporter: Weshalb haben Sie den Beruf gewählt?
Herr Dietrich: Weil ich den christlichen Glauben genauer kennenlernen wollte, und es den Menschen weitersagen möchte.
Reporter: Was war das spannendste Erlebnis in Ihren Beruf?
Herr Dietrich: Seelsorgliche Gespräche.

Interview für die Klassenzeitung – viertes Schuljahr

(5) Vorbereitung eines Bücherei- oder Museumsbesuchs

Ein wichtiger Teil der Vorbereitung auf einen Bücherei- oder Museumsbesuch ist die Zusammenstellung von Fragen, auf die 'vor Ort' eine Antwort erbeten wird. Ein Fragenkatalog zu einem Büchereibesuch ist in der Beschreibung eines Projektes dokumentiert (s. S. 245). Zur Vorbereitung auf einen *Museumsbesuch* sind in gleicher Weise Fragen zusammenzustellen

- zu den Abteilungen des Museums und besonders wertvollen Exponaten,
- zur Arbeit des betreuenden Museumspädagogen
- (wenn nicht nur ein 'Schnupperbesuch' geplant ist) zum spezifischen (historischen) Thema, das der Museumspädagoge mit den Kindern behandeln wird.

1.2 Reportagen schreiben

Unter einer Reportage versteht man im Allgemeinen einen aktuellen, besonders lebendigen und wirksamen Bericht in einer Zeitung oder Zeitschrift, im Rundfunk oder Fernsehen. Je nach gewähltem Vermittlungsmedium begegnet sie also als Zeitungs- oder literarische Reportage, als Bild-, Rundfunk-, Film- oder Fernsehreportage (vgl. Karst 1976, 5). Es wird in ihr versucht, einen umfassenden Überblick über ein Ereignis oder einen Zustand zu geben, wobei der Bericht von subjektiver Sichtweise durchaus nicht absehen muss.

Ein wichtiges strukturelles Element der Reportage ist das Verhältnis vom Zeitpunkt des Ereignisses und seiner Vermittlung. Der Rundfunk und das Fernsehen können über Ereignisse unmittelbar berichten; der Reporter gestaltet dabei seinen Bericht vorwiegend aus der Intuition und Improvisation des Augenblicks. Neben diesen Live-Reportagen stehen aber auch auf Ton- oder Videoband gespeicherte und vielfach zubereitete Reportagen, die zeitversetzt zum Ereignis gesendet werden. „Live-Reportage und zeitversetzte Reportage unterscheiden sich also nicht nur im Blick auf die Zeitdifferenz zwischen Ereignis und Textherstellung, sie verhalten sich in vielen Fällen wie Erst- und Momentanfassung und bearbeitete Ausgabe. Gemessen an dieser Gegenüberstellung [...] sind alle gedruckten Reportagen [...] zeitversetzte Reportagen. Schon der Schreibvorgang schafft zeitliche Distanz; in den meisten Fällen bedeutet er auch Überarbeitung des ersten Eindrucks" (Karst 1976, 7). Als übliche Form des Berichts ist die literarische Reportage heute besonders in illustrierten Zeitschriften verbreitet, wobei häufig Fotografien zur Beglaubigung des Berichteten hinzugefügt werden.

Reportagen zu *schreiben* ist also keine bloß schulisch relevante Tätigkeit, sie hat in der Lebenswirklichkeit durchaus ihre Entsprechungen. Wenn Schüler Reportagen schreiben, lässt sich allerdings nicht selten beobachten, dass sie sich an Formen orientieren, die sie im Radio gehört oder im Fernsehen kennengelernt haben. Dies könnte als Argument dafür herhalten, Reportagen – jedenfalls in der Grundschule – dann konsequenterweise nur noch mündlich verfassen zu lassen, wenn das Aufschreiben doch nichts anderes ist als das schriftliche Fixieren gesprochener

Sprache. Eine derartige Argumentation verkennt, dass die grundlegenden Unterschiede zwischen Sprech- und Schriftsprache bei Grundschulkindern noch vergleichsweise wenig ausgeprägt sind und deshalb kein Anlass besteht, auf das Schreiben von Reportagen zu verzichten, nur weil bei ihnen die Grenze zwischen gesprochener und angezielter Schriftsprache unscharf bleibt.

Außerdem können wir in Rundfunk und Fernsehen nicht nur tagtäglich beobachten, wie sich gleichsam ein dritter Bereich zwischen gesprochene und geschriebene Sprache schiebt: ein auf der Basis von 'Überarbeitungen' eines ersten Eindrucks wohlformuliertes Sprechen, das in seiner Struktur aber den Gesetzlichkeiten der Schriftsprache sehr nahe kommt; nicht selten ist die Reportage, wiewohl gesprochen, reine Schriftsprache, weil der Reporter einen vorher aufgeschriebenen Text nur mehr abliest.

Werden in der Schule Reportagen geschrieben, kann der Lehrer sich also durchaus an der Praxis der Medien orientieren. Will man eine Radio- oder Fernsehreportage – eingebunden in ein Rollenspiel – simulieren, hilft der aufgeschriebene Text bei der Übermittlung des Berichts. Bei einer Reportage für eine Zeitung oder Zeitschrift verlangt das Medium ohnehin den geschriebenen Text.

Schreibanlass kann gleichermaßen ein real beobachtetes wie ein erfundenes Geschehen sein, von dem die Schüler in einer kürzeren literarischen Erzählung oder in einem Buch gelesen haben. Der *Schreibprozess* kann sich an folgenden Leitfragen orientieren (vgl. Ludwig/Wolff 1978, 22f.), die altersgerecht zu formulieren und je nach Schreibaufgabe zu akzentuieren sind:

- Von welchem Standort aus beobachtet der Berichterstatter?
- Welche Funktion haben einzelne Daten (Zahlen, Orts- und Zeitangaben)?
- An welche Adressaten wendet er sich?
- Wie versucht er das Interesse des Lesers zu wecken?
- Wie kann der Berichtende Vorkenntnisse und Voreinstellungen berücksichtigen?
- Wie sollte er seine Reportage aufbauen (Orientierung, Handlungskomplikation, Bewertung, Resultat)?
- Welche Absicht will er verfolgen (Information, Unterhaltung, Überredung)?

(1) Über echtes Geschehen berichten

Jüngere Schüler stellen ein Geschehen vorwiegend unter der Perspektive dar, unter der sie es selbst erlebt haben. Vom dritten Schuljahr an nimmt ihre Fähigkeit zu, beim Berichten den Informationsstand, die Interessen und die Erwartungen des Lesers in die Schreibplanung einzubeziehen.

Diese Fähigkeit lässt sich mit Übungen fördern, die partnertaktische Überlegungen akzentuieren und deswegen die sprachliche Gestaltung des Geschehens weitgehend vorgeben.

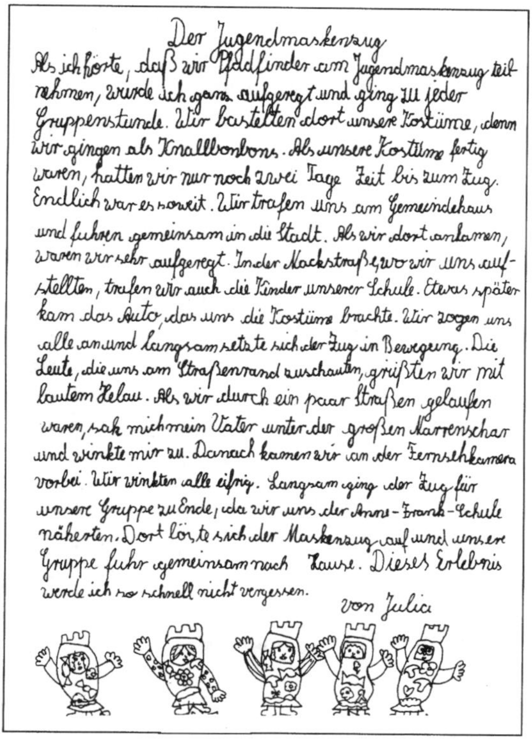

Der Jugendmaskenzug

Als ich hörte, daß wir Pfadfinder am Jugendmaskenzug teilnehmen, wurde ich ganz aufgeregt und ging zu jeder Gruppenstunde. Wir bastelten dort unsere Kostüme, denn wir gingen als Knallbonbons. Als unsere Kostüme fertig waren, hatten wir nur noch zwei Tage Zeit bis zum Zug. Endlich war es soweit. Wir trafen uns am Gemeindehaus und fuhren gemeinsam in die Stadt. Als wir dort ankamen, waren wir sehr aufgeregt. In der Mackstraße, wo wir uns aufstellten, trafen wir auch die Kinder unserer Schule. Etwas später kam das Auto, das uns die Kostüme brachte. Wir zogen uns alle an und langsam setzte sich der Zug in Bewegung. Die Leute, die uns am Straßenrand zuschauten, grüßten wir mit lautem Helau. Als wir durch ein paar Straßen gelaufen waren, sah mich mein Vater unter der großen Narrenschar und winkte mir zu. Danach kamen wir an der Fernsehkamera vorbei. Wir winkten alle eifrig. Langsam ging der Zug für unsere Gruppe zu Ende, da wir uns der Anne-Frank-Schule näherten. Dort löste sich der Maskenzug auf und unsere Gruppe fuhr gemeinsam nach Hause. Dieses Erlebnis werde ich so schnell nicht vergessen.

von Julia

Schülerarbeit – drittes Schuljahr

Echtes Geschehen, das zum Schreiben einer Reportage motiviert, bieten Situationen in der Schule, im Dorf oder im Stadtteil, die zumeist mit dem Attribut 'Leben' verbunden werden, also beispielsweise Kirmes, Umzüge (an Fastnacht, zu historischen Ereignissen), Feste aller Art.

(2) Über gelesene Ereignisse berichten

Neben realen Beobachtungen, die zum Schreiben von Reportagen veranlassen, eignen sich 'erlesene' Ereignisse. Die Verbindung von Rezeption und Produktion bezieht sich in diesem Falle nicht auf Textvorbilder, die in analoger Weise nachgestaltet werden, sondern auf die Binnenstruktur der Texte, entweder auf das erzählte Geschehen insgesamt oder auf ein besonderes Ereignis, auf die Figuren und deren Handlungen. Vom 'Berichterstatter' wird erwartet, dass er sich in die Situation des Textes 'einlebt', das Geschehen erfasst und es einem Leser, der es nicht selbst beobachten kann, so vermittelt, dass dieser an dem Ereignis teilhaben kann.

(a) Schreibimpuls Kinderkurzgeschichte

Viele Kinderkurzgeschichten, wie sie in jedem Lesebuch zu finden sind, handeln von spannenden Ereignissen oder interessanten Begegnungen. Aus ihnen lassen sich motivierende Anlässe zum Berichten gewinnen bzw. Impulse für das Verfassen einer (literarischen) Reportage herleiten. Wir skizzieren die Verfahrensweise an einem Beispiel.

Titelfigur der Erzählung *Beim Fußball war Pedro einfach Klasse* von Gerda Schäfers ist ein spanischer Junge, der gerade erst nach Deutschland gekommen ist. Er hat noch keinerlei Kontakte, weil er sich nicht verständigen kann. Jetzt schaut er zwei 'Straßenmannschaften' deutscher Jungen beim Fußballspiel zu. Als Hermann, einer der Jungen, mitten im Spiel aufbrechen muss, um pünktlich zu Hause zu sein, muss Ersatz her. Da spricht Peter, der Mannschaftskapitän, Pedro an und lädt ihn zum Mitspielen ein. Wie sich herausstellt, ist Pedro ein sehr guter Fußballspieler. Er verhilft der Mannschaft zum Sieg. Aus diesem ersten Kontakt entwickelt sich eine andauernde Freundschaft, die weit über das gemeinsame Interesse am Fußballspiel hinausreicht.

In der Geschichte heißt es an einer Stelle: „Er war so gut [im Fußballspielen], daß Peter ihn ab sofort zur Verstärkung seiner Straßenmannschaft holte.“ Dieser Hinweis gibt zu dem Impuls Anlass, möglichst spannend und fesselnd über ein Fußballspiel zu berichten, an dem Pedro beteiligt ist. Dieser Bericht müsste allerdings nicht unbedingt schriftlich gegeben werden. Angemessen ist wohl, im literarischen Rollenspiel eine Art Radioreportage sprechen zu lassen.

Anlass zu einer schriftlichen Reportage wird die Geschichte mit Hilfe des folgenden Arrangements: Ein Mitarbeiter der Schülerzeitung hat davon erfahren, dass Pedro und Peter sich beim Fußballspielen kennengelernt haben und Freunde geworden sind. Er will mehr darüber und über die Aktivitäten wissen, die zu der Freundschaft führten. Vor allem interessiert ihn, wie Pedro sich fühlt und wie er über die neue Freundschaft denkt. Er befragt Pedro, Peter und die anderen Jungen aus der Straßenmannschaft. In der nächsten Nummer der Schülerzeitung veröffentlicht er seinen Bericht: Beim Fußball werden Pedro und Peter Freunde.

Erwartet wird, dass die geforderte Reportage sich auf die Handlungselemente der Kinderkurzgeschichte sowie ihre Aussage bezieht. Vor allem die anfängliche Isolation Pedros soll angesprochen werden. Und es soll dargestellt werden, wie sie überwunden wurde. Hierbei können (und sollen) auch Aspekte mitverarbeitet werden, die, über die Geschichte hinausführend, im vorbereitenden Rollenspiel genannt wurden.

(b) Schreibimpuls Eulenspiegelgeschichte

Gut geeignet als Anlass für Reportagen sind auch Eulenspiegel–, Schildbürger- oder Münchhausengeschichten.

Die Geschichte *Wie Eulenspiegel einem Esel das Lesen beibrachte* erzählt von einem Streich, der den Professoren der Universität Erfurt galt. Weil Eulenspiegel behauptet, einfach alles zu wissen und zu können, stellt ihm der Rektor die Aufgabe, einen Esel das Lesen zu lehren. Das schafft zwar der Klügste nicht, aber Eulenspiegel weiß sich zu helfen: er legt dem Esel Hafer zwischen die Buchseiten. Um an das Futter zu kommen, gibt er seinen IA-Ruf von sich, was von Eulenspiegel als Beginn der Lesefähigkeit gedeutet wird.

Die Eulenspiegelgeschichte motiviert, themenorientiertes, situationsgerechtes und adressatenbezogenes Berichten zu üben. *Thema* ist das im Text erzählte Ereignis. Als *Situation* wird vorgegeben: Die Reporter zweier Zeitungen haben von dem Streich gehört und wollen Näheres erfahren. Der eine sucht Till auf, der andere den Rektor. Die Bewertung des Ereignisses (Perspektive) ändert sich, je nachdem, wer von diesem Ereignis als Beteiligter berichtet. Der Rektor reagiert wütend, er versucht, seine Blamage zu vertuschen. Eulenspiegel dagegen ist voller Stolz auf seinen gelungenen Streich. *Adressaten* sind die (gedachten) Zeitungsleser, für die die Reporter berichten: Was wollen sie wissen? Was interessiert sie? Dass die Informationen für die fragenden Reporter je andere sind, wenn sie zum Rektor oder zu Eulenspiegel kommen, wird im Rollenspiel erprobt. Von den erhaltenen Informationen hängt ab, was die Reporter in ihrem Bericht schreiben (können). Was können sie wissen, was können sie – aufgrund ihres je unterschiedlichen Informanten – nicht wissen?

Als *Schreibhilfe* kann jeweils der Anfang des Berichts, den die beiden Reporter für ihre Zeitungen verfassen, gegeben werden.

Anfang 1:

Wieder einmal hat Till Eulenspiegel einen seiner berühmten Streiche gemacht. Diesmal musste der Rektor der Universität Erfurt daran glauben. Und das kam so: ...

Anfang 2:

Der Rektor der Universität Erfurt ist sehr ärgerlich über sich selbst. Denn er hat sich von dem bekannten Schelm Till Eulenspiegel hereinlegen lassen. Weil der behauptet hatte, er wisse und könne alles, hatte ihm der Rektor die Aufgabe gestellt, er solle einem Esel das Lesen beibringen. Aber ...

Eine Schreibhilfe kann es auch sein, wenn den Schülern mehrere Überschriften zur Auswahl angeboten werden. Überschriften sind Möglichkeiten der Lesersteuerung. Das Auswahlangebot kann dies erfahrbar machen, ohne dass eine – noch nicht leistbare – Analyse erforderlich ist.

Vorschläge für Überschriften:

- Eulenspiegel spielt dem Rektor der Universität Erfurt einen Streich
- Wer war hier der Esel?
- Universitätsrektor zum Narren gehalten
- Wer andern eine Grube gräbt ...
- Hereingefallen
- Rektor der Universität Erfurt über Till Eulenspiegel wütend

Ergänzend zu dem skizzierten Beispiel machen wir noch einige Vorschläge für Schreibimpulse und Aufgabenstellungen:

- Wie Eulenspiegel auf dem Seil tanzte
  Schreibaufgabe: Seiltanz endet mit Bad in der Saale
- Wie Eulenspiegel noch einmal auf das Seil geht
  Schreibaufgabe: Linker Schuh gesucht – Reporter Sascha berichtet vom Ort des Geschehens
- Wie Till Eulenspiegel Mehl im Mondschein siebte
  Schreibaufgabe: Till Eulenspiegel rächt sich an geizigem Bäckermeister
- Till Eulenspiegel und die goldenen Hufeisen
  Schreibaufgabe: Neues vom dänischen Königshof – Eulenspiegel überlistet den König und lässt sein Pferd mit goldenen Hufeisen beschlagen.

  Intention: Verfassen eines Berichtes für eine Illustrierte. Die Bilder können gemalt oder bei einem Rollenspiel fotografiert werden.

(3) Schreibimpuls Lügengeschichte

Ein *viertes Schuljahr* wählte sich als Sujet die Lügengeschichte von Münchhausens Ritt auf der Kanonenkugel, um daraus eine – fiktive – ‘Zeitfunksendung’ fürs Radio zu produzieren.

Zuerst war die Schreibaufgabe zu bewältigen, d. h. die schriftliche Vorlage der Reportage zu erstellen. Thema: Unglaublicher Wagemut des Barons – Ein Bericht aus dem Lager der Österreicher.

Der Text, den die Schüler verfassten, wurde dann auf Band gesprochen, eingeleitet von der Moderation des Redakteurs im Studio, unterbrochen von Reklamespots und mit Geräuschen untermalt. Der ‘Zeitfunk’ sendete die Reportage anschließend für drei Nachbarklassen (adressatenorientierte Arbeit).

Wie die Textfassung belegt, ist zwar keine stringent literarische Reportage entstanden, die Schüler konnten sich hier aber an einer Aufgabenstellung erproben, die ihnen viel Freude gemacht hat.

Meine sehr verehrten Zuhörer!

Ich befinde mich im Studio Bonn. Sie möchten doch sicher alle wissen, wie es zur Zeit in der Türkei aussieht. Deshalb gebe ich jetzt weiter an unsere Journalistin Renate Rosig.

Hallo, liebe Zuhörer, hier ist Renate Rosig. Ich befinde mich in der Türkei auf der Festung der Österreicher. Kleinen Moment – ich muss mich mal ducken, weil die Türken eine Kanonenkugel abgefeuert haben.

So, da bin ich wieder. Ich habe gehört, dass viele Soldaten der Österreicher die türkische Festung auskundschaften wollten. Sie sind aber nicht zurückgekommen.

Wer wird jetzt der Mutige sein? Ich habe auch gehört, dass der berühmte Baron von Münchhausen es wagen will. Wie er es anstellen will, hören Sie nach der Werbung.

Hier Studio Bonn mit der Werbung!
Einige Werbespots werden eingeblendet.
Soweit die Werbung. Wir schalten zurück zu Renate Rosig.

Da bin ich wieder auf Kanal 17. Inzwischen geschieht hier etwas Eigenartiges: Die Österreicher haben soeben eine Kanonenkugel abgefeuert und der Baron von Münchhausen nimmt einen schwungvollen Anlauf, springt auf die Kugel und fliegt in hohem Bogen zu der feindlichen Festung. Er muss sich ganz schön festhalten, denn die Kugel hat eine enorme Geschwindigkeit. Hoffentlich fällt er nicht runter. Er kreist über der Zitadelle der Türken und da – die Türken feuern. Was soll Münchhausen jetzt tun? (Geräusch “zwummmmm“) Er springt mitten in der Luft auf die türkische Kugel und kommt wieder zu uns zurück. Hoffentlich hat er genug gesehen! Da reagieren die Türken blitzschnell. (Geräusch “zwummmmm“) Sie schießen Münchhausen die Kugel unter dem Po weg. Er fällt. Er landet in der Festung der Türken. (Geräusch “Erschrecktes Aufschreien der Umstehenden“) Mehr kann ich im Augenblick nicht berichten. Ich wünsche Ihnen noch einen schönen Tag und hoffe, dass ich Ihnen morgen mehr sagen kann.

Damit verabschiede ich mich ganz herzlich, Ihre Renate Rosig, und gebe zurück ins Studio Bonn.

Musik

In Gemeinschaftsarbeit erstellte Radioreportage – viertes Schuljahr

1.3 Märchen-Berichte verfassen

Im vierten Schuljahr kann man auch einmal versuchen, Märchen in Form von Zeitungsberichten zu verfassen, und zwar unter Verwendung der heutigen Sprache. Zuvor muß man sich im Unterricht gründlich mit (kurzen) Zeitungsberichten auseinandersetzen und deren strukturelle Komponenten erarbeiten:

- Schlagzeilen sind die Überschrift.
- Die Sprache ist knapp, anders als im Märchen.

Wolf durch Steine ertränkt

Geißfurt (dpa) - Gestern, den 7. 7. 777, streifte ein Wolf mit hungrigem Magen durch den Geißfurter Wald. Nach gelungenem Eindringen in ein Geißenhaus, verspeiste er sechs von sieben Geißlein.

Die Mutter Geiß war während dieses Vorfalls unterwegs. Als sie nach Hause kam, fand sie das siebte Geißlein, das im Uhrenkasten verschont geblieben war. Sie alarmierte sofort die Polizei und mit Hilfe der Beamten fanden sie den Wolf im Wald mit prallvollem Bauch, wie es das siebte Geißlein vorausgesehen hatte. Gemeinsam befreiten sie die Kleinen aus dem Leibe des Tieres. Stattdessen füllten sie ihn mit Steinen und ertränkten den Wolf in einem kleinen Bach der sich durch den Wald schlängelte.
Glücklich schloß die Mutter ihre sieben Kinder in die Arme, wie es auf dem Bild zu sehen ist.

Foto: G. Geissler

Schülerarbeit – viertes Schuljahr

- Es wird nur ein Ereignis berichtet, nicht eine lange Geschichte aus mehreren Ereignisfolgen.
- Dem Leser müssen folgende Fragen beantwortet werden, damit er den Bericht versteht:

  Wann und wo passierte das Ereignis?
  Was ist passiert?
  Wer war beteiligt?
  Wie kam es zu dem Ereignis?

Entsprechend sollen die Märchenberichte der Schüler nur einen Teil einer ganzen Märchenhandlung betreffen.

Übungen im Formulieren von Schlagzeilen (d.h. Überschriften) ergeben eine weitere Annäherung an den Zeitungsstil:

- „Tod durch Apfel"
- „Haus von Musikanten besetzt"
- „Wolf durch Steine ertränkt"
- „Aus Rekordschlaf erwacht"
- „Scheider besiegt Riesen"
- „Kinder aus Villa Knusperhaus zurückgekehrt"
- „Prinzessin heiratet ehemaligen Frosch".

Sicher sind Schüler eines vierten Schuljahres noch nicht in der Lage, einen exakten Bericht zu schreiben. Das 'Berichten' wird immer wieder ins 'Erzählen' wechseln, und das muss keineswegs kritisiert werden. Entscheidend ist das Bemühen der Schüler, sich auf einen Teilaspekt eines Märchens zu konzentrieren und diesen recht knapp wiederzugeben.

Es kommt der Motivation zugute, wenn die Berichte der Kinder in einer 'Märchenzeitung' veröffentlicht werden. Dass eine solche 'Märchenzeitung' von vielen Leuten gern gelesen wird, sollte man natürlich auch erwähnen.

2 Beschreiben

Schaut man im Wörterbuch nach, in welchen Bedeutungen das Verb *beschreiben* gebraucht wird, findet man: jemanden oder etwas beschreiben; durch Worte einen Eindruck von jemandem oder etwas vermitteln; eine Person beschreiben; etwas anschaulich, genau, näher beschreiben (Wahrig 1978, 149). Diese Erklärungen umreißen recht gut, worum es auch beim schriftlichen Beschreiben geht: um die sprachliche Darstellung von Beobachtungen und Wahrnehmungen. Beschrieben werden Personen und Figuren, Gegenstände und Sachen.

Aufgaben des Beschreibens dürfen in der Grundschule nicht zu komplex sein, wenn sie von den Schülern sachangemessen gelöst werden sollen. Denn dafür genügt ja nicht, Beobachtungen und Wahrnehmungen einfach zu benennen, diese müssen vielmehr geordnet und in ein sprachliches Nacheinander gebracht werden; und dies ist „im Ansatz" ungleich schwieriger „als die Darstellung eines Erlebnisses" (Ostermann 1973, 139). Um das Beschreiben üben zu können, sind Situationen zu schaffen, in denen den Schülern die Funktion von Beschreibungen einleuchtet und in denen sie erfahren können, dass diese ebenso von Sachgegebenheiten wie von den Interessen der Adressaten – soweit feststellbar – abhängen.

2.1 Personen beschreiben

Personenbeschreibungen werden in verschiedensten Situationen gebraucht, als Täterbeschreibung etwa in Fahndungsaufrufen der Polizei („Steckbrief") oder als Beschreibung literarischer Figuren in Erzählungen und Romanen. Weder die eine noch die andere Verwendungssituation betrifft den Lebensalltag der Schüler so, dass sie sich als Anlass einer Schreibaufgabe rechtfertigen ließe. Gleichwohl kann das Beschreiben von Personen in einfacher Weise geübt werden, wenn es beispielsweise in Spielsituationen (Stegreif- und Rollenspiele) oder in die Beschäftigung mit einer literarischen Erzählung oder einem Kinderroman einbezogen ist.

Anregend für mündliche (Vor-)Übungen ist das Spiel „Mein rechter Platz ist leer". Die Kinder sitzen im Kreis, ein Stuhl ist leer. Das Kind links daneben sagt: „Mein rechter Stuhl ist leer, ich wünsche mir jemand her." Dann beschreibt es den- oder diejenige, die neben ihm sitzen soll, ganz genau. Wenn das beschriebene Kind sich erkennt, kommt es.

(1) Personen nach literarischem Vorbild beschreiben (4. Schuljahr)

In dem beliebten und viel gelesenen Kinderroman *Ben liebt Anna* erzählt der Autor Peter Härtling auch einige höchst amüsante Begebenheiten über Bens Onkel Gerhard und lässt dabei die Bemerkung einfließen, es sei kaum zu glauben, dass ein einzelner Mensch so komisch sein könne. In einem Aufsatz hat Ben seinen Onkel so beschrieben:

Onkel Gerhard ist Vaters ältester Bruder. Das kann man kaum glauben. Wenn man mit Onkel Gerhard spazierengeht, gucken ihm alle nach. Onkel Gerhard ist zwei Meter lang und ungeheuer dünn. Beim Gehen knickt er ein und sieht aus wie ein Vogel. Auch seine Arme sind zu dünn und zu lang. Und sein Kopf ist ein bißchen zu klein. Seine grauen Haare läßt er immer kurz und stoppelig schneiden. Er zieht oft Jeans an und bunte Jacken, was Mutter für verrückt hält. Am tollsten ist seine Stimme. Sie klingt nämlich nicht dünn und hoch, sondern sehr tief und sehr laut. Onkel Gerhard ist Chemiker, aber eigentlich ist er Erfinder. Er sagt, ich erfinde Sachen, die niemand braucht. Das ist das Schönste. Als er das letzte Mal bei uns war, hat er auch wieder eine Erfindung ausprobiert. Wir aßen Suppe. Onkel Gerhard warf ein Körnchen in die Suppe. Die verwandelte sich 'mirnixdirnix', wie er sagte. Plötzlich war sie bloß noch ein Klumpen. Für alle Suppenkaspers ist diese Erfindung ein Segen, behauptete er. Mutter schimpfte fürchterlich. Ich finde Onkel Gerhard einfach Klasse. (S. 57f.)

Dieses literarische Beispiel entspricht nicht den tradierten Regeln der Personenbeschreibung, weil es „subjektive" Erfahrungen und „objektive" Beobachtungen vermischt. Es belegt aber gerade dadurch, dass die beschreibende Darstellung einer Person keineswegs auf das rein sachlich Feststellbare reduziert werden muss. Gerade die Erwähnungen der Handlungen, die für den Onkel charakteristisch sind, machen die Beschreibung anschaulich.

Angeregt von solchen Beschreibungen literarischer Figuren können die Schüler versuchen, auf gleiche Weise entweder 'echte' Personen – Geschwister, Freunde, Verwandte – zu beschreiben oder auch 'erfundene', von denen sie in einer Geschichte gelesen oder die sie auf einem Bild gesehen haben (beispielsweise einen der beiden Circusclowns.

(2) Einen „Steckbrief" schreiben (drittes/viertes Schuljahr)

Der Anlass zu dieser Schreibübung wird in dem Märchen von den *Bremer Stadtmusikanten* gefunden. Dort wird ja bekanntlich von Räubern erzählt, die in einem Waldhaus leben. Und diese Situation wird als Anregung genommen, von einem der Räuber einen „Steckbrief" zu verfassen.

Das Märchen wird bis zu der Stelle gelesen, wo die Tiere die Räuber im Haus entdecken. Verschiedene Möglichkeiten, wie es weitergehen könnte, werden besprochen. Manche Tiere – die Kinder identifizieren sich mit den 'Musikanten' – wollen ihre Entdeckung der Polizei melden. Daraus ergibt sich der Impuls zu einem

'Suchbild': Jedes Kind malt den Räuber so, wie es ihn 'gesehen' hat, wie es ihn sich vorstellt.

Anschließend sprechen die Schüler zu ihren Bildern. Dabei werden eine Reihe von Nomen zu Aussehen und Kleidung an die Tafel geschrieben. Nun beschreiben die Schüler anhand ihrer Bilder, wie 'ihre' Räuber genau aussehen. Eine Vielzahl von Adjektiven wird genannt und an die Tafel geschrieben. Mit ihnen bilden sie Reihen, die zum Räuberbild passen: ein ovales Gesicht, eine lange Nase usw.

Im nächsten Schritt wird zu einem der von den Schülern gemalten Bilder ein Steckbrief erarbeitet. Ein besonderer Schwerpunkt liegt dabei auf dem Gebrauch der Prädikate 'trägt' und 'ist bekleidet mit' und den damit verbundenen Aufzählungen. Es wird auch erarbeitet, dass die Aufzählungen durch ein Komma getrennt werden müssen.

Jedes Kind beschreibt nun 'seinen' Räuber schriftlich. Diese 'Steckbriefe' werden überarbeitet und verbessert. Die Ergebnisse lassen sich zu einem 'Suchspiel' zusammenfassen. Die Bilder hängen an der Wand. Beschreibungen werden vorgelesen. Wer zuerst den beschriebenen Räuber herausgefunden hat, darf ihn für sich punkten.

Nach diesen Vorbereitungen wird nun der 'Steckbrief' vom Räuber *Kasimir Donnerschlag* verfasst. Das Bild von diesem schrecklichen Räuber hat der Lehrer mit kräftigen Farben auf Folie gemalt, so dass er es nun mit dem Tageslicht-Projektor an die Wand projizieren kann.

Wichtig ist, dass viele Einzelheiten des Bildes beachtet und benannt werden. So kann der Lehrer erkennen, wie genau der Schüler den gesuchten Räuber 'gesehen' und beschrieben hat. Im Gespräch wird noch einmal rekapituliert, weshalb der Räuber gesucht wird (Zusammenhang mit dem Ausgangstext 'Bremer Stadtmusikanten': z.B. Überfall auf eine Postkutsche, Einbruch), wo und wann man die Belohnung abholen kann usw. Damit werden Formulierungsmöglichkeiten angeboten für die Einleitung und den Schluss des Steckbriefs, z. B.:

Gesucht wird: Kasimir Donnerschlag
Kasimir Donnerschlag überfiel letzten Montag eine Postkutsche. Er hat folgende Kleidung an: [. . .]
Wer weiß, wo der Räuber sich aufhält, bekommt: 5000 DM Belohnung! Hinweise nimmt jede Polizeidienststelle entgegen.

Beispiel eines 'Schreibbildes'

Nach demselben Modell können Till Eulenspiegel, Baron von Münchhausen, Rumpelstilzchen und andere Figuren beschrieben werden, die den Schülern aus Märchen oder Schwänken vertraut sind und deren äußere Erscheinungen sich differenziert und vielseitig verändern lassen.

Bei den Schreibübungen sollte man auf die genaue Beobachtung von Kleinigkeiten – z. B. ein Loch im Schuh, ein Flicken an der Hose o. ä. – Wert legen. Eine Motivation zur Rechschreibsicherung bietet das *Schreibbild*, das mit farbigen Filzstiften bunt gestaltet wird.

2.2 Tiere, Pflanzen und Sachen beschreiben

Außer Personen eigenen sich auch Tiere, Pflanzen und Gebrauchsgegenstände aus der Umwelt der Schüler, um das Beschreiben zu üben. Damit dieses sich nicht in einer bloßen Aufzählung von Merkmalen erschöpft, muss der Lehrer echte Situationen aufnehmen oder fiktive inszenieren, in denen die Funktion der Beschreibungen einleuchtet. Unsere Anregungen benennen einige, die sich in unserer Praxis bewährt haben.

(1) Wer bin ich?

Eine Rätselsituation, in der eine Figur nach einer Beschreibung zu erraten ist, ergibt sich an Fastnacht (Fasching, Karneval) sehr zwanglos. Anstatt zu berichten, wie das Sich-Verkleiden abläuft (s. S. 79), wird hier gefragt: Wen stelle ich dar?

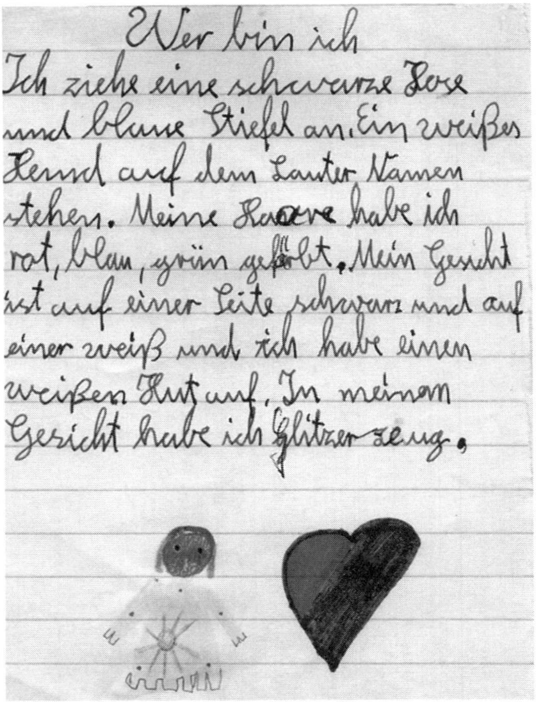

Wer bin ich
Ich ziehe eine schwarze Hose und blaue Stiefel an. Ein weißes Hemd auf dem Lauter Namen stehen. Meine Haare habe ich rot, blau, grün gefärbt. Mein Gesicht ist auf einer Seite schwarz und auf einer weiß und ich habe einen weißen Hut auf. In meinem Gesicht habe ich Glitzerzeug.

(2) Tiere suchen

Eine Katze ist entlaufen, ein Kanarienvogel weggeflogen usw. Die Tiere werden für eine Suchanzeige beschrieben.

(3) Kindergeburtstag

Ein Kind beschreibt in einem Brief an die Großeltern ein Geburtstagsgeschenk, das ihm besonders gut oder gar nicht gefallen hat.

(4) Geschenke beschreiben

Ein Kind schreibt einen Wunsch für ein Weihnachtsgeschenk auf. Es hat den Gegenstand schon in der Spielwarenabteilung des Kaufhauses gesehen und beschreibt ihn in einem Brief an die Großeltern oder andere Verwandte, damit diese auch ja nichts Verkehrtes kaufen. – Eine analoge Schreibsituation ergibt sich am Geburtstag oder an einem anderen persönlichen Festtag des Kinder.

(5) Für einen Ort werben

Im übertragenen Sinne kann man auch vom 'Steckbrief' einer Stadt, eines Stadtteils oder eines Dorfes sprechen. Er wird wichtig bei Werbeaktionen und kann beispielsweise enthalten:

- Beschreibungen besonderer bzw. besonders auffälliger Häuser, Plätze, Straßen
- Beschreibunge(n) der Kirchen
- Beschreibungen der Besonderheiten, die ein Museum zu bieten hat
- Beschreibungen eines besonders bemerkenswerten Denkmals, einer Plastik oder eines Brunnens
- Beschreibungen bekannter Frauen und Männer, die hier gelebt haben.

(5) Rätsel-Karten herstellen

Gegenstände aus dem Klassenraum werden beschrieben, um Rätsel-Karten für die 'Freie' bzw. 'Bewegliche' Arbeit herzustellen. Das vollzieht sich in fünf methodischen Schritten:

1. Spiel im Sitzkreis: Ich seh etwas, was du nicht siehst (mündliche Übung).
2. Alle Gegenstände aus dem Klassensaal an die Tafel schreiben.
3. Jedes Kind wählt sich einen Gegenstand aus und beschreibt ihn mit wenigen Sätzen. Individuelles Können wird so schriftlich eingebracht.
4. Die Texte werden – von den Schülern, mit Unterstützung des Lehrers – überarbeitet, eine Reinschrift wird angefertigt.
5. Die Beschreibungen werden auf Kärtchen geklebt, die Lösung auf die Rückseite geschrieben.

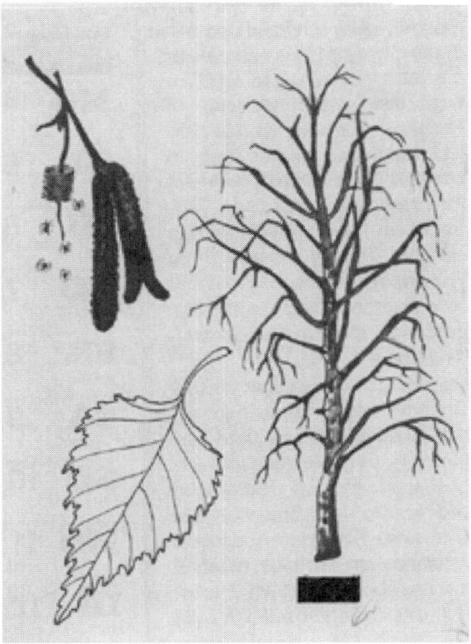

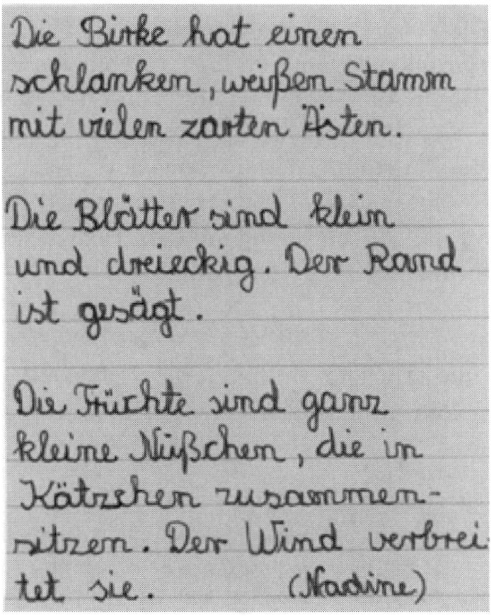

In der Freien bzw. Beweglichen Arbeit können die Kinder in Kleingruppen den Kasten, in dem die Karten aufbewahrt werden, zum Spielen holen. Damit wird Lesen und Beobachten trainiert.

(6) Memorys produzieren

Eine Variante zu den Rätsel-Karten sind Karten für Memory-Spiele. Kurze Beschreibungen von Pflanzen, Tieren oder Sachen werden auf Karten notiert. Die Kinder schneiden ein dazu passendes Bild aus einem Katalog o.ä. aus oder zeichnen es selbst und kleben es ebenfalls auf eine Karte. Daraus wird ein Memory-Spiel für die Freiarbeit. (Anwendung u. a. im Sachunterricht), z. B. zu den Bereichen:

Personen-Memory
Pferde-Memory
Häuser-Memory
Baum-Memory
Blumen-Memory
Werkzeug-Memory.

2.3 Textinhalte wiedergeben

In gewisser Nähe zum Beschreiben steht die Inhaltsangabe von Texten (vgl. Ostermann 1973, 156). „Sie beschränkt sich auf das stofflich und inhaltlich Wesentliche; es herauszuschälen, zusammenzufassen und zu formulieren ist ihr Sinn“ (ebd., 157).

Die Fähigkeit zur Abstraktion, die das Schreiben einer Inhaltsangabe fordert, ist von einem Grundschüler nicht zu erwarten. Gestützt durch geeignete methodische Hilfen, kann aber auch er schon Inhalte von überschaubaren Texten – z. B. Märchen oder Kinderkurzgeschichten – wiedergeben, das heißt wesentliche Elemente einer Handlung herausfinden und zusammenfassend darstellen. Selbstverständlich geschieht dies alles aber nur ansatzweise. Die Übungen dienen primär dem Ziel, für die Beschäftigung mit dem Text zu sensibilisieren. Indirekt wird eine „Zweckform des Schreibens“ (Ostermann 1973, 157) eingeübt.

(1) Einen Text mit Hilfe zeichnerischer Inhaltsgliederung wiedererzählen

Eine erprobte Methode, die vom zweiten Schuljahr an praktiziert werden kann, wollen wir am Beispiel einer Kinderkurzgeschichte von Ursula Wölfel demonstrieren.

Die Geschichte vom Kind und dem Vogel *Ursula Wölfel*

Einmal hat ein Vogel im Baum neben dem Spielplatz gewohnt, und auf dem Spielplatz hat immer ein Kind gespielt, ein Kind mit einer roten Jacke. Das Kind hat dem Vogel jeden Morgen ein bißchen Brot gegeben, und der Vogel hatte gar keine Angst vor dem Kind.

Aber einmal ist der Vogel sehr weit weggeflogen, er ist hoch über die Stadt geflogen. Da hat er alles von oben gesehen: Die Dächer und Türme und Schornsteine, die Menschen und Autos und Eisenbahnen und den Fluß mit den Schiffen. Der Vogel hat sich alles ganz genau angesehen. Dann ist er müde geworden und wollte wieder zu seinem Baum am Spielplatz fliegen. Aber er konnte den Spielplatz nicht mehr finden. Da waren so viele Plätze mit Bäumen in der Stadt, und von oben haben sie alle gleich ausgesehen. Der Vogel ist immer im Kreis herum geflogen. Seine Flügel waren schon müde, aber er hat den Spielplatz immer noch nicht gefunden. Da hat das Kind mit beiden Armen gewinkt, und der Vogel hat das Kind mit der roten Jacke erkannt. Jetzt wußte er wieder, wo sein Baum war! Er ist zum Spielplatz geflogen, und das Kind hat ihm Brot gegeben. Der Vogel hat sich gefreut, und das Kind hat sich auch gefreut.

Die Bearbeitung geschieht in fünf methodischen Schritten:

1. Text vorlesen, selbst lesen, besprechen, Verständnis sichern.
2. Gliedern der Geschichte in Inhaltsabschnitte. Das geschieht entweder mit dem Lehrer gemeinsam oder die Kinder arbeiten in Gruppen (auch: Partner- oder Einzelarbeit).
3. Zu jedem Abschnitt wird ein Bild gemalt (entweder auf Gruppen aufteilen oder selbstständige Schüler teilen ihre Arbeit untereinander auf). Ein Bildbeispiel ist nebenstehend wiedergegeben.

4. Die Bilder werden an der (Wand-)Tafel angebracht.
5. Versprachlichung. Hier sind zwei Varianten möglich, die entweder alternativ oder nacheinander angewendet werden können.

5a. Die Schüler geben anhand der Bilder den Inhalt des Textes wieder. Es entsteht ein Bilderbuch (Leporello, Wandfries): Jedes Kind scheibt zu seinem Bild mindestens einen Satz. Beispiel:

Bild 1: Ein Vogel wohnte in einem Baum am Spielplatz. Das Kind mit der roten Jacke brachte dem Vogel immer ein Stück Brot.

Bild 2: Einmal flog der Vogel weit weg über die Stadt. Er sah viele Dächer, Schornsteine, einen Fluß und Schiffe.

Bild 3: Der Vogel wurde müde und wollte zurück. Er fand seinen Baum nicht. Da sah er das Kind mit der roten Jacke winken. Jetzt fand er seinen Baum wieder.

Durch unterschiedliches Aufgliedern des Textes, verschieden gestaltete Bilder und individuelle eigene Texte können mehrere Varianten entstehen, die jedem Kind und seiner Fähigkeit Gestaltungsspielraum geben.

5b. Die Geschichte wird zusammenhängend wiedererzählt:

Der Junge und der Vogel

Jeden Tag kam ein Junge mit einer roten Jacke auf einen Spielplatz und gab einem Vogel Brot. Eines Tages wollte der Vogel die Stadt von oben sehen und flog weit weg. Er sah: Autos, Schiffe, Dächer, den Fluß, Bäume. Dann wurde der Vogel müde und fand seinen Baum und den Spielplatz nicht. Es gab doch so viele Spielplätze. Da winkte der Junge mit der roten Jacke. Der Vogel flog hinunter zu ihm und sie waren froh.

Auf die gleiche Weise können Märchen bearbeitet werden, beispielsweise in Zusammenarbeit mit dem Kunstunterricht, in späteren Klassen auch umfangreichere Texte.

In einem zweiten Schuljahr haben die Kinder das Märchen vom Rotkäppchen in einer Folge von sechs Bildern dargestellt. Dazu wurde ein Blatt des Zeichenblocks so geknifft, dass sich sechs Bilder ergaben. Jedes Feld bot Raum für ein Bild. Danach haben sie die Bildfolge auseinander geschnitten und ins Heft geklebt. In einfachen Aussagesätzen formulierten sie, was auf den Bildern zu sehen ist. Es entstand so auf die einfachste Weise eine Inhaltswiedergabe des Märchens.

(2) Den Inhalt eines Kinderbuchs wiedererzählen

Der Zwischenschritt über das Zeichnen ist sehr hilfreich für die inhaltliche Strukturierung eines Textes, aber nicht zwingend. Dies gilt vor allem dann, wenn der Akzent der Inhaltswiedergabe nicht auf dem verknappenden Zusammenfassen, sondern auf dem Wiedererzählen eines Textes liegt.

In einer zweiten Klasse hat die Lehrerin gegen Ende des Schuljahrs das Buch *Der Wuschelbär* von Irina Korschunow vorgelesen. Nach jeder Episode hielt sie inne, um Gelegenheit zum Gespräch zu geben. Außerdem konnten die Kinder, wenn sie wollten, zu Hause die Episode aus dem Gedächtnis schriftlich wiedererzählen. Nicht wenige haben dies getan. Ein Beispiel ist nebenstehend abgedruckt.

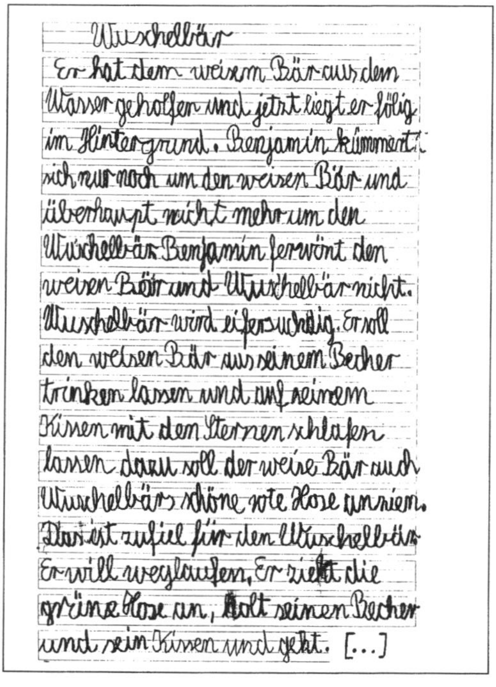
Wuschelbär
Er hat dem weisem Bär aus dem
Wasser geholfen und jetzt liegt er fölig
im Hintergrund. Benjamin kümmert
sich nur noch um den weisen Bär und
überhaupt nicht mehr um den
Wuschelbär. Benjamin ferwönt den
weisen Bär und Wuschelbär nicht.
Wuschelbär wird eifersuchtig. Er soll
den weisen Bär aus seinem Becher
trinken lassen und auf seinem
Kissen mit den Sternen schlafen
lassen dazu soll der weise Bär auch
Wuschelbärs schöne rote Hose anziehen.
Das ist zufiel für den Wuschelbär.
Er will weglaufen. Er zieht die
grüne Hose an, holt seinen Becher
und sein Kissen und geht. [...]

Schülerarbeit – Ende zweites Schuljahr

3 Erklären

Wer etwas erklärt, tut das immer für jemand anderen. Er will ihm einen Zusammenhang klarmachen, einen Sachverhalt erläutern oder einen Begriff erklären. Anlässe, das schriftliche Erklären zu üben, gibt es schon in der Grundschule hinreichend. Es können z. B. Bastel- und Spielanleitungen oder Kochrezepte, aber auch Wegerklärungen (meist *Wegbeschreibungen* genannt), verfasst, einfache Funktionsabläufe von Geräten dargestellt und sprachliche Erscheinungen wie etwa Redewendungen oder Sprichwörter erklärt werden.

3.1 Rezepte, Bastel- und Spielanleitungen schreiben

Diese drei Formen des Erklärens haben nicht nur eine deutliche Adressatenorientierung gemeinsam. Es ist für sie auch charakteristisch, dass sie zum handelnden Nachvollzug auffordern. Darum sind sie am sinnvollsten im Zusammenhang solcher Unterrichtsvorhaben zu üben, in denen tatsächlich gekocht, gebastelt oder gespielt wird. Hierbei lässt sich auch überprüfen, ob die aufgeschriebenen Informationen ausreichen und ob die Erklärungen eindeutig und verständlich formuliert sind. Man bittet beispielsweise Schüler aus der Parallel- oder der nächst unteren Klasse, mit Hilfe der Erklärungen etwas nachzuvollziehen. Welch ein Erstaunen, wenn der Schüler etwas falsch macht oder gar nicht nachvollziehen kann.

Grundsätzlich sollte man immer von der echten Situation ausgehen. So kann der Handlungsablauf sichtbar und schrittweise sogar schriftlich mitvollzogen werden. Wenn in der Schule kein Herd, Backofen usw. vorhanden ist, nimmt man das Thema 'kalte Küche': Salate, bunte Sandwiches, kalt gerührter Pudding u. ä. m.

Das Verfassen von Anleitungen und Rezepten ist auch ein guter Anlass, Arbeitstechniken des Schreibens zu üben, etwa:

- Stichwortnotizen machen und ordnen
- Dispositionsgesichtspunkte erarbeiten
- Wörterbücher einbeziehen
- evtl. grafische Mittel zur Ergänzung von Sprache einsetzen.

3.1.1 Rezepte schreiben

Die ersten Übungen im Schreiben von Rezepten dürfen nicht zu komplex angelegt sein. Wichtig ist, dass die Schüler aus der Situation heraus erfahren, warum ein Rezept aufgeschrieben werden soll: Man kann danach braten, backen oder kochen. Dabei sollen Zutaten mit Mengenangaben und benötigte Geräte aufgelistet und die Arbeitsschritte in der richtigen Reihenfolge aufgeschrieben werden.

Die Schüler neigen dazu, die einzelnen Schritte des Arbeitsvorgangs mit „zuerst, dann, danach, jetzt, zum Schluss“ auszudrücken. Sie können entfallen, weil das Nacheinander der einzelnen Sätze bereits die Reihenfolge enthält. Variationen des Satzanfangs lassen sich besonders durch den Imperativ erreichen. Außerdem bieten sich im Rahmen operationaler Verfahren (Umstellen, Ersetzen, Erweitern, Weglassen) Möglichkeiten der Überarbeitung an.

Bei jedem Einzelvorhaben muss wieder neu besprochen werden, für welche Adressaten das Rezept bestimmt ist. Denkbar sind beispielsweise Kinder, die das Rezept in (Schüler-)Zeitschriften oder Zeitungen lesen. Entsprechend den Adressaten sind die Anredeformen zu wählen. Grundsätzlich sind adäquat:

- Du-Form oder Ihr-Form (2. Person Singular oder Plural)
- Aufforderungsform (Imperativ Singular oder Plural)
- Nennform (Infinitiv).

Der Absicht, die Adressaten möglichst persönlich und direkt anzusprechen, entspricht die Du-Form am besten. Abstrakter, von Grundschülern gleichwohl schon zu leisten, ist die Infinitiv-Form.

Beim Thema 'Rezepte' bieten sich folgende Schreibhandlungen an:

- gemeinsames Aufschreiben eines Rezepts nach der Zubereitung im Unterricht;
- Schreiben eines Rezepts – nach gemeinsamer Zubereitung – in Einzel–, Partner- oder Gruppenarbeit;
- analoges Schreiben eines Rezepts nach einem vorgegebenen Muster;
- Berichtigen eines verfremdeten Rezepts;
- Verfremden eines richtigen Rezepts.

Es ist naheliegend, die erarbeiteten Rezepte in einem *Rezeptbuch* zu sammeln (s. S. 278) und durch Beispiele aus (Kinder-)Kochbüchern oder phantasievollen Formen der Nachgestaltung zu ergänzen.

(1) „Obstsalat" (2. Schuljahr)

Vorbereitend wird vereinbart, welche Geräte und Zutaten benötigt werden und wer sie mitbringt. Nun wird das Rezept gruppenweise ausgeführt. Stichpunktartig notiert ein Schüler aus der Gruppe während des Arbeitsablaufes die Arbeitsschritte. Im anschließenden Unterrichtsgespräch tragen die Sprecher ihre Ergebnisse vor. Dann werden sie an die Tafel geschrieben, die Reihenfolge wird geordnet. Der nebenstehend als Bei-

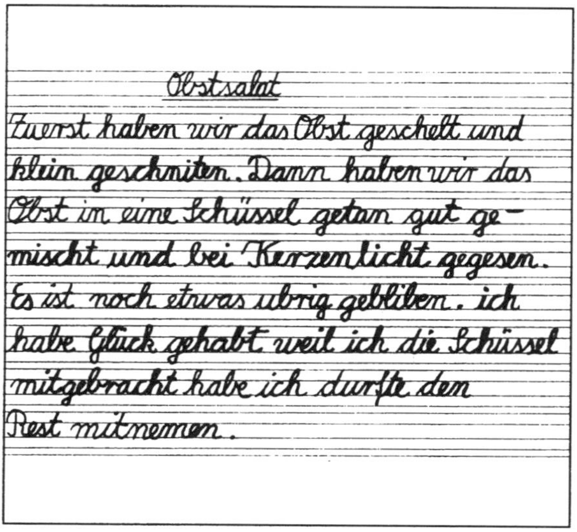
Obstsalat
Zuerst haben wir das Obst geschelt und
klein geschniten. Dann haben wir das
Obst in eine Schüssel getan gut ge-
mischt und bei Kerzenlicht gegesen.
Es ist noch etwas ubrig gebliben. ich
habe Glück gehabt weil ich die Schüssel
mitgebracht habe ich durfte den
Rest mitnemen.

Schülerarbeit – Mitte zweites Schuljahr

spiel abgedruckte Schülertext enthält nicht allein die 'sachliche' Beschreibung des Arbeitsvorgangs, sondern auch Aussagen zur emotionalen Befindlichkeit der Schreiberin. Solche Elemente sind vom Lehrer nicht zu kritisieren und auf gar keinen Fall zu eliminieren.

(2) „Pfannkuchen" (drittes/viertes Schuljahr)

Rezepte lassen sich üblicherweise in fünf Punkte gliedern:

- Anrede
- Zutaten
- erforderliche Geräte
- Arbeitsvorgang
- Aufforderung an den Adressaten, das Rezept auszuprobieren.

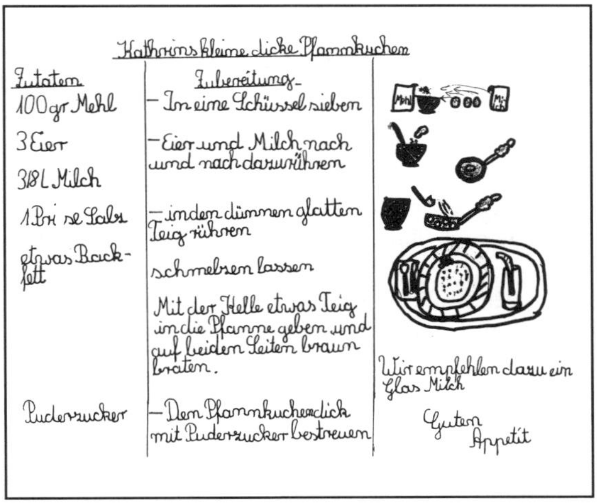

Diese Gliederung darf jedoch nicht zu einer allseits verbindlichen Norm erhoben werden. Varianten sind jederzeit denkbar und zulässig. Gleiches gilt auch für die althergebrachte 'Man-nehme'-Schreibweise. Sie wird überwunden, wenn das Rezept (wie abgebildet – in Spaltenform angeordnet wird: Zutaten/Zubereitung/Illustration. Das Aufschreiben geht schneller und erspart die mühsamen Satzanfänge wie „dann", „nun", „jetzt" usw.

Nicht immer – vor allem, wenn sie etwas komplexer sind – ist es möglich, die Rezepte mit den Schülern gleich an Ort und Stelle im Klassensaal auszuprobieren. Eine Alternative ist dann, an einem (oder mehreren) Nachmittag(en) mit Hilfe der Mütter (oder Väter) in der Versuchsküche der Schule zu kochen und zu backen und die Rezepte anschließend aufzuschreiben. Wenn am Schluss alle Rezepte zu einem Buch zusammengebunden werden, ist das eine zusätzliche Motivation.

(3) Fantasierezepte

Das Rezept heißt eine Geschichte von Josef Guggenmos. Es wird darin erzählt, welche „Zutaten" notwendig sind, damit der Frühling einziehen kann:

Der April war eben eingetroffen.

Ernst und Elfriede gingen von der Schule nach Hause. Da fanden sie an der Straße ein großes Blatt. Ernst hob es auf. Er begann zu lesen: „Man nehme . . ."

„Ein Rezept“, sagte er. „Dafür bist du zuständig.“ Er reichte das Blatt seiner Schwester. Elfriede las:
Man nehme
einen großen Topf Schnee,
einen Schöpflöffel Regen,
einen Eßlöffel Sturmgebraus,
eine Messerspitze Sonnenschein!
„Was soll das bedeuten?“ fragte Ernst.
„Hm“, sagte Elfriede mit gerunzelter Stirn.
Sie las das Ganze noch einmal.
„Aha!“ rief sie, als sie fertig war.
Und auch dem Ernst war jetzt ein Licht aufgegangen: „Das hat der April verloren! Es ist das Rezept, nach dem er das Wetter brauen will. Da können wir uns auf etwas gefaßt machen!“
„Dem kann abgeholfen werden“, meinte Elfriede. Sie kramte aus ihrem Ranzen einen Stift. Dann legte sie das Rezept auf den Ranzen und begann es zu korrigieren. Als sie mit ihrer Arbeit fertig war, lautete das Rezept:
Man nehme
einen großen Topf Sonnenschein,
einen Schöpflöffel Frühlingsluft,
einen Eßlöffel Regen,
eine Messerspitze Schnee!
„Oh!“ rief Ernst anerkennend. „Jetzt schaut es schon bedeutend besser aus!“
„Der April kommt bestimmt wieder und sucht nach seinem verlorenen Rezept“, meinte Elfriede.
Sie legte das Blatt an seinen alten Platz an der Straße. Dann wanderten die beiden zufrieden nach Hause.

Geschichten wie diese regen die Kinder an, analoge ‘Rezepte’ aufzuschreiben, zum Beispiel:

- *Rezept für Autofahrer,*
- *Rezept für Sportler,*
- *Rezept für Radfahrer,*
- *Rezept für gute Laune,*
- *Rezept für gute Noten,*
- *Rezept für einen guten Vorsatz.*

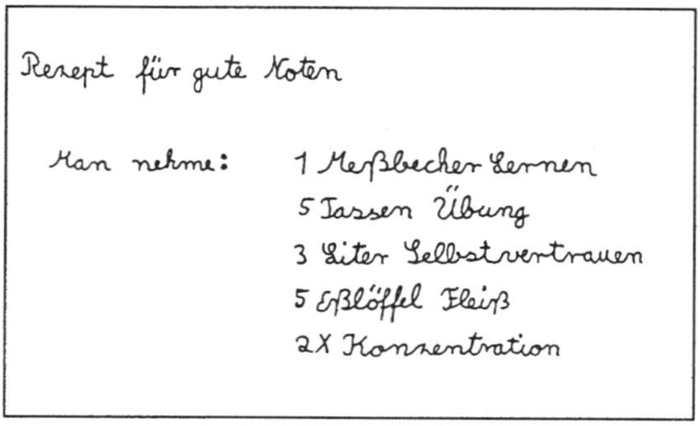

Schülerarbeit – drittes Schuljahr

(4) ‘Verrückte’ Kochrezepte

Gemeint sind damit Texte, die sich in Aufbau und Syntax an die Regeln von Rezepten halten, diese in ihren inhaltlichen Aussagen aber durchbrechen. Solche ‘verrückten’ Kochrezepte zu schreiben, ist ein Spielen, ein Experimentieren mit Sprache, doch keine Spielerei. Man muss eine Menge über richtige Kochrezepte gelernt haben, um ein ‘verrücktes’ Rezept verfassen zu können. Die Grundlage für kreative Gestaltungen ist die Kenntnis von Regeln und Konventionen; darum kann solch sprachliches Experimentieren auch erst erprobt werden, wenn das Grundmuster beherrscht wird. Innerhalb des Grundmusters können dann aber originelle Ergebnisse entstehen. Eine vierte Klasse hat beispielsweise 'Rezepte' geschrieben zu

- *Schraubenspinat*
- *Teufelsgericht*
- *Hexenfraß*
- *Getränk für Teufel.*

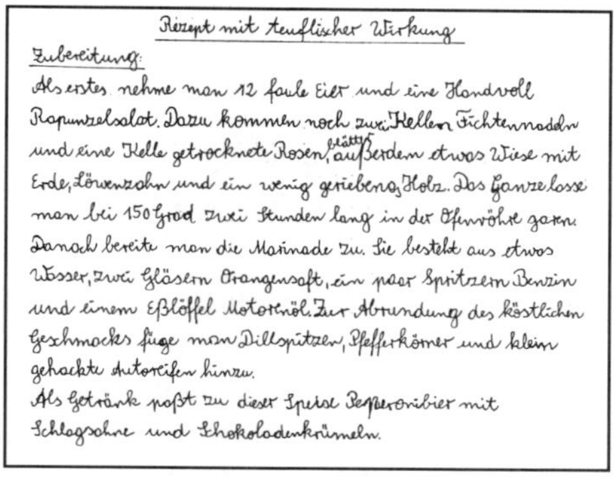
Rezept mit teuflischer Wirkung

Zubereitung:

Als erstes nehme man 12 faule Eier und eine Handvoll Rapunzelsalat. Dazu kommen noch zwei Kellen Fichtennadeln und eine Kelle getrocknete Rosenblätter, außerdem etwas Wiese mit Erde, Löwenzahn und ein wenig geriebenes Holz. Das Ganze lasse man bei 150 Grad zwei Stunden lang in der Ofenröhre garen. Danach bereite man die Marinade zu. Sie besteht aus etwas Wasser, zwei Gläsern Orangensaft, ein paar Spritzern Benzin und einem Eßlöffel Motorenöl. Zur Abrundung des köstlichen Geschmacks füge man Dillspitzen, Pfefferkörner und klein gehackte Autoreifen hinzu.

Als Getränk paßt zu dieser Speise Pepperonibier mit Schlagsahne und Schokoladenkrümeln.

Schülerarbeit – viertes Schuljahr

3.1.2 Bastelanleitungen und Spielregeln verfassen

Die kommunikativen und sprachlichen Grundmuster sind bei Bastelanleitungen und Spielregeln nicht anders als bei Kochrezepten. Sie wenden sich an einen Adressaten, den sie zum Nachvollzug auffordern, und gliedern sich in drei Teile: Im ersten wird angegeben, was gebastelt oder gespielt werden soll und welche Materialien und Werkzeuge bzw. welche Anzahl von Spielern benötigt werden. Der zweite Teil gibt die Reihenfolge der Arbeitsschritte und -techniken an oder er beschreibt die Spielregeln. Der dritte Teil enthält die Aufforderung zum Ausprobieren.

(1) Bastelanleitungen

(a) Segelschiffchen (drittes Schuljahr)

Die Einführung in das Thema erfolgt mit Hilfe eines Bildes, eines vom Lehrer hergestellten Modells oder eines Textes, der eine vollkommen unverständliche Beschreibung des Bastelvorgangs enthält und deshalb zur Überarbeitung auffordert. Der Weg zur eigenen Bastelanleitung führt über das Tun: die Schüler stellen ein Segelschiffchen her.

Zwei hölzerne Wäscheklammerteile werden mit der geraden Außenseite zusammengeklebt; sie ergeben den Rumpf des Bootes. Mittels eines Gummis wird der Klebedruck erhöht.

Der Mast, bestehend aus einem Zahnstocher oder einem hölzernen Spieß, wird in die Mittelöffnung eingesetzt und verklebt.

In oder an den Mast – viele Möglichkeiten sind denkbar und je nach Geschick kommen die Kinder auf sehr einfallsreiche Lösungen – wird das Papiersegel gesteckt oder geklebt. Weitere Gestaltungen, beispielsweise farbige Fähnchen an einem Faden oder Dollesegel mit Totenkopf, sind möglich.

Fakultativ: Soll der Rumpf mit Wasserfarben bunt gestaltet werden, muss dies als zweiter Arbeitsschritt erfolgen; mit Klarlack ist die Farbe wasserdicht zu machen.

Die Arbeitsschritte des Bastelvorgangs werden aufgeschrieben; hierbei sind Varianten möglich:

- die Notizen erfolgen während des Bastelns oder nach dem Basteln in Gruppen-, Partner- oder Einzelarbeit,
- die Arbeitsschritte werden nach dem Basteln gemeinsam erarbeitet und an der Tafel festgehalten.

Erste schriftliche Darstellungsversuche beschränken sich zunächst auf die Vollständigkeit und richtige Reihenfolge der Arbeitsschritte. In der Überarbeitungsphase überprüfen die Kinder, ob der Text auf die Verwendungszwecke passt und der Adressat richtig angesprochen wird. Der Verwendungszweck hat außerdem Auswirkungen auf die Form des Textes:

- Zeitungs- oder Zeitschriftentext: Titel als Schlagzeile, evtl. Untertitel
- Radio- oder Fernsehsendung: Ansage und Schluss.

Folgende *Schreibhilfen* können gegeben werden: Erkläre (in einem Zeitungs- oder Zeitschriftenartikel, in einer Radio- oder Fernsehsendung), wie ein Segelschiffchen gebaut wird.

- Schreibe den Titel/Untertitel oder schreibe die Ansage (das, was die Radio- oder Fernsehansagerin einleitend sagt)
- Erkläre, welches Material der Leser (Hörer oder Zuschauer) zum Bauen der Segelschiffchen braucht.
- Erkläre, was er nacheinander tun muss, um ein Segelschiffchen bauen zu können.
- Fordere den Leser (Hörer oder Zuschauer) auf, selbst ein Segelschiffchen zu bauen und damit zu spielen.
- Denke an die sprachlichen Möglichkeiten, die du hast.

(b) Windrädchen (drittes/viertes Schuljahr)

Ein ansprechender und in seiner Funktion leicht durchschaubarer Gegenstand ist das Windrädchen. Um es zu bauen, braucht man ein Lineal, eine Schere, einen Bleistift, Tonpapier (14 cm × 14 cm quadratisch zuschneiden), ein Stöckchen (ca. 31 cm lang), eine Holzperle und eine Stecknadel.

Das Windrädchen wird im Unterricht gemeinsam gebaut. In Partnerarbeit notieren die Kinder stichpunktartig den Ablauf. Für das Verfassen der eigentlichen Bastelanleitung werden ihnen folgende *Schreibhilfen* gegeben:

- Schreibe deinem Freund/deiner Freundin, wie er/sie ein Windrädchen bauen kann. Benutze dazu die du-Form.
- Formuliere eine Überschrift.
- Mache nach der Einleitung einen Absatz.
- Schreibe die Arbeitsschritte genau und ausführlich, damit das Rädchen leicht nachzubauen ist.
- Formuliere einen Schlußsatz.

(2) Spielregeln

Bei einem Spiel ergibt sich die Möglichkeit, an einem Objekt gleichzeitig das Schreiben einer Bastelanleitung und das Verfassen einer Spielregel zu üben. Im Kunst- oder Sachunterricht kann man mit den Schülern einfache Spiele herstellen. Die Spielregeln sollten dann während des Herstellungsprozesses erdacht und erprobt werden. Im Anschluss daran werden die Anweisungen und Regeln schriftlich fixiert.

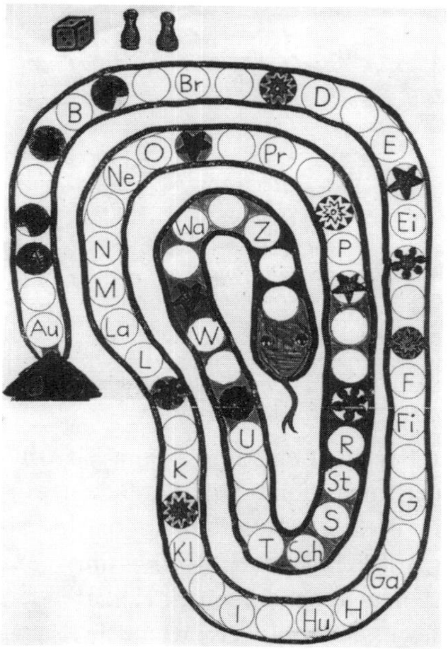

Wichtig ist, dass die 'erfundenen' Spiele nicht zu kompliziert und umfangreich ausgearbeitet werden, da sonst der zeitliche Aufwand für die Entwicklung in keinem Verhältnis zum Erfolg des Spieles steht.

Im folgenden Beispiel (s. Abb.) aus einem *zweiten Schuljahr* wurde den Schülern ein einfaches Spiel vorgegeben, dessen Struktur bereits zu erkennen war. Die genauen Regeln sollten noch festgelegt werden. In den Spielgruppen, die sich nach Wahl zusammenfanden, wurden nun mögliche Regeln besprochen, im Spiel angewendet und im freien Kasten eingetragen. Die drei unterschiedlichen Symbole dienten als Hindernis- oder Glückstreffer. Die Grundregel hieß: Wer auf die Buchstabenfelder hüpft, muss aus bestimmten Bereichen Nomen nennen, beispielsweise Tiere oder Gegenstände aus der Schule, Namen oder Sachen zum Essen.

Da verschiedene Kombinationen möglich sind, entstehen mehrere unterschiedliche Spielregeln, die, auf Karton geklebt und bunt angemalt, immer wieder in der 'Freien' bzw. 'Beweglichen' Arbeit Anwendung finden.

Das Grundmuster dieses Spiels ist auch noch für das dritte und vierte Schuljahr tragfähig. Die Spielregel wird dann allerdings – wie oben beschrieben – konzipiert und ausformuliert.

Das nebenstehend abgebildete Beispiel dokumentiert einen Verwendungszusammenhang für das Verfassen von Spielregeln. Es ist einem Spielebuch entnommen, das ein drittes Schuljahr in einer Projektwoche zusammengestellt hat. Das

Buch enthält Spiele, die die Kinder im Unterricht oder in der ‘Freien Arbeit’ ausprobiert haben. Es wurde als Anregung für andere Kinder verfasst. Bevor geschrieben wurde, wurde selbstverständlich gespielt und während des Spielverlaufes mehrfach eine Art ‘Verlaufsprotokoll’ als Grundlage für die Spielanweisung geschrieben. Dann wurden die Entwurfe und, nach der Korrektur durch Lehrer und Mitschüler (auf Verständnis hin überprüft), die Endfassung angefertigt.

Hoppla

Bei Hoppla muß man einen Ball haben. Bei Hoppla kann die ganze Klasse mitspielen. Man muß einen Stuhlkreis machen und den Ball nacheinander jedem Kind geben. Hoppla kann man mit der Fünferreihe oder der Zweierreihe und soweiter spielen. Man muß wenn man mit der Fünferreihe spielt, muß man 1234 sagen und bei 5 muß man Hoppla sagen. Und dann muß man 6789 Hoppla sagen und dann immer so weiter.

3.2 Einen Weg erklären

Die Situation, einen Weg erklären zu müssen, begegnet im Alltag, wenn ein Ortsunkundiger nach dem Weg zum Bahnhof, einer Institution oder einer Sehenswürdigkeit fragt. Gegenüber derartigen Fällen unmittelbarer Kommunikation sind Situationen seltener, in denen die Erklärung schriftlich gegeben werden muss; am ehesten tritt sie vielleicht noch dann ein, wenn man jemandem in einem Brief den Weg zu einem bestimmten Treffpunkt erklären will, beispielsweise wenn die Klasse zu Besuch kommt, mit der eine Klassenkorrespondenz geführt wird (s. S. 290 ff.). Es ist allerdings auch denkbar, fiktive Situationen zu erfinden, in denen eine Wegerklärung sinnvollerweise schriftlich gegeben wird; im Unterricht sind sie nicht selten sogar motivierender als echte Situationen.

(1) Zetteljagd

Ein echtes Spiel, in das Übungen zur Wegerklärung eingebunden werden können, ist die Zetteljagd. Hierbei können die Schüler erproben, wie sie ihre Informationen bemessen müssen. Sind sie zu ausführlich, dann werden die ‘Gejagten’ zu schnell gefunden, sind sie zu knapp oder zu ungenau, haben die ‘Verfolger’ keine Chance und das Spiel misslingt. Zur Vorübung empfiehlt sich, einen recht umfangreichen Text vorzugeben, um ihn daraufhin zu untersuchen, welche Informationen überflüssig sind. Es wird also überprüft, welche Wörter, Satzteile oder Sätze entfallen können, ohne dass die Wegerklärung deswegen unpräzise und unverständlich wird.

(2) Lernzusammenhang 'räumliche Orientierung'

Ein anderer Zugang ergibt sich, wenn die Thematik 'Wegerklärung' in den Sachunterricht eingebunden wird. Im Lernzusammenhang „räumliche Orientierung" gilt es, das Grundverständnis projektiver Raumdarstellung durch die Auseinandersetzung mit der Karte zu erweitern. In der Darstellung der Wirklichkeit durch eine Karte lernt der Schüler, aus diesem fachspezifischen Arbeitsmittel Informationen zu entnehmen. Die Weitergabe dieser Informationen erfordert von ihm, die geordnete Reihenfolge der Informationen vom Ausgangspunkt zum Ziel zu versprachlichen. Dazu muss er markante Punkte und auffällige Erscheinungen orten, die Symbolik erkennen und mögliche sprachliche Varianten in der Kommunikationssituation erproben.

Eine echte Erprobungssituation ist ein Unterrichtsgang. Die Schüler fertigen davon eine Skizze an. Mündliche Gestaltungsversuche, in denen Straßennamen genannt und markante Punkte wie die Schule, Spielplätze, Kindergarten, Kirche auf der Skizze gezeigt werden, schließen sich an. In der Regel werden die Schüler den Weg so darstellen, wie er beim Erkundungsgang abgegangen worden ist. Die Aufgabe ist schwieriger, wenn der Weg genau umgekehrt zu beschreiben ist. Eventuell kann ein Mitschüler, der nicht am Unterrichtsgang teilgenommen hat, oder ein Schüler aus der Parallelklasse den beschriebenen Weg an die Tafel zeichnen.

(3) Spielsituation 'Schatzsuche'

Die Schreibaufgabe, einen Weg nach einer Zeichnung zu erklären, ist in diesem Vorschlag für ein *drittes Schuljahr* in eine fiktive Spielsituation eingebunden. Der Lehrer erzählt, er habe auf dem Speicher eines alten Hauses (der Schule o. ä.) Stücke einer geheimnisvollen Zeichnung gefunden, von der er vermute, dass es sich um eine 'Schatzkarte' handele. Um zu sehen, ob er damit recht habe, müssten sie nun die Teile der Karte zusammensetzen und aufkleben. Nachdem die Karte sich tatsächlich als Wegweiser zu einem verborgenen Schatz heraus gestellt hat, sprechen die Schüler über Möglichkeiten, wie sie ihr Wissen anwenden könnten.

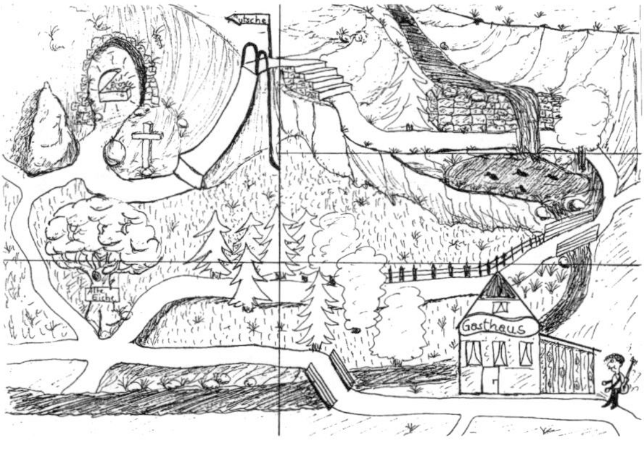

Intendiert ist, dass sie einem potentiellen Schatzsucher von ihrem Fund erzählen und ihm den Weg zu der Höhle, in der sich die Schatztruhe befindet, erklären. Daraus ergibt sich die Aufforderung, Formulierungen für die Wegerklärung zu erproben. Insbesondere werden Formulierungen in einfachen Sätzen und die Aneinanderreihung von Aussagen gegenübergestellt. Für den Aufbau des Textes ist die Einsicht wichtig, dass der Adressat auf markante Merkmale des Weges aufmerksam gemacht wird und diese ihm in der richtigen Reihenfolge benannt werden.

Art und Umfang der Übungen lassen sich als *Schreibhilfen* so formulieren:

- Sprich den Leser (Schatzsucher) an. Wähle die Du- oder die Aufforderungsform.
- Erkläre ihm den Weg von der ‘alten Eiche’ (vom Gasthaus, vom Wasserfall) bis zur Höhle, in der sich die Schatztruhe befindet.
- Mache ihn auf auffällige Merkmale aufmerksam, an denen er sich orientieren kann. Achte darauf, dass du die Reihenfolge nicht verwechselst.

3.3 Die Funktion einer Sache erklären

Zu erklären, wie eine Sache funktioniert, ist eine sehr anspruchsvolle Aufgabe, die Grundschüler meist noch überfordert, es sei denn, es handelte sich um ganz einfache Dinge und überschaubare Funktionen, am bestem um selbstgebaute Objekte wie ein Luftkissenboot (s. S. 81), eine Sonnen- oder Wasseruhr, ein Wasserrad, Elektrospiele,Śchalter, Windmesser, Waagen oder auch Phantasiemaschinen.

Wenn im Sachunterricht bei der Behandlung der Zeit, des Wassers, der Luft u.ä. Themen von solchen oder anderen Objekten vorkommen, fördert es das Verstehen, wenn die Schüler auch deren Funktion erklären können, selbst wenn sie dabei eine vorgebene Erklärung mehr oder weniger nur reproduzieren.

Zuweilen begegnen auch in der Kinderliteratur erklärend-beschreibende Texte mit viel Anregungspotential zum analogen Nachvollzug. Ein Beispiel ist Erwin Mosers Text *Die vier Spezialflugzeuge*, der von recht phantastischen Sachen handelt und so beginnt:

Nicki Stiller, der berühmte Flugzeugkonstrukteur, hat vier neue Flugzeugmodelle entworfen und gebaut.

Als erstes erfand er den fliegenden Hai. Dies ist ein sehr schnelles Jagdflugzeug. Beim ersten Flugversuch stürzte er zwar ab, aber das Modell Nr. 2 war bereits viel besser gebaut.

Dann erfand Nicki das fliegende Schwein. Dieses Modell hat eine eigenartige Antriebsart. Und zwar wird durch die Nasenlöcher des Flugschweins Luft eingesaugt. Im Innern ist dann eine große, heiße Luftblase, die das Flugschwein aufsteigen läßt. Dann wird die Luft durch eine Düse am Ende des Schweins ausgestoßen, wodurch die Antriebskraft entsteht. Sollte dieses komplizierte System einmal versagen, kann der Pilot immer noch den Ohren-Mechanismus einschalten. Die Ohren des Flugschweins fangen dann wie Flügel zu schlagen an, und das Schwein kann nicht abstürzen.

Die Schüler lesen den Text, betrachten die Zeichnungen und sprechen über den Inhalt. Dann überlegen sie, ob sich die Erklärungen zum 'fliegenden Schwein' noch erweitern lassen, z. B. um besondere Funktionen, Transportmöglichkeiten, Art der Landung usw.

Die Vorschläge werden zuerst an die Tafel geschrieben und dann von den Schülern ins Heft übernommen. Anschließend zeichnen die Schüler nach dem Muster des 'fliegenden Schweins' ein eigenes Spezialflugzeug und schreiben in Stichworten auf, welche Funktionen es erfüllt. Anhand der Stichpunkte versuchen sie dann in Rollenspielen, ihr Flugzeug einem potentiellen Käufer anzupreisen. Sie erproben dabei, sich auf einen Adressaten einzustellen und ihm die Vorzüge des phantastischen Flugzeugs zu vermitteln.

Für die schriftliche Form wird die Werbesituation beibehalten. Es ist also ein Text zu verfassen, der als Aufforderung zum Kauf dienen soll. Er enthält eine Abbildung des Spezial-

Die sensationelle Flugelefantendame Susi

Hier sehen Sie das neueste Flugmodell 'Die sensationelle Flugelefantendame Susi'.

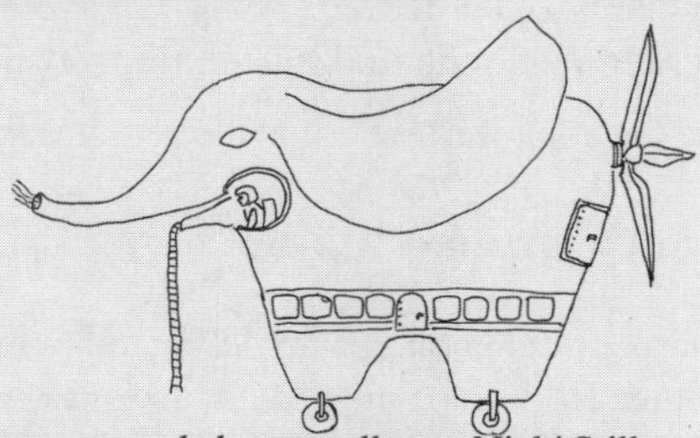

Das Flugzeug wurde hergestellt von Nicki Stiller. An den Beinen befinden sich Rollen, die ihm helfen in die Luft zu steigen. Susi nimmt einen schwungvollen Anlauf. Sobald sie sich in der Luft befindet, stellt der Pilot, der sich in einem kleinen Raum im Mundwinkel aufhält, den Propeller an, der am Hinterteil befestigt ist. Dann muß Susi nur noch durch ihren Rüssel Luft einsaugen, die sich dann in den Bauch verteilt. So hält Susi das Gleichgewicht. Wenn die Flugelefantendame landet, stellt der Pilot den Propeller aus und Susi saugt auch keine Luft mehr ein. Sie fährt die Rollen aus und bereitet sich auf die Landung vor. Dieses Flugzeug trägt 60 bis 65 Personen und braucht zum Aufsteigen 400 Liter spritzigen Champagner, außerdem noch 5 Liter Knoblauchöl. Es befinden sich am äußeren Teil des Körpers noch acht Fenster, durch die man eine schöne Aussicht hat. Dieses Flugzeug kann auch bei Schnee fliegen, weil das Fell sehr kuschelig-warm ist. Bei Nebel kann Susi aber nicht starten. Kaufen Sie! Kaufen Sie!

Das Flugzeug ist zum Preis von nur 250000,— DM zu erhalten.

Schülerarbeit – viertes Schuljahr

flugzeugs und die dazugehörige Darstellung seiner Leistungen. Der Text ist gewissermaßen für einen Katalog bestimmt, in dem Nicki Stiller seine verschiedenartigen Spezialflugzeuge anbietet.

In dem Beispiel, das nebenstehend dokumentiert ist, sind die Funktionen eines 'fliegenden Elefanten' zu erklären. Dazu werden folgende Schreibhilfen formuliert:

- Erkläre einem Kunden Nicki Stillers neueste Erfindung, den „fliegenden Elefanten".
- Beachte folgende Punkte
  - Wie steigt das Flugzeug in die Luft?
  - Wie wird das Flugzeug angetrieben?
  - Wie kann es landen?
  - Werden Personen und Lasten transportiert?
- Wenn dir noch weitere Einzelheiten einfallen, preise sie deinem Kunden an.

3.4 Redensarten erklären

Redensarten begegnen uns im Alltag auf Schritt und Tritt, und manche Geschichte ist auf einer Redensart aufgebaut. In einer Reihe von Eulenspiegelgeschichten ist es strukturbildendes Prinzip, dass Eulenspiegel eine Redensart wörtlich, d. h. in ihrer ursprünglichen und nicht in ihrer übertragenen Bedeutung aufnimmt. Daraus entstehen dann meist recht komische Situationen. Einem heutigen Leser wird durch solche Geschichten bewusst, wie selbstverständlich viele dieser Bildwörter gebraucht werden, ohne dass der Zusammenhang von Situation und ihrer Deutung durch die Redensart jeweils reflektiert würde.

Unterricht kann hier ein Stück Bewusstseinsbildung betreiben, indem er Situationen nachgeht, in denen die Aussage einmal wörtlich zugetroffen hat. Es kann sehr interessant sein, über solche Situationen Genaueres zu erfahren, aus denen heraus Sprichwörter und Redensarten ihre ursprüngliche Bedeutung gewonnen haben, z. B. in Lexika oder anhand von alten Stichen.

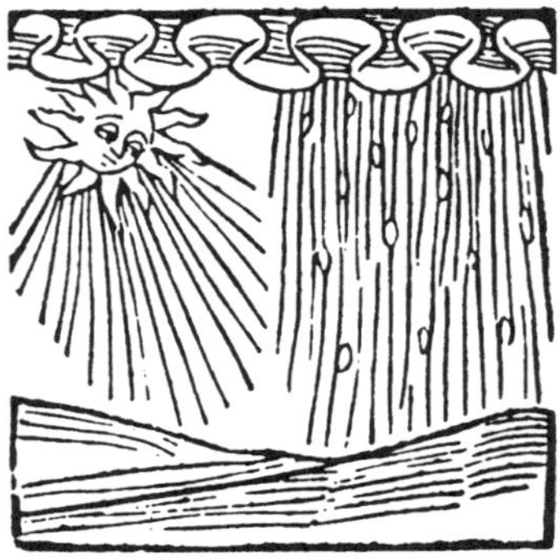

Auf Regen folgt Sonne – Holzschnitt aus dem 16. Jahrhundert

Da sich im Verlauf der Sprachentwicklung der Bildteil von der Ursprungssituation gelöst hat und auf neue Situationen übertragbar geworden ist, dürfen in einer Unterrichtseinheit über Sprichwörter und Redensarten Übungen nicht fehlen, die auf den richtigen Gebrauch unter heutigen Gegebenheiten zielen. Beispiele für Redensarten und ihre Bedeutung sind:

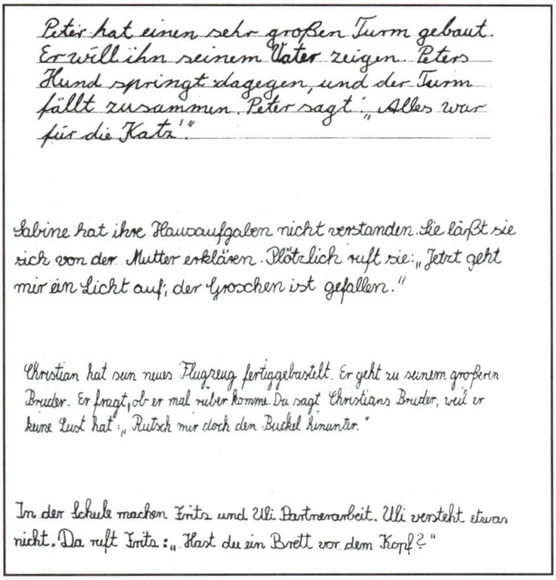
Peter hat einen sehr großen Turm gebaut. Er will ihn seinem Vater zeigen. Peters Hund springt dagegen, und der Turm fällt zusammen. Peter sagt: „Alles war für die Katz!“

Sabine hat ihre Hausaufgaben nicht verstanden. Sie läßt sie sich von der Mutter erklären. Plötzlich ruft sie: „Jetzt geht mir ein Licht auf, der Groschen ist gefallen.“

Christian hat sein neues Flugzeug fertiggebastelt. Er geht zu seinem großeren Bruder. Er fragt, ob er mal rüber kommt. Da sagt Christians Bruder, weil er keine Lust hat: „Rutsch mir doch den Buckel hinunter.“

In der Schule machen Fritz und Uli Partnerarbeit. Uli versteht etwas nicht. Da ruft Fritz: „Hast du ein Brett vor dem Kopf?“

Schülerarbeiten – viertes Schuljahr

Den Kopf in den Sand stekken.
Die Wirklichkeit nicht sehen wollen.

Die Kastanien aus dem Feuer holen.
Für einen anderen etwas Unangenehmes tun.

Kein Blatt vor den Mund nehmen.
Offen reden.

Eine harte Nuss knacken.
Eine schwierige Aufgabe lösen.

Das ist nicht auf seinem Mist gewachsen.
Das stammt nicht von ihm.

Dazu sind Situationen zu finden, auf die sich Redewendungen sinnvoll anwenden lassen. Die Schüler können solche Situationen mündlich erzählen, als Szene spielen, selbstverständlich aber auch aufschreiben. Gefordert werden keine abstrahierenden Erklärungen in dem Sprachduktus: „Die Redewendung bedeutet, dass …“ Erwartet werden vielmehr konkrete Erklärungen, d. h. kleine Geschichten aus dem Alltag, auf die eine Redewendung passt.

4 Auffordern und Wünschen

Aufforderungen drücken ein Begehren aus und sind auf ein Ziel bezogen (vgl. Lewandowski 1990, 106). Darin sind sie den Wünschen gleich. Auffordern kann heißen, jemanden nachdrücklich um etwas bitten oder ihn ermahnen, etwas zu tun; es kann (etwa im Zusammenhang mit einem Besuch, einem Essen oder einem Ausflug) ‘Einladen’ meinen und – beispielsweise als Aufforderung zum Kauf – auch ‘Werben’. In ihrer Bedeutung sind diese Sprachhandlungen nicht weit von jenen entfernt, die wir mit dem Wort ‘wünschen’ bezeichnen, auch hier ist das (Auf-)Fordern und Verlangen unverkennbar impliziert.

Wenn im Schreibunterricht Aufforderungen und Wünsche formuliert werden, sollte deshalb keine Energie darauf verwendet werden, die einzelnen Sprachhandlungen auseinander zu halten, denn alle zielen auf mögliche Handlungen oder Reaktionen ihrer Adressaten. Unterschiedlich sind allein die Situationen, in denen eine Aufforderung, ein Wunsch, eine Bitte oder eine Ermahnung ausgesprochen werden. Darum hat den Situationen die primäre Aufmerksamkeit des Lehrers zu gelten. Erst in zweiter Linie sind die davon abhängigen formalen Merkmale der Texte wichtig.

4.1 Einladen

Eine Einladung will einen Wunsch des Einladenden zum Ausdruck bringen, muss außerdem aber alle Informationen enthalten, die für den Eingeladenen wichtig sind. Nicht zuletzt sollte sie auch ansprechend gestaltet sein, um ihre kommunikativ-appellative Funktion zu erfüllen.

In der Realität begegnen Einladungen sowohl in vorgedruckter, mehr oder minder standardisierter Form wie als persönlicher Brief oder Karte. In Unterrichtseinheiten zum 'schriftlichen Einladen' werden aber nur die individuellen Formen geübt. Der Schüler soll dabei lernen, gemäß der jeweiligen Situation so zu schreiben, dass die Einladungsabsicht den Empfänger erreicht und von ihm möglichst auch angenommen bzw. umgesetzt wird.

Eine solche Situation, die Anlass zum Einladen gibt, ist der Geburtstag. Grundschüler laden einander häufig zum Geburtstag ein. Darum kann es angebracht sein, das Schreiben von Geburtstagseinladungen auch in der Schule zu thematisieren, angestoßen vielleicht von jener nicht gerade sehr korrekten Einladung, die Pipi Langstrumpf verschickte.

Geburtstagseinladungen, die in der Schule geschrieben werden, beziehen sich aber nie auf eine echte Situation, sie können diese lediglich simulieren. Im Schreibunterricht sollten ihnen gegenüber Einladungen zu einem echten Anlass Vorrang haben; in Laufe eines Schuljahres gibt es solche Anlässe in hinreichender Anzahl.

(1) Einladung zum Schulfest

Herausragende Ereignisse im Schulleben eines Jahres (Klassenfest, Schulfest, Projekte u. ä.) sind Gelegenheiten zu vielerlei Schreibaktivitäten, auch zum Verfassen individueller Einladungen. An einem Schulfest – beispielsweise – beteiligen sich alle Klassen mit einem eigenen Beitrag, einem Spiel, einer Theateraufführung o. ä. Die Einladung an die Eltern mit Informationen zum Programm haben die Lehrer gemeinsam entworfen. Die Schüler möchten darüber hinaus aber auch Verwandte oder Freunde einladen, die außerhalb des Schulbezirks wohnen. Sie schreiben ihnen deshalb einen Brief.

Die Vorbereitung der Schreibaufgabe erfolgt in drei Schritten:

- Inhaltliche Klärung
  - Aktivitäten zusammenstellen, die für das Schulfest geplant sind: Flohmarkt, Klassenspiele, Cafeteria, Spiele im Hof ...
  - Welche Aktivitäten hat die eigene Klasse vorbereitet?
- Sich-Einstellen auf den Adressaten

  Fragestellung: Wie kann der Schreiber es erreichen, dass seine Einladung angenommen wird?
  - Welche Aktivitäten des Schulfestes dürften die Tante / ... besonders interessieren? Auf welche Spiele / ... muß der Schreiber sie also besonders hinweisen?
  - An welchen Aktivitäten ist der Schreiber selbst beteiligt?
- Aufbau des Briefes
  - Formulierung der Einladung zum Schulfest (mit Datum)
  - Interessante Programmpunkte
  - Programmangebot der Klasse und Beteiligung des Schreibers daran
  - Wiederholung der Einladung
- Form des Briefes
  - Anrede
  - Schlussform
  - Umschlagbeschriftung.

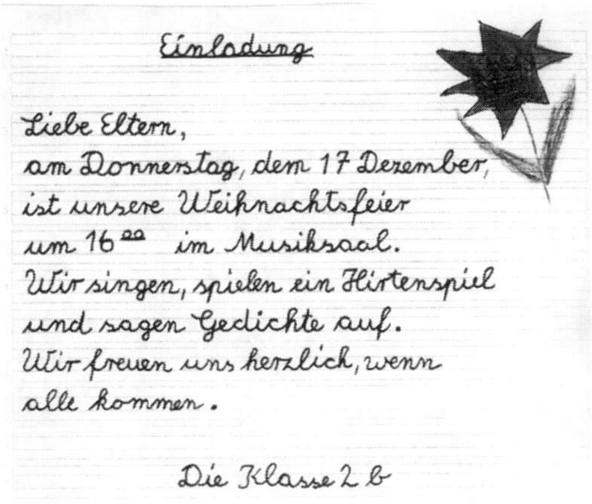
Einladung

Liebe Eltern,
am Donnerstag, dem 17 Dezember,
ist unsere Weihnachtsfeier
um 16°° im Musiksaal.
Wir singen, spielen ein Hirtenspiel
und sagen Gedichte auf.
Wir freuen uns herzlich, wenn
alle kommen.

Die Klasse 2 b

(2) Einladungen an Eltern

Gelegenheiten zum Schreiben echter Einladungen ergeben sich, wenn Eltern um helfende Unterstützung gebeten werden

- zu Weihnachtsbasteleien,
- zum Paketepacken für die Partnerklasse der Klassenkorrespondenz,
- zum Versuchskochen,
- zu Vorbereitungen zum Jugendmaskenzug
- am Sportfest,
- für eine (Vor-)Leserunde.

Einladungen zu Elternabenden werden gewöhnlich von den Lehrern geschrieben und vervielfältigt. Werden sie stattdessen – nach vorheriger Klärung von Funktion und Inhalt – von den Schülern geschrieben, spart das nicht nur eine reichliche Anzahl Kopierblätter, es ist zugleich ein wirklichkeitsbezogener Schreibanlass.

(3) Einladungen an Fachleute

Wenn Fachleute – Ortsvorsteher/Bürgermeister, Kinderarzt, Polizeibeamter, Feuerwehrbeauftragter o.ä. – in die Schule kommen sollen, um am Unterricht – durch Erzählen, Befragen, Diskutieren usw. – mitzuwirken, ist es selbstverständlich, dass die Einladung an sie als Schreibanlass genutzt wird. In der Regel wird dafür die Briefform gewählt. Gesichtspunkte der Erarbeitung sind:

- Angaben zum Anlass der Einladung
- Aussagen zu den Erwartungen
- exakte Angaben zu Ort und Zeit.

4.2 Werben

Werbung wird betrieben, um Interesse für eine Person oder eine Sache zu wecken, um jemanden für sich zu gewinnen oder etwas zu verkaufen. Aus solcher Intention folgert, dass eine Werbung, um erfolgreich zu sein, sehr genau geplant werden muss. Professionelle Werbesprache enthält „neben der Information über den Gegenstand der Werbung inhaltliche und formale Stimulations- und Manipulationseffekte [...], die dem Adressaten meist nicht bewußt werden" (Lewandowski 1990/3, 1239).

Die Beschäftigung mit Werbung in der Grundschule kann noch nicht in den analytischen und produktiven Dimensionen wie in der Mittel- und Oberstufe geschehen. Sie lässt die Schüler an Beispielen elementare Eigenerfahrungen in einem Bereich machen, der ihnen in der Alltagswirklichkeit, vor allem in Form von Fernsehwerbung, ständig begegnet.

(1) Werben für die Klassenzeitung

Hat eine Klasse eine Zeitung produziert, möchte sie diese auch an ‘die Frau’ und an ‘den Mann’ bringen: Werbung ist erforderlich. Ihre Medien können Plakate sein, die im Schulhaus ausgehängt, oder Handzettel, die an die Mitschüler verteilt werden.

Werbung mit einem Handzettel

(2) Werben für ein Buch

Wer von der Lektüre eines Buches angetan oder begeistert ist, motiviert gern auch andere fürs Lesen. Für seine Werbung braucht er gar nicht sehr viele Angaben: Autor, Titel (evtl. Verlag und Preis) müssen genannt werden, ein paar Sätze zum Inhalt sind erforderlich und eine Empfehlung ist zu formulieren. In einfacher Form können solche Buchempfehlungen bereits vom Ende des erstens Schuljahres an verfasst werden.

Schülerarbeit – drittes Schuljahr

(3) Werbeplakate

Anlässe, um mit Plakaten für eine Sache oder eine Veranstaltung zu werben, gibt es im Laufe eines Schuljahres immer wieder: ein Bastel- oder Vorlesenachmittag beispielsweise oder eine Autorenlesung, ein Bücherbasar oder eine Ausstellung zum Abschluss einer Projektwoche, ein Theaterspiel oder ein Klassenfest.

Eine dritte Klasse hat ein Plakat „Müll auf dem Schulhof" entworfen. Im Zusammenhang mit dem von Eltern und Lehrern gebauten Pausen- und Spielhof ergab sich das Thema (fast) von selbst.

(4) Kleinanzeigen

Anzeigen (Annoncen, Inserate) sind Bekanntmachungen, Benachrichtigungen in Zeitungen bzw. Zeitschriften. Viele von ihnen bieten ein Gemisch aus Informationen und appelativer Werbung, manchmal, zum Beispiel in einem Verkaufsangebot für ein Auto oder bei der Bitte um Rückgabe eines verlorenen Gegenstandes, kann auch das beschreibende Element ein besonderes Gewicht haben.

Die zahlenmäßig wichtigste Sparte unter den Inseraten bilden die Kleinanzeigen. Sie dienen in erster Linie der Informationsverbreitung für den alltäglichen Gebrauch. Nach ihrem Muster kann man gleichartige realistische Anzeigen verfassen oder aber auch – wie im nebenstehenden Beispiel – lustige oder verfremdete.

Tausche goldene Schuhe gegen Kickers, denn ich habe den Spass am Tanzen verloren.

Aschenputtel
Barbarossa Strasse 199

'Verrückte' Kleinanzeige – aus dem Märchenprojekt eines vierten Schuljahres

4.3 Wünschen

Wünsche zu haben, Wünsche zu äußern, gehört zu unseren elementaren Erfahrungen nicht minder wie zu unseren alltäglichen Selbstverständlichkeiten; und dass sie nicht immer erfüllbar sind, wissen wir natürlich auch.

Die Zeit, als das Wünschen noch geholfen hat, gab es nur im Märchen. Ihre Erfahrungen mit dem Wünschen haben die Menschen in manchen Sprichwörtern formuliert. „Der Wunsch ist der Vater des Gedankens", heißt es da beispielsweise, oder: „Hoffen und Wünschen geht viel in einen Sack"; und dann wieder sehr dialektisch: „Wer nichts wünscht, verliert nichts" – „Wer viel wünscht, dem fehlt viel".

Die meisten Wünsche von Kindern werden im engeren Familien- oder Bekanntenkreis und zumeist mündlich geäußert. Neben die mündliche Form tritt aber bald auch die schriftliche. Anlässe bieten sich genügend: Geburtstag, Weihnachten, Taschengeld, ein Spielzeug zwischendurch.

Bewegt sich ein Wunsch in realistischen Dimensionen, ist der Erfolg oder Misserfolg nicht selten von der Art und Weise abhängig, in der er vorgebracht wird. Beim Formulieren kann der Unterricht weiterhelfen. Eine gute Motivation zu Schreibübungen bieten Sachverhalte und Probleme aus alltäglichen Situationen, nicht zuletzt solche, die in der Schule vorkommen.

Um zu Anlässen für das Formulieren von Wünschen zu kommen, kann man auch auf Texte zurückgreifen, beispielsweise auf Irina Korschunows Erzählung von Uli und seinem Hund. Der Schreibimpuls, im Anschluss an die Lektüre, lautet dann: Erzähle von deinen Wünschen.

Sehr geehrte Damen und Herren!

Die Kinder der Grundschule Boppard sind mit ihrem Pausenhof unzufrieden, weil zu wenig Spielmöglichkeiten da sind.

Deshalb kommt es öfter zu Streitereien und Langeweile. Wir könnten doch Spiele aufmalen und aufstellen. Könnten Sie uns helfen, dass der Schulhof besser wird. Wir könnten doch Hickelhäuschen oder Mühle aufmalen. Wenn wir alle helfen würden, würde der Schulhof bestimmt schöner und besser. Wenn Sie es sich überlegt haben, schreiben Sie uns bitte zurück. Hoffentlich sind Sie mit unserem Vorschlag zufrieden. Wir danken Ihnen jetzt schon.

Mit freundlichen Grüßen

Die Klasse 4b

Entwurf eines Antrags einer vierten Klasse an das Kollegium der Schule auf Umgestaltung des Schulhofs – Gemeinschaftsarbeit

Uli und sein Hund *Irina Korschunow*

Es ist ein kalter Vormittag. Es regnet und stürmt. Uli will nach Hause gehen.

Da sieht er in der Kellernische ein winziges, wolliges Knäuel mit dunklen Augenknöpfen. Zusammengerollt liegt es auf den Steinen und winselt. „Ein Hund" ruft Uli. „Ein Hundebaby!" Uli zieht seine Jacke aus und wickelt den kleinen Hund ein.

Der Hund zittert. Er winselt und fiept. Seine Nase schnuppert ängstlich hin und her. „Hab keine Angst", flüstert Uli. „Ich nehme dich mit heim. Da hast du es gut. Und du sollst Schnupp heißen." Uli ist glücklich. Er hat sich schon so lange einen Hund gewünscht. Nun hat er einen gefunden. [...]

Manchmal haben Kinder Wünsche, manchmal haben sie Träume, im 'Tagtraum' verwischen sich oft beide Ebenen.

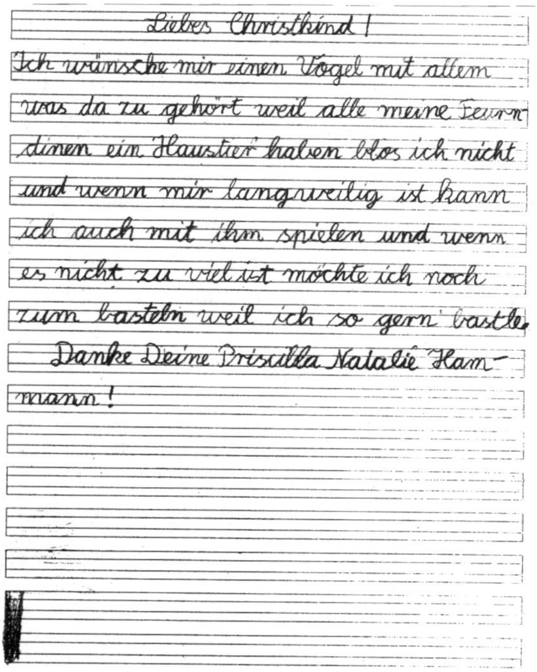
Liebes Christkind!
Ich wünsche mir einen Vogel mit allem
was da zu gehört weil alle meine Feurn-
dinen ein Haustier haben blos ich nicht
und wenn mir langweilig ist kann
ich auch mit ihm spielen und wenn
es nicht zu viel ist möchte ich noch
zum basteln weil ich so gern bastle.
Danke Deine Priscilla Natalie Ham-
mann!

Weihnachtswunsch – zweites Schuljahr

Kinder wünschen sich beispielsweise einen guten Freund, ein Tier oder ...

oder sie träumen davon, wie es sein wird, wenn sie einmal groß sind; die folgenden Schülerarbeiten sind in einem dritten Schuljahr entstanden.

Wenn ich groß bin ...

erfinde ich ein Auto, das fliegen kann und noch schneller ist als eine Rakete. Damit kann ich in ein paar Sekunden die ganze Welt umfliegen. Benzin darf es nicht brauchen, auch auf dem Wasser muß es fahren können, so schnell wie ein Flugzeug. (Thomas)

wünsche ich mir eine Blume, die fast in den Himmel reicht. Ich klettere auf die Blume und baue mir auf dem Stengel ein Haus. Dann kann mir niemand etwas wegnehmen. Im Winter werfe ich Schneebälle auf die Häuser. Im Sommer baue ich unten ein Schwimmbecken und springe hinein. (Klaudia)

Ein sehr anregender Schreibimpuls in diesem thematischen Zusammenhang 'wünschen und träumen' ist auch das Gedicht *Ich träume mir ein Land* von Erika Krause-Gebauer; wir zitieren den Anfang:

Ich träume mir ein Land,
da wachsen tausend Bäume,
da gibt es Blumen, Wiesen, Sand
und keine engen Räume.
Und Nachbarn gibt's, die freundlich sind,
und alle haben Kinder,
genauso wild wie du und ich,
nicht mehr und auch nicht minder.

Ich träume mir ein Land,
da wachsen ...

4.4 Kommentieren und Argumentieren

Kommentare und argumentative Erörterungen von Grundschülern verfassen zu lassen, wäre eine Überforderung. Vorübungen allerdings, die den von den Kindern selbst im Alltag praktizierten Formen entsprechen, sind durchaus möglich.

Ein Argumentationsimpuls kann beispielsweise ein kleiner Text sein wie der folgende von Irmela Wendt:

Schöne Buchstaben

„Setz dich, Stefan, und schreib schön! Als ich sieben war“, sagte Stefans Mutter, „schrieb ich jeden Tag eine Seite voll Buchstaben, einen Buchstaben schöner als den anderen. Zur Belohnung durfte ich zum Kaufmann gehen und für den Lehrer Zigaretten holen.“

Stefan schreibt Buchstaben, einen schlechter als den anderen, eine ganze Seite voll.

„Was soll das heißen?“ fragt Stefans Mutter.

„Das sind meine Buchstaben. Und ich hole auch keine Zigaretten.“

Zwei Fragen an den Text liegen nahe: Warum tut Stefan das? Warum schreibt er schlechte Buchstaben? Die Antworten, die von den Schülern vorgebracht und diskutiert werden, schärfen „ihren Blick für eigene und fremde Schwächen und Stärken, für Konflikte, Probleme oder Beweggründe“ und unterstützen „die Verfertigung der Gedanken beim Schreiben“ (Gerth 1990, 28).

Übungen im Kommentieren bieten sich bei der Beschäftigung mit Kinderbüchern an. Im Zusammenhang mit der gemeinsamen Lektüre eines Buches in der Klasse oder beim Verfassen von Buchempfehlungen können die Schüler erproben, Urteile über einen Sachverhalt nicht einfach nur auszusprechen, sondern auch zu begründen. Die Buchbesprechungen können in einer Wand- oder Schülerzeitung oder an Pinnwänden veröffentlicht werden. Wenn eine Leseecke im Klassensaal vorhanden ist, können auch Empfehlungen zum Buchbestand der Klasse oder aus dem eigenen Kinderzimmer für Bücherkarteien, Sammelkarteien, Ausleihkarten u. ä. verfasst werden.

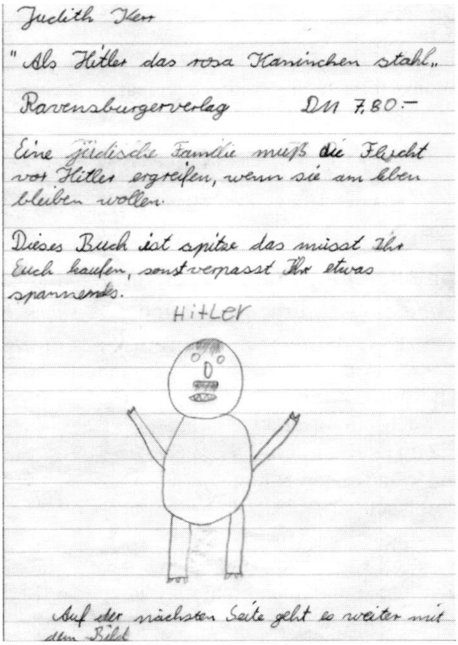

Buchempfehlung – drittes Schuljahr

Literarische Schreibanlässe

In die Diskussion der Siebziger Jahre um eine Neukonzeption des Aufsatzunterrichts hat Rolf Sanner (1975) die Überlegung eingebracht, dass sich Schreibanlässe nicht nur aus sprachformalen Darstellungsabsichten oder kommunikativen Situationen ergäben. Sprachliches Agieren in der Wirklichkeit bzw. Reagieren auf Wirklichkeit sei auch so zu verstehen, dass es sich dabei um ein Reagieren auf Texte handeln könne: „Texte fordern zur Stellungnahme heraus, regen zum Schreiben an, erwecken den Wunsch nach Variation, Fortführung, Veränderung“ (54). Sanner plädierte aus dieser Einsicht heraus für eine „aufsatzdidaktische Variante des Literaturunterrichts“ (ebd.).

Die gleiche Forderung, wenn auch von einer anderen Überlegung ausgehend, erhob Wilhelm Gössmann (1977). Er bezog sich auf das methodische Prinzip der traditionellen Aufsatzdidaktik, von der mündlichen Spracharbeit zur schriftlichen hinzuführen, und stellte ihm das Prinzip „von der Schriftlichkeit zur Schriftlichkeit“ entgegen; denn wie zu dem Sprechen und Erzählen auf gleicher Ebene das Zuhören und Verstehen gehöre, gehörten Lesen und Schreiben zusammen. „Oder didaktisch ausgedrückt: Literaturunterricht und Aufsatzunterricht können sich in besonderer Weise gegenseitig ergänzen, ohne daß man das Prinzip Schriftlichkeit durch Schriftlichkeit absolut setzen müßte“ (430).

Die Autoren dieses Bandes haben derartige Überlegungen bereits in ihren früheren Arbeiten aufgenommen und didaktisch-theoretisch wie methodisch-praktisch weiterentwickelt (vgl. Payrhuber 1977, 1981a und b, 1986; Steffens 1977, 1981a und b). Dabei konnten auch Entwicklungen der Texttheorie und vor allem der Rezeptionsästhetik didaktisch fruchtbar gemacht werden, nicht zuletzt auch in Bezug auf Formen des kreativen Schreibens, die in der derzeitigen Diskussion stark in den Vordergrund gerückt sind (s. S. 58ff.). Auf dieser Basis wird hier aufgebaut.

Für die Legitimierung der Schreibanlässe, die in diesem Kapitel beschrieben werden, ist die Erkenntnis der Rezeptionsästhetik zentral, dass der poetisch-literarische Text nicht ein statisches Gebilde, sondern wirkendes Potential und Auslöser von Leseprozessen ist. Der Betrag an Unbestimmtheit, der dem Text aufgrund seiner ästhetischen Struktur eignet, fordert den Leser zu subjektiven Konkretisationen heraus; der Leser wird gleichsam zum Mitproduzenten des Autors. Die Didaktik hat dieses Faktum in Konzeptionen umgesetzt, die die Konkretisationen in ‘handelndem’ bzw. ‘operativem’ Umgang mit Texten realisieren. Sich schreibend mit einem Text zu beschäftigen, ist hierbei zwar nicht die einzige, aber eine besonders wirksame Umgangsform. Und die Erfahrung bestätigt vielfach die Beobachtung Gössmanns (1977, 434), dass das Umgehen mit literarischen Texten die Lust der Kinder am Schreiben signifikant steigert, nicht zuletzt bei jenen, die aus sprachlich benachteiligtem Milieu kommen oder langsamer als andere lernen.

Der Auswahl der Schreibanlässe legen wir, der linguistischen Texttheorie folgend, einen sehr weiten Textbegriff zugrunde, der außer dem geschriebenen Wort auch Bilder und Bildgeschichten einschließt. Wir grenzen sie allerdings auf die ästhetisch gestalteten Formen ein; denn nur diese haben – im Unterschied zu Sachtexten – die Offenheit und kreative Potenz, die einen Rezipienten zu produktiver Beschäftigung motivieren.

1 Bild, Bildgeschichte, Bilderbuch

Seit in den fünfziger Jahren die Bildgeschichten für den Aufsatzunterricht erschlossen wurden (vgl. z. B. Tille 1952), haben sie sich als Schreibanlässe immer stärker durchgesetzt und zeitweise sogar eine dominierende Stellung gewonnen. Sönke Zander (1972) hielt die „Arbeit mit Bilderreihen [...] besonders zur Einführung in das Aufsatzschreiben geeignet“ und führte als Gründe dafür an, dass

- die Darstellung einer Geschichte in Bildform eine Art Zwischenstufe zwischen symbolischer Darstellung und Realität bilde und darum der Inhalt leichter zu versprachlichen sei als die unmittelbar begegnende Realität,
- die Angliederung des Wesentlichen aus einer Vielzahl von Einzelheiten und die Aufstellung einer logisch und zeitlich sinnvollen Ordnung bereits teilweise vorweggenommen sei,
- der „Darstellungsgegenstand“ in allen Phasen der Aufsatzarbeit im Klassenzimmer verfügbar sei,
- alle Schüler im Wesentlichen den gleichen Vorgang darstellten (110f.).

Dass Bildgeschichten motivierende Schreibanlässe sein können, bestätigt die Erfahrung in vielfältiger Weise. Eben diese Erfahrung und ihre kritische Reflexion auf der Basis einer weiterentwickelten Schreibdidaktik haben allerdings auch zu der Einsicht geführt, dass Bildgeschichten nicht die ersten, nicht die einzigen und vor allem nicht die dominanten Schreibanlässe sein können. In unserer gegenwärtigen Medienwelt begegnet den Kindern täglich eine Fülle, fast schon eine Flut von Bildern ganz unterschiedlicher Art, und unter ihnen sind nicht wenige, die auch dem Schreibunterricht neue Impulse zu geben vermögen. Der Lehrer ist also heute nicht mehr nur auf Bildgeschichten angewiesen. Wenn er sie aber im Unterricht einsetzt, sollte er dies nicht tun, weil er das Kind damit von seiner „Stoffnot“ befreit (Beck 1969, 176; Beck/Hofen 1990, 217), sondern wegen ihrer ästhetischen Funktion: Weil die Bilder dem Betrachter, dem Leser ein interessantes Geschehen zeigen und erwarten, dass er sich damit beschäftigt, dass er darauf reagiert. Die Formen der Rezeption sind grundsätzlich offen; eine davon kann das Schreiben sein. Nicht aber „Schreiben *von* Bildgeschichten“ in dem Sinne, dass aus einer „Geschichte *ohne* Worte“ eine „Geschichte *in* Worten“ wird (Beck/Hofen 1990, 216), ist intendiert, sondern Schreiben *zu* Bildgeschichten. Deshalb sind auch feinsinnige Überlegungen überflüssig, ob die entstehenden Texte verwandt sind mit oder unterschieden sind von „dem Nacherzählen, dem Erzählen aus der Phantasie und dem Erzählen von Erlebnissen“ (ebd.). Es geht nicht um das Nachvollziehen von Darstellungsformen, sondern um „sprachliche Verarbeitung von Bilderfahrungen“ (Ludwig/Spinner 1992, 14).

Im Sinne dieses Ziels begreifen Otto Ludwig und Kaspar H. Spinner das Schreiben zu Bildern primär als *„Gestaltung innerer Vorstellungsbilder“* (ebd.). Sie beziehen sich dabei besonders auf Bilder der Kunst und streben im Umgang mit ihnen eine „ästhetische Sensibilisierung“ an (ebd.). Ihre Begündung ist einleuchtend: „Bilder brauchen Sprache, weil sie symbolisch sind, weil sie dem Betrachter etwas vermitteln möchten und so unter einem Verständigungsgebot stehen. Wenn wir über Bilder schreiben, dann bringen wir sie zur Sprache, lassen das in ihnen angelegte Bewußtmachen sinnlicher Erfahrung zur Wirkung kommen“ (ebd., 13). Und dies bedeutet: „Schreiben zu Bildern unter solchen Vorzeichen bildet nicht nur kognitive Fähigkeiten, sondern auch das emotionale Vermögen aus. Was empfunden wird, soll in Sprache gefaßt werden, was wiederum zu einer größeren Genauigkeit und Differenziertheit des Empfundenen führen kann. Auf diese Weise trägt das Schreiben von Bildern zu einer umfassenden ästhetischen Bildung bei“ (ebd., 14).

1.1 Schreiben zu Bildern

Nicht nur Bildfolgen erzählen Geschichten, auch ein einzelnes Bild – sei es gezeichnet, gemalt oder fotografiert – kann einen erzählenden Charakter haben. Meist wird auf ihm ein Moment eines Geschehens festgehalten, ein Anfang, ein Höhepunkt oder das Ende. Dann muss es auch eine Handlung geben, die zu der dargestellten Situation hinführt, sie fortführt oder einbettet. Schreibanlässe werden gewonnen, wenn die Kinder diese Handlungen nachvollziehen oder neu erfinden.

„Bilder wecken Vorstellungen, Erinnerungen, Assoziationen, lassen unserer Imaginationsfähigkeit freien Lauf, weil sie keine sprachlich ausformulierten Gedankenbahnen vorgeben. Die Imaginationen aber verlangen ihrerseits nach einem sprachlichen Ausdruck, bei dessen Suche dann wieder neue Assoziationen ausgelöst werden. Gerade in dem Unterschied der beiden Medien liegt also eine Chance für das Schreiben. Mit Sprache können Lücken, die das Bild erkennen läßt, gefüllt, Deutungsspielräume aufgeschlossen, Empfindungen und Assoziationen, die das stumme Bild weckt, zum Ausdruck gebracht werden. Ein Bild bietet dem Schreibenden Anregung und Halt, doch keine Formulierungen. Es läßt ihm die Freiheit, die Sprache zu finden“ (Ludwig/Spinner 1992, 14).

(1) Fotomontage als Schreibimpuls (zweites Schuljahr)

In Zeitschriften oder Illustrierten finden sich zuweilen Fotomontagen mit Menschen oder Tieren in Situationen, die sich verschieden deuten lassen. Für ein zweites Schuljahr bietet sich beispielsweise das Bild eines schlafenden Bären an, in das eine Gedanken- bzw. Sprechblase einmontiert ist; der ursprünglich darin enthaltene Text ist entfernt.

Alle Schüler betrachten gemeinsam das Bild des Bären. Man kann es als Folie mit dem Tageslichtprojektor an der Wand erscheinen lassen. Vermutungen über die Stimmung des Bären werden geäußert: Er ist müde, hat Schmerzen, leidet unter der Gefangennahme, hat Hunger usw.

Jedes Kind sucht sich im Klassenraum einen Platz und legt sich als 'Bär' nieder. Jeder 'Bär' überlegt, was er wohl gerade sagt. Ohne ihre Reden laut zu äußern, gehen die 'Bären', wenn sie sich über ihre Aussage im Klaren sind, an ihren Tisch und schreiben auf, was sie sagen würden.

Schülerarbeit

Nach der Rechtschreibkorrektur erhält jedes Kind ein Arbeitsblatt mit dem Bärenbild und füllt die Sprechblase. Nun vergleichen die Schüler ihre Sätze und besprechen, wieso es zu den unterschiedlichen Äußerungen des Bären gekommen ist. Jedes Kind schreibt dann eine Vorgeschichte auf und erfindet einen passenden Schluss. In der Reinschrift werden die drei Textteile zu einer Geschichte komponiert.

(2) Foto als Erzählkern (drittes/viertes Schuljahr)

Auch für eine erzählerische Auseinandersetzung mit einem realistischen Geschehen eignen sich Fotos sehr gut. Sie halten nur ein Moment eines Geschehens fest und überlassen in der Regel der Fantasie bzw. der Vorstellung des Betrachters, was diesem Moment vorausgegangen sein und was ihm folgen könnte (vgl. Ludwig/Spinner 1992, 14).

Fotografiert der Lehrer [Spiel-]Situationen auf dem Schulhof – eventuell mit einer Sofortbildkamera, um sie gleich verfügbar zu haben –, ist er mit dem Schreibimpuls sehr nahe an der Wirklichkeit der Kinder. Das Foto selbst gewinnt den Charakter eines Erzählkerns, der sprachlich auszugestalten ist.

Nicht immer muss das Foto die Mitte oder den Höhepunkt einer Geschichte zeigen, es kann auch einmal deren Ende darstellen. Für die Versprachlichung heißt das dann: es muss eine Handlung geben, die zu diesem Ende hinführt.

(3) Dialoge zu einem Bild schreiben (drittes/viertes Schuljahr)

Der Schreibanlass dieses – von Wilhelm Steffens (1981a, 56ff.) erstveröffentlichten, hier bearbeiteten und gekürzten – Beispiels gibt eine Situation wieder, die so oder ähnlich (z. B. mit den Figurenkonstellationen Mutter-Tochter, Vater-Tochter oder Mutter-Sohn, auch mit anderem Spielzeug) fast täglich passieren kann. Das Bild steckt also einen Rahmen ab, der ein soziales Erfahrungsfeld des Kindes aktiviert. Die Schreibhandlung wird in drei Unterrichtsschritten vorbereitet:

Sohn: __________

Vater: __________

Sohn: __________

Vater: __________

Sohn: __________

Vater: __________

Sohn: __________

Arbeitsblatt

1. Die Kinder schauen das mit dem Tageslichtprojektor präsentierte Bild an. Sie sprechen dazu, nennen Bilddetails und äußern sich über den situativen Zusammenhang. Durch Lehrerimpulse angeregt, versuchen sie, den Fortgang der Handlung darzustellen (dabei wird ein Rückgriff auf eigene häusliche Erfahrungen erfolgen). Einige – idealtypische – Lösungen werden an der Tafel notiert.
2. Mehrere Partnergruppen spielen ihre Lösung in einem Rollenspiel vor. Die Art des Inszenierens der Situation, wesentliche Sprechhandlungen und die Lösungen werden besprochen.
3. Die Kinder übertragen ihre Rollenspiele in einen dialogischen Text. Dessen Rahmen und äußere Form ist durch ein Arbeitsblatt vorgegeben (Zeilen vormarkiert „Sohn“, „Vater“ im Wechsel, unten noch freie Zeilen). Die beiden

Partner arbeiten an *einem* Blatt und schreiben mit verschiedenen Farben. – Ein Schülertext:

Der Sohn will was
Sohn: Papa, mein Lastkran ist kaputt. Würdest du ihn mir reparieren?
Vater: Hast du was gesagt?
Sohn: Ja, ich sagte, würdest du mir bitte meinen Lastkran reparieren?
Vater: Ruhe, ich will die Zeitung lesen.
Sohn: Es ist doch schnell erledigt.
Vater: Ich platze gleich. Warum machst du es nicht selbst?
Sohn: Weil das nicht so einfach ist.
Vater: Nachher.
Sohn: Bitte jetzt, dann hast du auch Ruhe.
Vater: Also gut, gib her.
(Kaya)

Das Rollenspiel kann der Schreibhandlung auch nachfolgen, denn die Korrespondenz von mündlichem Rollenspiel und schriftlicher Fassung ist nicht einseitig linear. Die Fähigkeit der Simulation von Rollenspielen scheint in dritten und vierten Schuljahren so ausgeprägt zu sein, dass auch eine vorweglaufende schriftliche Fassung einen hohen Funktionswert hat; sie ersetzt in diesem Falle die Vorbesprechung des mündlichen Spiels und kann einen höheren Grad an Aufmerksamkeit und Bewusstheit bei den Zuschauern erzielen.

In dritten Schuljahren zeigt sich manchmal, dass die Simulation von zwei oder drei Rollen, Rollenträgern mit unterschiedlichen Standpunkten und Perspektiven noch Schwierigkeiten bereitet. Dies wird zumeist durch eine Schwäche in der pragmatischen und sprachlogischen Verkettung der Sprechhandlungen deutlich. In diesem Falle bietet sich ein 'Schreibspiel' als Zwischenform an: Nach einigen Spieldurchgängen des Rollenspiels verschriftlichen Partner ihr Spiel, wobei sich die Rollenträger mit dem Schreiben abwechseln. Jeder schreibt hier nur seinen Part – des Vaters oder des Sohnes – nieder. Der jeweilige Schreiber reagiert also unmittelbar auf die Aussage seines Partners.

(4) Schreiben zu einem Fantasiebild (drittes/viertes Schuljahr)

Tauschspiele, bei denen aus mehreren zwei- oder dreiteiligen Figuren Fantasiegestalten entstehen, kennen die Schüler. Das Zusammensetzen bereitet ihnen ebenso Freude wie das Benennen und Fabulieren.

Das Phantasiebild eines Löwenzebrafischs besteht aus drei Teilen: Löwenkopf, Zebrakörper und Fischhinterteil. Die Fähigkeiten dieses Fantasietieres liegen auf der Hand. Der Löwe, der

König der Tiere, hat eine prächtige Mähne und ein Raubtiergebiss. Das Zebra, das wegen seines gestreiften Felles auffällt, gilt als schnelles Tier, das mit seinen Beinen austreten kann. Das Schuppenkleid des Fisches ist glatt und glänzend, die Schwanzflosse gilt als Steuer und Schwimmantrieb.

Das Bild (Folie), als stummer Impuls präsentiert, regt die Schüler zu ersten spontanen Äußerungen an, die in ein Gespräch münden. Genaues Betrachten des Fantasietieres, Herausstellen seiner Fähigkeiten und die Namengebung dienen dabei als Vorbereitung für die anschließende Schreibaufgabe, eine Geschichte von dem Fantasietier zu erzählen. Damit die Kinder nicht in Versuchung kommen, beim Beschreiben stehen zu bleiben, sollten noch einige Aspekte angesprochen werden:

- Wie kam es zu diesem Tier?
- Was erlebte es?
- Blieb dies ein Zaubertier?

Die Bandbreite der Erzählformen, mit denen zu rechnen ist, reicht von der Erlebniserzählung über Abenteuergeschichten bis hin zu Märchen. Ein Beispiel:

Der Löwenzebrafisch

Es war einmal ein ganz normaler Löwe, der wurde von einem Zwerg, den er absichtlich getreten hatte, verwünscht. Die Tiere mochten den seltsamen Löwen, der den Körper eines Zebras und eine große Schwanzflosse hatte, nicht, weil sie ihn so komisch fanden. Der Löwenzebrafisch war sehr unglücklich und wusste nicht, wohin er gehörte. Schließlich rannte er weg. Er kam an eine Hütte, in der ein alter Medizinmann wohnte, und klagte ihm sein Leid. Der alte Mann gab ihm den Rat: "Gehe in der ersten Vollmondnacht an den Fluss und stecke deinen Fischschwanz ins Wasser. Stampfe dabei mit deinen beiden Zebrabeinen so fest du kannst auf den Boden und brülle so laut es geht!" "Versuchen kann ich es ja", dachte der Löwenzebrafisch, bedankte sich bei dem alten Mann und lief zum Fluss. In der ersten Vollmondnacht tat er alles, was ihm der Medizinmann geraten hatte. Plötzlich blitzte und donnerte es über ihm. Er merkte, wie er sich veränderte, und war wieder ein Löwe. *(Caren)*

(5) Erzählen zu Kunstbildern

Wenn Werke der bildenden Kunst im traditionellen Aufsatzunterricht Anlass zum Schreiben von Texten wurden, geschah dies ausschließlich in der Absicht, eine Bildbeschreibung zu verfassen. Das mochte zwar die Beobachtungsgabe schulen, aber für das Schreibenkönnen war dabei wenig zu lernen. Denn in der Beschreibung zählt der Schreiber bloß auf, was er sieht. Dies zu üben besteht aber, insbesondere in der Grundschule, eigentlich kein Grund. Anders ist es mit dem Erzählen zu Bildern. Hier verbinden sich die Bildelemente, die das Kind wahrnehmen und miteinander in einen Zusammenhang bringen kann, zu einer Geschichte.

Vorliegende Erfahrungen sprechen dafür, dass solche Bilder den Einfallsreichtum und die Fantasie der Kinder anregen, die „durch verrätselungen, mehrdeutigkeiten und 'verschiebungen' in bisher so nicht gesehene kontexte einfälle beim betrachter herausfordern und zugleich widerstände bieten, die schreibend zu überwinden sind.

Marc Chagall: Der grüne Violinist

Bei diesem Prozeß sind die sichtbaren objekte zu identifizieren und (in einer geschichte) aufeinander zu beziehen (vgl. auch Ludwig / Spinner 1992, S. 12). Das ist die grundvoraussetzung für eine solche geschichte" (Baurmann 1994b, 150).

Jürgen Baurmann (ebd.) findet ein entsprechendes Bildangebot für Kinder des *dritten Schuljahres* in Joan Mirós *Chien aboyant à la lune* (Hund, den Mond anbellend), Gabriele Rabkin (1995) präsentiert Ergebnisse „schöpferischer Schreibprozesse" zu Paul Klees *Schellenengel* bereits aus dem *ersten Schuljahr.*

Ähnlich wie Joan Mirós Bilder Traum und Fantasie thematisieren, sind auch Marc Chagalls Werke zwischen Traum und Wirklichkeit angesiedelt. Dies macht sie auch schon für Kinder interessant. Chagall erzählt mit seinen Bildern phantastische Geschichten, Wirkliches und Unwirkliches stehen nebeneinander, seine Gestalten bewegen sich schwerelos im Raum. Das Bild *Der grüne Violinist* oder *Die Musik* ist 1918 entstanden.

Angestoßen vom Impuls, sich Erlebnisse, Wünsche und Träume des Violinisten vorzustellen, erzählen die Kinder[1] *im dritten Schuljahr* beispielsweise von einem Mann, der als kleiner Junge eine Geige geschenkt bekam und, weil er viel Freude mit ihr hatte und fleißig übte, ein „Geigen-As" wurde.

Einmal kam ein Musiker in die Stadt. Er hieß Steffen. Die Menschen staunten, wie er aussah. Er hatte ein grünes Gesicht, grüne Hände, verschiedenfarbige Schuhe und Hosen. Steffen spielte Geige. Die Menschen hörten ihm zu. Plötzlich schwebte Steffen über den Wolken. Als er wieder runterkam, riefen sie: „Steffen, du bist ein Star!" Er freute sich und zog weiter in die nächste Stadt. Vielleicht sind die Menschen da auch so nett.

Schülerarbeit – drittes Schuljahr

[1] Die Idee und die Texte verdanken wir Rektor Dieter Hickel, Mainz

Auch den Kindern des *vierten Schuljahres* ist wichtig, dass der Geigenspieler berühmt bzw. „etwas Besonderes" wird, sie erzählen dies aber nicht als Faktum, sondern schreiben von seinen Fantasien, Träumen und Vorstellungen.

Er will berühmt sein und Geld verdienen. Er braucht geschickte Hände, wenn er Geige spielen will. Wer über die Dächer fliegt, will frei sein.

(Jens)

Vor einigen Jahren lebte mal ein armer Geigenspieler. Er wünschte sich immer, berühmt zu werden. Er hatte grüne Hände und ein grünes Gesicht. Er sah, dass er sehr groß geworden war. Er stand sogar über den Häusern. Plötzlich bemerkte er, dass eine kleine Hand eine kleine Geige hervorstreckte. Der Geigenspieler hatte Angst, dass er sie nehmen müsste. Er wollte nämlich seine große Geige nicht hergeben. Bis jetzt hat ihn kein Mensch mehr gesehen. Alles, was man von ihm hatte, war ein Bild. Das Bild der Hoffnung. *(Janine)*

Vielleicht ist es ein Mann, der träumt, so gut Geige zu spielen, dass er über sich hinauswächst und alles überragt. Dies träumt er, weil es wohl nie wahr wird, da er in einem Dorf in den Bergen wohnt. Er will wohl einmal ein berühmter Spieler oder ein Orchestermusiker werden. *(Timor)*

Schülerarbeiten – viertes Schuljahr

1.2 Schreiben zu Bildgeschichten

In der Aufsatzdidaktik (vgl. Zander 1972; Beck/Hofen 1990) und in Unterrichtsmaterialien wird unter dem Begriff 'Bildgeschichte' sehr Verschiedenartiges und auch qualitativ sehr Unterschiedliches als Anlass zum Schreiben angeboten. Wir orientieren uns in unserer Arbeit an Formen, denen Dietrich Grünewald (1991) den Charakter des Literarischen beigemessen hat. „Die literarische Bildgeschichte [...] basiert [...] auf der Darstellung eines äußeren wie inneren Prozesses. Dieser Prozeß wird dem Betrachter/Leser [...] gezeigt, nicht beschrieben. So ist die Bildgeschichte dem Theater wie dem Licht-Theater, dem Film, ähnlich. In ihrem Zentrum stehen die Akteure, die sich in einer visuell präsentierten 'Bühne' bewegen und das Geschehen tragen. Akteure in der Bildgeschichte sind Menschen, Tiere, vermenschlichte [...] Tierfiguren, Phantasiefiguren" (30). Nach Grünewald (ebd., 50) basiert die Bildgeschichte auf der erzählenden Bildfolge, portioniert den Erzählstoff in angemessenen, in der Regel chronologischen Schritten, dargeboten in Einzelbildern, die der Leser miteinander verbinden muss.

Grünewald unterscheidet Bildgeschichten mit engen und mit weiten Bildfolgen. „Die enge Bildfolge rückt die Einzelbilder aneinander, inhaltlich, kausal, zeitlich, wie Perlen auf eine Schnur gereiht. So kann – nachvollziehbar – ein Bewegungs- wie ein äußerer und innerer Handlungsprozeß geschildert werden, kann Zeit gerafft oder gedehnt werden" (ebd., 56). Die weite Bildfolge reiht dagegen „additiv einzelne prägnante Szenen aneinander, in der Zeitfolge eher springend“ (ebd., 64).

Plauens Vater-Sohn-Geschichten, die Strips von Hans Kossatz oder auch Comics sind der engen Bildfolge verpflichtet. Die weite Bildfolge wird – beispielsweise – in dem Buch *Das Tuch von Mama* von Gabriele Lorenzer benutzt.

Ausschnitt aus: Gabriele Lorenzo Das Tuch von Mama

Abgebildet sind „die ersten drei von insgesamt sieben doppelseitigen Bildern. Das erste Bild zeigt die junge Mutter mit ihrem Töchterchen offensichtlich im Spielzimmer. Puppenwagen und diverses Holzspielzeug kennzeichnen die Szene, die Position der beiden Menschen, ihre Zuwendung spiegeln ihr inniges Verhältnis. Die Mutter hat über die linke Schulter ein auffallend buntes Tuch drapiert. Das nächste Bild zeigt eine Szene im Freien. Auf Natursteinplatten, von grünem Laub eingerahmt, steht ein weißes Gartentischchen mit zwei Stühlen. Auf ihm eine Kaffeekanne und zwei Tassen. Der eine Stuhl ist besetzt. Ein (relativ) junger Mann sitzt hier, den Kopf auf die Linke gestützt, sinnend. Er wirkt betrübt. Der Stuhl ihm gegenüber ist leer – nur das [...] schon bekannte Tuch liegt hier. Für sich genommen bietet das Bild eine eigenständige, vielfach interpretierbare Situation. Doch als zweites Bild der begonnenen Geschichte gesehen, stellt der Betrachter vergleichend Beziehungen her: Das Tuch vertritt die Mutter [...]; der Mann wird als Ehemann, als Vater des Mädchens, gedeutet. Die Szene ist narrativ klar: Die Mutter, offensichtlich noch vor kurzem hier, wie das Geschirr zeigt, ist gegangen, hat nur ihr Tuch zurückgelassen.

Bild 3 läßt – für sich – ebenfalls eine Fülle von Deutungsmöglichkeiten zu, die die betrübte, einsame, ja ausweglose Lage des Mädchens unterschiedlich füllen könnten. Im Kontext der ersten beiden Bilder wird die Assoziationsbreite eingeschränkt, die erzählerische Aussage eindeutig. Auch das Mädchen leidet (wie der Vater) darunter, daß Mama fort ist. Als Ersatz hat sie das bunte Tuch umgeschlungen, das sie erinnernd von ihr träumen läßt. In den folgenden Bildern werden weitere Szenen gezeigt, in denen das Tuch als 'Statthalter' der Mutter fungiert, auf dem Waldspaziergang mit dem Vater, beim Schlafen. Im vorletzten Bild sehen wir Vater und Tochter am Bahnsteig. Ein Zug ist angekommen, und aus der offenen Waggontür steigt die Mutter. Sie war also nur für eine kurze Zeit verreist. Im letzten Bild sitzt die nun wieder vollständige Familie am festlich gedeckten Abendtisch, Mama trägt ihr Tuch um die Schulter" (Grünewald 1991, 66f.).

Grünewalds Analyse zeigt exemplarisch, welches Deutungspotential eine literarische Bildgeschichte haben kann. Hierin begründet sich auch ihre Relevanz als Schreibanlass. „Die Einzelbilder regen zum Betrachten und Erzählen an. Was denken, was fühlen, was reden wohl die Personen? Die prägnanten, charakterisierenden Szenen vermitteln anschaulich die psychische Befindlichkeit der Akteure, sind kausal, logisch miteinander zu verknüpfen. Die Fotografie postuliert einen nahen Wirklichkeitsbezug; das Fiktive der Geschichte ist nicht negiert, aber die Einschätzung, das könnte so sein und das könnte ähnlich auch anderen und mir (dem Leser) selbst passieren, wird nahegelegt" (ebd.).

Wie das Beispiel belegt, ist beim Einsatz von Bildgeschichten deren Strukturgefüge vom Lehrer sorgfältig zu analysieren. „Thematischer Rahmen, Personen, Handlung, Handlungsfolgen, Gegenstände, Situationsrahmen, innere und äußere Vorgänge, Gesten, Mimik, logisch-gedankliche Schaltstellen, Pointe, raum-zeitliche Bezüge" (Steffens 1981a, 63) sind genau zu beachten.

Der schreibende Umgang mit der Bildgeschichte muss sich keineswegs immer und ausschließlich auf die gesamte Bilderfolge beziehen. Das führt – insbesondere bei ersten Übungen – vielfach zu einer bloßen Aneinanderreihung der dargestellten Handlungsmomente ohne jegliche Tiefenstruktur. Demgegenüber sollte die Vielfalt der *Methoden* genutzt werden, die möglich sind; etwa:

- Die Handlung eines einzelnen Bildes erzählen.
- Schreiben einer Überschrift zu einzelnen Bildern.
- Schreiben einer Unterschrift zu einzelnen Bildern.
- Die Gedanken, Gefühle, Aussagen der Figuren eines Einzelbildes aufschreiben.
- Einzelbilder der Geschichte aussparen und deren Handlung erzählen:
  - am Anfang
  - in der Mitte
  - am Schluss.
- Herausarbeiten von Elementen (Phasen) der Geschichte:
  - Einleitung
  - Erzählkern

  - Höhepunkt
  - Pointe.
- Schreiben von Teilen der Bildgeschichte:
  - nur den Anfang
  - nur den Mittelteil
  - nur den Schluss.
- Fehlende Bilder nach einem vorgegebenen Text malen und danach die ganze Geschichte erzählen.
- Durcheinander geratene Bilder ordnen und die Geschichte erzählen.
- Die ganze Geschichte im Zusammenhang erzählen.
- Finden einer Überschrift zu der ganzen Geschichte.
- Verschiedene Erzählformen verwenden:
  - Ich–Form
  - Er–/Sie–Form.
- Aus der Sicht verschiedener Figuren erzählen (Perspektive wechseln).
- Sprechblasen zu Einzelbildern und Bildfolgen ausfüllen.
- Dialoge zu einzelnen Bildern schreiben.
- Die ganze Geschichte dialogisieren.
- Einen Rollentext (szenischen Text) zu der Bildgeschichte verfassen.

Angebracht erscheint uns der Hinweis, dass die vorgeschlagenen Methoden, die sich auf Details einer Bildgeschichte beziehen, nicht Vorübungen zu der letztlich doch als Ziel angestrebten 'ganzen' Geschichte dienen, sondern eigenständige Schreibformen sind, die zu eigenwertigen Texten führen.

1.2.1 Erzählen zu Bildgeschichten

(1) Bildunterschriften verfassen (zweites Schuljahr)

Eine einfache Übungsform im Schreibunterricht zielt dahin, dass Schüler zu Bildern eine Unterschrift bzw. einen Satz formulieren. Die Schwierigkeit liegt darin, in einem so kurzen schriftlichen Beitrag das Wesentliche auszudrücken. Hier spüren die Kinder den großen Unterschied zwischen mündlichem Erzählen und Schreiben.

Vielen Kindern sind Wilhelm Buschs böse Buben Max und Moritz vertraut. Sie können sich an bestimmte Episoden, die ihnen vorgelesen oder erzählt wurden, erinnern und von den Knaben und ihren Streichen erzählen. Dann projiziert der Lehrer vier Bilder an die Wand. Die Schüler sprechen zu den Bildern und formulieren ihre Ideen zum Ausgang der Begebenheit. Erst dann schreiben sie zu jedem Bild ihren Satz. Im Gespräch vergleichen die Kinder ihre Sätze und überprüfen gemeinsam, ob der Entwurf stimmt. Nach der Korrektur erfolgt die Reinschrift auf das Arbeitsblatt, das noch ausgemalt werden kann.

Ausgefülltes Arbeitsblatt

In ähnlicher Weise kann man mit anderen Illustrationen, auch den alten Bilderbogengeschichten, arbeiten. Wichtig ist, dass die Bilder in einer engen inhaltlichen Folge stehen, damit ein einziger Satz zu jedem Bild ausreicht, dem Leser den Zusammenhang klar werden zu lassen.

(2) Geschichten schreiben

(a) „Der Dackel Willi“ von Hans Kossatz (zweites Schuljahr)[2]

Die sechsteilige Bildfolge (s. nächste Seite) zeigt eine einfache, linear aufgebaute Handlungsfolge. Die Motive des Handelns sind ebenfalls relativ leicht erschließbar:

1. Vater und Sohn sprengen den Rasen. Der Dackel Willi schaut einem Schmetterling zu.
2. Vater und Sohn spritzen den Dackel nass.
3. Sie lachen vor Schadenfreude, während der Dackel sich vor Nässe schüttelt und davonläuft (und schon Rachegedanken hegt).
4. Vater und Sohn sprengen wieder den Rasen. Der Dackel schleicht hinter ihnen heran.
5. Der Dackel Willi beißt in den Schlauch.
6. Aus dem Loch im Schlauch spritzt das Wasser heraus, und Vater und Sohn werden patschnass. Der Dackel schaut zufrieden zu.

Die Bildgeschichte eignet sich gut zum schriftlichen Erzählen, entweder als erster gemeinsamer Tafelaufsatz oder als einer der ersten, selbständigen schriftlichen Texte der Kinder.

Mit dem Einsatz von farbig gestalteten Folien lassen sich zwei methodische Hilfen geben:

[2] Die Konzeption dieses Modells ist entnommen aus: Steffens 1981a, 52f.

1. Um die Schüler an den gezielten Gebrauch der wörtlichen Rede heranzuführen, können die Bilder mit Sprech– oder Denkblasen versehen werden. Eine schriftliche Übung beschäftigt sich dann damit, nur 'Leerstellen' zu füllen.

2. Durch farbige Pfeile oder Markierungen (auf der Folie leicht in die Bildfolge einzubringen) wird auf die räumliche Konstellation der handelnden Personen oder Tiere und deren körperliche Reaktionen hingewiesen. Dadurch werden die Schüler angehalten, die einzelnen Bilder intensiv anzuschauen. Eine schrift-

liche Übungsphase (s. S. 21 u. 22) trägt hier dazu bei, die sprachliche Qualität des Erzählten zu erhöhen.

Alle Formen der Verschriftlichung können orthografisch gut abgesichert werden: Die Personen, die Vorgänge bzw. Handlungen und die Gegenstände werden vorher benannt und an der Tafel notiert.

(b) „Der unschuldige Hund" von Hans Kossatz (drittes/viertes Schuljahr)[3]

Die sechsteilige Bildgeschichte ist ein geradezu idealer Sprech– und Schreibanlass. Die äußere Handlung der in Bildern erzählten Geschichte hat einen chronologisch linearen Verlauf. Die integrierten Sprech- und Denkhandlungen bewirken jedoch eine diffizilere narrative Schichtung. Dies wird durch die zahlreichen nichtsprachlichen Signale von Gestik, Mimik und anderen körpersprachlichen Ausdrucksformen verstärkt. Diese verweisen vor allem auf Gefühlslagen und innere Monologe bzw. auf psychische Motivierung des Handelns. Die Schicht der Denk- und Redehandlungen ist so dominant, dass schon ein entsprechender rein dialogischer Text für das Verständnis der Geschichte ausreichend ist. Ebenso ist eine geschlossene Erzählhandlung möglich, sofern sie entweder mit Sprech– bzw. Denkhandlungen versetzt wird oder die zahlreichen nonverbalen Signale durch entsprechende Verben, Adjektive und adverbiale Bestimmungen benannt werden.

Eine starke Motivation vermitteln die Inhalts- und Sinndimensionen. Zweifelsohne berühren sie den realen Erfahrungshorizont von Grundschulkindern: eine falsche Anschuldigung zu erfahren, ist ihnen überaus vertraut. Die Figuren-

[3] Verfasser dieses Abschnitts ist Wilhelm Steffens.

konstellation – ein Hund ist der fälschlich Angeklagte – verstärkt den Zugang zum Geschehen und bewirkt zugleich eine spezifische Situationskomik. Die auf wenige Requisiten reduzierten Zeichnungen machen die drei Handlungsräume – Garten, Weg zum Haus, im Haus – hinreichend deutlich, rücken aber vorrangig die mimischen, gestischen und körpersprachlichen Elemente in den Blickpunkt, die starken psychischen Verweischarakter haben.

Wenn auch der äußere Handlungsstrang linear gefügt ist, dürfen die logischen Sprünge bzw. die zu füllenden Leerstellen zwischen den Bildern eins und zwei, drei und vier sowie fünf und sechs nicht übersehen werden. Die pointenhaft zugespitzte Situation und Situationskomik des letzten Bildes ist nur eine mögliche Lösung, insofern kann die Geschichte nach Bild fünf selbstständig weitergeführt werden.

Aufgrund der aufgezeigten Spezifika bieten sich zwei methodische Varianten an.

Erste Variante:

- Präsentation des ersten Bildes über den Tageslichtprojektor. Vermutungen, Klärungen erster Details: Gesichtsausdruck, Denkblase und Inhalt der Vorstellung.
- Ordnen der verwürfelten Bilder zwei bis fünf, Sprechen zu den Bildern bzw. Aktivierung der Denk- und Sprechtätigkeit: überlegen, erstaunt sein, unschuldig gucken, wütend werden, beleidigt sein, unfair behandelt werden.
- Berichten über ähnliche häusliche Vorfälle.
- Vermutungen zum Ausgang der Geschichte äußern.
- Interpretieren des Bildes sechs: der Hund schmollt; vielleicht will er die Entschuldigung nicht annehmen; er will, dass man ihn noch mehr bittet.
- Überschriften für die Geschichte finden.
- Die Bilder auf ein vorbereitetes Arbeitsblatt kleben, Schreiben eines Textes zu jedem Bild auf vorgegebenen Linien. Ein Beispiel:

> *Der unschuldige Hund*
> 1) *Oh weh, die Blumen sind ja alle ab. Na warte Hasso, du kannst was erleben.*
> 2) *Hasso komm her! Was hast du hier gemacht?*
> 3) *Einfach die neu gepflanzten Blumen zu fressen, das könnte dir so passen. Du Nichtsnutz.*
> 4) *Warum hat er das nur getan? Er macht doch sonst nicht so etwas.*
> 5) *Ach du hast die Blumen abgeschnitten und ich hatte Hasso in Verdacht.*
> 6) *Hasso, bitte verzeih mir, ich habe dich unschuldig bestraft. Hier eine schöne Wurst und wir sind wieder Freunde.*

- Zum Abschluss: Ausschneiden der Bilder, Lochen der übereinander gelegten Blätter (Vorderblatt für Überschrift), mit Faden zu einem 'Buch' zusammenbinden, Ausmalen der Bilder (als Hausaufgabe).

Zweite Variante:

- Präsentation der fünf Bilder nacheinander, kurze Besprechung, Verbalisierung von wichtigen Redehandlungen und Ausdruckskomponenten. Vermutungen zum Ausgang, Darbietung und Besprechung des sechsten Bildes.

- Ordnen der verwürfelten sechs Bilder (Arbeitsblatt).
- Aufkleben der Bilder auf ein Arbeitsblatt. Suchen einer Überschrift, Schreiben der Geschichte.

(c) „Wau“ von Hermann Altenburger (viertes Schuljahr)

Hermann Altenburgers amüsant-witzige Bildfolge wird der Klasse ohne das dritte Bild präsentiert. Im Unterrichtsgespräch werden Vermutungen über die Veränderung der Rollenverteilung angestellt: Die Maus jagt nun die Katze, weil sie sich durch ihren Ausruf „Wau“ erfolgreich als Hund ausgegeben hat, vor dem die Katze Angst hat. Wie das Ganze ausgehen mag, wird im Rollenspiel erprobt.

Drei Aufgabenvarianten bieten sich für das Schreiben an:

1. Schreibt einen Dialog mit eurem Partner. Verteilt die Rollen von Maus und Katze untereinander und schreibt abwechselnd auf ein Blatt.

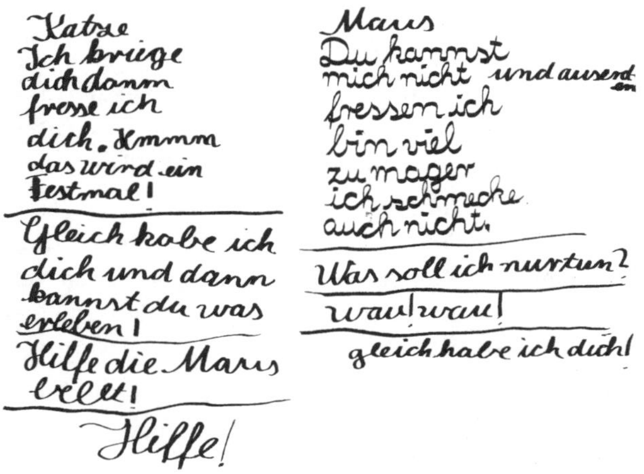
Katze
Ich kriege dich dann fresse ich dich. Mmmm das wird ein Festmal!
Gleich habe ich dich und dann kannst du was erleben!
Hilfe die Maus bellt!
Hilfe!

Maus
Du kannst mich nicht und ausserdem fressen ich bin viel zu mager ich schmecke auch nicht.
Was soll ich nur tun?
wau! wau!
gleich habe ich dich!

2. Die gesamte Bildfolge (einschließlich Bild 3) wird mittels Tageslichtprojektor an die Wand projiziert. Die Schüler sprechen zu der Geschichte. Merkmale der Spannung (wörtliche Rede, Wechsel der Satzarten, Verzögerung der Handlung) werden wiederholt. Mit Hilfe von Stichpunkten, die in Partnerarbeit aufgeschrieben worden sind, folgen erste Formulierungsversuche für das dritte Bild.

3. Die Schüler schreiben – unter besonderer Berücksichtigung der wiederholten Spannungsmerkmale – den Text zum dritten Bild (als Hausaufgabe). Die so entstehenden Texte werden am nächsten Tag zum Lesen auf die Tische gelegt. Jedes

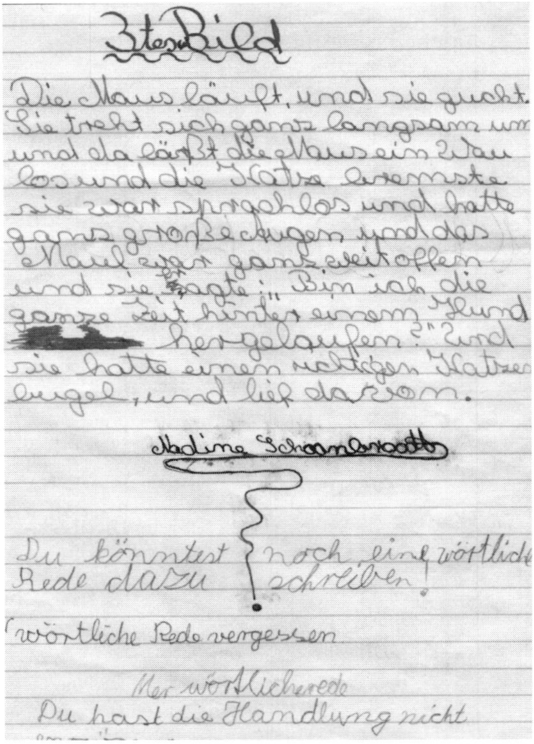
3ten Bild

Die Maus läuft, und sie guckt. Sie treht sich ganz langsam um und da läßt die Maus ein Zau los und die Katze bremste sie war sprachlos und hatte ganz große Augen und das Maul war ganz weit offen und sie sagte: „Bin ich die ganze Zeit hinter einem Hund hergelaufen?" Und sie hatte einen richtigen Katzen kugel, und lief davon.

Du könntest noch eine wörtliche Rede dazu schreiben!

wörtliche Rede vergessen

Mer wörtlicherede

Du hast die Handlung nicht

Kind liest zwei bis drei Texte und notiert eine Meinung bzw. eine Kritik auf das Blatt. Anschließend werden von den Schülern einige Texte ausgewählt und vorgelesen. Die Zuhörenden nehmen kritisch Stellung dazu und unterbreiten dem Verfasser Überarbeitungsvorschläge.

(d) Ein Comic–Strip als Schreibanlass (viertes Schuljahr)

Kater „Garfield“, von dem amerikanischen Zeichner Jim Davis seit den achtziger Jahren zum Protagonisten seiner kleinen Alltagsgeschichten gemacht, ist inzwischen zu einer der beliebtesten Tierfiguren im Comic geworden. Seine Lebensinhalte stellen Fressen und Schlafen und allerlei auf Kosten anderer erzielte Vergnügungen dar. Opfer dieses Lebensstils ist in erster Linie sein resignierend–verständiger Herr Jon Arbuckle; meist fällt er auf Garfields Attacken herein, in der ausgewählten Episode bleibt er ausnahmsweise einmal Sieger.

Da bei solchen Comic-Strips die wörtliche Rede in den Sprechblasen bereits vorgegeben ist, kann man in einem vierten Schuljahr, im Unterschied zu früheren Klassenstufen, auf szenisches Darstellen bzw. Rollenspiele verzichten, in denen Vorschläge für Dialoge zwischen den Figuren ausgearbeitet werden. Stattdessen kann wie folgt zum Schreiben hingeführt werden:

- Die Schüler sitzen im Kreis und einige Kinder stellen pantomimisch einen Schlafenden dar. Die Mitschüler beobachten, benennen, was sie sehen, und schreiben diese Wörter an die Tafel.
- In einer zweiten Phase wird beobachtet und notiert, wie eine Katze sich bewegt und verhält. Ein Bild oder ein Plüschtier motiviert die Schüler dazu, eine Katze pantomimisch nachzuahmen.
- Das Wortmaterial ‘Katze’ wird nun von den Kindern auf dem Hintergrund eines Spannungsbogens untersucht und geordnet:

  ruhig schleichen, sanft schnurren ... → wild kratzen, laut fauchen ...

- Erst nach diesen Vorbereitungen wird der Comic-Strip projiziert und alle Schüler schauen sich eine Weile ganz ruhig die Bilder an.
- Nun gibt der Lehrer den Kindern folgende Schreibhilfen:

1. Sieh dir den Comic genau an.
2. Finde eine passende Überschrift.
3. Nun erzähle die Geschichte.
4. Begründe beim Schreiben, warum Garfield seinen Herrn Jon wekken will.
5. Bei der wörtlichen Rede musst du nicht den vorgegebenen Text verwenden.
6. Unsere Wortsammlung (an der Tafel) hilft dir, ausdrucksvoll und spannend zu schreiben.

(e) „Vater-Sohn-Geschichten" von E. O. Plauen

E. O. Plauen hieß eigentlich Erich Ohser. Das Pseudonym musste er wählen, weil die Nazis ihm die Berufsausübung unter eigenem Namen verboten hatten. Die Bildgeschichten von Plauen – vor allem diejenigen mit sechs und mehr Bildern – werden von Lehrern in ihrer Komplexität oft unterschätzt. Es sind die aufs Notwendigste reduzierten Verständnishilfen eines zumeist inhaltlich umfangreichen Geschehens. Darüber hinaus können die Ironie und der zuweilen bittere Sarkasmus, die sich hinter einer scheinbar harmlosen Oberfläche verbergen, von Grundschülern kaum oder doch nur sehr schwer verstanden werden. Ein didaktisch sorgloser Umgang mit der hohen Kunst des E. O. Plauen läuft Gefahr, dass auch nach gut gemeinter Vorbereitung nur eine flache, in einer Handlungsbeschreibung sich erschöpfende Geschichte als Ergebnis vorgefunden wird. Dass Kindern die Begegnung mit diesem ungewöhnlichen Vater und seinem Sprössling in den Bildgeschichten Plauens Spaß macht, ist nicht zu bestreiten. Erforderlich ist aber die adäquate Auswahl und Verwendung.

Die Schreibanlässe für Grundschüler sind altersgemäß zu wählen, und dabei sind die kognitiven wie sprachlichen Fähigkeiten der Schüler richtig einzuschätzen. Es empfiehlt sich, mit Geschichten zu beginnen, die nur aus wenigen Einzelbildern bestehen, bevor auf die umfangreicheren und komplexeren zurückgegriffen wird.

Ein Beispiel, das sich für den Einstieg in die Beschäftigung mit Vater-Sohn-Geschichten eignet, ist die abgebildete Bildfolge *Der gelöschte Vater.*

Folgende Übungsformen können dazu beitragen, die Bildgeschichten an ihren kritischen Schaltstellen gründlich zu durchdringen:

- Verwürfelte Bilder zur logischen Folge ordnen. Im gemeinsamen sprachlichen und handelnden Umgang der Schüler beim Ordnen der Bilder werden Erkenntnisse über den narrativen Aufbau einer Bildgeschichte gewonnen, der innere Zusammenhang und der notwendig dahinterstehende Sinn werden klarer. Als Demonstrationsbeispiel wählen wir die Bildfolge *Der wehrhafte Schneemann* (die richtige Reihenfolge zeigt das Arbeitsblatt auf S. 141).

- Im Spiel dialogisieren. Mit dem Ausprobieren möglicher Gespräche zwischen Vater und Sohn im Rollenspiel wird deutlich, wie die Handlungen der beiden motiviert sind.
- Texte zu den Situationen bzw. Handlungsverläufen schreiben, die zwischen den Einzelbildern liegen. Gerade bei Plauen kommt es oft vor, dass Auslassungen passieren, sich die Bilder nicht wie in einem Film aneinanderreihen. Ein Betrachter ergänzt die in den Bildern nicht dargestellten Handlungsabschnitte oder die räumlichen und zeitlichen Abstände gedanklich. In der Versprachlichung müssen sie dem Leser, der die Bildgeschichte nicht kennt bzw. präsent hat, aber mitgeliefert werden, anders kann er die Geschichte nicht verstehen.

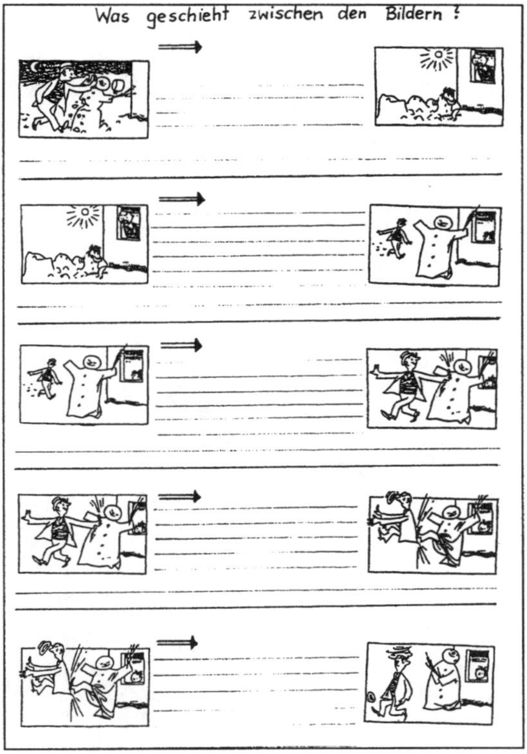

Mit Hilfe eines Arbeitsblattes, wie dem nebenstehenden, kann mit den Schülern das Ergänzen der 'Leerstellen' (Lükken) geübt werden.

- Das ausgesparte Schlussbild der Bildgeschichte gedanklich ergänzen. Weil das Schlussbild die Pointe enthält, beansprucht es besondere Aufmerksamkeit. Der Vergleich der eigenen Lösungen mit dem Original führt zu fruchtbaren Interpretationsgesprächen.
- Erzählperspektive verändern. Eine Schreibvariante kann schließlich darin bestehen, das Geschehen aus veränderter Perspektive wiederzuerzählen.

Mein Abenteuer als Schneemann

Mein Sohn Fritzchen hatte einmal einen stattlichen Schneemann gebaut. In der Nacht schlenderte ein Mann geradewegs auf den Schneemann zu und schubste ihn ohne weiteres um. Ich hatte das bemerkt, weil ich gerade aus dem Fenster gesehen hatte. Nun lag das Kunstwerk zerstört auf dem Boden. Am nächsten Morgen, als die Sonne aufging, wollte Fritzchen sein herrliches Kunstwerk ansehen. Als er draußen war, fing er jämmerlich an zu weinen. Sein Schneemann war kaputt. Da hatte ich Mitleid. Zusammen schmiedeten wir einen Plan. Ich verkleidete mich als Schneemann und setzte mich auf den Platz, wo der andere Schneemann gestanden hatte. Ich brauchte nicht lange zu warten, da kam auch schon der Mann daher. Das war der Rüpel von heute nacht. Der Mann stieß mich ziemlich fest an, aber ich fiel nicht um. Ich trat ihm gewaltig in sein Hinterteil. Er wusste nicht, wie ihm geschah und hörte die Englein singen. [...]

Schülerarbeit – Ende drittes Schuljahr

(3) Reiz-Bildgeschichten erzählen

Bei der 'Reiz'-Bildgeschichte handelt es sich um eine Form, die sich in der Unterrichtspraxis aus Bildgeschichte und Reizwortgeschichte entwickelt hat. Sie versucht, die Nachteile beider Formen auszuklammern. Offener als eine Bildgeschichte, bei der die Handlung in der Bilderfolge vorgegeben ist, und enger als eine Reizwortgeschichte, bei der die Fantasie der Kinder oft zu sehr ausschweift, gibt sie statt einiger weniger Wörter einige Bilder vor, deren Reihenfolge bindend ist. Dies ist der Rahmen, in dem sich die Fantasie der Schüler enfalten kann.

(a) Räubergeschichte (drittes Schuljahr)

Das Betrachten der vier Bilder, die gleichzeitig (auf dem Tageslichtprojektor) präsentiert werden, führt die Schüler – nach spontanen Äußerungen – dazu, Zusammenhänge aufzuzeigen. Durch die bindende Reihenfolge der Bilder erkennen sie rasch einen Handlungsverlauf, ein Gerüst quasi, das während des anschließenden Schreibens ausgestaltet werden kann. Besonders lebendig wird das Erzählen durch den Einsatz direkter Rede. Der Räuber, dem jeder Schüler einen möglichst 'sprechenden' Namen geben sollte, denkt also, ruft aus, stöhnt ... usw. Das Geschehen endet in der Höhle, ein eigener Schluss ist nicht gefordert.

Am Waldesrand wohnte Räuberhauptmann Knallefax in seinem gemütlichen Häuschen. Er hatte den Ofen angesteckt, denn der Frühling ließ noch auf sich warten. Knallefax trat aus der Tür, blickte finster um sich und spielte mit seiner Pistole ...

... Dabei fiel ihm der prall gefüllte Sack ein, den er gestern bei seinem Raubzug erbeutet hatte. Er guckte, ob die Luft rein wäre, ging ins Haus, schnappte sich den Sack und warf ihn sich auf den Rücken. Eine Weile stapfte er durch den Tannenwald und schaute sich immer wieder keuchend um, ob ihn nicht einer beobachtete. Schon bald erreichte er die Höhle. Noch einen Blick zurück – und schon verschwand er im Eingang. Im Innern steckte er eine Kerze an, öffnete den Sack und guckte sich die Beute an. Zufrieden versteckte er alles sorgfältig und machte sich wieder auf den Weg nach Hause.

Schülerarbeit, im Anschluss an einen gemeinsam erarbeiteten Anfang

(b) Würfelgeschichten

Die Reizbildgruppe lässt sich auch mit Hilfe von drei oder vier Bildkarten zusammenstellen, die aus einer größeren Anzahl Karten nach dem Zufallsprinzip gezogen werden. Besteht die Bildkarte aus mehreren Einzelbildern, werden zwei bis vier Bilder durch Würfeln ermittelt. Man kann die Bilder auch auf die Flächen eines großen Würfels kleben und dann zwei bis vier Bilder auswürfeln oder sie als Bilderkartei einzeln zur Auswahl stellen.

1.2.2 Bildgeschichten dialogisieren

(1) Sprechblasen ausfüllen

Kinder sind in aller Regel mit Comics vertraut und haben deswegen meist keine Schwierigkeiten, textfrei gemachte Sprechblasen auszufüllen. Häufige kurze Schreibübungen, möglicherweise mit mehreren Bildfolgen zur Auswahl, bringen Kurzweil für die Schüler.

(a) „Fliegengeschichte“ von Wilhelm Schlote (erstes Schuljahr)

Dieser kleine witzige Comic-Strip kommt auf der Textebene mit wenigen lautmalenden Buchstaben und Silben aus. Er motiviert gerade dadurch zu gleichartigem Sprachspiel. Für die Präsentation stehen zwei Möglichkeiten zur Wahl:

- Aus den Sprechblasen aller sechs Bilder sind die Texte wegretuschiert; ansonsten wird die gesamte Geschichte (auf Folie) gezeigt, damit der Gesamtverlauf von vornherein erkennbar wird. Erst bei den eigenen Formulierungsversuchen wird jedes Bild einzeln gezeigt, damit sich die Schüler auf die Aufgabe konzentrieren.

– Die (ebenfalls textfreien) Bilder werden den Schülern mittels einer Folie einzeln präsentiert. Nach jedem Bild werden Überlegungen angestellt, wie die Geschichte weitergehen könnte. Danach folgen die Formulierungsversuche.

Die leeren Sprechblasen regen sofort an, Laute und Geräusche der Mücke nachzuahmen. Ergänzend erfolgt der Impuls, mögliche Gedanken der Mücke zu formulieren. Alle Ideen bzw. Vorschläge werden vom Lehrer an der Tafel notiert. Das Ergebnis wird in einem Vortrag dialogisch gestaltet: Ein Sprecher erzählt die Handlung, ein zweiter spricht den an der Tafel stehenden Text der Mücke.

Sprechblasentext zu Bild 4 – erstes Schuljahr

Zum Schluss übertragen die Kinder den Sprechtext der Mücke auf ihr Arbeitsblatt; auf diesem sind keine Sprechblasen umrandet, damit die Kinder beim Aufschreiben nicht eingeengt sind.

(b) „Max und Maximilian" von Paul Maar (zweites Schuljahr)

Das Füllen einer Sprechblase scheint auf den ersten Blick eine einfache Aufgabe zu sein. Die Anforderung, die hier an den Schüler gestellt wird, ist jedoch nicht zu unterschätzen, vor allem, wenn es sich bei dem Text um die fehlende Pointe handelt. Mit einer knappen Aussage soll er nämlich eine Situation inhaltlich richtig und durch die Wortwahl treffend erhellen.

Paul Maar: Max und Maximilian

Man kann die ersten Bilder gemeinsam besprechen und so Lösungsmöglichkeiten vorbereiten. Eine Variation bietet folgendes Vorgehen: Die Bildgeschichte wird ausgeteilt, still angesehen, und nur wer Unterstützung beim Lehrer sucht, kommt in den Gesprächskreis. Die übrigen Schüler füllen die Sprechblase allein.

Die Ergebnisse sollten in einem gemeinsamen Gespräch verglichen werden. Durch unterschiedliche Begründungen und Erläuterungen wird den Schülern klar, dass und warum die gleiche Bildgeschichte verschiedene Reaktionen beim Betrachter hervorgerufen hat.

Hast du jetzt ausgeschlafen?

*

Aufstehen, die Schule hat angefangen.

*

Schlaf weiter, du bist ja noch so müde.

*

Wer redet, der kann gar nicht schlafen.

*

Ich dacht' schon, du wachst überhaupt nicht mehr auf.

Schülerlösungen

Im abgedruckten Beispiel (hier vollständig wiedergegeben) ist nur die letzte Sprechblase auszufüllen, die die Pointe enthält. Die Schreibaufgabe lautet: Was sagt Max wohl zu Maximilian? Denkt euch eine witzige Pointe aus und schreibt sie in die Sprechblase.

Die Anforderung wird gesteigert, wenn, mit Ausnahme der ersten, in allen Sprechblasen die Texte getilgt und nun von den Schülern wieder neu auszudenken sind. Dies ist aber eine Aufgabe, die eher ins dritte Schuljahr passt.

(2) Sprechtexte verfassen (zweites Schuljahr)

Wie bei Cartoons üblich, trägt die Bildfolge von Oskar Jacobsson keinen Titel. Sie packt eine Auseinandersetzung zwischen Herr und Hund in drei Bilder, und diese geringe Anzahl macht den Cartoon auch schon für jüngere Kinder im zweiten Schuljahr überschaubar. Sie können die konfliktauslösende Situation erfassen und die konfliktlösende Reaktion des Hundehalters verstehen.

1. Komm doch Bello sei doch nicht so stur.
2. Luftballonman warten sie bitte ich mag Luftballons kaufen.
3. Endlich fliegt er jetzt hab ich die kontrolle so mag ich meinen Hund.

Nach der Projektion der Bildgeschichte (Folie) sprechen die Kinder über ihre ersten Wahrnehmungen und Eindrücke. Anschließend betrachten sie jedes einzelne Bild nochmals genau (während die beiden anderen jeweils abgedeckt werden) und reden über die dargestellte Situation. Besondere Aufmerksamkeit beansprucht dabei das dritte Bild, weil hier noch ein zweiter Hund hinzukommt. Da die Bildfolge im Original eine Schwarz-Weiß-Zeichnung ist, können die Kinder sie auch ausmalen. Das ist zwar keine unbedingt notwendige Voraussetzung für das Schreiben, aber durchaus auch keine überflüssige Beschäftigung; denn das Ausmalen führt die Kinder zu einer vertiefenden Klärung des Dargestellten.

Als Schreibaufgabe wird gegeben, für jedes Bild in einem oder in zwei Sätzen zu formulieren, was der Herr zu seinem Hund sagt.

(3) Dialoge schreiben

(a) „Komm herüber" von Wilhelm Schlote (drittes/viertes Schuljahr)

Bilder von einer – nach Möglichkeit weißen – Taube und einer Krähe oder die an die Tafel geschriebenen Wörter „Taube" und „Krähe" lassen die Kinder Situationen assoziieren, die sich aus der Figurenkonstellation „Die Taube und die Krähe" ergeben könnten. Sie werden damit auf Wilhelm Schlotes Bildgeschichte *Komm herüber* eingestimmt, deren Handlung sie erfahrungsgemäß im Voraus nicht vermuten werden.

Um die dem Schreiben vorausgehende Beschäftigung mit der Bilderfolge spannend und anspruchsvoll zu machen, bekommen je zwei Kinder einen Briefumschlag, der die in ihre vier (unnumerierte) Einzelbilder zerschnittene Bilderfolge enthält. Auftrag ist, die einzelnen Bilder so zu ordnen, dass sich ein sinnvoller Handlungsablauf ergibt. Beim Austausch der Ergebnisse und ihrer Begründungen ist es hilfreich, wenn ein Tageslichtprojektor benutzt wird, um die Lösungsvorschläge zu demonstrieren.

Ist Konsens über die Reihenfolge der Bilder erzielt, muss nun die Handlung präzisiert und in ihrem Ablauf differenziert dargestellt werden. Es ist zu fragen, mit welcher Absicht die Taube von der Krähe zu sich herübergerufen bzw. -gelockt wird: damit sie im Rauch des Schornsteins genauso schwarz werde wie sie selbst oder, ohne an den Rauch zu denken, weil sie sich allein fühlt und Gesellschaft haben möchte. Entsprechend der Absicht fällt auch der Dialog der beiden je anders aus. In Rollenspielen erproben die Schüler beide Handlungsvarianten. Nach jeweils zwei bis drei Spielversuchen, an die sich eine kurze Reflexionsphase anschließt, schreibt jedes Kind einen Dialog auf. Vor der Überarbeitungsphase werden einige Texte vorgelesen und kritisch überprüft.

Eine Differenzierung lässt sich so arrangieren, dass zwei Schüler den Dialog gemeinsam schreiben, einer die Rolle der Taube, der andere die Rolle der Krähe übernimmt.

Krähe:	*Guten Morgen! So früh schon wach?*
Taube:	*Wer spricht da?*
Krähe:	*Ich bin's, die Krähe auf dem Dach nebenan.*
Taube:	*Guten Morgen. Wie geht es denn so?*
Krähe:	*Danke, ich bin zufrieden. Nur – es ist so einsam hier.*
Taube:	*Tatsächlich?*
Krähe:	*Komm doch herüber.*
Taube:	*Warum nicht?*
Krähe:	*Oh weh, nun hast du aber dein weißes Gefieder ruiniert!*
Taube:	*Wieso?*
Krähe:	*Na schau doch mal in den Spiegel! (Oliver)*

Schülerarbeit – drittes Schuljahr

(b) „Der Schmöker" von e. o. plauen[4]

Die Bildgeschichte besteht aus sechs Bildern unterschiedlicher Größe. Der situative Rahmen, die zeitlichen und räumlichen Bezüge sind durch wenige Gegenstände und Personen markiert: Vater, Mutter, Sohn – dampfende Schüssel, Tisch und Stühle (ein leerer Stuhl, durch ein Fragezeichen verstärkt) – eine Tür als Verbindung zweier Räume.

Die familiäre Situation ist eindeutig. Die Handlungsglieder zwischen den Bildern sind relativ leicht zu erschließen. Ausdruck, Mimik, Gesten, Körperhaltung und Bewegungsart sind wichtige bildhafte Signale für das personal-soziale Geschehen.

Die Komposition ist zweigliedrig, im Sinne paralleler Handlungsverläufe: Bild eins bis drei und Bild vier bis sechs umschließen fast identische Handlungsfolgen, lediglich zwei Personen sind vertauscht: Vater und Sohn. Da es sich mit dem Phänomen

[4] Erstveröffentlichung dieses Modells in Steffens 1981a (S. 63ff.); hier bearbeitet und gekürzt.

der Pünktlichkeit bei Tisch um einen Sozialisationsaspekt bzw. um einen Erziehungsvorgang handelt, stoßen wir auf das vieldiskutierte Problemfeld der Umkehrbarkeit (Reversibilität) bzw. des gleichartigen (symmetrischen) Kommunikationsverhaltens. Plauen inszeniert nun in ganz subtiler Weise ein grundständiges erziehliches Verhalten, dessen kontroverse Beurteilung der Rezipient einbringen kann, weil der Schluss offen gehalten ist. Diese Offenheit kennzeichnet bereits das zweite Bild: Was wird der Vater tun, was wird er sagen? Je härter er hier agiert, je intensiver Autorität zur Geltung gebracht wird, um so konfliktreicher wird sich dies im sechsten Bild auswirken, wo der Vater selbst der Versuchung des Lesens erliegt.

Die Schicht der konkreten Handlungsfolgen, der gegenständlichen und räumlichen Bezüge ist relativ leicht zugänglich. Die Subtilität des Erziehungsgeschehens jedoch, der ganz offene Horizont, der mit eigenen Erfahrungen und Vorstellungen gefüllt sein will, und die Pointe, die in der Umkehrung der 'Rollen' verankert ist, die zentrale Sinnschicht also, ist von Grundschulkindern nicht leicht zu erreichen.

Die Beschäftigung mit der Bildgeschichte erfolgt in drei Schritten:

a) Erfassen des Handlungsrahmens, Verbalisieren einiger Bilddetails, mündliches Erzählen, Versuch der Darstellung der Pointe (Grobstruktur).

b) Szenisches Spielen unter Verwendung von Requisiten, pointiertes Darstellen der körpersprachlichen und mimisch– gestischen Dimension, Herausarbeiten dieser Ebene durch Besprechung der Spielverläufe und durch Spielkorrekturen.

c) Aktivierung der verbalen dialogischen Ebene durch schriftliche Fassung der Sprech- und Denkhandlungen mit Hilfe eines vorbereiteten Arbeitsblattes. Dieses lässt neben oder über den Bildern so viel Platz, dass Sprech– und Denkblasen eingezogen werden können. Die Kinder schreiben die Dialoge dann entweder unter oder über die Bilder, oder sie ziehen sie auch als Sprech– und Denkblasen in die Bildvorlage selbst ein. Dadurch werden, gebunden an die üblichen Muster der Comics, insbesondere die Denkhandlungen hervorgehoben.

1	*M:*	*Wo steckt denn der Fritz bloß?*
	V:	*Immer muß ich den Fritz zum Essen holen.*
2	*V:*	*Ich gucke mal, wo der Lausbub steckt!*
	S:	*(Denkblase im Bild) Interessant!*
3	*V:*	*Fritz, du sollst zum Essen kommen.*
	S:	*Donnerwetter, nie kann man in Ruhe lesen!*
	V:	*(Denkblase) Das ist ja das Kinderlexikon.*
4	*M:*	*Jetzt ist Franz schon wieder weg.*
5	*M:*	*Hol Vater, Fritz, das Essen wird kalt.*
6	*V:*	*(Denkblase) Tolles Buch!*
	S:	*Vater, du sollst zum Essen, Mutter meint, es wird kalt.*

Als *Weiterführung* ist denkbar, den dialogischen Text in ein Rollenbuch zu übertragen. Dazu sind die Elemente, die als Spiel der Personen in Erscheinung treten, in szenische Anweisungen auszuformulieren. Diese Ausformung in einen Rollentext mit Regieanweisungen kann auch gemeinsam geschehen.

1.3 Schreiben zu Bilderbüchern

Das Bilderbuch bietet „vielerlei Möglichkeiten, das Lesen- und Schreibenlernen zu stützen und von Anfang an den Umgang mit ganzen Büchern zu praktizieren" (Spinner 1992, 17). Die Bilder des Buches verlocken zum verweilenden Anschauen, und von hier aus kann ein Weg unmittelbar zum Schreiben führen.

Kaspar H. Spinner (ebd.) schlägt mehrere methodische Möglichkeiten vor:

- Vom Wort zum Satz und zur Geschichte
  - Dinge aufschreiben, die auf einer Bildtafel zu sehen sind.
  - In einem Satz aufschreiben, was die Figuren tun.
  - Aufschreiben, was einzelne Figuren sagen.
- Fortsetzungsgeschichten zu einzelnen Vorfällen auf den Bildern ausdenken.
- Sich in eine Figur hineindenken.
- Ein Bilderbuch texten.
- Geschichten erfinden zu surrealen (phantastischen) Bildern.
- In einem Buch präsentierte Geschichtenanfänge weiterspinnen.
- Geschichten (über das Ende hinaus) weitererzählen.
- Den Brief einer Figur schreiben
  - Einen Brief verfassen, den eine Figur geschrieben haben könnte.
  - Auf diesen Brief wieder antworten.
- Ein Mitmachbuch gestalten/produzieren.

Im Folgenden berichten wir von einer Erfahrung in einem *vierten Schuljahr* mit dem Vertexten eines Bilderbuchs. Ausgewählt wurde dazu das Buch *Tillie und die Mauer* von Leo Lionni. Da das Buch selbst nicht völlig ohne Texte ist, musste ein didaktisches Arrangement getroffen werden: Von den vierzehn Bildtafeln des Buches (je eine Doppelseite) wurden Farbkopien hergestellt und auf einen (gelben) Fotokarton (Din A 3 Format) geklebt. Soweit die Bildtafeln Texte enthielten, wurden diese beim Fotokopieren abgedeckt. – Erzählt wird in dem Buch diese Geschichte:

Die Maus Tillie wohnt an der Mauer und ist „neugierig auf die andere Seite". Eines Tages will sie sich Gewissheit verschaffen. Mit ihren Freunden versucht sie, über die Mauer zu klettern. Aber die Mauer ist zu hoch. Mit einem Nagel soll ein Guckloch in die Mauer gebohrt werden. Doch die Steine sind zu hart. Sie macht sich auf den Weg, um die Mauer herumzulaufen, aber die Mauer „hatte kein Ende". Da beobachtet sie einen Regenwurm und hat eine Idee: Sie gräbt sich unter der Mauer hindurch. Als sie auf der anderen Seite herauskommt, traut sie ihren Augen nicht: „Vor ihr standen Mäuse, ganz normale Mäuse." Nach einem Willkommensfest folgen die Mäuse Tillie durch den Tunnel. Beide Mäusevölker feiern Tillie, weil sie es war, die ihnen den Weg zueinander gezeigt hat.

Um die Bilder texten und zu einer Geschichte komponieren zu können, mussten Elemente einer Erzählung (Einleitung, Erzählkern, Höhepunkt, Pointe) und textgestaltende Merkmale (Spannung) erarbeitet, sprachlich erprobt und verschriftlicht werden. Die wörtliche Rede (Dialog und innerer Monolog) sollte als ein Spannungsmerkmal eingesetzt werden. Neben dem Wechsel der Satzarten war die Verzögerung der Handlung durch die Darstellung von Details ein Schwerpunkt dieser Schreibaufgabe.

Methodisch wurde so vorgegangen: Die Tische eines nicht belegten Klassenraums wurden in Hufeisenform angeordnet und darauf die auf Fotokarton geklebten Bildtafeln ausgelegt. Nach dem Impuls, durch die 'Ausstellung' zu gehen, betrachteten die Schüler die Bilder. Dabei herrschten eine große Ruhe und konzentrierte Aufmerksamkeit. Im Sitzkreis tauschten sie sodann ihre Eindrücke aus. Die Ausgangssituation der Bilderzählung und der geglückte Plan, unter der Mauer einen Tunnel zu graben, waren Anlass einer regen Aussprache. Der dreimal gescheiterte Versuch – vgl. den Dreischritt im Märchen –, die Mauer zu überwinden, beschäftigte die Kinder ganz besonders. Die Begrüßungsszene und das Vereinigungsfest fanden hingegen zunächst weniger Beachtung.

Nachdem sich die Klasse auf den Namen Emil für die Hauptperson geeinigt hatte, erhielten die Schüler den Auftrag, in arbeitsteiligem Vorgehen zu jeder Doppelseite einen Stichpunkt zum Handlungsverlauf zu notieren. Die Fotokartons waren mittlerweile an den Wänden des Klassenraums befestigt worden. In einem Unterrichtsgespräch trugen die Gruppen ihre Stichpunkte vor, sie wurden diskutiert, kritisiert, verbessert und schließlich an der Tafel notiert:

1 Mäuse sammeln Vorräte
2 Mäuse schwätzen, eine Maus denkt
3 Mäusevolk schläft, Emil denkt nach
4 Sind bunte Tiere auf der anderen Seite?
5 Erster Versuch: über die Mauer klettern
6 Zweiter Versuch: mit Nagel Mauer einrammen
7 Dritter Versuch: zum Ende der Mauer laufen
8 Emil beobachtet Maulwurf, hat eine IDEE
9 Emil gräbt
10 unter Erde und unter der Mauer
11 Emil wird von den Mäusen begrüßt
12 Mäuse feiern Emil
13 Mäusevolk folgt Emil durch den Tunnel
14 vereinte Völker feiern zusammen

In Partnerarbeit entstanden dann zu jeder Bildtafel kurze erzählende Texte, die im Anschluss an das arbeitsteilige Verfahren vorgetragen, kritisiert und im Unterrichtsgespräch redigiert und verbessert wurden. Für die erste Doppelseite wurde der Text gemeinsam an der Tafel erarbeitet:

Es war einmal ein Mäusevolk. Das sammelte Vorräte für den Winter.

Die Texte zu den einzelnen Doppelseiten basierten auf einer Reihe von Vorübungen:
- beschreiben, wie die Mäuse die Mauer überklettern wollen;
- beschreiben, wie die Mäuse die Mauer einrammen wollen;

- in Dialogen verdeutlichen, wie die Mäuse schließlich ihr Vorhaben aufgeben, „bis ans Ende der Mauer" zu laufen;
- beschreiben, wie 'Emil' seinen Tunnel gräbt;
- sich einfühlen in die Gedanken, die 'Emil' tief unter der Erde hat.

Alle Schreibversuche basierten auf Stegreifspielen. Wortsammlungen zu den Wortfeldern 'sagen' und 'denken' sowie Formulierungsübungen zu möglichen Stellungen des Begleitsatzes ergänzten die Vorbereitungen. Nach Kritik und Überarbeitung wurden die Texte ins Reine geschrieben und zu den Bildtafeln geklebt.

Das fertig getextete Bilderbuch wurde in einem zweiten Schuljahr vorgestellt. Im Rahmen einer Schulfeier (im Advent) präsentierten die Schüler ihr Bilderbuch auch den Eltern. Einige wechselten sich im Vortrag der – auswendig gelernten – Texte ab, andere zeigten die dazu passenden Bildseiten (Fotokartons) vor.

2 Poetische Texte

Poetische Texte sind Texte für Leser, Anlass und Anregungspotential für produktive Rezeption, sie sind sprachliche Bilder und Modelle, die aufgenommen, weitergedacht und auch – als eine von mehreren Möglichkeiten – „weitergeschrieben" werden können. Schreiben *nach* Texten lässt sich als ein „erprobendes Sprachgestaltungsspiel" begreifen, „das von gegebenen Regeln bestimmt ist und am Ausgangstext kontrolliert wird" (Menzel 1984, 13).

Wilhelm Gössmann (1977) hat diese Schreibweise „kreativ–stilistisch" genannt, weil bei ihr primär das „sprachliche Gestaltungsvermögen evoziert" werde, und er hat sie vom „kommunikativ-sozialen" Schreiben abgegrenzt, das vor allem der „persönlichen wie öffentlichen Interaktion" diene (432). Natürlich können sich auch Texte zu Texten an Leser richten, ihr „eigentliches Motiv" ist jedoch der „kreative Impuls", ihr „wesentliches Merkmal [...] ein spielerisch-gestaltender Umgang mit einer Textvorlage, die kritische oder identifizierende Auseinandersetzung mit einem Text" (Menzel 1984, 16).

Alle Möglichkeiten eines solch sprachgestaltenden Schreibens, die wir nachfolgend beschreiben, sind in diesem Sinne Angebote an den Schüler, „seine sprachlichen Fähigkeiten zu erproben, seiner Kreativität Ausdruck zu verleihen, aus Gestaltungslust oder Freude am Lösen von Gestaltungsproblemen" (ebd.). Weil es zahlreiche Formen kreativen, auf den Prozess des Schreibens und das Gefüge von Sprache selbst gerichteten sprachlichen Formulierens ermöglicht, korrespondiert diesem Schreiben in besonderer Weise ein Prinzip, das Wilhelm Gössmann (1977) auf die Formel „Sätze statt Aufsätze" gebracht hat. Das heißt: nicht allein der 'ausladende Aufsatz' ist eine gültige Form schriftlichen Arbeitens, auch ein Satz oder wenige verbundene Syntagmen oder Sätze, manchmal nur Wörter können Textfunktion haben.

2.1 Texte vervollständigen

Das Prädikat „vervollständigen" ist nicht auf Texte bezogen, die von ihren Verfassern absichtlich nicht 'zu Ende' geschrieben wurden oder – wie das Fragment – unbeabsichtigt unfertig geblieben sind. Es kennzeichnet vielmehr eine methodische Spielart des (Lese- und) Schreibunterrichts, in der 'unfertige' Texte zum Gegenstand des Lernens und Übens werden. In didaktischer Absicht entfernt der Lehrer in einem 'vollständigen' poetischen Text einzelne Teile – Wörter, Verszeilen, Sätze, Absätze usw. –, macht sie also bewusst unvollständig, um mit Hilfe dieses Arrangements Textverstehen zu provozieren und damit zugleich Schreibanlässe zu gewinnen.

Das Ergänzen derart unvollständiger Texte erweist sich als motivierende Übungsform, um über das Textverstehen hinaus die Schreibfähigkeit der Schüler erfolgversprechend zu fördern. Für den, der das Schreiben von Texten erst erlernt, ist das Angebot der Vorlage eine gute Hilfe. Die Schüler schreiben Texte, die durch die verbale – wahlweise auch durch ein Bild oder eine Bildfolge unterstützte – Vorlage zwar in Inhalt und Form klar umrissen sind, ohne dass sie durch diese in ihren Lösungen jedoch völlig festgelegt werden. Gerade weil die Vorlage unvollständig ist, eröffnet sie Möglichkeiten, eigene Gedanken, Ideen, Formulierungen einzubringen.

Die Arten und der Umfang der Aussparungen können mit zunehmender Schreibfähigkeit der Schüler kontinuierlich gesteigert werden. Mit ihnen wächst auch der Grad der eigenen und eigenständigen Textvarianten. Ziel ist nicht die möglichst exakte Annäherung an das Original, sondern ein in sich schlüssiger Text, der durchaus auch vom Original abweichen kann.

Methodisch ist darauf zu achten, dass die Schüler nicht lediglich die zu ergänzenden Stellen schreiben, sondern immer den ganzen Text. Dies ist nicht nur sinnvoll, weil dadurch implizit auch orthografisch richtiges Schreiben geübt wird, es ist wichtig, weil nur so die Erfahrung gemacht werden kann, einen individuellen, eigenständigen Text geschrieben zu haben.

(1) Fehlende Reimwörter und Verszeilen ergänzen

Bei Kinderversen und Gedichten wird das Ergänzen am einfachsten dadurch arrangiert, dass einzelne oder alle Reimwörter weggelassen werden. Die Lösung kann man erleichtern, indem man die ausgesparten Wörter (oder zumindest einige davon) durcheinandergewürfelt zusammen mit dem Text präsentiert. Vom Ende des ersten Schuljahres an eignen sich Kettenverse, kleine Gedichte und Reimspiele wie die folgenden:

Ein Krokodil
Lag am ...
Und fraß zu ...
Dann war es voll.
Das war ...

Ein kleiner Floh
Saß nur so
Mal im ...
Dann sprang er weiter.
Das war ...

Im zweiten Schuljahr und später lässt sich der Anspruch an Inhalt und Aufbau der Vorlagen steigern; zur Anregung zwei Vorschläge:

Die Feder
Joachim Ringelnatz

ein Federchen flog über Land;
ein Nilpferd schlummerte ...

Die Feder sprach: „Ich will es wecken“;
sie liebte, andere ...

Aufs Nilpferd setzte sich ...
und streichelte sein dickes Leder.

Das Nilpferd öffnete ...
und mußte ungeheuer lachen.

Die ausgesparten Reimwörter – *Sand, necken, Feder, Rachen* – können auf einem Arbeitsblatt verwürfelt neben den Text geschrieben werden.

Mairegen bringt Segen,
und werden wir ...,
so wachsen wir lustig
wie Blumen im ...

nass

Gras

Eine Variante ergibt sich, wenn in der Vorlage ganze Verszeilen weggelassen werden, zum Beispiel so:

In meinem Haus
Gina Ruck-Pauquèt

In meinem Haus
Da wohne ich,
Da ...
Und wenn du willst,
Dann öffne ich
Die Tür
Und lass dich ein.

In meinem Haus
Da lache ich,
Da ...
Und wenn ich will,
Dann schließe ich
Die Tür
Und bin allein.

Die Lücken nach den Aussparungen (der Originaltext ist zweistrophig) wollen signalisieren, dass hier auch mehr Zeilen als nur eine einzige ergänzt werden können. Die Anzahl ist nicht festgelegt, sie ergibt sich aus den Schreibideen und den unterschiedlichen Schreibfähigkeiten der Schüler und kann darum ganz individuell gewählt werden. – Im Original lauten die Verse: „Da schlafe ich, / Da esse ich." und „Da weine ich, / Da träume ich."

Das kleine Gedicht von Gina Ruck-Pauquèt regt darüber hinaus auch zum Schreiben gleichartiger Texte an. Als Anstoß braucht dafür nur der Begriff ausgetauscht zu werden, der das Thema vorgibt. Etwa:

In meinem *Garten*
Da ...

oder:

In meiner *Schule*
Da ...

(2) Textpassagen in einer Geschichte ergänzen

Immer wieder lässt sich beobachten, welchen Anreiz zum schriftlichen Erzählen die tradierten volksliterarischen (oder ihnen vergleichbare) Geschichten bieten. Wir wählen als Demonstrationsbeispiel der vorgeschlagenen Übungsform die bekannte Kalendergeschichte *Seltsamer Spazierritt* von Johann Peter Hebel. Im Text sind an drei Stellen Teile der Ermahnungen und Ratschläge getilgt, die die vorbeikommenden Wanderer dem Mann und seinem Sohn geben. Beim Ergänzen kommt es nicht darauf an, möglichst genau zu erraten, was die Wanderer sagen, es sollen vielmehr eigene Formulierungen gewählt und eigene Lösungsvorschläge gemacht werden.

Seltsamer Spazierritt *Johann Peter Hebel*

Ein Mann reitet auf seinem Esel nach Haus und lässt seinen Buben zu Fuß nebenher laufen. Kommt ein Wanderer und sagt:

„Das ist nicht recht …“

Da stieg der Vater vom Esel herab und ließ den Sohn reiten. Kommt wieder ein Wandersmann und sagt:

„Das ist nicht recht …“

Da saßen beide auf und ritten eine Strecke. Kommt ein dritter Wandersmann und sagt:

„Was ist das für ein Unverstand …“

Da stiegen beide ab und gingen selbdritt zu Fuß, rechts und links der Vater und Sohn und in der Mitte der Esel. Kommt ein vierter Wandersmann und sagt:
„Ihr seid drei kuriose Gesellen. Ist's nicht genug, wenn zwei zu Fuß gehen? Geht's nicht leichter, wenn einer von euch reitet?“
Da band der Vater dem Esel die vordern Beine zusammen und der Sohn band ihm die hintern Beine zusammen, zogen einen starken Baumpfahl durch, der an der Straße stand, und trugen den Esel auf der Achsel heim.
So weit kann's kommen, wenn man es allen Leuten will recht machen.

(3) Ausgespartes Textende ergänzen

Das Zuendeschreiben von Texten ist eine zu Recht beliebte, weil sehr anregende Schreibaufgabe; zugleich fördert es das Verstehen von Texten. Bei den ersten Übungen ist darauf zu achten, dass der gewählte Originaltext wiederkehrende Strukturelemente aufweist, die beim Ergänzen analog aufgenommen und fortgeführt werden können. Ein solcher Textaufbau ist eine hilfreiche Orientierung, weil er die Form vorgibt und nur den Inhalt zur freien Gestaltung offen lässt. Die Schüler können sich also ganz auf das Schreiben eines Inhaltsaspekts konzentrieren, den sie sich neu ausgedacht haben.

(a) Schlußepisode eines Märchens erzählen (zweites Schuljahr)

Am Beginn des Schreibunterrichts eignen sich Märchen für das Ergänzen besonders. Denn sie sind meist nach dem Prinzip der Zwei- oder Dreigliedrigkeit aufgebaut, was heißt, dass Inhaltsvarianten in gleichartigen Erzählstrukturen wiederkehren. Im nachfolgend ausführlich dargestellten Beispiel zu dem englischen Volksmärchen *Die Geschichte von den drei kleinen Schweinchen* ist dieses Strukturprinzip ganz deutlich ausgeprägt. Es eignet sich darum, und auch weil sein Inhalt leicht verständlich ist, bereits für das *zweite Schuljahr.* Bilder unterstützen die Kinder beim Finden einer Idee für den Schluss. Sie können sich auf Formulierungsversuche für ihren Text konzentrieren.

Der dreigliedrige Aufbau des Märchens ist denkbar einfach. Drei Schweinchen werden von ihrer Mutter in die Welt hinausgeschickt, um für sich selbst zu sorgen (ein eigenes Haus zu haben). Das erste baut sich ein Haus aus Stroh, das zweite eines aus Holz, das dritte eines aus Stein. Dreimal wird dieses Geschehen mit fast gleichlautenden Worten erzählt. Auch die weitere Handlung, in der der Wolf die Schweinchen bedroht und vernichten will, wird in drei ganz ähnlich gebauten

Szenen erzählt, nun aber mit konsequenter Steigerung. Die beiden ersten Schweinchen können sich nicht gegen den Wolf behaupten, ihre Häuschen sind aus zu schwachem Material gebaut. Sie fliehen zum dritten Schweinchen, dort in dem Steinhaus kann der Wolf nicht mehr gegen sie an, und sie können ihn gemeinsam überlisten und überwinden. Dieser Dreischritt ist so märchentypisch wie die Erscheinung, dass erst zusammen mit dem dritten Schweinchen der Wolf besiegt wird. Er erhöht die Spannung, lässt den Leser voll Erwartung auf den Ausgang schauen.

[...] So lebt nun jedes Schweinchen in seinem eigenen kleinen Haus, und jedes ist glücklich und zufrieden. Da kommt eines Tages der Wolf aus dem Wald an das kleine Strohhaus und ruft:

„Liebes, gutes kleines Schwein,
lass mich doch zu dir hinein."

Das Schweinchen aber antwortet:

„Bin ganz allein, bin ganz allein,
ich lass dich nicht ins Haus herein."

Da sagt der Wolf:

„Ich werde strampeln und trampeln,
ich werde husten und prusten
und dir dein Haus zusammenpusten."

Und der Wolf strampelt und trampelt, er hustet und prustet und pustet das ganze Haus zusammen. Aber das kleine Schweinchen ist zum zweiten Schweinchen ins Holzhaus gelaufen.

Da geht der Wolf zum Holzhaus und ruft:

„Liebes, gutes kleines Schwein,
lass mich doch zu dir hinein."

Das zweite Schweinchen aber antwortet:

„Bin ganz allein, bin ganz allein,
ich lass dich nicht ins Haus herein."

Da sagt der Wolf:

„Ich werde strampeln und trampeln,
ich werde husten und prusten
und dir dein Haus zusammenpusten."

Und der Wolf strampelt und trampelt, er hustet und prustet und pustet das ganze Haus zusammen. Aber die zwei kleinen Schweinchen sind nicht mehr da, sie sind zum dritten Schweinchen ins Ziegelhaus gelaufen.

Da geht der Wolf zum Steinhaus und ruft: ...

Das Märchen wird in einfachen, kurzen, dem Leserhythmus angepassten Sätzen erzählt; Wiederholungen und eingängige lautmalende Verse geben ihm sein besonderes Gepräge. Sein Thema ist der gelungene Versuch der Schwächeren (der Schweinchen), sich zunächst durch Flucht, dann durch gemeinsames Handeln und durch List gegen die rohe Gewalt (den Wolf) zu behaupten und zu siegen.

In der gewählten Textpräsentation wird die dritte Szene des Kampfes mit dem Wolf nicht in Worten, sondern in Bildern (von Leo Leonhard) erzählt. Diese Form hat gegenüber einer rein verbalen den Vorzug, dass sie anregende didaktische Möglichkeiten eröffnet. Sie reichen vom Sprechen zu den Bildern über den spielerischen Nachvollzug bis zum Schreiben des Schlusses.

Schluss des Märchens – als Bildgeschichte

Damit die Kinder die Spannungssteigerung der Handlung erfahren können, liest der Lehrer das Märchen abschnittweise vor. Zunächst den ersten Teil, in dem die Schweinchen von zu Hause weggehen und ihre eigenen Häuschen bauen. Um die Spannung und Erwartung noch etwas zu steigern, kann er vor der letzten Episode erst einmal einhalten: Aus welchem Material wird sich das dritte Schweinchen sein Haus bauen? Die Vermutungen der Kinder werden mit dem tatsächlichen Fortgang der Geschichte verglichen. Haben wir das erwartet?

Im zweiten Teil des Märchens, der die Auseinandersetzung mit dem Wolf erzählt, verfährt der Lehrer genauso. Wieder liest er nur die beiden ersten Szenen vor und lässt die Schüler Vermutungen über den Ausgang anstellen. Ob diese zutreffen, wird dann anhand der Bilderfolge, die die letzte Szene des Märchens erzählt, überprüft.

Die Motivation, die von den Bildern ausgeht, wird nun dazu benutzt, die Schlussepisode im Zusammenhang erzählen zu lassen, zuerst mündlich, dann schriftlich. Strukturelles Vorbild sind die vorausgehenden Episoden, der Inhalt der Erzählhandlung ist auf den Bildern dargestellt. Dass die Kinder Verse aus dem Märchen übernehmen und in ihren Text richtig einbauen, gehört zur erwünschten Lösung der Aufgabe. Man kann sie dadurch noch stützen, dass das Märchen von den Kindern in verteilten Rollen gelesen wird; die Verse können dabei jeweils von einem Chor gesprochen werden. Auch die letzte Szene kann so 'gespielt' werden. Das ist dann eine nochmalige Vorbereitung der Schreibaufgabe.

Im Anschluss daran entsteht an der Tafel eine Wortschatzsammlung. Die Schüler nennen Verben, Nomen und Adjektive, die ihnen zu den einzelnen Bildern einfallen. Der Lehrer schreibt die Wörter geordnet in ein nach (sechs) Handlungsschritten vorstrukturiertes Raster. Um die genannten Wörter in ihrer Bedeutung zu sichern, kann ein Pantomimespiel folgen: Ein Kind stellt einen Ausdruck durch

Körpersprache dar, und die anderen Schüler müssen ihn erraten. Zur Vorbereitung der schriftlichen Fassung sollte auch die Einschleifung der Rechtschreibung gehören. Zunächst können die Schüler das Tafelbild in ihr Heft übernehmen. Als eine weitere Übungsform bietet sich das 'Pantomimendiktat' an: Der Lehrer 'macht' die Wörter vor, und die Schüler schreiben sie ins Heft. In einem weiteren Übungsschritt bilden die Schüler in Partnerarbeit Sätze mit dem Wortmaterial.

Bevor die Schüler ihren Text schreiben, empfiehlt es sich, die Bilderfolge noch einmal durchzuspielen und die Wortsammlung zu lesen. Während des Schreibens selbst sollten die Bilder den Kindern auf alle Fälle zur Verfügung stehen. Ob die Wortsammlung sichtbar an der Tafel bleibt, liegt im Ermessen des Lehrers; im zweiten und zu Beginn des dritten Schuljahres scheint es noch angebracht.

Da geht der Wolf zum Steinhaus und ruft: „Liebes, gutes, kleines Schwein, lass mich doch zu dir hinein."
Da antwortet das dritte Schweinchen: „Bin ganz allein, bin ganz allein, ich lass dich nicht ins Haus hinein."
Da sagt der Wolf: „Ich werde husten und prusten und strampeln und trampeln und dein Haus zusammenprusten." Und der Wolf hustet und prustet, aber das Steinhaus kann ja nicht zusammenfallen. Da klettert der Wolf auf den Schornstein. Aber die drei Schweinchen haben unter dem Kamin einen Topf mit heißem Wasser aufgestellt. Das Feuer brennt. Der Wolf rutscht durch den Kamin und landet in dem Topf. Die Schweinchen heben den Deckel auf den Topf, und sie lachen und tanzen im ganzen Haus herum.
(Kathrin)

Schülerarbeit – Ende zweites Schuljahr

(b) Den Schluss einer Eulenspiegelgeschichte ergänzen (viertes Schuljahr)

Die Geschichte *Wie Till Eulenspiegel einen Wirt mit dem Klang des Geldes bezahlte* erzählt in struktureller Analogie von zwei gleichartigen Verhaltensweisen. Ein Wirt verlangt für den Duft des Bratens, den Eulenspiegel lediglich gerochen hat, dieselbe Bezahlung, wie wenn er davon gegessen hätte. Doch der weist den ungerechtfertigten Anspruch auf elegante Weise zurück. Er lässt den Wirt den Klang des Geldes hören und sagt: „Soviel wie Euch der Klang des Pfennigs hilft, soviel hilft mir der Geruch des Bratens in meinem Bauch." Die Komik dieses Schwankes liegt also in dem Vergleich von zwei wesensverschiedenen Sinneswahrnehmungen, von Duft und Klang.

Die Gleichartigkeit der Verhaltensweisen von Wirt und Eulenspiegel erlaubt, aus schreibdidaktischen Gründen die Geschichte an dem Punkt abzubrechen, an dem Eulenspiegel das Geld auf die Bank wirft. Was wird jetzt passieren? Wie wird der Wirt sich verhalten?

Die Schüler denken sich einen Schluss aus und schreiben ihn auf. Angestrebt wird nicht eine möglichst große Übereinstimmung mit dem Original, sondern ein logisches Ende. Vor allem die Reaktion des Wirtes kann sehr verschieden sein. Was könnte Eulenspiegel beispielsweise unternehmen, wenn der Wirt mit keinem Argument davon zu überzeugen ist, dass ihm das Geld nicht zusteht?

(c) Gedichte und Kindergeschichten vervollständigen

Sehr motivierende Übungen lassen sich mit Texten entwickeln, deren Spannungsbogen so gestaltet ist, dass sie ihren Höhepunkt erst am Schluss erreichen. Erzählgedichte, Fabeln (z.B. *Der Fuchs und die Trauben*), Schwänke (z.B. von Eulenspiegel, den Schildbürgern) oder Kalendergeschichten von Johann Peter Hebel weisen sehr oft eine derart pointenhafte Struktur auf. Sie sind darum als Quellen besonders ergiebig.

Die Ameisen
Joachim Ringelnatz

In Hamburg lebten zwei Ameisen,
die wollten nach Australien reisen
Bei Altona auf der Chaussee,
da taten ihnen die Beine weh.
Und [...]

[da verzichteten sie weise
Auf den letzten Teil der Reise.]

Mit diesem Gedicht kann von Ende des *ersten Schuljahres* an 'gespielt' werden. Vor der Textbegegnung werden die Wörter *Ameisen, Hamburg, Altona, Australien, Chaussee* an die Tafel geschrieben und ihre Bedeutung wird erklärt: Größe Hamburgs; Charakter des Stadtteils Altona; Entfernung von Altona bis zum Hafen; Entfernung vom Hamburg bis Australien.

Nach dem Erlesen der vier ersten Zeilen des Gedichts schließen die Schüler die Augen: Die Lehrerin erzählt noch einmal mit ihren eigenen Worten von dem Vorhaben der Ameisen, das ja eigentlich ganz unmöglich zu schaffen ist. Nun denken sich die Schüler aus, wie die Geschichte zu Ende gehen könnte. Sie erzählen zuerst mündlich, dann schreiben sie in Einzelarbeit ihren Vorschlag auf.

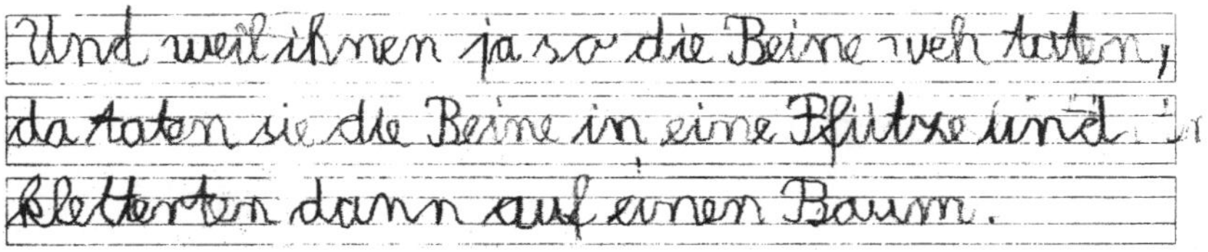

Schülerarbeit – Ende erstes Schuljahr

Die Geschichte von der Dreh-Hops-Wipp-Tute-Maschine *Ursula Wölfel*

Einmal haben die Leute im Keller aufgeräumt, und sie haben lauter Sachen in den Hof gestellt: eine alte Matratze und ein krummes Fahrrad und ein langes Brett und ein rostiges Ofenrohr und noch viele solche alten Sachen.
Da war gar kein Platz mehr im Hof, die Kinder konnten nicht mehr spielen.
Zuerst haben sie sich geärgert.

Aber dann haben sie gesagt: „Wir wollen uns aus den Sachen etwas bauen. Wir bauen uns eine verrückte Maschine!"
Sie haben die Matratze auf die Erde gelegt, und dann sind sie darauf herumgehopst. Jetzt hatten sie eine Hops– Maschine!
Dann haben die Kinder das Fahrrad umgedreht. Sie haben es neben die Matratze gestellt, und sie sind gehopst und haben an den Rädern vom Fahrrad gedreht. Jetzt hatten sie eine Dreh– Hops– Maschine!
Dann haben sie das Brett über die Matratze gelegt. Mit dem Brett konnten sie wippen. Jetzt [...]

[hatten sie eine Dreh-Hops-Wipp-Maschine!
Dann haben sie das Ofenrohr geholt. Sie haben laut durch das Ofenrohr getutet, und jetzt hatten sie eine Dreh-Hops-Wipp-Tute-Maschine!
Alle Leute haben aus dem Fenster geguckt und gelacht.]

Ursula Wölfels Geschichte eignet sich gleichermaßen für ein *zweites* wie *drittes Schuljahr*. Eine Zeichnung von der Dreh-Hops-Maschine, per Folie präsentiert, kann den Zugang eröffnen. Die Kinder versuchen im Gespräch herauszufinden, was es mit dieser Maschine auf sich hat. Dann bekommen sie den Text (ohne Überschrift), der an der Stelle abbricht, wo die Kinder das Brett über die Matratze legen und damit wippen.

Das Auflegen einer Deckfolie, auf der ein Brett aufgezeichnet ist, veranlasst die Schüler zum Weiterdenken. Sie suchen zuerst den Namen (Wippe) und überlegen dann, welche Teile von den Kindern noch herbeigebracht werden könnten. Weitere Fragen:
- Wo werden diese Teile aufgelegt bzw. befestigt?
- Was machen die Kinder damit?
- Wie heißt die Maschine jetzt?

Für das Schreiben werden zwei Vereinbarungen getroffen:
- Beginne mit „Jetzt ...".
- Es kommt ein viertes Kind hinzu.

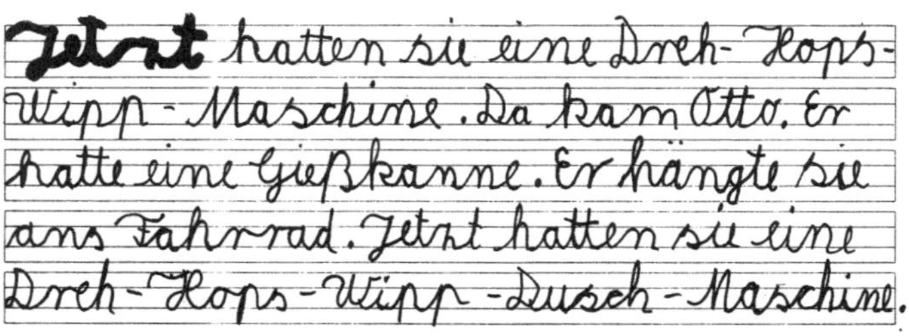

Schülerarbeit – Ende zweites Schuljahr

(3) Den Mittelteil einer Geschichte ergänzen

Diese Schreibaufgabe ist anspruchsvoller als das Erzählen eines Schlusses. Sie verlangt vom Schüler nicht nur das Nachvollziehen und folgerichtige Beenden eines Geschehens, sondern den Entwurf eines Gesamtplans der Geschichte. Die Ausgangstexte sollten daher nicht zu unfangreich sein; in einem *vierten Schuljahr* haben wir uns für eine Kinderkurzgeschichte entschieden.

Der Junge mit den Steinchen
Jochen Möckelmann

Ein Junge saß auf der Treppe vor einem Haus und spielte mit Steinen. Mal türmte er sie zu einer Burg auf, mal baute er einen Bauernhof mit Tieren damit. Dann waren sie Reiter, Ochsen und Planwagen im Wilden Westen, bevor sie als Rennwagen mit laut donnernden Motoren um Hindernisse kurvten.

Ein Mann in einem großen Wagen sah dem Jungen lange zu. Endlich stieg er aus. „Du könntest etwas Sinnvolleres tun, als hier mit Steinchen herumzuspielen."

„Warum?" fragte der Junge.

„Wenn [...]

[du dir Geld verdienen würdest mit Zeitungsaustragen oder anderem, könntest du dir Spielzeugautos und Bauernhöfe mit Kühen, Pferden und Schweinen kaufen."

„Warum", fragte der Junge, „die habe ich doch schon?" Dabei deutete er auf seine Steine.

„Wenn du lernen würdest, statt zu spielen", fuhr der Mann unbeirrt fort. –

„Warum?" fragte der Junge. „Meine Hausaufgaben habe ich doch schon gemacht."

„Wenn du noch mehr lernen würdest, mehr als deine Klassenkameraden ..."

„Warum?" fragte der Junge.]

„... dann könntest du später einen Beruf erlernen, in dem du viel Geld verdienen kannst. Mit dem Geld kannst du Leute bezahlen, die für dich arbeiten, und hättest dann viel Zeit für dich und könntest tun, was du wolltest."

„Ich habe viel Zeit für mich und tu, was ich will", sagte der Junge und spielte wieder mit seinen Steinen.

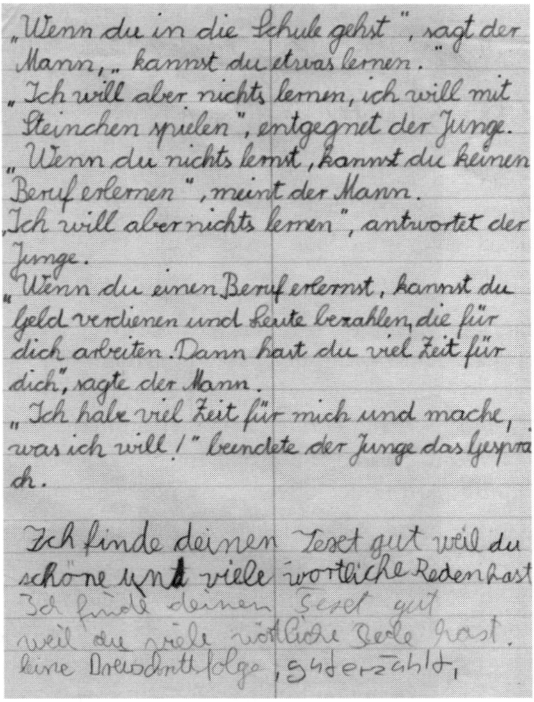
„Wenn du in die Schule gehst", sagt der Mann, „kannst du etwas lernen."
„Ich will aber nichts lernen, ich will mit Steinchen spielen", entgegnet der Junge.
„Wenn du nichts lernst, kannst du keinen Beruf erlernen", meint der Mann.
„Ich will aber nichts lernen", antwortet der Junge.
„Wenn du einen Beruf erlernst, kannst du Geld verdienen und Leute bezahlen, die für dich arbeiten. Dann hast du viel Zeit für dich", sagte der Mann.
„Ich habe viel Zeit für mich und mache, was ich will!" beendete der Junge das Gespräch.

Ich finde deinen Text gut weil du schöne unt viele wörtliche Reden hast
Ich finde deinen Text gut weil du viele wörtliche Rede hast.
keine Dreischrittfolge, gut erzählt,

Schülerarbeit – viertes Schuljahr

Der Lehrer erzählt die Geschichte, spart jedoch den Mittelteil aus. Die Schüler überlegen, wie das Gespräch zwischen dem Jungen und dem Mann weiter verlaufen könnte, und erproben es dann im Rollenspiel. Nachdem sie den Text – ohne Mittelteil – erhalten und gelesen haben, erörtern sie, was es bedeutet, dass der Mann seine Einlassungen mit „Wenn“ beginnt. Sie fragen, welche Argumente der Mann beibringen könnte, um den Jungen von seiner Meinung zu überzeugen; dass er keinen Erfolg hat, zeigt der Schluss.

Die Schüler erproben ihre Ergebnisse in einem erneuten Rollenspiel und schreiben die Rede und Gegenrede anschließend in Partnerarbeit auf. Bei der Überarbeitung (die auch als Hausaufgabe geschehen kann) achten sie besonders auf die Stellung der Begleitsätze zur wörtlichen Rede: vorangestellt, eingeschoben oder nachgestellt? Die überarbeiteten Texte werden in der Klasse ausgelegt, die Schüler wählen sich einen Beleg aus, lesen ihn vor und schreiben einen kurzen Kommentar dazu. In einer abschließenden Gesprächsrunde werden die Argumente aus den Texten der Schüler mit denen des Originals verglichen.

(4) Mittelteil und Schluss ergänzen

Der Aufbau der Fabel *Die kleine Maus sucht einen Freund* von Eric Carle entspricht dem Prinzip der Reihung. In kurzen Sätzen mit einfachen, aus Frage und Antwort bestehenden Dialogen wird von den vergeblichen Versuchen einer einsamen Maus erzählt, einen Freund zu finden. Nachdem Pferd, Krokodil, Löwe, Elefant, Giraffe, Affe und Schlange abgelehnt haben, begegnet sie einer anderen Maus; in ihr findet sie die ’passende’, artgemäße Partnerin.

Kinder im *zweiten* und *dritten* Schuljahr spricht die Fabel sehr an. Dem unterrichtlichen Vorhaben entsprechend, wird in der Arbeitsvorlage nur der Anfang des Fabeltextes abgedruckt (bis zum Beginn der dritten Begegnung; dann noch ein unvollständiger Satz, der durch das „Ja“ die Wende anzeigt), sowie ein Bild von zwei im Mäuseloch einträchtig beieinander sitzenden Mäuschen.

Der Lehrer erzählt den Anfang der Fabel oder liest ihn vor. Die Schüler äußern sich über den vermuteten weiteren Verlauf, sie überlegen, welchen anderen Tieren die kleine Maus noch begegnen könnte (Tafelanschrift: an die erste Stelle kommt der Löwe, dann kommen untereinander weitere Tiere). Nun provoziert der Lehrer die Klasse, nach Verben zu suchen, mit denen Tierstimmen bezeichnet werden, indem er dem Löwen das Verb ‘krähen’ zuordnet; die Verben werden völlig wahllos, wie gerade genannt, hinter die Tiernamen geschrieben. Die richtige Zuordnung von Substantiven und Verben kann in einem Dominospiel geschehen. Eine solche Übungsform ist aufwendiger als das bloße Sprechen oder Aufschreiben der Wörter, dafür aber ungleich motivierender. Die Kärtchen werden von den Schülern selbst beschriftet. Das Domino legen sie in Gruppen.

Hunde	**bellen**	**Bienen**	**summen**	**Frösche**	**quaken**

Am Ende des Spiels zieht sich jeder Schüler ein Tierkärtchen, überlegt sich eine Eigenschaft, die das dort benannte Tier auszeichnet, und teilt dies in der Rolle des Tieres den anderen mit. Ein Kind miaut so beispielsweise wie eine Katze und sagt: „Nachts kann ich besonders gut sehen."

Damit die genannten Eigenschaften nicht gleich wieder vergessen werden, schreibt jeder Schüler seine Aussagen auf. Man kann diese Übung noch variieren oder auflockern, indem man jeweils Schattenfiguren der Tiere auf den Tageslichtprojektor legt, während des Sprechens damit agiert und individuell schreiben lässt.

Die kleine Maus sucht einen Freund

Nach Eric Carle

Die kleine Maus war einsam und allein. Sie wünschte sich nichts lieber als einen Freund. Sie lief zum Pferd und fragte: "Wollen wir Freunde sein?" "Nein", wieherte das Pferd, "du hast viel zu kurze Beine. Wenn ich lostrabe, kommst du ja nicht mit."
Da lief die kleine Maus zum Krokodil und fragte: "Wollen wir Freunde sein?" "Nein", klapperte das Krokodil. "Du bist mir viel zu klein."
Da lief die kleine Maus zum Löwen. ...

"Ja", sagte die Maus, "komm mit . ...

Arbeitsblatt

Nach dieser intensiven Übungsphase, in der die Schüler antizipatorisch auf das sprachliche Ausgestalten des Mittelteils vorbereitet worden sind, erhalten sie das Arbeitsblatt, das erfahrungsgemäß sofort zum Erzählen des im Bild dargestellten Schlusses anregt. Danach lesen sie den Textanfang, zunächst still, anschließend laut. Das Verteilen von Rollen (Erzähler, Tiersprecher), evtl. auch das im Spiel nachvollzogene Laufen der Maus von einem zum anderen Tier, motiviert dabei besonders.

Für das Schreiben des Mittelteils (in Alleinarbeit) werden drei Vereinbarungen getroffen:

- Erzähle von zwei bis drei weiteren Begegnungen der Maus (incl. Löwe).
- Schreibe die Gründe der Tiere, warum sie nicht Freunde der kleinen Maus werden wollen.
- Benutze anstelle von 'sagen' auch andere passende Verben.

Den Schluss der kleinen Fabel schreiben die Schüler als Hausaufgabe oder erst in einer Folgestunde auf.

Sind die Entwürfe überarbeitet, bietet sich (beispielsweise für die Geschichtenmappe) folgendes Verfahren an: Die Kinder kleben den Anfangstext auf ein leeres Din A 4-Blatt, schreiben den eigenen Mittelteil und, nachdem sie das Bild aufgeklebt haben, den Schluss sorgfältig ab.

... und fragte: „Wollen wir Freunde sein?" – „Nein", brüllte der Löwe, „du bist viel zu schwach." Da lief die kleine Maus zum Papagei und fragte: „Wollen wir Freunde sein?" – „Nein", rief der Papagei, „du kannst nicht fliegen." Da lief die kleine Maus zum Fisch und fragte: „Wollen wir Freunde sein?" – „Nein", blubberte der Fisch, „du kannst ja nicht schwimmen." Zuletzt traf die kleine Maus eine andere Maus und fragte: „Wollen wir Freunde sein?" – „Ja", sagte die Maus, „komm mit zu mir." Und sie waren für immer Freunde. (Achim)

Schülerarbeit – Ende zweites Schuljahr

Auch als Impuls für *dialogisches Schreiben* (im dritten und vierten Schuljahr) bietet sich der Anfang der Fabel an. Dann würde man jedoch nach der Beschäftigung mit dem Arbeitsblatt direkt zu einem Rollenspiel übergehen, um damit das Verfassen der Sprechtexte vorzubereiten. – Eine Umarbeitung der Fabel in ein Schattenspiel ist an späterer Stelle (s. S. 181) dokumentiert.

2.2 Texte weiterschreiben und erweitern

In fast allen Literaturgattungen begegnen dem Leser Texte, die zwar strukturell vollständig sind und dennoch Signale geben, die auf eine potentielle Fortführung oder auf eine Erweiterung um ein Kompositionselement verweisen.

In solchen Fällen ist es Sache des Lesers, die Ungewissheiten, Vorausdeutungen und Offenheiten der Texte für sich zu konkretisieren bzw. weiterzuführen. Im privaten Lesen vollziehen sich derartige Rezeptionsprozesse zumeist nur in seinen Gedanken, seltener im Austausch mit anderen Lesern. Im Unterricht, der ohnehin auf Mitteilung und Austausch angewiesen ist, weil sonst kein Gespräch über Literatur zustande käme, können die Fortführungen und Ergänzungen auch schriftlich geschehen. Dies hat nicht nur Auswirkungen auf die Beschäftigung mit den Texten selbst, es werden so auch interessante Schreibanlässe gewonnen.

(1) Nachträge schreiben

Es gibt nicht wenige Texte, deren Handlung zu einem ganz bestimmten Abschluss gekommen ist, die es aber im Ungewissen belassen, ob diese Lösung in die Zukunft hinein trägt. Bei solchen Texten kann der Leser dann für sich Gewissheit schaffen, die Handlung in seinem Sinne weiterführen, also eine Art 'Nachtrag' schreiben.

(a) Nachtrag zu einem Märchen (drittes/viertes Schuljahr)

„... Und wenn sie nicht gestorben sind, leben sie noch". Viele Märchen enden mit dieser oder einer ähnlichen Aussage, die ihre Handlung abschließt. Es gibt aber auch Märchenschlüsse, die nicht so endgültig sind. Wenn es beispielsweise im *König Drosselbart* am Ende heißt, mit der Hochzeit habe die Freude erst angefangen, und der Erzähler hinzufügt, „ich wollte, du und ich, wir wären auch dabeigewesen", dann kann sich der Leser schon noch ausdenken, wie das hätte werden können. Und wenn das *Tapfere Schneiderlein* mit der Aussage endet, dass der

Schneider jetzt ein ganzes Leben lang König geblieben sei (weil sich alle vor ihm fürchteten), kann sich der Leser durchaus fragen, ob das wohl auch wirklich gut gegangen sein mag.

Bei den *Bremer Stadtmusikanten* ist der Gedanke naheliegend, dass sich die Räuber mit der Vertreibung aus ihrer Hütte nicht zufriedengeben, dass sie diese wieder zurückerobern wollen. Das Thema der Schreibübung kann dann lauten: Die Räuber erkennen, dass sie auf die Bremer Stadtmusikanten hereingefallen sind, und beschließen, ihr Räuberhaus zurückzuerobern.

Vorbereitet wird das Schreiben in vier Schritten:

- Im Kreisgespräch Ideen sammeln.
- Ideen im Stegreifspiel durchspielen und dabei auf ihre Tauglichkeit prüfen; gute Ausdrücke bzw. gelungene Formulierungen, die im Spiel vorkommen, an die Tafel schreiben.
- Formulierungsversuche zu den Dialogen schreiben.
- Stichwortartige Skizzierung des Handlungsverlaufs.

Die Räuber vertreiben die Bremer Stadtmusikanten

Als die Räuber sich von Ihrem Schrecken erholt hatten, sammelten sie sich in der Nacht noch an der Fuchshöhle, einem Treffpunkt mitten im Wald. Der Räuberhauptmann brüllte: „Edle Mannschaft, ihr habt doch euren Edelmut. Wir lassen uns doch nicht von so dämlichen Geistermenschen schrecken! Darum Vorschläge!“ Langes Schweigen. Endlich meinte Räuber Vielfraß: „Das ist doch ganz einfach. Du sagst uns, was wir machen sollen, und wir erledigen es.“ – „Dummkopf“, rief der Räuberhauptmann. Abermals nach langem Schweigen sprach Räuber Pferdeapfel: „Wir nehmen unsere alte Klingelglocke. Davor schrecken sie bestimmt zurück.“ – „Bravo! Das ist die Idee!“ schrie Räuber Schwimmflosse. Dann holten sie die Klingel und schlichen sich an das kleine Haus, wo die Bremer Stadtmusikanten schliefen. „Wir müssen das Haus umstellen, und du Naseweiß klingelst dann. Okay?“ – „Okay“, flüsterte Naseweiß, ein furchtbarer Räuber. „Also eins ..., zwei ..., drei! Klingelingeling!“ schrie Naseweiß und es klingelte furchtbar. Die Bremer Stadtmusikanten dachten, es wäre ein Riese vor ihrer Tür und flohen. Die Räuber aber hatten ihr lang ersehntes Häuschen wieder. (Peter)

Schülerarbeit – viertes Schuljahr

Eine inhaltliche Variante zu der Aufgabenstellung „Verändern des Märchenschlusses“ ergibt sich, wenn man die Schlußsituation des Märchens aufnimmt, nun aber die Perspektive ändert und statt der Räuber die Tiere zu den Hauptfiguren macht.

Der Schreibimpuls kann dann lauten: Wir überlegen: Am Schluss des Märchens heißt es: Den Tieren gefiel es im Räuberhaus so gut, dass sie nicht wieder heraus wollten. Einmal wird es ihnen aber doch zu einsam und langweilig in ihrem Waldhaus, sie wollen Leute treffen und sehen, was in der Welt vorgeht. Welche Erfahrungen werden sie wohl machen, welche Abenteuer erleben? – Schüler eines *vierten Schuljahres* haben sich die nachfolgende Geschichte vom misslungenen Auftritt der Tiere ausgedacht und gemeinsam aufgeschrieben:

Es waren einmal vier lustige Tiere, ein Esel, ein Hund, eine Katze und ein Hahn. Die lebten in einem Haus im tiefen Wald. Eines Tages sagte der Esel: „Liebe Freunde, wir können hier nicht rumsitzen und nichts tun. Kommt, wir gehen auf Wanderschaft und singen den Leuten etwas vor." Die anderen Tiere waren einverstanden. Sie packten etwas Essen ein und dann gingen sie los. Als sie ein paar Stunden marschiert waren, lag vor ihnen ein schönes Dorf. „Kommt, wir legen uns hin, denn es dämmert schon", sagte die Katze. Der Hund meinte: „Wir können ja morgen hinuntergehen." Also legten sie sich hin und schliefen ein. Am nächsten Morgen wanderten sie ins Dorf und sangen den Leuten etwas vor. Denen gefiel der Gesang aber gar nicht. Das Volk hielt sich die Ohren zu und jagte die Tiere fort. Darüber waren die vier Gesellen so traurig, dass sie sich in ihr Häuschen verzogen und nie wieder zum Vorschein kamen. Ja, das war das Ende von unseren lustigen Bremer Musikanten.

Ein Nachtrag zum Märchen muss aber nicht zwingend mit einem Fiasco enden. Ein alternativer Handlungskern kann beispielsweise sein, dass die Tiere auf ihrer Wanderschaft zu einem Zirkus stoßen und dort mit viel Erfolg Konzerte geben. Als formale Variante zur Ausgestaltung dieses Handlungskerns kann dialogisches Schreiben gewählt werden, eingebunden etwa in die Aufgabe, eine Textvorlage für eine Hörszene zu verfassen. Neu eingeführt werden muss dafür nur die Figur des Erzählers, der die einleitenden und verbindenden Texte spricht. Der gemeinschaftlich erarbeitete Text einer *dritten Klasse* beginnt beispielsweise so:

Erzähler: Den Tieren wurde es eines Tages im Räuberhaus langweilig. Sie steckten ihre Köpfe zusammen und beratschlagten.

Katze: Ich habe eine Idee. Was meint ihr? Wie wär's, wenn wir uns aufmachen, nach Bremen zu ziehen?

Esel/Hund/Hahn: Eine tolle Idee! Das machen wir.

Erzähler: Die Tiere kamen an einer Autobahnraststätte vorbei.

Esel: Wollen wir hier etwas essen und trinken?

Hahn: Ich bin so müde, vielleicht können wir hier übernachten.

Hund: Wie wollen wir das anstellen?

Katze: Dumme Frage. Sind wir nun die Bremer Stadtmusikanten oder nicht? Wir spielen unsere Musik.

Erzähler: Und schon begannen sie ihr Konzert.

Alle durcheinander: Ia, ia, wau, wau, miau, miau, kikeriki.

Erzähler: Das Publikum war begeistert und schrie „Zugabe, Zugabe!" Der Wirt brachte den Tieren, was sie essen wollten. Am nächsten Morgen zogen sie weiter.

(b) Nachtrag zu einem Erzählgedicht

Gedichte, die eine Geschichte erzählen, können die Frage aufwerfen, ob sich über ihre Handlung hinaus noch eine Weiterentwicklung denken ließe. Ein anregendes Beispiel ist das hier gewählte Erzählgedicht von James Krüss, das zum Nachdenken über alternative Verhaltensweisen auffordert.

Der Sperling und die Schulhof-Kinder
James Krüss

Ein Sperling, der von ungefähr
zu einem Schulhof kam,
erstaunte über das, was er
auf diesem Hof vernahm.

Ein Mädchen sprach zu Meiers Fritz:
„Du alter Esel du!"
Da sprach der Franz: „Du dumme Gans
bist eine blöde Kuh!"

Der Walter sprach zum dicken Klaus:
„Mach Platz, du fetter Ochs!"
Da rief der Klaus: „Du fade Laus,
pass auf, dass ich nicht box!"

Zum Peter sprach Beate nun:
„Du Affe, geh hier weg!"
Da rief der Peter: „Dummes Huhn,
ich weiche nicht vom Fleck!"

Der Sperling meint, er hör nicht recht.
Es tönte allenthalb:
„Du Schaf! Du Floh! Du blöder Hecht!
Du Hund! Du Schwein! Du Kalb!"

Der kleine Sperling staunte sehr.
Er sprach: „Es schien mir so,
als ob ich auf dem Schulhof wär;
doch bin ich wohl im Zoo!"

Das Ergebnis des Denkprozesses kann dann von den Schülern in Form eines Nachtrags verfasst werden, wahlweise in Prosa oder – wie im abgedruckten Schülerbeispiel – in Versen.

Schülerarbeit – viertes Schuljahr

(c) Nachtrag zu einer Kinderkurzgeschichte

Hannes fehlt *Ursula Wölfel*

Sie hatten einen Schulausflug gemacht. Jetzt war es Abend, und sie wollten mit dem Autobus zur Stadt zurückfahren. Aber einer fehlte noch. Hannes fehlte. Der Lehrer merkte es, als er die Kinder zählte.

„Weiß einer etwas von Hannes?" fragte der Lehrer.

Aber keiner wusste etwas.

Sie sagten: „Der kommt noch."

Sie stiegen in den Bus und setzten sich auf ihre Plätze.

„Wo habt ihr ihn zuletzt gesehen?" fragte der Lehrer.

„Wen?" fragten sie. „Den Hannes? Keine Ahnung. Der wird schon kommen."

Draußen war es jetzt kühl und windig, aber hier im Bus hatten sie es warm. Sie packten ihre letzten Butterbrote aus.

Der Lehrer und der Busfahrer gingen die Straße zurück.
Einer im Bus fragte: „War der Hannes überhaupt dabei? Den hab ich gar nicht gesehen."
„Ich auch nicht", sagte ein anderer.
Aber morgens, als sie hier ausstiegen, hatte der Lehrer sie gezählt, und beim Mittagessen im Gasthaus hatte er sie wieder gezählt und dann noch einmal nach dem Geländespiel. Da war Hannes also noch bei ihnen.
„Der ist immer so still", sagte einer. „Von dem merkt man gar nichts."
„Komisch, dass er keinen Freund hat", sagte ein anderer, „ich weiß noch nicht einmal, wo er wohnt."
Auch die anderen wussten das nicht.
„Ist doch egal", sagten sie.
Der Lehrer und der Busfahrer gingen jetzt den Waldweg hinauf. Die Kinder sahen ihnen nach.
„Wenn dem Hannes jetzt etwas passiert ist?" sagte einer.
„Was soll dem passiert sein?" rief ein anderer. „Meinst du, den hätte die Wildsau gefressen?"
Sie lachten. Sie fingen an, sich über die Angler am Fluss zu unterhalten, über den lustigen alten Mann auf dem Aussichtsturm und über das Geländespiel.
Mittenhinein fragte einer: „Vielleicht hat er sich verlaufen? Oder er hat den Fuß verstaucht und kann nicht weiter. Oder er ist bei den Kletterfelsen abgestürzt?"
„Was du dir ausdenkst!" sagten die anderen.
Aber jetzt waren sie unruhig. Einige stiegen aus und liefen bis zum Waldrand und riefen nach Hannes. Unter den Bäumen war es schon ganz dunkel. Sie sahen auch die beiden Männer nicht mehr. Sie froren und gingen zum Bus zurück.
Keiner redete mehr. Sie sahen aus den Fenstern und warteten. In der Dämmerung war der Waldrand kaum noch zu erkennen.
Dann kamen die Männer mit Hannes. Nichts war geschehen. Hannes hatte sich einen Stock geschnitten, und dabei war er hinter den anderen zurückgeblieben. Dann hatte er sich etwas verlaufen.
Aber nun war er wieder da, nun saß er auf seinem Platz und kramte im Rucksack.
Plötzlich sah er auf und fragte: „Warum seht ihr mich alle so an?"
„Wir? Nur so," sagten sie.
Und einer rief: „Du hast ganz viele Sommersprossen auf der Nase!"
Sie lachten alle, auch Hannes.
Er sagte: „Die habe ich doch schon immer."

Für die unterrichtliche Realisation bieten sich zwei alternative Motivationsformen an, die je nach Intention, Zeitpunkt und Klassensituation aufgegriffen werden können. Einmal erzählen oder berichten die Schüler von ihren Wandertagen und u. U. von besonderen Vorkommnissen. Zum anderen nähern sie sich dem Text mittels gruppendynamischer Spiele:

- Geht durcheinander, ohne zu sprechen. Berührt euch nicht. Nutzt den ganzen Spielraum.

- Geht durcheinander und sucht einen Partner. Nehmt euch an der Hand. Sprecht nicht.

- Stellt euch bei Zuruf als Würfelzahl auf. Sprecht nicht.

Der Auftrag, mit den Stühlen den Innenraum eines Busses spielerisch aufzubauen und sich in den 'Bus' zu setzen, leitet zur Präsentation des Textes über. Nach einer ersten Aussprache gibt der Lehrer einen weiteren Spielimpuls: Ihr könnt die Geschichte nachspielen. Überlegt, welche Teile der Handlung nicht genau im Text stehen. Die wollen wir spielen. Zum Beispiel:

- Lehrer zählt die Schüler
- Lehrer und Busfahrer suchen Hannes
- Hannes wird gefunden
- Hannes mit seinen Klassenkameraden auf der Heimfahrt.

Durch den weiterführenden Impuls „Hannes findet Freunde" wird das Nachdenken über einen Nachtrag angestoßen. Schreibaufträge können lauten:

- Schreibe in dialogischer Form (evtl. in Partnerarbeit), was auf der Heimfahrt im Bus zwischen Hannes und einem oder mehreren Mitschüler(n) gesprochen wird.
- Schreibe in dialogischer Form (evtl. in Partnerarbeit), was am nächsten Morgen in der Schule zwischen Hannes und einem oder mehreren Mitschüler(n) gesprochen wird.
- Erzähle, wie Hannes einen Freund findet.

(2) Einen Text erweitern

(a) Ein Kompositionselement ergänzen[1]

Vom Jungen, der auszog, die Angst zu verlernen *Irmela Brender*

Es war einmal ein Junge, der hatte Angst vor allem und jedem: vor der Dunkelheit, vor Autos, Menschen und Tieren und vor dem gleichen wie du und ich.
Er wollte aber gern mutig sein, und so zog er eines Tages aus, die Angst zu verlernen.
Zuerst ging er zu einem Piloten. Der steuerte sein Flugzeug hoch in die Luft, weit übers Meer. Wer das tut, meinte der Junge, der hat gewiss keine Angst.
„Hast du Angst?" fragte der Junge den Piloten, und der nickte. „Ich habe Angst, mein Funkgerät könnte im Nebel ausfallen, und ich bliebe an einem Berg hängen. Ich habe Angst, jemand könnte eine Bombe im Flugzeug verstecken. Ich habe Angst, ich könnte krank werden, und manchmal habe ich auch Angst und weiß nicht wovor."
„Was machst du dagegen?" fragte der Junge. Der Pilot sagte: „Ich fliege, so gut ich kann, ich bin so vorsichtig, wie es nur geht. Und sonst mache ich eben weiter."
Danach ging der Junge zu einem Rennfahrer. Der fuhr Rennen auf Strecken, auf denen schon viele Rennfahrer verunglückt waren.
„Hast du Angst?" fragte der Junge den Rennfahrer, und der nickte. „Ich habe Angst, ich würde aus der Bahn getragen, und mein Wagen würde sich überschlagen und in Flammen aufgehen. Ich habe Angst, ein anderer könnte mit mir zusammenstoßen, und wir wären beide für immer verletzt. Ich habe Angst vor dem Augenblick, in dem ich nicht mehr gewinnen kann, und manchmal habe ich auch Angst und weiß nicht wovor."
„Was machst du dagegen?" fragte der Junge. Der Rennfahrer sagte: „Ich mache alles, so gut ich kann. Und sonst mache ich eben weiter."

[1] Verfasser dieses Abschnitts ist Wilhelm Steffens.

Als nächstes ging der Junge zu einem Stierkämpfer. Der stand oft einem gereizten Stier gegenüber und musste ihn töten, wenn er nicht von ihm getötet oder doch verletzt werden wollte.
„Hast du Angst?“ fragte der Junge den Stierkämpfer, und der nickte. „Ich habe Angst, der Stier könnte schneller sein als ich und mich auf die Hörner nehmen. Ich habe Angst, ich könnte einen schlechten Kampf liefern, und das Publikum würde mich auslachen. Ich habe Angst vor dem Augenblick, in dem ich nicht mehr kämpfen kann, und manchmal habe ich auch Angst und weiß nicht wovor.“
„Was machst du dagegen?“ fragte der Junge. Der Stierkämpfer sagte: „Ich töte den Stier so gut ich kann, und sonst mache ich eben weiter.“
Da verglich der Junge die drei Antworten und fand, dass sie sehr ähnlich waren. Und er hörte auf zu fragen und machte alles, so gut er konnte, und sonst machte er eben weiter.

Die Überschrift des Textes assoziiert das Märchen *Von einem der auszog, das Fürchten zu lernen*. Auffällig und der Struktur des Märchens entlehnt ist auch die Dreizahl der Gliederung. Darüber hinaus hat der Text aber einen modernen Zeitbezug und seinen ‘Sitz im Leben’. Es handelt sich jedoch nicht um eine realistische Kinderkurzgeschichte, sondern um eine parabolische oder auch didaktische Form, wie insbesondere der hohe Grad der Stilisierung belegt. So nehmen die Kinder auch spontan den gleichnishaften Charakter auf.

Der Einleitungsteil rückt die Dichotomie Angst – Mut in den Blickpunkt des Lesers, auf den das Gesagte bezogen wird: Der Junge hatte Angst „wie du und ich“. Dies stiftet eine literarische Kommunikationsbasis zwischen Erzähler und Leser. Nach dem Vorlesen dieses Abschnitts sprechen die Kinder nahezu spontan über ihre Ängste und ihr Mutigsein.

Der Hauptteil des Textes besteht aus drei formal nahezu identischen, besser äquivalenten Teilgeschichten: Vom Piloten, vom Rennfahrer, vom Stierkämpfer (oder besser: Dompteur, wie in Lesebuchbearbeitungen). Der Abschlussteil, gleichsam das Epimytheon (die Lehre) wie bei einer Fabel, ist die (belehrende) Auflösung. Sie wirkt nach unseren Erfahrungen in der Regel überraschend, weil die Kinder ihre Erwartungshaltung auf einen mutigen, eindeutig die Angst besiegenden Schluss oder Entschluss ausrichten. So sagte ein Junge nahezu enttäuscht „Und was hat sich nun geändert? Da hätte er sie gar nicht zu fragen brauchen“, was allerdings in der Gegenrede kritisch aufgearbeitet wurde.

Die *erste Zielebene* ist, dass die Kinder den im Einleitungsteil thematischen Gegensatz von Angst und Mut erkennen, verbalisieren und sich selbst mit ihren Erfahrungen der Angst einbringen.

Die *zweite Zielebene* ist formaler Art: Die Kinder sollen den Aufbau der Geschichte, die strenge Komposition, das hohe Maß an Wiederholung erfassen (reflexiv und konstruktiv).

Die *dritte Zielebene* ist kreativ–stilistischer Art und verbindet Elemente der vorausgehenden: Die Kinder erweitern die Geschichte um ein selbsterfundenes Kompositionselement.

Vorausgesetzt werden bei dem folgenden Schülerbeispiel die beiden ersten Erschließungsdimensionen, da hier das Element des kreativ-stilistischen Schreibens dominiert. Die Unterrichtsführung vermag, dieses optimal vorzustrukturieren. Nach dem Vorlesen und Erschließen des Einleitungsteils und vor der Erörterung des Schlussteils können den Kindern beispielsweise die Pilotengeschichte und die Stierkämpfer- (oder Dompteur-)geschichte vorgelesen werden. Ihnen wird verraten, dass eine Geschichte, nämlich die vom Rennfahrer, ausgelassen wurde. Die Kinder versuchen nun, diese dritte mündlich zu erzählen (Antizipation), was zu einem nahezu identischen Text führt.

Nach dem mündlichen Erschließen des Abschlussteils und der Sinnmitte der Geschichte bietet sich ein Vorlesen durch fünf Kinder (gemäß den fünf Abschnitten) zur vertieften Erfassung des Textgefüges an. Der Impuls „Wen hätte denn der Junge eurer Meinung nach noch fragen können?“ leitet zu der schriftlichen Gestaltungsaufgabe über. Die Kinder nennen erfahrungsgemäß spontan eine Gruppe von Prototypen des Mutigen: Forscher, Bergsteiger, Dompteur, Astronaut, Fallschirmspringer, Schauspieler, Kapitän, Stuntman! Jeder befragt nun schriftlich seinen gewählten Dialogpartner. Die Teilgeschichten werden später auf dem Wandfries in die originale Geschichte als gültiges Textelement eingeklebt.

Zuletzt ging er zu einem Astronauten. Der musste weit ins All fliegen. „Hast du Angst?“ fragte der Junge den Astronauten und der nickte. „Ich habe Angst, dass mir im All die Luft ausgeht. Ich habe Angst, dass die Rakete nach dem Start abstürzt. Ich habe Angst, dass der Treibstoff der Rakete ausgeht und die Rakete nicht mehr auf die Erde zurückkommt, und dass ich im All verhungere. Und manchmal habe ich Angst und weiß nicht wovor.“
„Was machst du dagegen?“ fragte der Junge. Der Astronaut sagte: „Ich fliege, so gut ich kann. Und sonst fliege ich eben weiter.“ (Markus)

Schülerarbeit 3. Schuljahr

(b) Ein Märchen erweitern

Warum es keinen Krieg geben kann *Chinesisches Märchen*

Als der Krieg zwischen den beiden benachbarten Völkern unvermeidlich war, schickten die feindlichen Feldherren Späher aus, um zu erkunden, wo man am leichtesten in das Nachbarland einfallen könnte. Und die Kundschafter kehrten zurück und berichteten ungefähr mit den gleichen Worten ihren Vorgesetzten: es gäbe nur eine Stelle an der Grenze, um in das andere Land einzubrechen. „Dort aber,“ sagten sie, „wohnt ein kleiner braver Bauer in einem kleinen Haus mit seiner anmutigen Frau. Sie haben einander lieb, und es heißt, sie seien die glücklichsten Menschen auf der Welt. Sie haben ein Kind. Wenn wir nun über das kleine Grundstück in Feindesland einmarschieren, dann würden wir das Glück zerstören. Also kann es keinen Krieg geben.“ Das sahen die Feldherren denn auch wohl oder übel ein, und der Krieg unterblieb, wie jeder Mensch begreifen wird.

Der kleine Text, eigentlich mehr eine Parabel denn ein Märchen, erzählt von einer Friedens-Utopie. Dass es mehr Wunschdenken ist als Realität, wenn feindliche Feldherren auf Menschen Rücksicht nehmen, die an ihren Auseinandersetzungen unbeteiligt sind, dies können schon jüngere Kinder mitvollziehen. Gleichwohl sollte dies nicht daran hindern, der Friedens-Utopie in den Interpretationsgesprächen einen hohen Wert beizumessen.

Der Märchentext führt sein Thema mit knappen Worten aus. Nur ein einziges Mal kommt die wörtliche Rede vor, die ja zu Recht als belebendes Element von Erzählungen gilt. Hier setzten die Schüler eines *dritten Schuljahres* an. Sie überlegten sich, was die zurückgekehrten Späher gesagt haben könnten, sie trugen Argumente für die Auseinandersetzung zwischen den Spähern und dem Feldherrn zusammen und sie gestalteten ihre Texte mit Illustrationen aus. Auf diese Weise entstand ein ganzes Märchen-Bilderbuch.

2.3 Auf Texte 'antworten'

Antworten sind in unserem Sprachhandeln Aussagen, die als Reaktion auf eine Frage gemacht werden, und „bis zu einem gewissen Grade" können eigentlich „alle Aussagen als Antworten auf potentielle Fragen aufgefaßt werden" (Lewandowski 1990, 73). Diese komplementäre Struktur kennzeichnet auch die 'Antworten', die als Reaktion auf einen Text geschrieben werden. Ein Leser kann sie nur verstehen, wenn er auch die 'Frage' kennt. Zwar trifft dieses Merkmal auf eine Vielzahl von Reaktionen zu, wir wollen es hier aber einschränkend auf solche Schreibhandlungen beziehen, die vom Inhalt des poetischen Textes unmittelbar angestoßen werden. Zwei Aspekte kommen dabei in den Blick: Antworten auf (literarische) Briefe und Gegen-Entwürfe, wenn der Text zu einer Umkehrung oder zu Widerspruch herausfordert.

(1) Auf einen Brief antworten

Briefe, die den Leser zu einer Antwort motivieren, kommen in der neueren Kinderliteratur mehrfach vor (vgl. das Modell „Ein Meer für Sarah", S. 229ff.). In dem Buch Briefe an Sarah von Elisabeth Borchers (Text) und Wilhelm Schlote (Illustrationen) schreibt und zeichnet ein Vater seiner Tochter zärtliche Geschichten – wirklich erlebte oder solche, die er sich ausgedacht hat. In einem dieser Briefe schreibt er beispielsweise, wie er in Mailand nass geworden sei und schon dreimal genießt habe, wobei in einer fremden Stadt zu nießen, gar nicht schön sei, am schönsten sei es nämlich, zu Hause zu nießen. In einem anderen Brief schreibt er, wie er in London auf einer großen Parkwiese liegt, in den Himmel schaut und sich vorstellt, er flöge mit Sarah in einem großen Ballon über Land. Welches Kind bekäme nicht gern einen Brief, noch dazu einen so unterhaltsamen, und welches Kind identifiziert sich nicht gern mit der kleinen Sarah, die nur als Adressatin auftaucht und trotzdem ganz präsent ist?

Brief an Sarah *Elisabeth Borchers*

Freitag in London

Liebe Sarah,
in London gibt es einen großen Park.
Nein, er ist viel größer noch: riesig
groß ist er.
Mit vielen Bäumen, mit
vielen, vielen Wiesen.
Und wenn das
Wetter schön ist,
gibt es eine Menge
Leute hier.
Ich habe mich ins Gras gelegt,
und wenn man auf dem Rük-
ken im Gras liegt
und geradeaus
schaut, sieht man geradewegs
in den Himmel.
Ich habe ein paar Luftballons gekauft.
Ich habe sie fliegen lassen,
als Gruß für Dich.
Da schauen die Leute hinauf und rufen:
Seht mal die Luftballons! Aber
niemand weiß,
daß sie für Dich bestimmt sind. Der Wind
treibt sie ganz
leicht und vorsichtig davon.
So fliegen möchte ich auch.
Nicht in
einem Flugzeug. Nicht mit dem „Zeppelin",
den es ja auch gar nicht mehr gibt.
Lieber in einem großen Ballon.
Stell Dir vor:
Du und ich, wir
stehen im Korb,
und der Wind treibt
uns davon,
hoch über der Stadt, die
Häuser, der Fluß, der Park, die Leute
werden immer kleiner und ferner.

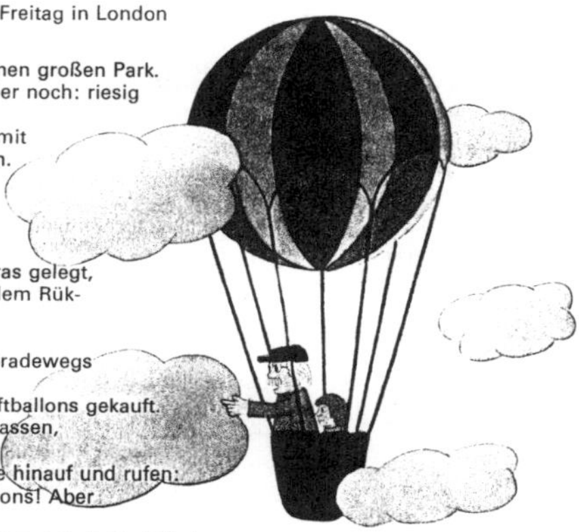

Und wenn eine Wolke kommt,
sagen wir:
Wärst du so freundlich, uns Platz
zu machen?
Und wenn sie uns nicht
Platz macht,
fliegen wir einfach durch
sie hindurch.
Auch die dickste Wolke
hört schließlich einmal auf.
Nur eines weiß ich nicht:
Wie kommen wir wieder
hinunter?

Wenn wir genug gesehen haben,
wenn uns kalt wird,
wenn wir hungrig und müde sind?
Zum Donnerwetter, ich hätte mich
erkundigen sollen!
Jetzt müssen wir fliegen, bis der
Wind aufhört oder bis wir an einen Berg
stoßen, oder an eine Kirchturmspitze.
Wer weiß, was uns noch alles passieren
wird, bloß weil ich nicht aufgepaßt habe.
Ich höre jetzt auf. Der Brief ist schlecht,
weil das kein gutes Ende nehmen kann.
Vergiß ihn.

Dein Papa

Wird die Form des Briefs näher untersucht, werden die Kinder herausfinden, dass einige Passagen von wirklich Erlebtem erzählen, andere dagegen von Wunschvorstellungen („Stell dir vor ...") handeln, die sich der Vater ausgedacht hat. Wer diese Textarbeit intensiv betreiben will, kann die 'erdachten' noch von den 'wirklichen' Erlebnissen des Vaters optisch abgrenzen lassen. Für das Textverständnis ist wichtig, dass die Schreibabsicht des Vaters klar herausgestellt wird: Er will unterhaltsam von einer vorgestellten Ballonfahrt erzählen, um sich und seine Tochter über die Trennung hinweg zu trösten.

Die Form des Briefes motiviert die Kinder zu einer Antwort: Sie identifizieren sich mit Sarah und schreiben aus deren Perspektive eine 'Antwort' auf Vaters Brief. Ziel ist: Wie der Vater versuchen auch die Schüler, in ihrem Antwortbrief Wunsch und Wirklichkeit, Erdachtes und Realistisches reizvoll miteinander zu verbinden. – Zum Beispiel so:

Lieber Papi! *Dienstag in Mainz*
Ich habe deinen Brief bekommen und mich sehr darüber gefreut. Ich wäre auch gerne mal in dem riesigen Park in London und würde mich dort auf den Rücken legen und in den Himmel schauen. Für die Luftballons, die du mir geschickt hast, danke ich dir. Stell dir vor: Am Samstag flogen zwei Ballons durch mein Fenster. Ich habe mir gewünscht, dass ich ganz winzig wäre und mit einem Luftballon zu dir nach London fliegen könnte. Ich bräuchte kein Reisegeld. Wäre das nicht herrlich?
Viele Grüße deine Sarah

Schülerarbeit – drittes Schuljahr

(2) Gegen-Texte schreiben

In einer spielerischen Übung wird als Schreibimpuls gegeben:

Ist der Ball guter Laune,
dann springt er,
dann ...
...
...
und dann ...

Der kleine Text wird im Mittelteil um Aussagen ergänzt, was der Ball bei „guter Laune“ tut. Er sollte in einem möglichst witzigen Schlußsatz enden. Ein Gegentext wird angeregt, wenn der guten Laune des Balls seine schlechte gegenüber gestellt wird. Die Struktur des Textes bleibt erhalten, verändert wird die semantische Ebene.

Varianten zu diesem Schreibimpuls gewinnt man, wenn man das Wort „Ball“ durch andere Nomen ersetzt, dadurch andere Situationen assoziiert. Zwei Vorschläge:

Ist der Lehrer *guter* Laune,
dann ...
Ist der Lehrer *schlechter* Laune,
dann ...

Ist die Mutter (der Vater/der Bruder/die Schwester ...) *guter/schlechter* Laune,
dann ...
...
...
und dann ...

Von Max Bolliger gibt es – im Sinne von Text und Gegentext – zwei kleine Gedichte zum Thema Angst, die aufeinander bezogen sind: Was uns Angst macht/Was uns die Angst nimmt. Um den Schreibimpuls 'Gegentext' geben zu können, erhalten die Schüler zunächst nur das Gedicht *Was uns Angst macht* (vollständig oder Ausschnitte daraus).

Was uns Angst macht
Max Bolliger
[...]
Wenn wir durch einen Wald spazieren
und plötzlich die Richtung verlieren,
wenn hinter den Büschen Gespenster lauern
und hinter den Steinen Gestalten kauern,
wenn sich Riesen im Traum verstecken
und uns mitten in der Nacht wecken,
wenn uns die Mutter in den Keller schickt,
wenn vor uns ein Mäuschen erschrickt.

Die Schüler beschäftigen sich mit dem Gedicht, ergänzen die Situationen möglicherweise noch um eigene Erfahrungen. Dann werden sie aufgefordert, Situationen dagegenzusetzen, die ihnen die Angst nehmen. Bei Max Bolliger sind dies u. a.:

[...]
die Sonne, die uns am Morgen weckt,
das Kätzchen, das sich in unserm Arm versteckt.
[...]
Bruder, Schwester, Neffen, Nichten
Und in der Schule die schönen Geschichten.

Als Form genügt die Formulierung einfacher Aussagesätze, die nacheinander aufgereiht werden; die Gedichtform des Ausgangstextes sollte nicht nachgeahmt werden.

Analog strukturiert ist die folgende Anregung. Der Unterschied zur vorangegangenen besteht – abgesehen vom Thema – darin, dass es zu dem Originaltext vom Autor selbst keinen Gegentext gibt.

Was ein Kind gesagt bekommt
Bertolt Brecht

Der liebe Gott sieht alles.
Man spart für den Fall des Falles.
Die werden nichts, die nichts taugen.
Schmökern ist schlecht für die Augen.
Kohlentragen stärkt die Glieder.
Die schöne Kinderzeit, die kommt nicht wieder.
Man lacht nicht über ein Gebrechen.
Du sollst Erwachsenen nicht widersprechen.
Man greift nicht zuerst in die Schüssel bei Tisch.
Sonntagsspaziergang macht frisch.
Zum Alter ist man ehrerbötig.
Süßigkeiten sind für den Körper nicht nötig.
Kartoffeln sind gesund.
Ein Kind hält den Mund.

Denkbar sind Gegentexte in zwei Richtungen:

- Einmal schreiben die Kinder Aussagen auf, die denen des Textes widersprechen, die Erfahrungen festhalten, dass ein Kind auch positiv Gemeintes zu hören bekommt.
- Zum anderen nehmen die Kinder den emanzipatorischen Impetus des Textes auf und verarbeiten ihn zu Aussagen zum Thema: Was ein Kind den Eltern sagt.

Einen großen Textfundus für das Schreiben von Gegentexten halten die Märchen bereit. Dichter haben in der Vergangenheit immer wieder die alten Märchenstoffe aufgegriffen und neu erzählt, und in der Gegenwart haben Autoren die Eingriffe oft noch weiter getrieben, haben die Märchen radikal verändert und zu *Antimärchen* umgeformt.

Wenn Schüler zu ähnlichen Aktivitäten angeregt werden, geschieht das nicht, um die Märchen zu zerstören, sondern in der Absicht, im Durchspielen von Gegenentwürfen auf die Aussage des Märchens zu antworten, um sie aufgrund dieser Beschäftigung besser zu verstehen. Märchen eignen sich für das Erproben von Modell und Gegenmodell deshalb besonders, weil ihre Handlung klar strukturiert und die konturenstarke Schwarz-Weiß-Zeichnung der Figuren stilbildendes Element ist.

Beispielsweise kann überlegt werden, wie die Märchen von *Hänsel und Gretel* (s. auch S. 189) oder *Schneewittchen* zu erzählen wären, wenn die Hexe und die Stiefmutter als gute Frauen dargestellt würden (vgl. Paul Maars anregende Umgestaltung *Die Geschichte vom bösen Hänsel, der bösen Gretel und der Hexe*), wie das Märchen von *Doktor Allwissend* verliefe, wenn dieser dumm wäre, das Märchen von *Hans im Glück*, wenn dieser sein Gold behalten hätte, oder das Märchen von *Brüderchen und Schwesterchen*, wenn das Mädchen den Bruder seinem Schicksal überlassen hätte.

Das Grundmodell einer Umkehrung der Gut-Böse-Relation kann (ab *drittem Schuljahr*) am Beispiel des *Sterntaler*-Märchens durchgespielt werden. Im Original ist die Hauptfigur arm, aber sie verschenkt – ganz wörtlich – ihr letztes Hemd, um die Not hilfsbedürftiger Menschen zu lindern. Die Güte des Mädchens wird mit „Sterntalern" reich belohnt. In der Umgestaltung soll das Mädchen reich sein, aber ein „Geizkrägelchen" ohne Liebe zu den anderen Menschen.

Fünf Schreibhilfen lassen sich formulieren:

- Schreibe drei Episoden, in denen das garstige Mädchen jemandem seine Hilfe verweigert.
- Erzähle, was die Menschen von dem Mädchen wollen.
- Wie reagiert das Mädchen? Schreibe, was es sagt.
- Mache nach jeder Episode einen Absatz.
- Wie geht dein Märchen aus? Schreibe einen passenden Schluss.

Es war einmal ein reiches Mädchen, das lebte in einer prunkvollen Villa in Saus und Braus. Es war aber geizig und bös. Eines Tages klopfte es an die Tür, und ein armer Mann stand da, der bat um etwas Brot. Aber das böse Kind schimpfte los: „Mein Brot brauch ich selbst. Soll ich etwa verhungern? Scher dich zum Teufel.“ Es warf dem armen Mann die Tür vor der Nase zu und hoffte, endlich Ruhe zu haben.
Kurz darauf klopfte es wieder, und vor der Tür stand ein armes Waisenkind. Schon fing es an zu fragen: „Kannst du mir Unterkunft gewähren?“ Das garstige Geizkrägelchen fing an zu schreien: „Mein Bett brauch ich selbst. Wo soll ich bitte sonst schlafen? Lauf hin, wo der Pfeffer wächst.“ Und auch dem Waisenkind ging es nicht besser, auch es wurde hinausgeworfen. Das Geizkrägelchen dachte bei sich: „Wohn ich denn hier auf dem Bahnhof?“
Das Geizkrägelchen wollte sich gerade vor den Fernseher setzen, da klopfte es wiederum, und eine kranke Frau stand draußen. Sie bat um etwas Medizin gegen ihre Erkältung. Das böse Kind brüllte: „Bin ich ein Arzt oder die Apotheke?“ Es schlug die Tür zu und machte es sich im Wohnzimmer gemütlich.
Nach einer Weile wurde es ihm zu heiß und es öffnete die breite Tür zur Terrasse. Es ging hinaus, um frische Luft zu schnappen. Da fiel plötzlich vom Himmel ein dichter Pechregen auf es, und das Pech blieb für immer an ihm hängen.
Und wenn es nicht gestorben ist, dann klebt das Pech noch heute an ihm. (Kristin)

Schülerarbeit – viertes Schuljahr

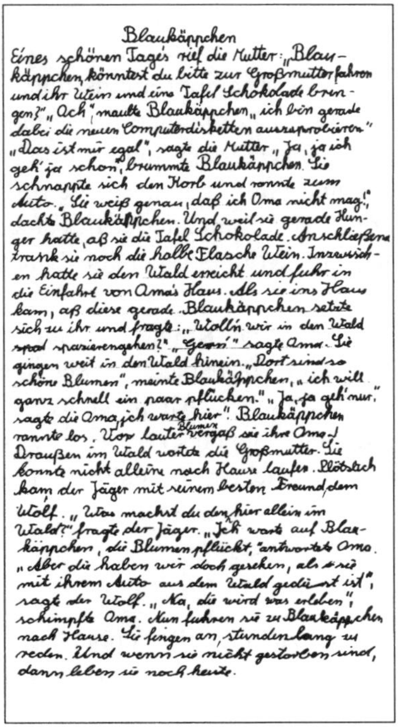
Blaukäppchen
Eines schönen Tages rief die Mutter: „Blaukäppchen, könntest du bitte zur Großmutter fahren und ihr Wein und eine Tafel Schokolade bringen?“ „Ach“, maulte Blaukäppchen, „ich bin gerade dabei die neuen Computerdisketten auszuprobieren.“ „Das ist mir egal“, sagte die Mutter. „Ja, ja ich geh' ja schon“, brummte Blaukäppchen. Sie schnappte sich den Korb und rannte zum Auto. „Sie weiß genau, daß ich Oma nicht mag!“, dachte Blaukäppchen. Und weil sie gerade Hunger hatte, aß sie die Tafel Schokolade. Anschließend trank sie noch die halbe Flasche Wein. Inzwischen hatte sie den Wald erreicht und fuhr in die Einfahrt von Oma's Haus. Als sie ins Haus kam, aß diese gerade. Blaukäppchen setzte sich zu ihr und fragte: „Wolln wir in den Wald spazierengehen?“ „Gern“ sagte Oma. Sie gingen weit in den Wald hinein. „Dort sind so schöne Blumen“, meinte Blaukäppchen, „ich will ganz schnell ein paar pflücken.“ „Ja, ja geh' nur“, sagte die Oma, „ich warte hier“. Blaukäppchen rannte los. Vor lauter Blumen vergaß sie ihre Oma. Draußen im Wald wartete die Großmutter. Sie konnte nicht alleine nach Hause laufen. Plötzlich kam der Jäger mit seinem besten Freund, dem Wolf. „Was machst du denn hier allein im Wald?“ fragte der Jäger. „Ich warte auf Blaukäppchen, die Blumen pflückt,“ antwortete Oma. „Aber die haben wir doch gesehen, als sie mit ihrem Auto aus dem Wald gedüst ist“, sagte der Wolf. „Na, die wird was erleben“, schimpfte Oma. Nun fuhren sie zu Blaukäppchen nach Hause. Sie fingen an, stundenlang zu reden. Und wenn sie nicht gestorben sind, dann leben sie noch heute.

Schülerarbeit – viertes Schuljahr

[...]

Um Märchen verändert neu zu erzählen, muss man nicht immer unmittelbar von einer Originalvorlage ausgehen, man kann sich auch auf Anregungen beschränken und die Inhalte der Märchen als mehr oder weniger bekannt voraussetzen. Dabei kann man sich auf einen kinderliterarischen Text stützen wie beispielsweise Jo Pestums *Blaukäppchen und der Wolf*, der den Vorzug hat, den Leser unmittelbar zum eigenen Erzählen von Märchen aufzufordern. Es heißt darin u. a.:

Stell dir vor, dass das Rotkäppchen Blaukäppchen heißt,
dass Zwerg Nase der Fee in den Popo beißt.
Die Riesen sind klein, und die Wichtel sind groß,
der König wohnt im Hochhaus, der Bettler im Schloss.
Das tapfere Schneiderlein darf ruhig feige sein,
und Schneewittchen schmeißt Frau Holles Scheiben ein.
[...]
Die Geißlein, die sieben, die machen Radau,
und der Wolf kann nicht reden und macht nur Wauwau.

Geschichten verändern, mal so und mal so,
mal lustig, mal spannend, mal traurig, mal froh.
Geschichten verändern, das macht so viel Spaß.
Komm, such dir 'ne Geschichte und erzähl mir mal was!

Die Kinder kommen der Aufforderung des Textes gern nach. Sie haben die Möglichkeit, ihre Fantasie voll zu entfalten, was aber nicht heißt, dass sie ihr einfach willkürlich Lauf lassen können. Die Lösung der Aufgabe besteht neben dem Finden einer originellen Idee vor allem in dem Anspruch, die Erzählung so zu gestalten, dass sie sich nicht im Phantastischen verliert, sondern plausibel bleibt. Der Leser soll sie noch als 'wahrscheinlich' nachvollziehen können.

2.4 Texte verändern

2.4.1 Die Form verändern

Viele literarische Stoffe sind in mehrfachen Formvarianten überliefert, in Prosa als Erzählungen, Märchen, Mythen, in Versform als Epen, Balladen, Fabeln oder dialogisiert als Dramen. Mit der Umgestaltung von einer literarischen Form in eine andere ist nicht notwendigerweise auch eine Veränderung des Inhalts und der Aussage verbunden, sie werden nicht selten unverändert beibehalten.

Die Rezeptionstätigkeit, literarisch bereits gestalteten Texten eine neue Form zu geben, ist auch der Schule nicht fremd. Schon im ersten Schuljahr werden Erzählungen im literarischen Rollenspiel dargestellt, später werden sie auch medienspezifisch dramatisiert. Der umgekehrte Weg wird – zumindest in der Grundschule – zu Recht allerdings nicht praktiziert. Komplexe Rollenbücher in eine Erzählung umzuschreiben, stellt sicher schon für einen Erwachsenen eine sehr hohe Anforderung dar: Personen mit ihrer äußeren Erscheinung und ihrer charakterlichen Eigenart müssen in der Fantasie erscheinen und der gesamte Rahmen der Inszenierung will mitgedacht sein. Dies leisten zu sollen, wäre für Grundschüler eine Überforderung.

Bereits die Aufgabe, aus einem einfachen Sketch eine witzige Kurzgeschichte zu machen, verlangt nach einer intensiven Vorbereitung durch das Spiel. Die Schüler müssten auf jeden Fall die sprechenden Personen agieren sehen. Allein die wörtliche Rede reichte nicht aus, dem Grundschulkind das Geschehen so nahe zu bringen, dass es der Aufgabe gewachsen wäre. Erst eine 'Bühne' als Umfeld und Hintergrund, die Kleidung, die Bewegung und die Mimik der handelnden Personen rufen im Kind die entsprechenden sprachlichen Reaktionen hervor.

(1) Erzählungen dramatisieren

Will man eine Erzählung zur Spielszene, Hörszene oder zu einem Rollenbuch umschreiben, muss man bei der Auswahl der Texte darauf achten, dass die Handlung linear fortschreitet und gut in überschaubare Abschnitte (Szenen) zu gliedern ist. Bereits für das zweite oder dritte Schuljahr sind Märchen wie *Die drei kleinen Schweinchen, Hans im Glück, Sterntaler, Hänsel und Gretel* oder *Die Bremer*

Stadtmusikanten gut geeignet, später auch Erzählungen über Eulenspiegel, die Schildbürger oder die Sieben Schwaben und nicht zuletzt realistische Kindergeschichten.

(a) „Eine Kuh im Kaufhaus" von Irina Korschunow

Irina Korschunows Erzählung mit dem komisch-provozierenden Titel *Eine Kuh im Kaufhaus* gibt einen Einblick in den Arbeitsbereich eines Kaufhauses, den die meisten Kinder nur aus der Kunden-Perspektive kennen. Erzählt wird aus dem Blickwinkel der kleinen Anna, deren Mutter in der Kurzwarenabteilung arbeitet. Manchmal geht Anna in das Kaufhaus und sieht ihrer Mutter beim Verkaufen zu, obwohl es eigentlich nicht erlaubt ist, dass Kinder ihre Mütter besuchen. Anna und ihre Mutter tun dann so, als ob sie sich nicht kennen.

[...] Ich finde, meine Mutter ist eine sehr gute Verkäuferin. Sie weiß ganz genau, welche Borten und Knöpfe die richtigen sind. Viele Frauen kommen extra zu ihr und bedanken sich hinterher.

Aber es gibt auch andere, die sind eklig. Neulich hab' ich so eine gesehen, eine richtige alte Kuh. Meine Mutter zeigte ihr sämtliche grüne Knöpfe, die es gab. Doch sie mäkelte und mäkelte. „Ich habe Ihnen doch genau erklärt, was ich brauche, Fräulein", sagte sie hochnäsig. „Warum bringen Sie mir nicht das Richtige?" Die Leute, die herumstanden, grinsten schon und stießen sich an, und meine Mutter brachte immer wieder andere Knöpfe. „Mehr haben wir nicht", sagte sie schließlich.

„Doch, die in der Schachtel da", sagte die Frau. „Zeigen Sie mir die." – „Die haben Sie bereits gesehen", sagte meine Mutter, „Sie fanden sie zu groß."

„Das ist ja nicht wahr!" rief die Frau. „Wie können Sie so etwas behaupten?"

„Sie fanden Sie zu groß", wiederholte meine Mutter. Sie war immer noch freundlich. Nur die Frau fing an zu keifen. „Das ist eine Unverschämtheit", schimpfte sie, und gerade in diesem Moment kam der Abteilungleiter. [...]

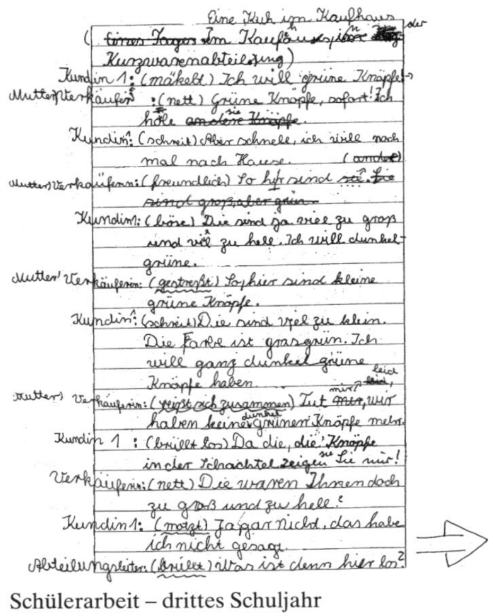
Eine Kuh im Kaufhaus
(Im Kaufhaus ... der Kurzwarenabteilung)
Kundin 1: (mäkelt) Ich will grüne Knöpfe
Mutter/Verkäuferin: (nett) Grüne Knöpfe, sofort! Ich hole sie.
Kundin 1: (schreit) Aber schnell, ich will noch mal nach Hause.
Mutter/Verkäuferin: (freundlich) So hier sind sie.
Kundin 1: (böse) Die sind ja viel zu groß sind viel zu hell. Ich will dunkelgrüne.
Mutter/Verkäuferin: (gestresst) So, hier sind kleine grüne Knöpfe.
Kundin 1: (schreit) Die sind viel zu klein. Die Farbe ist grasgrün. Ich will ganz dunkel grüne Knöpfe haben.
Mutter/Verkäuferin: (reißt sich zusammen) Tut mir leid, wir haben keine dunkelgrünen Knöpfe mehr.
Kundin 1: (brüllt los) Da die, die Knöpfe in der Schachtel zeigen sie Sie mir!
Verkäuferin: (nett) Die waren Ihnen doch zu groß und zu hell.
Kundin 1: (motzt) Ja gar nicht, das habe ich nicht gesagt.
Abteilungsleiter: (brüllt) Was ist denn hier los?

Schülerarbeit – drittes Schuljahr

Der Abteilungsleiter will zunächst die Partei der Kundin ergreifen, doch da mischt sich Anna ein und sagt, dass die Frau lüge. Andere Kunden geben ihr Recht.

Ziel ist, die Erzählung in einen Text umzuschreiben, der als Vorlage für ein darstellendes Spiel dienen soll. Dazu ist sie nicht nur zu dialogisieren, der Text muss auch in der rechten Weise aufgeschrieben werden und Spielhinweise enthalten, die für die szenische Darstellung spezifisch sind. In der Fachsprache der Dramentheorie werden diese Spielhinweise als 'Nebentexte' bezeichnet. Dazu gehören: Personenverzeichnis, Szenenmarkierung, Bühnenanweisungen zur Szenerie und zur Aktion der Schauspieler und die Markierung des jeweiligen Sprechers einer Dialogpassage bzw. einer Replik, das heißt also alles, was im Spiel selbst nicht gesprochen wird.

Für die Umarbeitung der gewählten Erzählung werden fünf Schreibhilfen formuliert:

- Schreibe Irina Korschunows Erzählung *Eine Kuh im Kaufhaus* in einen Spieltext um.
- Erkläre in einer knappen Beschreibung, wo die Szene spielt.
- Denke auch an die Schauspieler. Wie sollen sie sprechen und spielen? Vergiss die Spielhinweise nicht.
- Ordne deinen Text übersichtlich an:
  Person – Spiel- oder Sprechhinweis – Sprechtext
- Erfinde für die Geschichte einen passenden Schluss. Bedankt sich die Mutter?

(b) „Das schönste Ei der Welt" von Helme Heine

In vielen Schulen ist es üblich, dass die zweite(n) Klasse(n) die Aufnahmefeier für die neu einzuschulenden Erstklässer gestalten. Dies kann ein willkommener Anlass sein, eine Szene oder ein kleines Stück selbst zu schreiben, anstatt einen fertigen Text aus einem Buch zu übernehmen.

Eine zweite Klasse[2] entschied sich dafür, als Textgrundlage Helme Heines Bilderbuch *Das schönste Ei* der Welt zu nehmen und daraus – in einem kleinen Projekt, das die Fächer Deutsch, Kunst und Sachunterricht miteinander verband – ein Schattenspiel zu gestalten. Das Bilderbuch erzählt folgende Geschichte:

Es waren einmal drei Hühner – Pünktchen, Latte und Feder –, die stritten sich, wer die Schönste von ihnen sei. Pünktchen besaß das schönste Kleid, Latte hatte die schönsten Beine und Feder trug den schönsten Kamm. Weil sie sich nicht einigen konnten, beschlossen sie, den König um Rat zu fragen. „Es kommt auf die inneren Werte an", sagte der König. „Wer das schönste Ei legt, soll gewinnen und Prinzessin werden." Er ging hinaus in den Park, und alle Hühner seines Königreichs folgten ihm.

Pünktchen fing als erste an zu gackern. Sie legte ein schneeeweißes makelloses Ei. Latte legte ein großes Ei und Feder ein viereckiges.

Es war unmöglich zu sagen, welches Ei das Schönste war. Auch der König wusste es nicht. So kam es, dass alle drei Prinzessin wurden: Pünktchen, Latte und Feder. Und wenn sie nicht gestorben sind, dann legen sie noch heute.

Durchgeführt wurde das Vorhaben in zehn Schritten:

- Vorlesen des Bilderbuches, Vorstellen des Vorhabens
- mehrmaliges gemeinsames Betrachten und Lesen des Bilderbuchs
- gemeinsames Besprechen der Vorgehensweise: Bilden von zwei Schreib- und Spielteams; Festlegen der auftretenden Figuren
- schriftlicher Entwurf der Dialoge

[2] Idee und Schülertext verdanken wir Frau Annerose Gerber, Grundschule Mainz-Hechtsheim.

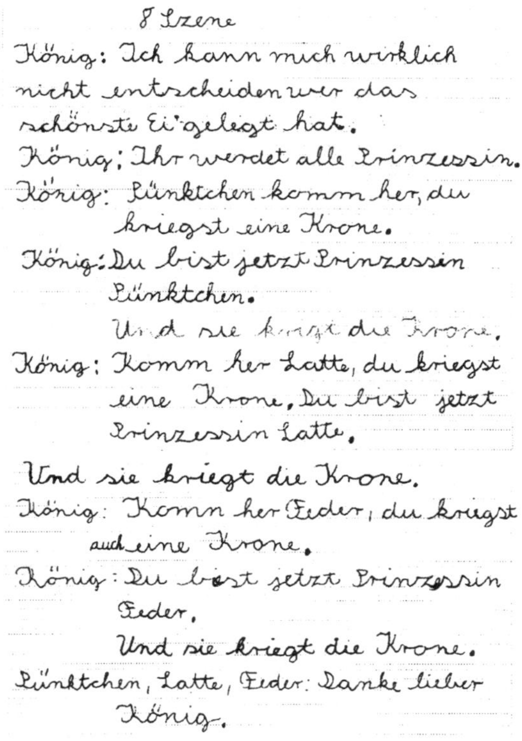
8 Szene
König: Ich kann mich wirklich nicht entscheiden wer das schönste Ei gelegt hat.
König: Ihr werdet alle Prinzessin.
König: Pünktchen komm her, du kriegst eine Krone.
König: Du bist jetzt Prinzessin Pünktchen.
Und sie kriegt die Krone.
König: Komm her Latte, du kriegst eine Krone. Du bist jetzt Prinzessin Latte.
Und sie kriegt die Krone.
König: Komm her Feder, du kriegst auch eine Krone.
König: Du bist jetzt Prinzessin Feder.
Und sie kriegt die Krone.
Pünktchen, Latte, Feder: Danke lieber König.

Ausschnitt aus dem Dialogtext – Ende zweites, Anfang drittes Schuljahr

- Spielversuche mit den Dialogen; Überarbeitung der Spieltexte; Einarbeitung von Regieanweisungen
- Reinschrift der Spielszene(n)
- Besprechen der Herstellung von Schattenfiguren und Kulissen
- Spielversuche mit Kulissen (und Musikuntermalung): das erste Team spielt, das zweite korrigiert – und umgekehrt
- erste Vorstellung (Team 1) vor den Eltern der Klasse als Jahresabschluss (im Klassensaal)
- zweite Vorstellung (Team 2) nach den Sommerferien vor Kindern und Eltern der Schulanfänger (in der Turnhalle).

(c) „Die kleine Maus sucht einen Freund“ von Eric Carle

Als Textgrundlage für ein Schattenspiel ist Eric Carles Bilderbuch-Fabel *Die kleine Maus sucht einen Freund* (s. S. 162 ff.) sehr geeignet. Der erzählende Text wird dialogisch umgeformt, in Spielszenen gegliedert, und diese Spielszenen werden dann als *Schattentheater* realisiert. Gemeint ist damit das ‘Theater’ auf dem Tageslichtprojektor, wobei dessen Auflagefläche die ‘Bühne’ darstellt, auf der die Figuren ‘spielen’. Die Schattenfiguren und die Gegenstände für die Kulissen werden aus festem Papier oder aus Pappe ausgeschnitten. Beim Spiel können die Figuren nach Wunsch bewegt werden; hilfreich ist, wenn man sie dafür an einem dünnen Stäbchen oder besser (weil dann weniger sichtbar): an zwei aufeinander geklebten Tesafilm-Streifen befestigt hat. Der Tageslichtprojektor projiziert Figuren und Kulissen an die Wand, die Zuschauer können das Spiel verfolgen.

Zur Vorbereitung des Schattentheaters ist Textarbeit erforderlich. Gemeinsam überlegen die Schüler, welchen Tieren die kleine Maus begegnen könnte, die ihre Bitte abschlagen (müssen). Sie finden beispielsweise: Ente, Meerschweinchen, Katze, Elefant, Affe, Taube, Wurm, Maulwurf.

Nun müssen die Kinder für jedes Tier begründen, warum es die Bitte der Maus ablehnt, ihr Freund zu werden. Bevor ein vorgeschlagener Grund akzeptiert (und an der Tafel notiert) wird, wird er genau daraufhin geprüft, ob er auch plausibel ist. Dann entscheiden sich immer zwei Kinder für ein Tier und entwerfen gemeinsam einen Dialog mit der Maus. Nach Korrektur und Überarbeitung werden die Dialoge zu dem Schattenspieltext zusammengefügt. Die Figuren werden ausgeschnitten, das Spiel wird Szene für Szene geprobt und schließlich als Ganzes aufgeführt.

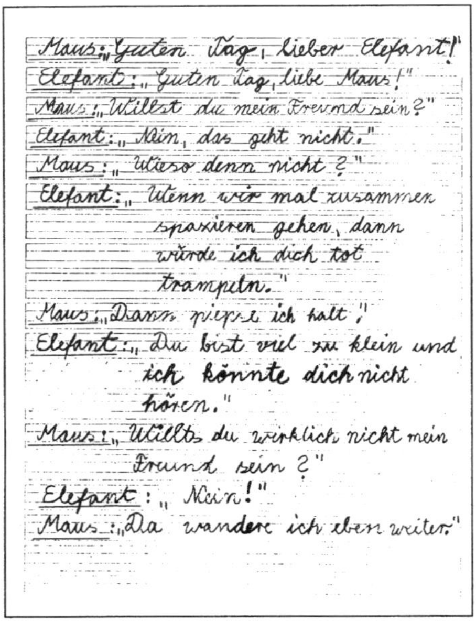

Maus: „Guten Tag, lieber Elefant!"
Elefant: „Guten Tag, liebe Maus!"
Maus: „Willst du mein Freund sein?"
Elefant: „Nein, das geht nicht."
Maus: „Wieso denn nicht?"
Elefant: „Wenn wir mal zusammen spazieren gehen, dann würde ich dich tot trampeln."
Maus: „Dann piepse ich halt!"
Elefant: „Du bist viel zu klein und ich könnte dich nicht hören."
Maus: „Willst du wirklich nicht mein Freund sein?"
Elefant: „Nein!"
Maus: „Da wander ich eben weiter."

Schattenspielszene – Schülerarbeit aus einem dritten Schuljahr

(2) Von der Vers- zur Prosaform

Wenn von Texten in Versform gesprochen wird, denkt man mit gutem Grund zuerst an Gedichte, zumal wenn diese Texte noch gereimt sind. Gedichte sind durchaus auch die geeigneten Vorlagen für das Umschreiben von Vers- in Prosaform, doch sollte man sie dafür nicht unterschiedslos verwenden. Es ist im Einzelfall sorgfältig zu prüfen, ob die Formveränderung nicht etwa zu einer Formzerstörung führt. Wir schlagen deshalb vor, als Vorlagen entweder Erzählgedichte oder Versfabeln zu nehmen. Erzählgedichte haben immer eine mitteilbare Handlung, und bei den Fabeln sind dieselben Stoffe oder Motive oft sowohl in Prosa wie in Versen überliefert, so dass hier die Gattung selbst unser didaktisches Vorgehen legitimiert.

Erzählgedichte präsentiert jedes Lesebuch, bei den Schülern beliebt sind beispielsweise *Die knipsverrückte Dorothee* von James Krüss, *Ladislaus und Komkarlinchen* von Peter Hacks *Die Sache mit den Klößen* von Erich Kästner und immer wieder Alwin Freudenbergs Geschichte *Vom Riesen Timpetu*, der eine Maus verschluckt hat.

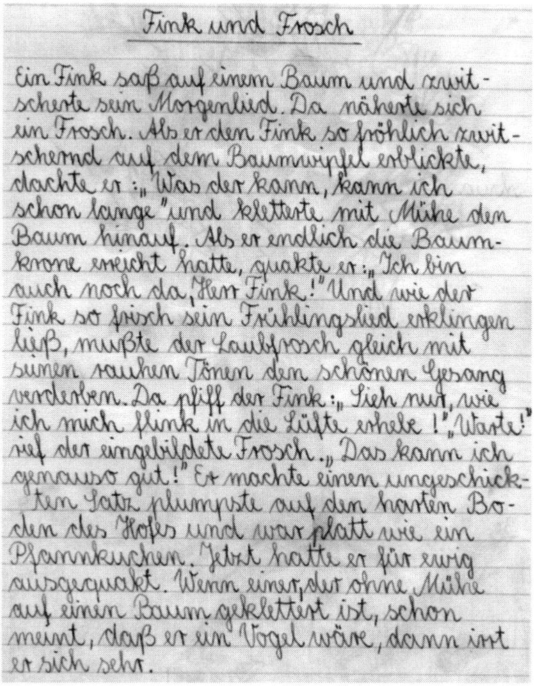

Fink und Frosch

Ein Fink saß auf einem Baum und zwitscherte sein Morgenlied. Da näherte sich ein Frosch. Als er den Fink so fröhlich zwitschernd auf dem Baumwipfel erblickte, dachte er: „Was der kann, kann ich schon lange" und kletterte mit Mühe den Baum hinauf. Als er endlich die Baumkrone erreicht hatte, quakte er: „Ich bin auch noch da, Herr Fink!" Und wie der Fink so frisch sein Frühlingslied erklingen ließ, mußte der Laubfrosch gleich mit seinen rauhen Tönen den schönen Gesang verderben. Da pfiff der Fink: „Sieh nur, wie ich mich flink in die Lüfte erhebe!" „Warte!" rief der eingebildete Frosch. „Das kann ich genauso gut!" Er machte einen ungeschickten Satz plumpste auf den harten Boden des Hofes und war platt wie ein Pfannkuchen. Jetzt hatte er für ewig ausgequakt. Wenn einer, der ohne Mühe auf einen Baum geklettert ist, schon meint, daß er ein Vogel wäre, dann irrt er sich sehr.

Schülerarbeit – viertes Schuljahr

Fast schon eine Fabel ist das Gedicht *Fuchs und Igel* von Josef Guggenmos, in dem der angriffslustige und gefräßige Fuchs mit der Verteidigungswaffe des Igels, den Stacheln, nachhaltige Bekannschaft macht. Wenn die Schüler eine Strophe wie

Wupp! – Die Stacheln
haben gestochen.
Das Maul war geschwollen
noch drei Wochen.

umgestalten, erfahren sie beim Schreiben (ohne dass dies begrifflich gefasst wird), was die Prosaform von der lyrischen unterscheidet: den Verzicht auf Rhythmisierung und eine 'normale' Stellung der Wörter im Satz. Diese Erfahrung können sie noch an anderen Erzählgedichten und Fabeln machen. Motivierende Texte sind Wilhelm Buschs humoristische Fabeln, zum Beispiel die von *Fink und Frosch*, in der der Frosch auf sehr radikale Art belehrt wird, sich nicht zu übernehmen.

2.4.2 Die Erzählperspektive von Texten wechseln

Die Perspektive bezeichnet in der Literatur den Standpunkt, von dem aus ein Geschehen aufgefasst wird, sie beschreibt das Verhältnis des Erzählers (der nicht mit dem Autor identisch sein muss) zu den Vorgängen im Text. Die Perspektive wirkt sich zuerst auf die Form einer Erzählung aus, weil ein unmittelbar Beteiligter kaum in der distanzierten Er-Form sprechen, sondern die Ich-Form wählen wird. Sodann hat die Perspektive auch Auswirkungen auf den Inhalt des Dargestellten, denn ein auktorialer, sich gelegentlich einmischender und kommentierender Erzähler weiß mehr als etwa ein Augenzeuge oder eine Figur, die das Geschehen erlebt oder miterlebt. Die Perspektive ist also ein wichtiges Mittel der Textgestaltung.

Die Aufgabe, einen bereits vorhandenen Text (oder Teile daraus) aus einer anderen Perspektive als der vom Autor gewählten wiederzuerzählen, verlangt Distanzierungs- und Reflexionsfähigkeit. Didaktisch legitimiert ist sie durch das Ziel, den Text aus der Sicht verschiedener Rollen und von verschiedenen Standorten her zu begreifen und zu durchschauen. Der Handlungsablauf und das Verhalten der Figuren werden damit nicht einfach übernommen; sie werden aus verschiedener Perspektive gewertet, und der Inhalt erfährt somit eine Relativierung. Das heißt: Das Thema (das Ereignis) bleibt jeweils gleich, die Darstellung (der Schülertext) ändert sich je nach gewählter Perspektive.

(1) Ein Märchen aus veränderter Perspektive wiedererzählen

In Max Bolligers *Märchen von der Wunderblume* begegnen zwei gegensätzliche Schwestern (ohne Namen) dem Zwerg Knorzel, der sich im Dornengestrüpp verfangen hat. Während das schöne Mädchen lacht, befreit die hässliche Schwester den Zwerg. Obwohl ihr die Verheißung der Wunderblume gilt, macht sich die Schöne auf den Weg, von dem sie verärgert heimkehrt:

„Geh du!" sagte es am anderen Tag zur Schwester und freute sich, dass sie den langen Weg umsonst machen würde.
Also machte sich die hässliche Schwester auf den Weg.
Als das hässliche Mädchen eine Weile gegangen war, lag eine Hacke im Weg. „Nimm mich mit", sagte die Hacke. „Gern!" sagte das Mädchen, „vielleicht kann ich dich brauchen."
Mit der Hacke über der Schulter lief das Mädchen weiter. Als es wieder eine Weile gegangen war, stand eine Gießkanne im Weg. „Nimm mich mit", sagte die Gießkanne. „Gern!" sagte das Mädchen, „vielleicht kann ich dich brauchen."
Mit der Hacke über der Schulter, der Gießkanne in der einen Hand, lief das Mädchen weiter. Als es wieder eine Weile gegangen war, lag ein Endchen Bast im Weg. „Nimm mich mit", sagte das Endchen Bast. „Gern!" sagte das Mädchen, „vielleicht kann ich dich brauchen."
Mit der Hacke über der Schulter, der Gießkanne in der einen Hand und dem Endchen Bast in der anderen Hand, lief das Mädchen weiter. Als die Sonne am höchsten stand, kam es zur Quelle. Doch die Quelle war versiegt. Die Erde war vertrocknet. Die Wunderblume war verdorrt.
Da nahm das Mädchen die Hacke und hackte die harte Erde auf. Es nahm die Gießkanne und goss die verdorrte Blume. Es nahm das Endchen Bast und band sie auf.
Da fing die Blume an zu leben. Das Wasser stieg in die Stängel und Blätter. Die Knospe streckte sich dem Licht entgegen. Sie öffnete sich. Das Mädchen sah staunend zu, sah aber nicht, wie es selbst mit der Blume schön wurde.
Sorgfältig grub es die Wunderblume aus und brachte sie dem König. Der König freute sich, als er das schöne Mädchen mit der Blume sah. Er hielt sein Versprechen und machte es zur Königin. Die schöne Schwester aber wurde von Tag zu Tag hässlicher, weil Neid und Eifersucht sie verzehrten.
Die Wunderblume blüht heute noch im Schlossgarten.

Nachdem die Schüler in einer vorbereitenden Hausaufgabe das Märchen gelesen haben, erzählen sie (im Sitzkreis) den Handlungsverlauf. Die Frage, welche

Personen vorkommen, leitet eine Stillarbeit ein: Unterstreichen der Redeteile mit entsprechend vereinbarten und an der Tafel festgehaltenen Farben. Lesen mit verteilten Rollen schließt sich an, danach der Versuch, durch eine Gliederung (Tafelanschrift) die beiden Handlungsstränge sowie die Gegensätzlichkeiten zu verdeutlichen.

In der Folgestunde nun leitet der Lehrer das Vorhaben ein, die Erzählperspektive zu verändern. Die Kinder erkennen, dass sich der Anfang (bis zum 3. Abschnitt) noch nicht unterscheidet. Sie formulieren gemeinsam. Im Anschluss an einen mündlichen Erzählversuch wählen sie sich eine Perspektive aus und schreiben allein weiter. Aus der Sicht des schönen Mädchens könnte der Schluss so lauten:

[...] Am Abend und am nächsten Tag hörte ich nichts mehr von ihr und dachte: „Ob ihr etwas passiert ist?“ Aber als ich nach drei Tagen erfuhr, dass sie Königin geworden war, platzte ich beinahe vor Wut und wurde von Tag zu Tag hässlicher. Sie muss wohl alle Dinge aufgesammelt haben, die im Weg lagen. Wie hätte sie sonst die Wunderblume zum Blühen bringen können? (Axel)

Schülerarbeit – drittes Schuljahr

Das hässliche Mädchen könnte seine Wanderung zur Quelle so erzählen:

[...] „Geh nach Hause! Du wirst bestimmt keine Königin, dazu bist du viel zu hässlich!“ meinte meine schöne Schwester. Sie machte sich selbst auf den Weg. Spät abends kam sie wieder, hatte aber keine Wunderblume. Sie schaute wütend, erzählte aber nichts. Am nächsten Morgen aber sagte sie zu mir: „Geh du!“ Also machte ich mich auf den Weg. Als ich eine Weile gegangen war, erblickte ich eine Hacke. „Nimm mich mit!“ bat sie. „Gern“, antwortete ich, „vielleicht kann ich dich brauchen.“ Mit der Hacke über der Schulter lief ich weiter. Kurze Zeit später fand ich eine Gießkanne am Weg. „Nimm mich mit!“ sprach sie. „Vielleicht kann ich dich brauchen“, dachte ich und lief mit der Hacke über der Schulter und der Gießkanne in der Hand weiter. Da lag ein Endchen Bast am Wegrand und fragte: „Nimmst du mich mit?“ „Gern“, entgegnete ich. „Vielleicht kann ich dich brauchen.“ Als die Sonne am höchsten stand, kam ich zur Quelle. Doch sie war versiegt. Die Erde war vertrocknet, und die Wunderblume war verdorrt. Da nahm ich die Hacke [...]

Schülerarbeit – drittes Schuljahr

(2) Eine Schelmengeschichte aus veränderter Perspektive wiedererzählen

In der Schelmengeschichte *Wie Eulenspiegel Turmbläser war* wird erzählt, wie Till beim Grafen Bernhard von Anhalt die Aufgabe übernahm, ins Horn zu stoßen, wenn er Feinde gegen die Burg anrücken sähe. Als Lohn sollte er gut verköstigt werden. Da die Knechte Till jedoch auf dem Turm vergaßen, handelte er nach dem Motto: „Solange kein Essen – solange kein Blasen!“ So blies er auch nicht, als die Feinde eines Tages das Vieh von den Weiden trieben. Nur zufällig entdeckte Graf Bernhard den Raub, und zusammen mit seinen Leuten holte er die Kühe wieder zurück. Glücklich über diesen guten Ausgang, feierten sie ein großes Fest mit viel Essen und mit viel Bier. Till aber bekam davon wieder nichts ab. Da nahm er sein Horn und blies ganz laut in den Burghof hinunter. Sofort legten alle ihre Rüstung an, rannten aus der Burg hinaus und suchten die Feinde. Eulenspiegel benutzte die Gelegenheit, lief hinunter und holte sich die besten Sachen von der Festtafel.

Diese Schelmengeschichte lässt sich schreibdidaktisch gut zu einem literarischen Rollenspiel nutzen: Die Schüler versetzen sich in (unterschiedliche) Rollen der am Ereignis Beteiligten und geben aus deren Sicht das Geschehen wieder.

Um die Lösung der Aufgabe zu erleichtern, werden die Anfänge von drei Möglichkeiten des perspektivischen Erzählens vorgegeben. Jeder erzählt die Geschichte anders: Till Eulenspiegel – Ritter Kunibert – Graf Bernhard.

Till Eulenspiegel: Einmal war ich beim Grafen Bernhard von Anhalt als Turmbläser angestellt. Ich wurde auf dem höchsten Turm der Burg einquartiert und musste von dort aus Tag für Tag über das Land schauen. Sobald Feinde kämen, sollte ich mit meinem Horn Alarm blasen. Dann sollten alle Soldaten zu ihren Waffen greifen und die Burg verteidigen.
Der Beruf gefiel mir. Er war leicht und ungefährlich. Ich konnte ja nicht ahnen, dass der Graf und seine Leute mich auf meinem Turm völlig vergaßen und ich tagelang nichts zu essen bekam. So lasse ich mich aber nicht behandeln. Wütend schwor ich mir: Solange kein Essen – solange kein Blasen.

Ritter Kunibert: Meine liebe Frau, lass dir erzählen, was uns heute passiert ist. Den ganzen Tag saßen wir gemütlich im Burghof beisammen, aßen und tranken, bis wir vor Müdigkeit einschliefen. Kein Mensch dachte an die Feinde, wir verließen uns alle auf unseren Turmbläser. Aber der hat uns ganz schön im Stich gelassen.

Graf Bernhard: Gestern, meine lieben Freunde, habe ich meinen Turmbläser Till Eulenspiegel davon gejagt. Der Kerl hat mir nichts als Ärger gemacht. Dass er geschlafen hat, als unsere Feinde unser Vieh gestohlen haben, habe ich ihm noch verziehen, wir haben es ja wiederbekommen. Nicht verzeihen konnte ich ihm aber, dass er Alarm blies, als gar keine Feinde da waren.

2.4.3 Texte verfremden

Große literarische Stoffe haben in ihrer Rezeptionsgeschichte vielfache Bearbeitungen erfahren, sind für ihre Zeit je neu geschrieben worden. Je mehr sie sich der Moderne näherten, um so mehr wurden sie nicht nur fortgeschrieben, sondern auch verändert und – um einen Begriff Bertolt Brechts zu verwenden – verfremdet. ‘Verfremden’ bedeutet: Ein Autor erzählt eine bekannte Geschichte, einen bekannten literarischen Stoff so anders, so entgegen den Erwartungen des Lesers, dass sie für ihn wieder Neuigkeitswert hat und Überraschendes enthält. Dadurch wird seine Aufmerksamkeit neu gefordert.

An einfachen Formen – etwa an Märchen – und mit altersadäquaten Schreibhandlungen können schon Grundschüler erfahren, dass man auf Texte verändernd einwirken, dass man auf sie verfremdend reagieren kann; zum Beispiel in der Weise, dass die Grund- oder Ausgangssituation eines Textes zwar aufgenommen, aber anders als in der Vorlage weitergeführt, oder auch so, dass der ganze Text, das ganze Märchen neu erzählt wird.

(1) Handlungsmotive eines Märchenanfangs verändern (drittes/viertes Schuljahr)

Für diese Schreibhandlung bewährt sich immer wieder das Märchen von den *Bremer Stadtmusikanten*. Es bietet sich an wegen seines märchentypischen Aufbaus, der klaren Gliederung in einzelne Erzählabschnitte: Zusammenschluss der Gefährten und Aufbruch nach Bremen, Überlistung der Räuberbande und Besitznahme des Räuberquartiers.

In einem ersten Unterrichtsabschnitt wird das Grimmsche Märchen gelesen und gegliedert, zur Vertiefung des Verständnisses wird zu den Kernszenen jedes Erzählabschnittes in arbeitsteiligem Gruppenunterricht eine Illustration angefertigt, so dass eine Folge von Bildern entsteht, die den Märchentext strukturiert. Die Bilder werden im Klassenraum ausgehängt.

In einem zweiten Unterrichtsabschnitt begegnen die Kinder Manfred Hausmanns Fassung der *Bremer Stadtmusikanten*, einer Umgestaltung der Grimmschen Vorlage in Gedichtform. Leitfrage der Erarbeitung ist: Was ist im Gedicht anders als im Prosatext der Brüder Grimm, was fehlt, was kommt neu hinzu?

Von Manfred Hausmanns Gestaltung aus lässt sich gut zum dritten Unterrichtsabschnitt überleiten, der Umformung des Anfangs von Grimms Märchentext unter Beibehaltung der formalen Struktur bzw. des vorgegebenen Handlungsverlaufs. Der Denk- und Schreibimpuls lautet: Wie müsste das Märchen beginnen, wenn der Esel nicht alt und krank, sondern jung und arbeitstüchtig wäre, aber dennoch unzufrieden mit seinem Zustand?

Es empfiehlt sich, in dem anschließenden Gespräch nicht alle Möglichkeiten einer Lösung auszuschöpfen, sondern nur einige wenige Vermutungen äußern zu lassen. Andernfalls bleibt den Kindern nur mehr wenig Spielraum, eigene Ideen einzubringen. Das Gespräch soll Denkanstöße geben, nicht aber schon einen genauen Handlungsplan entwerfen.

Es macht den Schülern erfahrungsgemäß viel Spaß, neue Motive für den Aufbruch der Tiere nach Bremen zu finden. Der Grad der Entfernung von der Vorlage bzw. des eigenständigen Eingriffs in sie ist allerdings unterschiedlich. Die meisten Kinder (vor allem im dritten Schuljahr) behalten das Grundmotiv des Märchens bei und konzentrieren ihre Aufmerksamkeit – durchaus im Sinne des Schreibimpulses – auf Variationen der Einzelaspekte. Der Anfang des Märchens lautet dann etwa so:

Es war einmal ein Esel, der gerne Musik machte. Das wollte der Müller, dem der Esel gehörte, nicht. Er nahm sich vor, den Esel zu verkaufen. Das merkte der Esel aber, und er dachte: „Ich gehe nach Bremen und werde Stadtmusikant." So trabte der Esel davon.

Nur wenige Kinder lösen sich vom Grundmotiv, dass die Tiere in Bremen Stadtmusikanten werden wollen. Ein Beispiel ist der folgende Schülertext, in dem die veränderte Motivation des Aufbruchs, in Bremen das Schlaraffenland zu suchen, gleich zu Beginn genannt und dann konsequent als Argument für den Zusammenschluss der Tiere durchgehalten wird:

Es war einmal ein junger Esel, der kriegte von seinem Herrn genug zu essen, aber der Esel war nicht zufrieden. Er hatte gehört, dass in Bremen ein Schlaraffenland wäre, und er machte sich auf den Weg dorthin. Es dauerte nicht lange, da saß ein Hund am Wegesrand. Der Hund wollte nur feine Leckerbissen fressen und war deshalb von seinem Besitzer fortgelaufen. „Komm mit nach Bremen", rief der Esel, und der Hund ging mit. Nach einer Weile trafen sie eine Katze, die nur Sahne schlecken wollte. „Im Schlaraffenland Bremen gibt es feinste Sahne. Lauf mit uns", sagten die beiden zu der Katze. Die drei trabten in Richtung Bremen. Sie kamen an einem Hof vorbei, da saß ein bunter Hahn auf dem Tor, und der schrie so laut, dass die sich die Ohren zuhalten mussten. Der Hahn jammerte, weil er keinen Lachs zum Mittagessen bekam. „Im Bremer Schlaraffenland kannst du alle Tage Lachs haben", sagte der Esel zum Hahn. „Wenn das so ist, will ich mit euch gehen", meinte der Hahn. Jetzt zogen sie zu viert los. (Bettina)

Schülerarbeit – viertes Schuljahr

(2) Den Handlungsverlauf von Märchen verändern

(a) „Märchen von den zwölf Monaten" von Eleonora Berger (drittes Schuljahr)

Das Märchen von den zwölf Monaten erzählt von einer armen Mutter, der beim Holzsuchen im Wald die zwölf Monate in Gestalt von zwölf Jünglingen begegnen. Gefragt, wer von ihnen der Schönste sein, sagt sie, jeder Monat sei auf seine Weise schön. Für diese Antwort wird sie von allen reich mit Gold beschenkt, und ihre Not hat ein Ende.

Die Nachbarin, die diesen Segen sieht, will es ihr nachmachen. Weil sie aber an jedem der zwölf Monate etwas auszusetzen hat, sind ihr Lohn nur ein paar Rossäpfel.

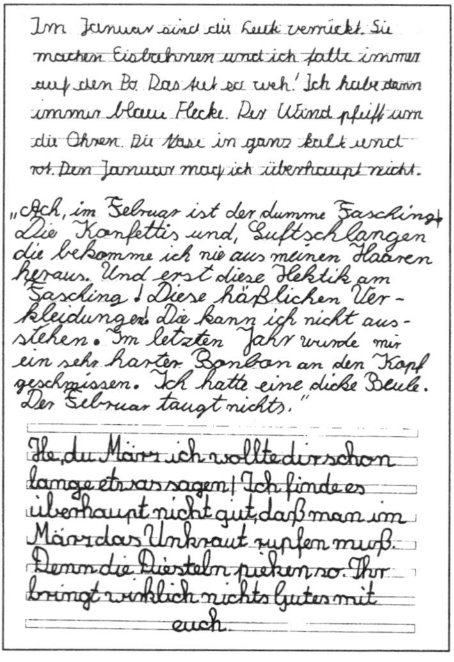
Im Januar sind die Leute verrückt. Sie machen Eisbahnen und ich falle immer auf den Po. Das tut so weh! Ich habe dann immer blaue Flecke. Der Wind pfeift um die Ohren. Die Nase ist ganz kalt und rot. Den Januar mag ich überhaupt nicht.

„Ach, im Februar ist der dumme Fasching. Die Konfettis und Luftschlangen die bekomme ich nie aus meinen Haaren heraus. Und erst diese Hektik am Fasching! Diese häßlichen Verkleidungen! Die kann ich nicht ausstehen. Im letzten Jahr wurde mir ein sehr harter Bonbon an den Kopf geschmissen. Ich hatte eine dicke Beule. Der Februar taugt nichts."

He, du März ich wollte dir schon lange etwas sagen! Ich finde es überhaupt nicht gut, daß man im März das Unkraut rupfen muß. Denn die Disteln pieken so. Ihr bringt wirklich nichts Gutes mit euch.

Eleonora Bergers Erzählung trägt typisch märchenhafte Züge: Zweigliedrigkeit im Aufbau, Vermenschlichung von Naturphänomenen, Belohnung des Guten, Bestrafung des Bösen. „Gut" und „Böse" meint im konkreten Fall, dass einmal 'wohlwollend' die positiven und einmal 'nörgelnd' die negativen Eigenschaften der zwölf Monate hervorgehoben werden. Die Intention der Verfasserin zielt wohl eindeutig auf die positive Sicht, dass jeder Monat auf seine Weise schön sei. Im Unterricht wird man aber mit den Kindern darauf hinarbeiten, diese Auffassung nicht ungeprüft zu übernehmen; die positiven und negativen Argumente sind vielmehr kritisch gegeneinander abzuwägen. Dazu kann die vorgesehene Schreibhandlung unterstützend beitragen.

Der Handlungsverlauf wird so verändert, dass die 'gute' Mutter und die 'böse' Nachbarin nicht selbst in den Wald gehen, sondern ihre zwölf Kinder schicken. Diese begegnen den zwölf Monaten, und jedes Kind antwortet einem Monat. Das ergibt zwölf positive und zwölf negative Antworten.

Jedes Kind der Klasse sucht sich einen Monat aus und schreibt nach individuellem Können 'seine' Antwort. Danach werden Einleitung, Mittelteil und Schluss gemäß dem veränderten Handlungsverlauf umgeschrieben und die Begegnungen der zwölf 'guten' Kinder und der zwölf 'bösen' Kinder mit den Monaten eingefügt. Das so entstandene neue Märchen eignet sich zur Inszenierung als Lesespiel: Alle Kinder der Klasse sprechen 'ihre' Rolle.

(b) Hänsel und Gretel (viertes Schuljahr)

Zu den Volksmärchen, die im Laufe ihrer Rezeptionsgeschichte vielfach neu erzählt, verändert oder verfremdet wurden, gehört auch *Hänsel und Gretel*. In einer sehr alten Fassung beispielsweise müssen die Kinder nicht aus Not das Haus verlassen, sondern weil die böse Stiefmutter sie loswerden möchte. Oder es gibt von Wilhelm Busch eine in eine Bildgeschichte umgesetzte Version, in der die beiden in eine Kinderfalle tappen und von einer Hexe und einem Menschenfresser ins Hexenhaus geschleppt werden.

Ein Schreibimpuls, der etwa von dieser Grundsituation bei Wilhelm Busch ausgeht, könnte lauten: Wie werden Hänsel und Gretel mit dem Menschenfresser fertig? Vielleicht sperren sie ihn in den Verschlag, in dem sie zuvor gefangen gehalten wurden? Und wie überlisten sie die Hexe?

Alternativ hierzu und offener formuliert, kann ein Schreibimpuls so lauten: Könnte die Geschichte auch ganz anders gewesen sein? Schreibt auf, wie ihr euch das Märchen von Hänsel und Gretel denkt.

Der Kinderbuchautor Paul Maar hat eine solch ganz andere Geschichte verfasst, er hat den bekannten Märchenstoff gleichsam umgedreht und *Die Geschichte vom bösen Hänsel, der bösen Gretel und der Hexe* erzählt. Bringt der Lehrer diese Variante in den Unterricht ein, kann im Anschluss an die Beschäftigung mit ihr auch dieser Schreibimpuls gegeben werden: Erzählt ein Märchen von Hänsel und Gretel und der guten Hexe. In einem vierten Schuljahr haben die Kinder diese Anregung aufgenommen und ihr Märchen beispielsweise so begonnen:

Als Hänsel und Gretel versuchten, nach Hause zu kommen, da kamen sie an ein Haus, das mit vielen Lebkuchen bedeckt war. Die Kinder aßen davon, denn sie waren schon sehr ausgehungert. Da kam eine etwas ältere Frau hinaus und fragte die Kinder lieb: „Warum esst ihr davon?“ Hänsel und Gretel waren etwas ängstlich. Doch dann sagte Hänsel: „Wir waren schon so ausgehungert, und wir dachten, das Haus stand leer und dass man essen kann, so viel man will.“ Da sagte die Hexe: „Kommt doch in mein Haus, da könnt ihr etwas viel Leckereres essen, und schlafen könnt ihr in einem weichen Bett.“ Beide gingen glücklich mit der Hexe hinein. [...]

(3) Schüttelmärchen (viertes Schuljahr)

Schüttelmärchen sind Produktionen der Kinderliteratur, in denen Figuren und Handlungselemente verschiedener Märchen aufgegriffen, recht kunterbunt durcheinander gewürfelt und zu einem neuen Ganzen komponiert werden. Ein Beispiel ist ein Text von Karlhans Frank, der so beginnt:

Es war einmal ein König. Der hatte lange kein Kind mehr gekriegt. Da schnitt er sich in den Finger und sprach: „Blau wie Blut, schwarz wie Ebenholz." Nun kriegte er eines, das trug ein rotes Käppchen auf dem Kopfe. Da war große Freude im ganzen Reich. Auch kam die böse Fee herein. Sie sagte: „Butje, Butje Timpetee, Mantje Mantje in der See." Schon brodelte das Meer ungeheuerlich, und ein Frosch mit einer kleinen Krone auf dem linken Ohr fragte: „Wer hat von meinem Tellerchen gegessen?"

Die Königstochter liebte solche Fragen nicht. Sie nahm den Frosch, warf ihn gegen die Rosentapete, und als der Frosch herunterfiel, war er ein Bär, dem es goldig durch den Pelz blitzte, wo er ihn nicht richtig zugeknöpft hatte. Zauste man den Bären zu arg, dann brummte er: „Was pumpelt in meinem Bauch herum?" [...]

Wenn die Kinder einen solchen Text lesen, erkennen sie Figuren, Handlungselemente, Gegenstände, Reden wieder und ordnen sie den Originalen zu. Dabei ist auch die Frage zu beantworten, warum Karlhans Frank die Märchen so durcheinander würfelt: nicht um sich über sie lustig zu machen, sondern um ein unterhaltsames Sprachspiel zu entwerfen.

Mit dieser Intention gehen die Schüler auch an ihre eigenen Versuche. In Einzel- oder Partnerarbeit schreiben sie Märchentitel auf, die sie kennen, und malen dazu eine typische Figur oder einen charakteristischen Gegenstand. Dadurch wird die Handlung der Märchen wiedererinnert. Bestehen Unklarheiten, werden die Märchen im Original nachgelesen; Märchenbücher stehen dazu in der Klasse bereit.

Im Sitzkreis wird nun gemeinsam ein neues Schüttelmärchen erzählt, damit die Machart noch bewusster wird. Das kann sehr spielerisch geschehen. Der Lehrer gibt den ersten Satz vor: „Eines schönen Tages ging Dornröschen im Wald spazieren." Jeder Schüler, der mag, darf einen Satz mit einer neuen Figur oder einem neuen Handlungselement formulieren, wobei er überprüfen muss, ob sein Satz sinnvoll an den vorangegangenen anknüpft. Die anderen Kinder denken kritisch mit, korrigieren, helfen oder ergänzen.

Anschließend schreiben die Schüler ein eigenes Schüttelmärchen. Sie arbeiten allein, dürfen aber ihren Nachbarn befragen, wenn sie an einer Stelle nicht weiterkommen.

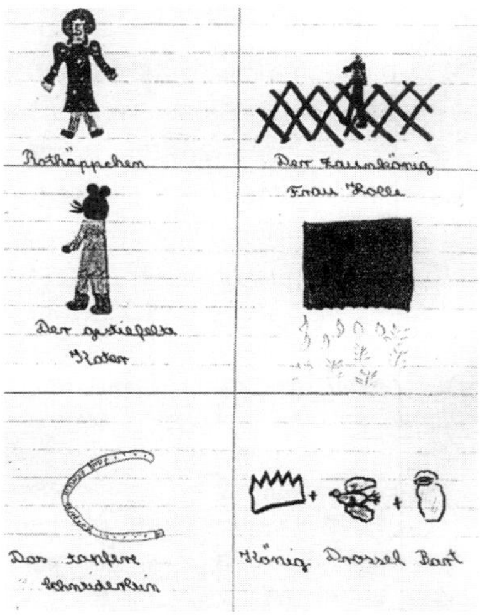

Märchentitel und -figuren zum Verwürfeln

Will man die Schüler nicht völlig selbstständig arbeiten lassen, kann man ihnen, um die Schreibaufgabe zu erleichtern, Hilfen geben. Einmal kann der Anfang vorgegeben werden:

Es war einmal eine Hexe, die wohnte in einem kleinen Haus im Wald. Eines Tages sah die Hexe aus dem Fenster und erblickte einen Kater, der schmatzend ihre Lieblingsmaus verspeiste. Sie rannte hinaus und wollte den Kater mit ihrem Besen vertreiben. Als der Kater das bemerkte, verwandelte er sich in den Teufel mit den drei goldenen Haaren. Er rief: „Ach wie gut, dass jeder weiß, dass du Rumpelstilzchen heißt.“ [...]

Eine andere Form der Hilfe kann so aussehen: Der Lehrer gibt den Anfang vor und formuliert mit einem Satz den Schluss. Dazwischen erscheinen die Märchentitel, mit denen geschüttelt werden soll.

Es war einmal ein armes Mädchen, das hieß Rapunzel. Es machte sich auf den Weg, sein Glück zu suchen. ...
[Frau Holle, Dornröschen, Hänsel und Gretel, Bremer Stadtmusikanten, Hans im Glück, Schneewittchen und die sieben Zwerge, Doktor Allwissend, Schneeweißchen und Rosenrot, Brüderchen und Schwesterchen]
... Nun wurde die Hochzeit mit großer Pracht gefeiert.

Eines Tages hüpfte ein Frosch aus dem Wasser und sagte: „Jetzt sehe ich mir die Welt an!“ Nach einiger Zeit kam er an einem Turm vorbei. Da sah er eine Hexe, die schrie: „Rapunzel, laß dein Haar herunter!“ Die Hexe kletterte hoch und wieder runter. Der Frosch machte dies sofort nach. Als er das schöne Mädchen sah, holte er die größte Leiter und half ihr hinab. Das Mädchen küßte ihn. Daraufhin verwandelte sich der Frosch in einen Prinzen. Bei der Hochzeit spielten die Bremer Stadtmusikanten. Doch schon beim ersten Lied war der Saal leer. Doch die Stimmung hob sich wieder. Da kam der Hans. Er sprach: „Ich habe einen Schleifstein für euch. Aber bevor ich ihn euch gebe, laßt mich bitte an den königlichen Brunnen, um ihn zu säubern!“ Da fiel der Stein in den Brunnen, und Hans sprach: „Mist, jetzt habe ich kein Geschenk!“ „Aber das macht doch nichts!“ sagte die Prinzessin. Und sie feierten weiter. Und wenn sie nicht gestorben sind, dann feiern sie noch heute.
von Christoph Presche

Schülerarbeit – viertes Schuljahr

Gibt man solche Hilfen vor, muss man beachten, dass damit die Eigenständigkeit der Schüler etwas eingeschränkt wird. Andererseits haben unsere Erprobungen ergeben, dass die Schreibaufgabe ‘Schüttelmärchen’ selbst für ein viertes Schuljahr recht anspruchsvoll ist. Die vorgeschlagenen Hilfen erweisen sich darum als sehr förderlich, um zu angemessenen Lösungen zu kommen.

2.5 Gleichartige Texte schreiben

Das Schreiben eigener Texte gelingt – besonders bei ersten Versuchen – am ehesten, wenn sich die Schüler an vorgegebenen Mustern orientieren können, mit deren Inhalt und Form sie sich zuvor hinreichend gründlich beschäftigt haben. Die Gefahr bloß nachahmender Reproduktion des Vorbilds ist sicher nicht ganz von der Hand zu weisen, doch es hat durchaus didaktischen Wert, Schreibübungen zu praktizieren, bei denen in aller Regel gute Texte entstehen und – zumindest potentiell – alle Schüler zu einem vorzeigbaren Ergebnis kommen (können). Außerdem ist immer die Möglichkeit gegeben, dass das angebotene Vorbild kreativ weiter entwikkelt wird, dass vor allem eigene Gedanken, Vorstellungen, Erfahrungen in den Analogietext hineingestaltet werden.

In der Schreibdidaktik ist das Schreiben nach Mustern lange bekannt und gern geübt, es wird vielfach auch unter der Bezeichnung 'Schreiben von Paralleltexten' abgehandelt. Diese Kennzeichnung ist gewiss nicht unzutreffend, 'parallel' heißt ja 'gleichlaufend'; dennoch sprechen wir lieber von 'gleichartig' oder 'analog', weil damit die Richtung der Schreibhandlung, dass ein Text nach dem Modell eines anderen gebildet wird, präziser zum Ausdruck kommt.

Immer sollten die Eigenproduktionen der Schüler, die so entstehen, 'veröffentlicht' werden, das heißt zumindest vorgelesen, besser noch: an der Lese- und Geschichtenwand angebracht werden. Lohnend für die Förderung des Textverstehens wie der Schreibkompetenz ist immer ein Vergleich der eigenen Texte mit dem Original- bzw. Vorbildtext.

2.5.1 Textvorbilder: Kinderverse und Gedichte

(1) „Zwicke-Verse“[3] (erstes Schuljahr)

Jürgen Spohn präsentiert in *Der Spielbaum* folgende neun „zwicke-Verse“:

zwicke zwein
in das Bein

zwicke zwase
in die Nase

zwicke zwacke
in die Backe

zwicke zwand
in die Hand

zwicke zwals
in den Hals

zwicke zwauch
in den Bauch

zwicke zwie
in das Knie

zwicke zwabel
in den Nabel

zwicke zwarm
in den Arm

Die neun Doppelverse sind im Original einem großflächigen, über zwei Seiten hinreichenden Bild zugeordnet. Dieses stellt eine querliegende, stilisierte menschliche Figur dar. Die wichtigsten Körperpartien sind durch unterschiedliche Farbflächen markiert: schwarz, grau, grün (in drei Schattierungen), fleischfarben. Die Verse

2 Erstveröffentlichung dieses Modells von Wilhelm Steffens unter dem Titel „'zwicke zwein'. Ein Sprech-, Lese-, Mal- und Schreibspiel“ in: Praxis Deutsch, Heft 46/1981, S. 14–15. Hier gekürzt.

sind teils in das weiße Umfeld, teils in die Farbflächen gesetzt, immer aber in Nähe der bezeichneten Körperteile.

Zunächst handelt es sich um ein Seh-, Zeige- und Sprechspiel, das durch charakteristische Laut-, Klang- und Reimkomponenten geprägt, einem den Kindern sachlich und sprachlich vertrauten inhaltlichen Bereich, nämlich Körperteilen, zugeordnet ist und eine Tätigkeit, nämlich zwicken, benennt. Nicht alle Körperteile sind aufgeführt. Da die Bauform der Verse leicht erfasst wird, öffnet sich das zunächst rezeptiv gewonnene Spiel fast spontan nach mehreren Dimensionen. Es wird zu einem motivierenden Mal-, Sprech-, Lese- und Schreibspiel, dessen dominante sprachliche Faktoren die an den Reim gebundene Klangkomponente und die charakteristische Lautfolge „zw" sind.

Das Lese-, Sprech-, Mal- und Schreibspiel gewinnt einen ganz spezifischen Stellenwert, wenn wir es in die erste Stufe des aufbauenden Lesens und Schreibens einordnen. Wenn Kinder die Struktur eines zweizeiligen Verses erfasst haben, der wegen der situativen Einbettung eine einfache syntaktische Form besitzt, genügt das Erkennen des jeweiligen inhaltlichen Schlüsselwortes (des Körperteils), um alle anderen Verse lesen zu können. Mit schwächeren Kindern können die Schlüsselwörter in vorstrukturierten Übungen lesetechnisch so bewältigt werden, dass sie anhand des Spieltextes zu einem motivierenden Leseerfolg kommen. In Abwandlung gilt das für entsprechende Schreibspiele. Deren Vorstrukturierung ist ebenfalls möglich, wenn das Spiel auf andere Inhaltsfelder ausgeweitet werden soll. Eine solche Ausweitung ist unter kreativer Perspektive wünschenswert.

Schritte einer unterrichtlichen Realisierung sind:

a) Die Kinder sprechen zu einer vom Lehrer vorgezeichneten Bildfigur an der Tafel (in Anlehnung an Spohn) und nennen die deutlich markierten Körperteile.

b) Sie lesen und sprechen (artikulieren) einen vom Lehrer neben das Bild geschriebenen 'zwicke-Vers'. Sie versuchen, den Spielwitz zu erkennen und verbalisieren ihre Erkenntnisse. Sie finden einen zweiten Vers und schreiben ihn in das Bild an der Tafel.

c) Die Kinder produzieren mündlich weitere zwicke-Verse (Sprech- und Zeigespiel).

d) Sie schauen sich einige vom Lehrer angeschriebene Reimpaare (der von Kindern genannten Verse) an und erkennen, dass erst das 'erfundene' Spielwort und dann der Körperteil genannt wird. Sie lassen die Spielwörter klingen (deutlich artikulieren) und markieren farblich die Lautopposition der untereinander geschriebenen Reimwörter.

e) Sie nennen andere (spaßige) Figuren und Tiere, die sie 'zwicken' können: Das Männchen (an der Tafel), einen Clown, einen Hasen, ein Fantasietier, einen Elefanten, eine Katze ... Partner wählen eine Figur, malen sie groß auf vorbereitete Tapetenrückseiten und schreiben zwicke-Verse nach verabredeten Spielregeln mit Filzstiften in das Bild hinein. Sofern sich Kinder für einen Clown entscheiden, kann als 'Spielregel' hinzugefügt werden, dass er auch in die Kleidungsstücke gezwickt werden darf.

f) Die Kinder stellen ihre eigenen zwicke-Verse in einem Lese- und Artikulationsspiel vor:

zwicke zweife *in die Schleife*	*zwicke zwicken* *in den Flicken*
zwicke zwein *in das Bein*	*zwicke zwaare* *in die Haare*

Ergebnisse eines Mal- und Schreibspiels zum Clown – Ende erstes Schuljahr

(2) Kindergedichte

(a) „Reinemarkt" von Friedl Hofbauer (zweites/drittes Schuljahr)

Reinemarkt
Friedl Hofbauer

Frischer Spinat! Grüner Kopfsalat!
Majoran! Thymian!
Fische! Ganz frische!
Ganz frische Fische!
Birnen und Trauben!
Strümpfe und Zipfelhauben!
Wir verkaufen hier alles, was sich reimt!
Wer nicht auf den Reimemarkt geht,
der hat was versäumt!
Hier gibt es:
Butter für die Mutter
einen Kater für den Vater
Rinder für die Kinder
für Otto ein Lotto
für Hans eine Gans
für Therese ein Stück Käse
für Stoffel eine Kartoffel
für Klaus eine Maus
für Susanne eine Kaffeekanne,
eine Badewanne
und eine Weihnachtstanne
für Onkel Peter einen Unkrautjäter
für die Ziege eine Stiege
für Tante Emilie eine Lilie mit Petersilie

Das aus zwei Teilen bestehende Gedicht lebt von den Binnenreimen. Beim ersten, fett gedruckten Teil, der aus Ausrufen (oft nur einem Wort) besteht, denkt man gleich an Marktschreier oder Marktfrauen, die ihre Waren anpreisen. Die vier ersten Verse des zweiten Teils leiten die Angebotsskala ein: Während bei den drei ersten Beispielen die Adressaten Mutter, Vater, Kinder am Schluss der Zeile stehen, beginnen die nächsten Verse mit den Namen. Susanne und Tante Emilie weichen vom Schema ab; Susanne werden drei Dinge zugeordnet, und die Tante erhält eine mit einer Ergänzung versehene Pflanze.

Praxiserfahrungen haben gezeigt, dass die Schüler bereits bei der ersten Textbegegnung an einigen Stellen reimend in den Lehrervortrag einstimmen. Sie erkennen beim stillen Nachlesen die beiden Teile des Gedichtes und erproben sich in szenischer Interpretation bzw. im Gedichtvortrag gerne als Marktschreier. In mehrfachem Lesen werden die Kinder zu den Aufbaumerkmalen des Textes hingeführt. Die Binnenreime können durch den alternierenden Vortrag von jeweils zwei Schülern verdeutlicht werden.

Die analogen Nachgestaltungsversuche, denen eine Sammlung von möglichen Warenangeboten für vielerlei Adressaten vorausgehen kann, beziehen sich nur auf den zweiten Teil des Gedichts und werden durch dessen vier erste Verse eingeleitet. Das Ergebnis wird dann beispielsweise so aussehen wie das folgende, das in einem *dritten Schuljahr* entstanden ist:

Wir verkaufen hier alles, was sich reimt!
Wer nicht auf den Reimemarkt geht,
der hat was versäumt!
Hier gibt es:

Eine Kaffeekanne für die Anne,
ein Paar Socken für Herrn Rocken,
ein paar Kerne für die Erne,
eine Pute für die Ute,
für die Ziege eine Liege,
für Frau Kraus ein Haus mit einer Maus,
für Oma Klein ein gesundes Bein,
für Frau Krone eine Zitrone,
für Herrn Meier ein paar Eier,
für Opa Rund einen kleinen Hund,
für Tante Rutscher einen Lutscher,
für Onkel Kurt einen Gurt,
für Gerd ein Pferd,
für Frau Raube eine Laube mit einer
Traube und einer Taube,
für Jim Knopf einen Topf mit einem Zopf.
(Nicole)

(b) „Leiter“ von Jürgen Spohn (zweites Schuljahr)

Leiter
Jürgen Spohn
Am
Am Ende
Am Ende von
Am Ende von der
Am Ende von der Leiter
da geht es
nicht mehr weiter

Jürgen Spohns Kindergedicht besteht eigentlich aus nur einem Verspaar. Der erste Vers wird Wort für Wort aufgebaut. Mit jeder so entstehenden Zeile wächst die Spannung. Der zweite Vers schließt sich direkt an, setzt den inhaltlichen Schlusspunkt und enthält das Reimwort.

Aus dem Erstleseunterricht ist den Kindern das Aufbauen von Sätzen aus Wörtern vertraut. Um die Spannung zu wecken, baut der Lehrer den ersten Teil des Leitergedichtes wortweise an der Tafel auf. Nachdem die Kinder Vermutungen über den weiteren Verlauf geäußert haben, schreibt er den zweiten Teil auf. Die Schüler erkennen sofort das Reimpaar und markieren an der Tafel die darin enthaltenen gleichen Buchstabenverbindungen: *Leiter/weiter.*

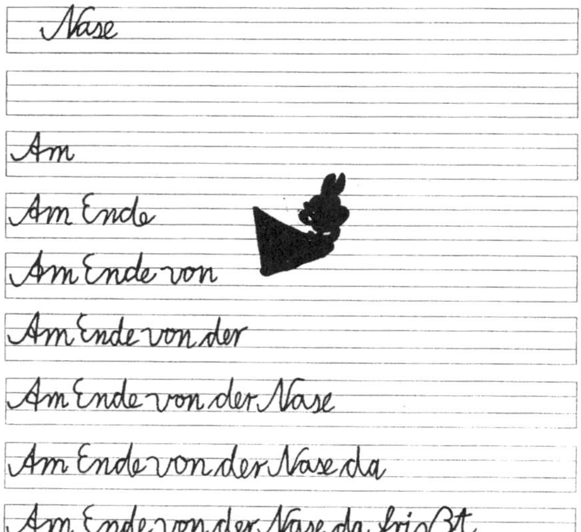

Schülerarbeit – zweites Schuljahr

Nach gemeinsamen Nachgestaltungsversuchen, bei denen der Lehrer einmal eine Präposition (z.B. in, im, auf), dann ein Substantiv (z.B. Keller, Ofen, Woche) vorgibt, probieren die Schüler allein, ein Gedicht zu schreiben.

(c) „Die Wut traf die Maus“ von Lewis Caroll (viertes Schuljahr)

Dieser Text aus *Alice im Wunderland* wird bestimmt von sprachspielerischen und bildhaft- zeichnerischen Elementen. Beim Lesen erkennen die Kinder sehr schnell, wie hier die Verse eines Gedichtes in eine graphische Gestalt aufgelöst sind, die das Bild einer Maus und ihres sich schlängelnden Schwanzes aufscheinen lässt. Es ist mit ihnen zu fragen, ob das Gedicht die gleiche Wirkung erzielen würde, wenn es in 'normaler' Gestalt gedruckt wäre.

Was sich hierbei an Einsichten ergibt, wird dann auch auf die Texte angewendet, die die Schüler jetzt selbst entwerfen. Zum Beispiel, indem sie die Idee des Sich- Schlängelns aufgreifen (die abgedruckten Schülerbeispiele sind Nachschriften der schwer reproduzierbaren Originale). Die 'Spielregel' erlaubt gleichermaßen, vorgegebene Formen eines Gedichtes aufzulösen und neu zu 'zeichnen' wie eigene kleine Gedichte zu verfassen und graphisch darzustellen.

Die Wut traf die Maus auf
der Treppe im Haus und sprach:
„Setz dich hin, ich
mach dir den
Prozeß.
Komm,
ziere dich
nicht, ich will
halten Gericht,
und zwar
schnell,
weil ich
es sonst
wieder
vergeß.“
Sprach die Maus:
„Gut und schön,
doch Ihr werdet
schon sehn,
ohne
Richter
und
Zeugen
kommt
dabei
nichts
heraus.“
„Ich zeuge,
ich richt“,
sprach der
listige
Wicht,
„erst
mach
ich
das
Urteil
und
dann dir
den Garaus.“

Lewis Carroll

Besonderen Spaß macht es, wenn diese Texte nach dem Nonsense-Muster gefertigt sind oder nach dem Motto: Reime dich oder ...!

(d) „z. B. Wörter“ von Jürgen Völkert-Marten (viertes Schuljahr)

z. B. Wörter
Zumbei
spiel
kön
nenwi
rm
itdenwör
terns
pielen
wirspie
lenwör
terspie
le

Dieser Text weist Ähnlichkeiten mit Eugen Gomringers der konkreten Poesie zugehörigen Buchstabenkonstellationen auf. Wie dort beispielsweise in *ode I, ode II* oder in *ode III* die Buchstaben, sind hier die Wortzwischenräume gegenüber dem normalen Wortbestand der deutschen Sprache verschoben und in einer befremdlich wirkenden Zeilenfolge angeordnet.

Es reizt die Schüler, die ungewohnten Klang- und Artikulationsstrukturen laut zu lesen, ebenso, das grafisch- optische Texträtsel zu lösen, und nicht zuletzt, selbst Texte zu schreiben, die in gleicher Weise von der Sprachkonvention abweichen (vgl. Steffens 1981b, 51).

Beim Schreiben muss allerdings das wichtige Strukturmerkmal beachtet werden, dass der Text sein Thema („man kann mit Wörtern spielen“) zugleich in seiner Form demonstriert. Um dieses charakteristische Merkmal beizubehalten, können sich die Nachgestaltungsversuche der Schüler nur auf zwei Möglichkeiten beziehen: auf Veränderungen der Form, indem andere Wortzwischenräume und Zeilen erprobt werden, oder auf ein neues Thema *Buchstaben*, zu dem eine mit dessen Inhalt korrespondierende Form gefunden werden muss.

Um die Schülerergebnisse in eine ansprechende Form zu bringen, bietet sich die Drucktechnik an. Nachdem die Kinder den bekannten oder ihren eigenen Text im Entwurf verfremdend gegliedert haben, wird das Wortspiel auf Plakatkarton gedruckt. Farbige Bogen sehen als Hintergrund besonders effektvoll aus. Der einfache Weg ist der Gebrauch eines Druckkastens – falls nicht in der Schule vorhanden, vielleicht bei einigen Schülern im Kinderzimmer.

Schwieriger ist wegen der spiegelverkehrten Setztechnik der Druck mit einer einfachen Druckerpresse, dafür aber auch – wie der Beleg aus einem *vierten Schuljahr* demonstriert, der in einer Druckwerkstatt entstand – graphisch wirkungsvoller und durch verschiedene Buchstabentypen abwechslungsreicher.

Schülerarbeit – viertes Schuljahr

(e) „Stellt euch vor, wir hätten ...“ von Eva Rechlin (viertes Schuljahr)

Stellt euch vor, wir hätten ...

Stellt euch vor:
Wir hätten keinen Flaschenöffner mehr.
Womit öffnen wir danach die Flaschen?
Stellt euch vor:
wir hätten keine Taschentücher mehr.
Womit tüchern wir danach die Taschen?
Stellt euch vor:
wir hätten keine Kegelkugeln mehr
Womit kugeln wir danach die Kegel?
Stellt euch vor:
wir hätten keine Segelboote mehr.
Womit booten wir danach die Segel?

Stellt euch vor:
wir hätten keine Eichenblätter mehr.
Womit blättern wir danach die Eichen?
Stellt euch vor:
wir hätten keine Zeichenstifte mehr.
Womit stiften wir danach die Zeichen?
Stellt euch vor:
wir hätten keine Ziegelsteine mehr.
Womit steinen wir danach die Ziegel?
Stellt euch vor:
wir hätten keine Spiegeleier mehr.
Womit eiern war danach die Spiegel?

Es ist ein Merkmal der deutschen Sprache, dass ein Wort (ohne Ableitungsmittel) aus zwei (oder mehreren) selbstständig vorkommenden Wörtern gebildet werden kann. Das erste der beiden Elemente ist das Bestimmungswort, das zweite das Grundwort. Beide können von verschiedenen Wortarten herkommen und auch wieder in sie zurückgebildet werden.

In dem Text *Stellt euch vor ...* bestehen die jeweils benannten Komposita ausschließlich aus zwei Substantiven, Eva Rechlin spielt dann aber mit der Möglichkeit, das Grundwort in ein Verb zu vertauschen. Es entstehen daraus Sätze, deren grammatische Formalstruktur zwar korrekt ist, nicht jedoch deren Semantik. Auf dieser Diskrepanz beruht freilich gerade der Spielwitz.

Eva Rechlins Gedicht besteht insgesamt aus achtzehn Strophen. Eine kleine Auswahl (wie z. B. hier vorgenommen) genügt jedoch schon als Leseanreiz, um die Bauform zu durchschauen. Der Schritt vom Lesen zum Schreiben ist getan. Als Schreibimpulse kann der Lehrer entweder die Komposita des Originaltextes vorgeben und dazu neue Strophen erfinden lassen, oder es werden gemeinsam 'Spiel-Wörter' gesucht und mit ihnen neue Strophen geschrieben.

Beispiele für Spiel-Wörter sind:

Schullehrer (-leerer)
Kettenraucher
Faltenröcke
Bilderbücher
Nasenspitzen
Straßenbahn
Lattenzäune
Bügeleisen

Lehrerzimmer
Kinderzimmer
Butterblumen
Kerzenhalter
Nudelsuppe

Eine neue Strophe könnte so heißen:

Stellt euch vor:
wir hätten keine Zuckerhüte mehr.
Womit hüten wir danach den Zucker?
Stellt euch vor:
wir hätten keine Bilderbücher mehr.
Womit büchern wir danach die Bilder?
(Christian)

Schülerarbeit – viertes Schuljahr

2.5.2 Textvorbild: Dialog

Rede und Gegenrede
Hans Manz

„Zum Teufel, dieser Hahn weckt mich jeden Morgen um drei!"
„Warum drehst du ihn dann am Abend nicht zu?"

„Manchmal wünschte ich mir, ich hätte zwei Flügel!"
„Ach wozu, du musst sie doch nur alle Halbjahre stimmen lassen."

„Dieser neue Block versperrt mir jetzt die ganze Aussicht!"
„Leg ihn doch einfach in die Schreibtischschublade!"

Die Dialoge, die Hans Manz hier präsentiert, sind als Muster zur analogen Nachgestaltung sehr anspruchsvoll und darum erst im *vierten Schuljahr* verwendbar. Gespielt wird mit der Mehrdeutigkeit von Wörtern, was den Schülern vom 'Teekesselspiel' her durchaus vertraut ist. Die Schwierigkeit dieses Sprachspiels besteht allerdings darin, dass sich die Formulierung der Gegenrede auf das falsch verstandene Homonym der Rede bezieht.

Um ein solches Wortspiel mit Viertklässern zu schreiben, bedarf es einer gründlichen Auseinandersetzung mit der Sprache. Mindestens fünf Schritte der Vorbereitung sind erforderlich:

a) Bekanntmachen mit ca. drei exemplarischen Modellen.

b) Den 'Witz' dieser Modelle erarbeiten.

c) Eine Reihe von Homonymen ('Teekesselwörtern') suchen. Ihre Bedeutung im Spiel erproben und verbalisieren. Diese intensive Spielphase liefert das sprachliche Material, das später bei der Schreibtätigkeit gebraucht wird.

d) Ausreichende Durchdringung der Textstruktur. Es ist wichtig, dass in der 'Gegenrede' das Nomen, um das sich der 'Witz' dreht, nicht mehr genannt, sondern durch ein Pronomen ersetzt wird oder gar nicht mehr auftaucht.

e) Mehrere Ersatzproben der 'Gegenrede' am Modell, das exemplarisch behandelt wurde, ausführen. Beispiel: Hahn/Hahn

„Warum lässt du ihn nicht reparieren?"

„Warum holst du nicht den Klempner?"

Das Schreiben geschieht am besten in Partnerarbeit. Ein Schüler formuliert und schreibt die 'Rede', der andere die 'Gegenrede'. Als Material steht die Wortsammlung zur Verfügung.

„Ich möchte jetzt die Heringe einschlagen."
„Aber die brät Mutter doch gerade."

„Herr Schutzmann, in meinem Garten ist eine Schlange!"
„Na und? Stellen Sie sich doch einfach an!"

„Ich habe heute auf dem Ball getanzt."
„Konntest du denn das Gleichgewicht halten?"

Schülerarbeiten – viertes Schuljahr

2.5.3 Textvorbilder: Geschichten

(1) „Angeführt"-Geschichten[4] (erstes/zweites Schuljahr)

Sammlungen von kurzen Geschichten der Kinderliteratur enthalten zahlreiche Texte, die zum Weiterschreiben, zum Eingreifen, zum Verfassen analoger Muster oder offener, weiterführender, das Grundmodell überspringender Formen anregen. Einen besonderen Stellenwert gewinnen solche anreizenden Texte für die schreibdidaktische Einstiegssphase Ende des ersten und im zweiten Schuljahr. Sie sind eine Form literarischen Schreibens mit hoher schriftsprachfördernder Wirkung. Gerade sprachschwächeren Kindern können sorgfältig ausgewählte Texte fördernde Sprachanreize und wesentliche Faktoren einer aufzubauenden Textkompetenz sowie schriftsprachliche Erfolgserlebnisse vermitteln.

Elisabeth Stiemerts Geschichtensammlung *Angeführt! Angeführt!* erfüllt die genannten textstrukturellen Voraussetzungen in besonderer Weise. Nach einer *Ess-Geschichte* und einer *Anzieh-Geschichte* folgt dort als dritter Text *Eine Huhn-Geschichte.* Sie wird so eingeleitet:

Ein Huhn hat immer sehr gute Laune gehabt.
Jeden Tag hat es fröhlich gesungen.

Dann folgen inhaltlich und sprachlich gleichsinnige Strophen:

Am Montag hat es gesungen:
„Dideldum und dideldei.
Heut' lege ich ein Montagsei."

Die besondere Pointe für das lesende Kind zeigt sich zum Schluss der letzten dieser Strophen. Gefangen im Gleichmaß des Geschehens, aber auch in der formalen Reihe, erfährt es das Herausspringen als das Unerwartete, Überraschende, das zum Lachen reizt:

---

[4] Verfasser dieses Abschnitts ist Wilhelm Steffens

„Dideldum und dideldei.
Heut' lege ich …"
Angeführt! Angeführt!
„Heut' lege ich kein Ei!",
hat das Huhn da gesungen,
„Sonntags mache ich Pause!"

In der auslaufenden Phase des Leselernprozesses angesiedelt, stehen zunächst der Lesespaß, die schriftliche Reihe der Wochentagsnamen, die Spielwörter (Sonntagsei usw.) sowie das volksliterarischen Formen angenäherte Klangspiel (Dideldum und dideldei) im Vordergrund. In einer folgenden Unterrichtseinheit genügt dann der Hinweis, dass die Kinder selbst eine solche lustige Geschichte schreiben könnten, und das Aufklappen der Tafel, hinter der die Monatsnamen durcheinander notiert sind, um zu motiviertem Schreiben zu führen. Die Kinder erfinden mündlich die erste Teilgeschichte.

Im Januar hat es gesungen:
„Dideldum und dideldei.
Heut' lege ich ein Januarsei."

Auf vorbereiteten Arbeitsblättern entstehen Teilgeschichten, die, ausgemalt, zu einem Bilderbuch geheftet werden können. Die abschließende Geschichte lautete in einem zweiten Schuljahr:

Im Dezember hat das Huhn gesungen:
„Dideldum und dideldei,
heut' lege ich …"
Angeführt! Angeführt!
„Heut' lege ich kein Ei.
Weihnachten mache ich Pause!"

Der 16. Text des Bandes, der wiederum eine optimale Struktur für analoges Schreiben aufweist, heißt Eine Blättergeschichte.

Einmal hat ein Kind Blätter gesucht.
Es ist im Park über den Rasen gelaufen
und von einem Baum
zu dem nächsten gegangen.
Unter der Birke hat das Kind
Birkenbaumblätter gefunden.
Unter der Linde hat das Kind
Lindenbaumblätter gefunden.
Unter der Eiche hat das Kind
Eichenbaumblätter gefunden.
Unter der Kastanie hat das Kind
Kastanienbaumblätter gefunden,
und unter der Tanne
hat das Kind …

[auf der nächsten Seite mit Illustration:]

Angeführt! Angeführt!
Unter der Tanne hat das Kind eine Glasmurmel
gefunden. Das Kind hat sie in seine Hosentasche
gesteckt und mit nach Hause genommen.

Die Kinder eines zweiten Schuljahres[5] erhielten den Text auf einem Arbeitsblatt. Da sie bereits mehrere Geschichten kannten, wurde der Versuch des selbstständigen Erlesens unternommen. Den schwächsten Lesern, mit der Lehrerin um einen Gruppentisch versammelt, wurden für den Eingangsteil leichte Hilfen gegeben.

Nach dem lustbetonten Vorlesen, in einem zweiten Lesedurchgang auf Rollen verteilt, nannten die Kinder andere Bäume, die sie kannten: Buche mit Buchenbaumblättern, Pappel mit Pappelbaumblättern, Birnbaum mit Birnbaumblättern usw.

So vorbereitet, erhielten die Kinder ein Arbeitsblatt mit den in der Abbildung erkennbaren schriftsprachlichen Vorgaben. Diese Vorgaben waren Schreibanstoß und zugleich verringerten sie das zu schreibende Textvolumen insbesondere für langsamer lernende Kinder. Auch diese kamen somit in der Anfangsphase des zweiten Schuljahrs zu dem Erfolgserlebnis, einen vollständigen Text verfasst zu haben.

Weitere in den Texten genannte Bäume waren: Ahorn, Birnbaum, Buche, Kirschbaum, Apfelbaum, Fichte, Nussbaum. Ein offeneres Schreibfeld bot der Schluss der Geschichte. Als Fundsachen wurden u. a. genannt:
- eine Feder
- ein Teddy
- ein Ball
- ein Buch.

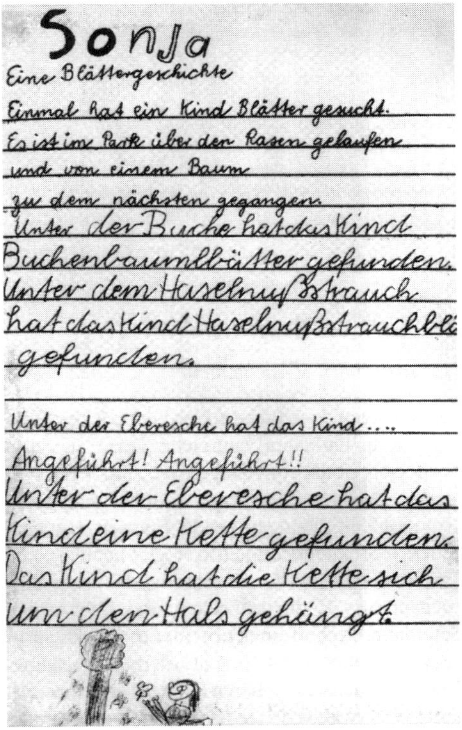
Sonja
Eine Blättergeschichte
Einmal hat ein Kind Blätter gesucht.
Es ist im Park über den Rasen gelaufen
und von einem Baum
zu dem nächsten gegangen.
Unter der Buche hat das Kind
Buchenbaumblätter gefunden.
Unter dem Haselnußstrauch
hat das Kind Haselnußstrauchblä
gefunden.

Unter der Eberesche hat das Kind ....
Angeführt! Angeführt!!
Unter der Eberesche hat das
Kind eine Kette gefunden.
Das Kind hat die Kette sich
um den Hals gehängt.

Angeführt! Angeführt! Unter der Eberesche hat das Kind eine Haarspange gefunden und ins Haar gesteckt.

... eine Feder gefunden und mit ihr Indianer gespielt.

... einen 10-Markschein gefunden und mit nach Hause genommen und seine Mutter gefragt, wo das Fundbüro ist.

... einen Teddy gefunden, das Kind hat den Teddy in den Arm genommen.

... einen Ball gefunden und damit gespielt.

... ein Buch gefunden. Was hat das Kind gemacht? Es hat im Buch gelesen und es seinem Vater zum Geburtstag geschenkt.

[5] Didaktisch-methodische Anregungen für dieses Modell sowie die Schülertexte verdanken wir Frau Gisela Dorst.

(2) Fantasie-Geschichten

Sprachspielkompendien der jüngeren Kinderliteratur enthalten neben den vielfältigen Angeboten zum Spielen mit Sprache wie Konstellationen, Unsinnsverse, Witze, Rätsel, Zungenbrecher, Klang–, Laut- und Reimspiele, ABC- und Buchstabenspiele eine Reihe von Prosatexten, die sprachspielerische Elemente umschließen. Auch sie sind Anstöße zum Weiterspielen. Nahezu alle Lesebücher enthalten heute entsprechende Texte als Schreibspielangebote. [6] Praxiserfahrungen belegen spontane Motivation, schreibend auf solche Angebote einzugehen, belegen auch Schreibspaß und Freude bei der literarischen Kommunikation in Gruppen, im Klassenverband oder für eine weitergreifende Öffentlichkeit (z. B. Klassen- oder Schulzeitung).

(a) Die Pille Dauerputzig (viertes Schuljahr)[7]

Die Geschichte *Die Pille 'Dauerputzig'* von Vera Ferra-Mikura erzählt von Professor Alberich Zusammenstaucher vom Institut für Gartenzwergforschung, der nach jahrelanger Arbeit eine neue Pille entwickelt hat, die Tiere und Menschen dauerhaft klein und putzig bleiben lässt. Die Anwendung führt zu witzigen Situationen. Da dauerputzige Menschen aber eine Belastung für unsere Gesellschaft wären, muss der Professor das Gegengift „Unputzig" entwickeln.

Mit diesem Text kann bereits im *dritten*, vorrangig aber im *vierten Schuljahr* 'gespielt' werden. Ziele einer Beschäftigung mit ihm sind:

- die Kinder erleben einen Lese- und/oder Vorlesespaß
- sie erfassen den Spielwitz des Textes: ein neues Produkt wird erfunden, dazu ein passender, lustiger Name
- sie erfassen die humoristische Wirkung der Anwendung des Produkts in unterschiedlichen Situationen
- sie machen sich bewusst, dass auch die Warnung vor falschem Gebrauch humoristisch geprägt ist, ebenso wie die Erfindung eines Gegenmittels
- sie versuchen, Namen für andere Wunderpillen zu erfinden und denken sich entsprechende Situationen aus
- sie schreiben eine eigene lustige Fantasiegeschichte von einer Wunderpille, aufgebaut nach den Prinzipien des vorliegenden Textes
- sie bereiten Lesern oder Zuhörern Spaß damit.

Wie bei den meisten Sprachspielen bedarf es nur einer geringen methodischen Vorstrukturierung des kreativen Schreibens. Die genannten Ziele umschließen zugleich den Verlauf und einzelne Spielschritte. Ein motivierender Zwischenschritt ist der Austausch der Schreibergebnisse zwischen Partnern bzw. Gruppenmitgliedern. Hier kann Hörer– oder Leserwirkung abgetastet und können Korrekturhinweise untereinander vermittelt werden.

---

[6] Vgl. auch die von Wilhelm Steffens herausgegebenen Lesehefte „Spiel und Spaß mit Sprache" des Hirschgraben-Verlags für das 2., 3./4. und 5./6. Schuljahr.

[7] Verfasser dieses und des folgenden Abschnitts ist Wilhelm Steffens.

Die Übertreibungen der Werbesprache bringen auch sprachliche Stilmittel ins Spiel, die die ältere Aufsatzdidaktik tabuisierte. Hier sind sie nicht nur zugelassen, sondern sie machen die spezifische Wirkung einiger Formulierungen aus. Sie zeigen übrigens auch, dass werbesprachliche Elemente Teil der kommunikativen Kompetenz bereits von Grundschulkindern sind (vgl. dazu auch Steffens 1977, 82ff. und 1986, 209f.).

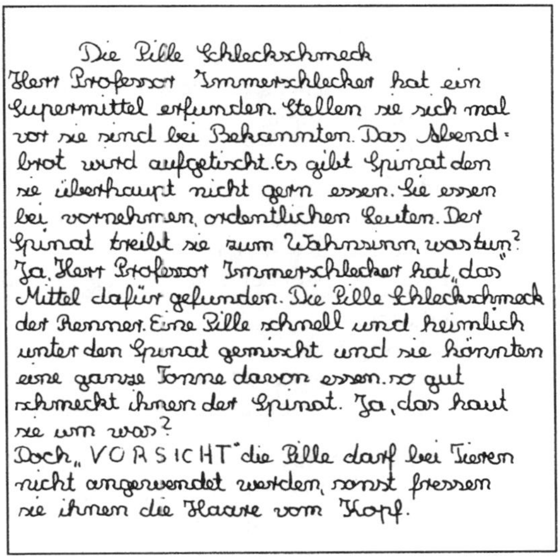
Die Pille Schleckschmeck
Herr Professor Immerschlecker hat ein Supermittel erfunden. Stellen sie sich mal vor sie sind bei Bekannten. Das Abendbrot wird aufgetischt. Es gibt Spinat den sie überhaupt nicht gern essen. Sie essen bei vornehmen, ordentlichen Leuten. Der Spinat treibt sie zum Wahnsinn, was tun? Ja, Herr Professor Immerschlecker hat „das" Mittel dafür gefunden. Die Pille Schleckschmeck der Renner. Eine Pille schnell und heimlich unter den Spinat gemischt und sie könnten eine ganze Tonne davon essen. so gut schmeckt ihnen der Spinat. Ja, das haut sie um was?
Doch „VORSICHT" die Pille darf bei Tieren nicht angewendet werden, sonst fressen sie ihnen die Haare vom Kopf.

(b) Fantasie und Fantadu

Helme Heines Bilderbuch „Fantadu" regt Kinder nahezu umittelbar an, ihre Fantasie in Bewegung zu setzen. Auf jeder Doppelseite führt sie der Bilderbuchautor in eine neue Situation erfahrener und erfahrbarer Kinderwelt mit ihren offenen, die Grenzen des Wirklichen immer wieder übersteigenden Vorstellungen hin zum Denkmöglichen. Jede situative Konstellation wird über eineinhalb Seiten hin bildlich ausgebreitet, in der farblich-flächigen Manier des Autors. Ein kurzer, wenige Zeilen umfassender Text erfüllt sie mit Fantasie, verlebendigt Tiere, Sachen, Tätigkeiten und hebt sie in eine neue Vorstellungsdimension, so wie Kinder Alltagserscheinungen animieren. Sich die Dinge beseelt vorzustellen, sie so zu erfahren und selbst ein Teil davon zu sein, ist eine frühkindliche, tiefgreifende Welterfahrung, die uns in Restbeständen ein Leben lang begleitet. Sicher ist dies eine der Wurzeln von Märchen und phantastischer Literatur. Dem Grundschulkind ist es möglich, sich solchen fantasiegeprägten Vorstellungen des Sich–Anverwandelns von Gegebenheiten und des Hineinschlüpfens in deren Perspektive bewusster zuzuwenden. Zweifelsohne erklärt dies die Faszination, die Heines Bilderbuch ausübt.

Die folgenden Textauszüge können als repräsentativ angesehen werden. In jede Geschichte führt ein Zweizeiler, der sich einerseits geradezu als 'Ohrwurm' entpuppt, dessen sprachspielerisches Element andererseits zu Entdeckerfreude und Staunen führt. Die Aufforderung der zweiten Zeile führt den Leser, im Sinne des literarisch-kommunikativen Spiels, in die eigene fantasiebesetzte Innenwelt des Träumens.

Fantasie und Fantadu
schließe beide Augen zu.
Stell dir mal vor, du bist Musik. Da möchtest du am liebsten dein eigenes Orchester sein und dein eigener Dirigent.
Dein Radio könntest du dann verkaufen.

Fantasie und Fantadu
schließe beide Augen zu.
Stell dir mal vor, du bist ein Apfelbaum. Im Garten. In deinem Haar nisten die Vögel, und deine Arme werden nicht müde, die Blätter und die Äpfel zu tragen. Und zum Essen reicht dir Erde, Wasser und Sonne.

Fantasie und Fantadu
schließe beide Augen zu.
Stell dir mal vor, du bist acht Kinder. Du musst mit ihnen deine Spielsachen teilen und achtmal zum Friseur gehen, achtmal die Hände waschen und die Zähne putzen, aber du darfst auch acht Eiscremes essen, und du hast viele Freunde.

Fantasie und Fantadu
schließe beide Augen zu.
Stell dir mal vor, du bist der Mond. Abends, wenn die Kinder schlafen, wanderst du über den Sternenhimmel und leuchtest in die Schlafzimmer hinein.

Die weiteren Bezugsgegenstände des Sich-Vorstellens im Bilderbuch sind: Telefon, Tischbein, Hund, Vögel, Springbrunnen, Fisch im Aquarium, Wind, Steg, Schneemann, ein hundert Jahre alter Mann.

Die Erstbegegnung mit dem Bilderbuch hängt neben den allgemeinen Zielen auch von den materialen Bedingungen und der Gruppengröße ab. Bei nur einem Buchexemplar bietet sich im engen Sitzkreis (auf dem Fußboden) das Vorzeigen und Vorlesen an. Bei sechs Exemplaren kann der Einstieg selbstständig in Dreier- oder Vierergruppen erfolgen. Besonders günstig sind eine Diaserie, Farbfolien oder Episkop für eine offene, dynamische gemeinsame Erstbegegnung. Wichtig ist, dass sich die Kinder den einleitenden Zweizeiler zu eigen machen, dass sie sich in Bild und Text versenken und den methodisch unbelasteten ersten Durchgang genießen und sich bei Bedürfnis spontan äußern. Die Bilderbücher bleiben in der Folgezeit in der Leseecke für spontane Zugriffe und Zuwendungen ausgestellt.

Ein zweiter und dritter Durchgang – einer chronologisch, der andere selektiv nach Wunschvorstellung der Kinder – dienen behutsamer Vertiefung: Spielwitz der ersten Zeile, das Augenschließen der zweiten. Aktivierung der Vorstellungsanregung der Bilder und Texte. Eigene Geschichten vom Träumen.

Ein dritter Unterrichtsabschnitt gilt der gedanklichen und sprachlichen Konturierung eigener „Stell Dir mal vor"-Geschichten: Vorschläge, Ideen, kurzes Besinnen, gedankliches und sprachliches Entfalten. Dies kann im Sitzkreis erfolgen, aber auch in Gruppen- oder Partnerorganisation. Dann schreibt jedes Kind seine eigene Geschichte auf und malt ein Bild dazu.

Der nächste Abschnitt gilt dem Vorlesen und/oder dem Gegenlesen von Partnern, dem Besprechen, den Korrekturvorschlägen und Korrekturen. Die Reinschrift schließt sich an. Motivierende abrundende Handlungen sind:

- einem ausgewählten Partner der eigenen Klasse (gegenseitig) oder der Parallelklasse die gemalte und geschriebene Geschichte schenken,
- sie in ein eigenes Geschichtenbuch einheften,

- sie einem Kind der Patenklasse zusenden,
- die Bilder und Texte am Wandfries aufhängen,
- die Bilder und Texte zu einem Bilderbuch zusammenheften.

Klassen, denen entsprechende Arbeitsformen vertraut sind, bringen dazu eigene Textvorschläge ein und entscheiden sich z. T. wechselweise für die eine oder andere. Aber auch entsprechende Vorschläge des Lehrers werden gern aufgegriffen.

Die folgenden Textbelege sind dem „Fantadu-Buch" einer dritten Klasse[8] entnommen. Die Kinder erhielten ein vorbereitetes liniertes Arbeitsblatt in Querformat mit dem vorgegebenen Eingangsvers und dem Einstiegsteil: Stell dir mal vor, ...

Bei der Auswahl spielten der Aspekt der thematischen Streubreite (Personen, Tiere, Sachen) sowie die unterschiedliche Fantasieentwicklung eine Rolle.

Stell dir mal vor, du bist eine Wolke und kannst die Stadt von oben sehen und wirst auch mal von dem Wind fortgeweht werden und du kannst auch mal andere Länder sehen. Und lässt auch mal Wasser runter. Wenn dich der Wind vor die Sonne weht, dann wirst du ganz warm und es wird langsam Nacht und dich kann man nicht mehr sehen. Und es wird wieder Tag und du kannst die Vögel zwitschern hören.

Eine abschließende Bemerkung scheint noch angebracht: Wie oft bei Entbindung von Fantasie offenbaren die Kinder ein Stück ihres Selbst, ihrer Wünsche, ihrer Hoffnungen und auch Nöte. Bei einigen der Texte sind psychoanalytische Zugriffe für die Lehrerin, allerdings nur vor dem Hintergrund bester Milieu- und Personenkenntnis, zweifelsohne hilfreich.

(c) Bumfidel-Geschichten (drittes Schuljahr)

Bumfidel- Geschichten erzählt das Buch Bumfidel bleibt Bumfidel von Marieluise Bernhard- von Luttitz. Abends vor dem Einschlafen denkt sich Bumfidel zum Beispiel gern was aus: Wie wäre es, wenn er Niemand hieße. Ein bisschen verrückt, das findet er selbst. Aber – es könnte doch sein. Bumfidel spielt nun scherzhaft-spielerisch mit den beiden Wörtern

---

[8] Didaktisch-methodische Anregungen für dieses Modell sowie die Schülertexte verdanken wir Frau Gisela Dorst

„Niemand“ und „niemand“, was ihn aber gleichzeitig darüber nachdenken lässt, wozu es führen müsste, wenn manche Namen nicht mehr nur Namen wären.

Der Text wird vom Lehrer vorgelesen. Eventuelle Verständnisschwierigkeiten lösen sich, wenn die Kinder anschließend beim eigenen Lesen entdecken, dass das ‘Spielwort’ einmal groß und einmal klein geschrieben wird. Das führt zu der Einsicht, dass zwischen ‘Namen’ und ‘Namensträger’ (‘Bezeichnung’ und ‘Sache’) wesentliche Unterschiede bestehen können.

Der Text fordert geradezu heraus, gleichartige Geschichten (beispielsweise zu ‘keiner’, dem Ersatzwort zu ‘niemand’) zu erfinden und aufzuschreiben. Der Schreib–Impuls kann lauten: Denke dir ähnliche Geschichten aus mit ‘Keiner’, und vorschlagsweise so beginnen:

Peter denkt sich vor dem Schlafen gern verrückte Geschichten aus. Zum Beispiel, dass er ‘Keiner’ hieße. Er wusste selbst, dass der Name dumm klingt. Aber es könnte ja sein. Also, er stellt sich vor, dass seine Mutter riefe: „Hilft mir keiner Kuchen backen?“ – „Doch“, sagt Keiner und geht ins Haus und hilft der Mutter. Diese ist ganz sprachlos. Es kann etwas stimmen, was gar nicht stimmt! [...]

(d) „Meine Stadt“ von Sophie Brandes (drittes Schuljahr)

Meine Stadt *Sophie Brandes*

Meine Stadt hat hundert Türme, Brücken, Bogen, Treppen, Gänge. Meine Stadt ist lichtumwoben, schattendunkel, weit und enge. Gassen führen hin zu Plätzen, Bäume wiegen sich im Wind, Brunnen plätschen, Leute lachen, eine Mutter ruft ihr Kind. Meine Stadt hat viele Tiere, Pferde, Esel, Hunde, Katzen. Mäuse piepsen nachts auf Höfen und tags lärmen dort die Spatzen. Auf dem Marktplatz stehen Buden, bunt mit Äpfeln, Birnen Trauben. Meine Stadt ist geheimnisvoll. Sie hat Winkel, Ecken, Speicher, Keller. Sie hat Höhlen zum Verstecken. Sie hat Luken in den Dächern. Sie hat Mauern, Gärten, und eine Zahnradbahn hat sie auch. Die führt hinauf zum Gipfel, zum Schloss und in den blauen Himmel. Von dort flieg ich, wohin ich will ...

Der Text verbindet reale Wahrnehmungen mit einer ‘Reise’ in die Fantasie. Sophie Brandes erzählt hier in phantasievoller Weise von ‘ihrer’ Stadt (es ist Heidelberg). Nachdem der Text vorgelesen ist, können in Gruppenarbeit die ‘Dinge’ ausgesucht werden, die die Schüler in ihrer eigenen Stadt, ihrem eigenen Ort finden. Nach individueller Wertung wird dann eine Aufstellung gemacht, was davon das Wichtigste, das Zweitwichtigste usw. in ‘unserer’ Stadt, ‘unserem’ Ort sein könnte. Anschließend wird unterstrichen, was – je nach der persönlichen Meinung des Kindes – auch für andere Kinder ‘besonders wichtig’ ist.

Um die Eigenart der von Sophie Brandes gewählten stilistischen Form nachzuvollziehen, werden die Satzteile, die sich an die Wörter „hat“ und „ist“ anschließen, herausgesucht und verglichen.

Ein *erster Schreibimpuls* kann so lauten: Deine Stadt hat vielleicht hundert Hochhäuser oder eine U-Bahn oder einen Park oder ... Manche Dinge aus der Geschichte *Meine Stadt* findest du auch in deiner Stadt oder in deinem Dorf. Manche Dinge, die es in deinem Ort gibt, findest du nicht in der Geschichte. Schreibe auch eine Geschichte 'Meine Stadt' oder 'Mein Dorf' und vergleiche sie dann mit der Geschichte von Sophie Brandes.

Eine *Variante* ergibt sich – als *zweiter Schreibimpuls* –, wenn keine bloße Beschreibung angestrebt wird, die Aufgabe vielmehr lautet, das Wunschbild 'unserer Stadt' zu entwerfen. Das kann auch in der Überschrift zum Tragen kommen, sie kann wahlweise 'Meine Stadt' oder 'Meine Traumstadt' heißen. Es bietet sich auch an, dass die Kinder ihre Texte illustrieren, sei es mit ausgesuchten Bildern oder Fotos, sei es mit selbstgemalten Bildern.

Meine Stadt

Meine Stadt soll keine Autos und elektrische Eisenbahnen haben sondern Pferdekutschen und Dampflokomotiven.
Der Marktplatz, der Schillerplatz und der Gutenbergplatz sollen so aussehen wie vor dem Krieg. Es soll im Winter viel Schnee fallen und im Sommer soll die Sonne vom Himmel strahlen.
Das ganze Jahr über sollen Buden und Karussells auf dem Domplatz stehen. Viele Spielplätze und Schwimmbäder soll es geben. Auch Zoos soll es geben wo alle Tiere der Welt leben.
So stelle ich mir meine Traumstadt vor.

Schülerarbeit – drittes Schuljahr

Ein *dritter Schreibimpuls* nimmt das Angebot des Textendes auf und lässt den schreibend reagierenden Leser eine Reise in die Fantasie antreten: Erzähle, wohin (in welche Stadt, in welchen Ort, in welches Land ...) du fliegen möchtest. Beschreibe anschaulich, wie die Stadt (...) deiner Wünsche aussieht.

(3) Schelmengeschichten

Sehr geeignete Textvorbilder für analoges Schreiben sind die Geschichten von Eulenspiegel, den Schildbürgern und die Lügengeschichten des Barons von Münchhausen. Mehrere Vorschläge hierzu haben wir bereits früher ausgearbeitet (vgl. Payrhuber 1981, 1986), wir skizzieren deshalb nur je ein exemplarisches Modell zu einer Schildbürger-, Eulenspiegel- und Lügengeschichte.

(a) Schildbürgergeschichten (drittes/viertes Schuljahr)

Als Einstieg in den Themenkreis 'Schildbürger' empfiehlt es sich, zu erzählen oder vorzulesen, was Erich Kästner über die merkwürdigen Leute aus der Stadt Schilda schreibt:

Im Mittelalter, damals, als man das Schießpulver noch nicht erfunden hatte, lag mitten in Deutschland eine Stadt, die Schilda hieß, und ihre Einwohner nannte man deshalb die Schildbürger. Das waren merkwürdige Leute. Alles, was sie anpackten, machten sie verkehrt. Und alles, was man ihnen sagte, nahmen sie wörtlich. Wenn zum Beispiel ein Fremder ärgerlich ausrief: „Ihr habt ja ein Brett vorm Kopf!“, griffen sie sich auch schon an die Stirn und wollten das Brett wegnehmen. Und meinte ein anderer ungeduldig: „Bei euch piept es ja!“, so sperrten sie neugierig die Ohren auf, lauschten drei Minuten und antworteten dann gutmütig: „Das muss ein Irrtum sein, lieber Mann. Wir hören nichts piepen.“ So viel Dummheit brachte manchen durchreisenden Kaufmann der Verzweiflung nahe. Andere wieder lachten sich darüber halbtot. Und mit der Zeit lachte, zu guter Letzt, das ganze Land.

Wahrscheinlich kennen manche Kinder schon Schildbürgergeschichten; man könnte sie jetzt auffordern, ihnen bekannte Streiche der seltsamen Leute von Schilda zu erzählen oder ihnen verfügbare Geschichten vorzulesen. Um eine gemeinsame Verstehensbasis zu schaffen, erscheint es uns allerdings richtiger, im Anschluss an die Einführung durch den Kästner-Text mit der Klasse gemeinsam die eine oder andere Schildbürgergeschichte zu lesen, die sich sicher im eingeführten Lesebuch finden wird. Danach kann die Thematik erweitert und auf das Verfassen eigener Schildbürgergeschichten konzentriert werden. Dabei sollte zunächst gar nicht so sehr nur der originelle Einfall wichtig sein. Die Aufmerksamkeit der Kinder ist vielmehr vor allem darauf zu lenken, dass sie – in Anlehnung an die Vorlage – die Struktur der Geschichten realisieren. Erst bei der weiteren Arbeit mit Schildbürgergeschichten wird es darauf ankommen, dass sich die Schüler immer mehr von der Vorlage lösen, diese nur noch als Impulsgeber nutzen und dann mit eigenen neuen Inhalten und Ideen füllen.

Die Geschichte *Der versalzene Gemeindeacker* erzählt ein typisch schildbürgerisches Verhalten. In einem völlig logisch scheinenenden Analogieschluss wird gefolgert, wenn Zukker (in Form von Zuckerrüben) auf den Feldern wachse, müsse das auch bei Salz so sein. Danach handeln sie also, die Bürger von Schilda. Und selbst als sie am Schluss eines Besseren belehrt sein müssten, bleiben sie noch dabei: Nicht ihr eigenes Verhalten war unrichtig, das Salz ist vielmehr „zu salzig“, als dass es genießbar wäre. Nicht allein die ganze Erzählung, auch einzelne Erzählabschnitte sind in dieser Weise strukturiert. Als die Kühe und Ziegen in dem Salzacker herumtrampeln, verhindern die Feldhüter, dass der Schmied hingeht und sie vertreibt. Ihre eigentlich richtige Überlegung, es müsse vermieden werden, dass der Schmied das wertvolle Salzkraut zertrete, wird ins Groteske verkehrt, indem sie ihn zu viert in den Acker hineintragen und damit erst recht ordentlichen Schaden anrichten.

So wird in dieser Erzählung gleich mehrfach törichtes Verhalten vorgeführt, an dem der Leser sich freuen, das er herzlich genießen kann. Dass der Leser nämlich die Dummheit der Schildbürger gleich durchschaut, das wird vom Erzähler vorausgesetzt.

Die Beschäftigung mit dem Text und das Schreiben eigener Schildbürgergeschichten kann in folgenden Unterrichtsschritten verlaufen:

a) Der Irrtum, um den sich in der Geschichte vom versalzenen Gemeindeacker alles rankt, wird herausgefunden und an die Tafel geschrieben: „Da der Zucker auf Feldern wächst, wird es mit dem Salz nicht anders sein."

b) Die Schüler finden heraus, welche Episoden der Geschichte für den inneren Aufbau nicht zwingend notwendig sind.

c) Es wird (an der Tafel) eine Handlungsskizze erstellt:

In Schilda wird das Salz knapp.
Die Schildbürger beschließen, ihr letztes Salz auszusäen.
Sie fahren das Salz auf den Gemeindeacker und legen es in die Erde.
Sie gießen und bewachen die Saat.
Nach einiger Zeit ernten sie das vermeintliche Salz.
Die grünen Pflanzen, die sie abschneiden, sind aber nur Brennesseln.

d) Die Schüler sammeln (in Gruppen) Ideen für neue Schildbürgerstreiche. Der Fehlschluss der Schildbürger, da der Zucker auf Feldern wachse, müsse auch das Salz dort wachsen, gibt ihnen Anlass, ähnliche Fehlschlüsse zu überlegen.

e) Im Gesprächskreis werden die Ideen vorgetragen, ihre Durchführungsmöglichkeiten (Plausibilität) erwogen. Einige Vorschläge werden verworfen, neue Ideen entwickelt. Zu jedem Beitrag wird versucht, den analogen Irrtum zu formulieren: „Da der Zucker in der Erde wächst, dachten sie, mit den Gummibärchen (Tabak, Mehl, Geld usw.) ist es nicht anders."

Es braucht erfahrungsgemäß viel Zeit, die Beiträge der Schüler ausgiebig durchzudiskutieren. Zunächst orientieren sich alle Gedanken auf die Aussaat auf den Gemeindeacker. Es kann aber auch der Vorschlag kommen, den Schildbürgern die Geschichte vom Goldesel durch den Kopf gehen zu lassen. Damit weitet sich die Themengestaltung aus. Der ursprüngliche Satz „Da der Zukker..." kann hier nicht mehr greifen. Der Lehrer lässt eine solche Themenwahl trotzdem zu, schränkt aber ein, dass wirklich nur solche Schüler sich mit dem Thema befassen, die sicher sind, die Aufgabe selbstständig bewältigen zu können.

f) Alle Ideen, die für witzig und schreibbar befunden werden, werden an der Tafel notiert: In Schilda wird der Tabak knapp, die Schokoladeneier, Bleistifte usw.

g) Die Schüler erstellen eine Handlungsskizze: Je zwei Partner wählen gemeinsam ein Thema aus den Tafelvorschlägen aus. Analog der Handlungsskizze vom versalzenen Gemeindeacker (Schritt c) schreiben sie in wenigen Sätzen den Aufbau ihrer Geschichte. Folgende Fragen helfen, die Skizze nicht zu weitschweifig anzulegen:

Was wird in Schilda knapp?
Was denken die Schildbürger?
Was beschließen die Schildbürger?

Wie säen sie ihre Reste aus?
Was wächst nun auf den Feldern?
Wie geht die Geschichte aus?

Die Handlungsskizzen werden vorgetragen, miteinander besprochen, (allein oder in Partnerarbeit) verbessert, berichtigt und von jedem Kind (möglichst) fehlerfrei aufgeschrieben.

h) Wortarbeit mit dem Ziel, Formulierungsvorschläge zu erproben

– zum Thema „Die Schildbürger treffen sich im Rathaus“:

sie halten eine Sitzung ab,
sie besprechen sich,
sie halten Rat miteinander,
sie diskutieren,
sie beschließen,
sie kommen zu einem Entschluss
usw.

– zum Thema „Die Schildbürger schreiten zur Tat“:

Sie tragen ... zusammen,
sie schleppen herbei,
sie beladen den Wagen,
sie nehmen ... mit,
sie fahren auf den Gemeindeacker,
sie säen,
sie streuen,
usw.

i) Nun werden die neuen Schildbürgergeschichten geschrieben. Mit Hilfe der Handlungsskizze, der Wortsammlungen und unterstützt durch die ausgiebigen sprachlichen Auseinandersetzungen mit dem Thema verfasst jedes Kind seine Geschichte. Ein Beispiel:

Die grünen Bleistifte

Die Schildbürger hatten nur eine Schule, die mitten im Ort stand. Alle 96 Kinder gingen in diese Schule. Eines Tages gab der Lehrer so viele Strafarbeiten auf, dass sie bald keine Bleistifte mehr hatten. Und so kam es, dass die Schildbürger wieder eine Sitzung im Rathaus hielten. Der Schmied sagte: „Wenn man die Bleistifte in den Ofen vom Bäcker schiebt, werden sie sich ausdehnen.“ – „Ich habe eine bessere Idee“, sagte der Bürgermeister. „Wir pflanzen einfach auf unseren Gemeindeacker Bleistiftbäume. Dort werden dann Bleistifte wachsen.“ – „O, ja, das machen wir!“ Am nächsten Tag liefen die Schildbürger wie wild geworden auf dem Gemeindeacker herum. Jeder grub und bohrte mit einem Spaten oder mit einer Schaufel Löcher in die Erde, um die Bleistifte einzusetzen. Nachdem sie die Bleistifte gesetzt hatten, gingen sie glücklich nach Hause. Ein Junge aus dem Nachbardorf ging nach Schilda, um dort einzukaufen. Dabei warf er sein Apfelhaus auf den Acker. Nach einer Weile sprossen kleine Bäumchen. Der Bürgermeister brach einen Ast ab und schrieb etwas auf einem Stück Papier. „Der Ast schreibt sogar grün!“ schrie der Bürgermeister den Schildbürgern zu. Sie riefen alle: „Nun haben wir das Produkt der Zukunft erfunden.“

Schülerarbeit – Ende drittes Schuljahr

k) Mit wenig zusätzlichem Aufwand können die Schülertexte zu einem Buch „Neue Schildbürgergeschichten" zusammengebunden werden.

Wenn die Schüler erst einmal auf die Spur gebracht sind, steht zu erwarten, dass sie eine Fülle von weiteren Einfällen haben werden. Diese Ideen, die sie im Unterricht zusammentragen, dienen als Rohstoffe, um nach dem Strukturprinzip der literarischen Vorlagen eigene Geschichten zu entwerfen. Als Beispiel drei Handlungsskizzen:

- *Der Stadt Schilda drohte einmal ein Krieg. Da trugen die Bürger alle ihre Wertsachen zusammen, um sie zu verstecken. Ein Boot wurde beladen, und die Kisten mit dem Schmuck im See versenkt. Um das Versteck später wiederzufinden, schneiden die Schildbürger eine tiefe Kerbe als Markierung ins Boot. Als der Krieg vorbei ist, ist das Versteck im See aber trotz Kerbe im Boot nicht mehr zu finden.*
- *Die Schildbürger bauen einen neuen Kuhstall. Alles geht zunächst gut. Bald aber stoßen die Kühe ans Dach. Ein weiteres Stockwerk wird aufgebaut. Aber nach geraumer Zeit wird den Kühen der Platz wieder zu eng. Kein Wunder: Die Schildbürger hatten vergessen, den Stall auszumisten, so war der Misthaufen ständig gewachsen.*
- *Der Wasserstand des Schildbachs ist bedrohlich gesunken. Also ziehen die Schildbürger mit Eimern flussaufwärts in die Nähe der Nachbargemeinde, schöpfen dort Wasser und schütten es in Schilda wieder in den Fluss. Aber der Erfolg bleibt aus. Und zudem: Das mühsam herbeigeschleppte Wasser wäre sowieso nach Schilda geflossen.*

(b) Eulenspiegelgeschichten (drittes/viertes Schuljahr)

Eulenspiegelgeschichten zeichnen sich meist durch einen lustigen, schelmenhaft-spitzbübischen und zur Übertreibung neigenden Charakter aus. Der Hörer oder Leser dieser Geschichten lacht mit Till über die Genarrten, Gefoppten. Eulenspiegelgeschichten enthalten von daher für Kinder ein großes Potential an Identifikationsmöglichkeiten. Es muss aber ein 'befreiendes' Lachen sein und nicht ein Lachen aus Schadenfreude. Und dies setzt auch eine gewisse Distanz voraus. Darum müssen die Kinder zugleich durchschauen, wie Eulenspiegel seine Streiche bewerkstelligt: Indem er Aussagen, Aufforderungen, Anweisungen wörtlich nimmt, wenngleich sie anderes bedeuten sollen, indem er also gegen den konventionierten bzw. normierten Sprachgebrauch verstößt und damit gegen die Erwartungshaltungen seiner 'Mitspieler' handelt. Typische Belege dafür liefern viele Eulenspiegelgeschichten. Wir wählen als Beispiel die „Historie" *Till Eulenspiegel bäckt Eulen und Meerkatzen.*

Till Eulenspiegel bäckt Eulen und Meerkatzen

Unbekannter Verfasser

Als Eulenspiegel wieder einmal in die Stadt Braunschweig kam, wurde er bei einem Bäkkermeister Gehilfe. Diese Stelle war gerade frei geworden, so dass der Meister froh war, jemanden zu bekommen. Die ersten beiden Tage war man in der Bäckerei mit dem neuen Gesellen sehr zufrieden. Er war fleißig, höflich und bescheiden. Till benahm sich zu Anfang meistens so, um die Leute erste genau kennenzulernen, bis er eine Gelegenheit fand, einen seiner Streiche zu begehen.

Die Brote mussten immer früh am Morgen fertig sein, und so wurde meistens die Nacht hindurch gebacken. Am dritten Abend sagte der Bäcker zu Till: „Du kannst heute Nacht alleine backen. Ich bin zu einer Tauffeier eingeladen und komme erst morgens zurück!“ Eulenspiegel, der genau wusste, was zu backen war, fragte den Bäcker dennoch, was er backen solle. Der Meister war über die Frage verärgert. „Das will ein Bäcker sein! Zwei Tage haben wir alles gemeinsam gebacken und da fragst du noch. Back Eulen und Meerkatzen!“ Das ist eine Braunschweiger Redensart, die jemand zur Antwort bekommt, wenn er töricht fragt. Als Eulenspiegel allein war, freute er sich, dass er nun einen richtigen Ulk anstellen konnte. Er rührte viel Teig an und formte Eulen und Meerkatzen, schob sie in den Backofen, und als sie fertig waren, stellte er sie wie Soldaten in Reih und Glied auf den Tisch.

Der Bäcker kam früher als gedacht heim und wollte auch noch helfen. Statt Brot und Semmeln fand er Eulen und Meerkatzen vor. Seine Wut kannte keine Grenzen. Was sollte er seinen täglichen Kunden verkaufen? Wie sollte er so schnell, bis die Kunden kamen, nun Brot und Semmeln backen? Wer ersetzte ihm das Mehl und die anderen Zutaten, die sein Gehilfe für seinen Unsinn verbraucht hatte? Das alles brüllte er heraus. Er packte Eulenspiegel am Hals, würgte ihn und schrie: „Du wirst mir das ganze Material bezahlen! Und dann scher dich mit deinen blöden gebackenen Puppen zum Teufel und lass dich nicht mehr sehen!“ Till tat wie geheißen. Er nahm einen Sack, tat alles hinein und legte das Geld auf den Tisch. Der Bäcker war sprachlos darüber, ging aber schnell an die Arbeit und versuchte, wenigstens bis zum Vormittag Brot fertig zu bekommen.

Eulenspiegel dachte sich, dass man den Braunschweigern die seltsamen Figuren verkaufen könne, besonders da am Tag darauf Sankt-Nikolaus-Tag war. Er stellte sich vor die Kirche, und alle Leute waren begeistert und kauften für den Festtag die ulkigen Brote. Sie zahlten auch gerne den doppelten Preis. Als der Bäcker davon hörte, rannte er zur Kirche und wollte das Geld, das Eulenspiegel verdient hatte, haben, da es doch seine Backwaren gewesen seien. Till aber hatte schon alles verkauft und war mit einem stattlichen Gewinn davongelaufen. Zuerst ärgerte sich der Bäcker sehr. Dann hat er aber seitdem alljährlich zum Nikolaustag Eulen und Meerkatzen gebacken und auch mit gutem Gewinn an die Braunschweiger verkauft, so dass er Till eigentlich für die Idee dankbar sein musste.

Der Lehrer liest die Geschichte vor bis zum ersten inhaltlichen Einschnitt: Eulenspiegel hat die Eulen und Meerkatzen fertiggebacken.

Damit werden zwei Aktivitäten angestoßen:

- Inhaltliche Sicherung des bis dahin vorgelesenen Textes.
- Vermutungen der Schüler über den Fortgang: Reaktion des Bäckers, Verhalten Eulenspiegels.

Die Geschichte wird dann zu Ende vorgelesen. Nach ersten Äußerungen der Schüler erfolgt die Phase der Verständnissicherung: Eulenspiegel versteht den Bäcker nicht irrtümlich, sondern absichtlich falsch. Er nimmt die Äußerung des Bäckers wörtlich, obwohl er genau weiß, wie sie gemeint ist. Die ‘Folgen’ seines Streiches, die gebackenen Eulen und Meerkatzen kann er noch mit gutem Gewinn verkaufen. So wird der Bäcker doppelt genarrt, später zieht er jedoch aus dem Streich selbst Nutzen.

Sind Handlung und Aufbau der Eulenspiegelgeschichte hinreichend geklärt, kann nun das Verfassen eigener Texte angezielt werden. Bei ersten Nachgestaltungsversuchen ist empfehlenswert, die Thematik möglichst eng zu halten. Im gewählten Beispiel bietet sich an, als Rahmen das Bäckerhandwerk vorzugeben. Die Schüler suchen also nach Situationen oder Äußerungen im Bäckerhandwerk, aus denen heraus Missverständnisse entstehen können, wenn man sie wörtlich nimmt, z. B. Sandkuchen backen, Schweinsohren backen, Marmorkuchen backen. Zu einer dieser Äußerungen erzählen sie dann selbst eine Eulenspiegelgeschichte.

Marmorkuchen

Till hatte wieder eine Stelle, er arbeitete bei einem Bäcker. Der gab ihm den Auftrag: „Backe einen Marmorkuchen!“ Till, der gerne alles falsch verstand, macht sich gleich an die Arbeit. Aus der Vorratskammer holte er zwölf Eier, eine Tüte Mehl, Zucker, Hefe, Backpulver und schüttete alles in die Knetmaschine. Jetzt fehlte ihm nur noch der Marmor. Er suchte in allen Schränken – vergebens! Plötzlich hatte er eine Idee. Er nahm einen Hammer und zerschlug die oberste Stufe der Marmortreppe. Die Steinbrocken warf er nun in die Knetmaschine. Krachend und polternd vermischten sie sich mit den übrigen Zutaten. Jetzt holte Till die große Backform, füllte den Marmorsteinteig hinein und schob sie in den heißen Backofen. „So, das wäre geschafft“, freute er sich. Nach einer halben Stunde hörte Till draußen Schritte, dann einen dumpfen Fall und ein wütendes Geschrei: „Au! Verfluchte Schweinerei!“ Es war der Meister, der an der zerstörten Treppenstufe hingefallen war. „Till, Till! Wer hat meine schöne Marmortreppe zerschlagen?“ Eulenspiegel, der hinausgeeilt war, erwiderte: „Ich sollte doch Marmorkuchen backen. In der Vorratskammer fand ich keinen Marmor, da habe ich gedacht ...“ – „Du Taugenichts, du Lump, du ...“ Außer sich vor Zorn suchte der Bäcker nach einem Stock, um auf Till loszugehen. Der aber hatte längst gemerkt, was ihm blühte, rannte nach Haus zu seiner Mutter und blieb bei ihr.

Gemeinschaftsarbeit einer vierten Klasse

In weiteren Versuchen sind offenere Aufgabenstellungen möglich. Ausgangspunkte sind auch hier gemeinsam gefundene Redewendungen, aus denen heraus Missverständnisse entstehen können, wenn man sie wörtlich nimmt, z. B.

- ein Brett vor dem Kopf haben
- auf der Leitung stehen
- auf den Arm nehmen
- das Maul stopfen
- Nudeln abschrecken
- auf die Schule gehen
- die Ohren spitzen

- an der Nase herumführen
- auf die Füße treten
- jemanden anschmieren
- kein Blatt vor den Mund nehmen.

Die Beispiele und ihre übertragene Bedeutung werden an der Tafel notiert, einige Redewendungen werden erläutert, andere gespielt. Auf diese Weise entstehen Handlungsskizzen, die beim Schreiben eigener Eulenspiegelgeschichten aufgenommen und ausgestaltet werden können.

(4) Lügengeschichten

„Was an den Geschichten ist denn nun so erstaunlich?“ fragt Erich Kästner in Bezug auf die Münchhausiaden, die wohl als die typischsten Lügengeschichten gelten dürfen. Und er gibt selbst die Antwort:

Sie stecken voll der tollsten Lügen. Mitten in Berichten über Reisen, die er wirklich gemacht, und über Kriege, an denen er wirklich teilgenommen hat, tischt Münchhausen uns Lügen auf, dass sich die Balken biegen! Durch Lügen kann man also berühmt werden? Freilich! Aber nur, wenn man so lustig, so phantastisch, so treuherzig und so verschmitzt zu lügen versteht wie Münchhausen, nicht etwa, um die Leser zu beschwindeln, sondern um sie, wie ein zwinkernder Märchenerzähler, mit ihrem vollen Einverständnis lächelnd zu unterhalten.

Auf das Einverständnis zwischen Erzähler und Leser kommt es also an; nur dann kann dieser das Spiel der Fantasie, die Veränderung der Realität mitvollziehen, die entstehende Komik erfassen und genießen. Der Erzähler wiederum hat seine Geschichten so anzulegen, dass sie die Schwelle von der Realität zum Reich der Fantasie überschreiten, ohne dass der Leser sich dadurch belogen und verprellt vorkommen muss.

Die reiche Tradition literarischer Lügengeschichten als Form des unterhaltsamen ‘Schwindelns’ belegt auf einsichtfördernde Weise, wie elementar und zentral das Moment des schöpferischen, phantasievollen Spiels zur menschlichen Existenz gehört. Die zuweilen geäußerte Befürchtung, derartige Texte behinderten die Erziehung der Kinder zur Wahrhaftigkeit, ist unbegründet, weil sie die Wahrheiten, die dem Leser – augenzwinkernd zwar, aber deshalb nicht weniger deutlich – vermittelt werden, verkennt und zudem übersieht, dass hier reale Lüge und dichterische Fantasie – und das heißt auch ‘dichterische Wahrheit’ – nicht gegeneinander ausgespielt werden können. Erich Kästner warnt am Ende seines Vorworts zu seinen Münchhausiaden, aus dem bereits die oben zitierte Stelle entnommen ist, den jungen Leser:

Dass ihr mir nun also nicht nach Hause kommt und sagt: „Denk dir, Mama, ich hab’ eben mit einem Auto gesprochen, und das Auto meinte, morgen gäbe es Regen!“ Durch solche Lügen wird man nicht berühmt. So zu lügen wie Münchhausen ist eine Kunst. Versucht es, bitte, gar nicht erst, sondern macht lieber eure Rechenaufgaben!

Die Warnung braucht nur zu einem Teil ernst genommen zu werden. Denn warum eigentlich sollten Kinder keine Lügengeschichten erfinden dürfen? Nur, Lügengeschichten sind nicht zu verwechseln mit ungezügeltem Drauflosschwindeln ohne Rücksicht auf Wahrscheinlichkeit des Geschehens. Die Schüler müssen also erkennen und dann in ihren eigenen Schreibversuchen anwenden können, dass die Fantasie in diesen Geschichten zwar die Grenzen der Wirklichkeit überschreiten darf, sich dann aber streng an diese neuen Gegebenheiten halten muss, um die im Leser erzeugte Rezeptionshaltung nicht durch einen ständigen Wechsel von Realitätsbezug und Realitätsüberschreitung zu zerstören. Dieses Spiel zwischen Realität und Fantasie ist den Kindern nicht einfach selbstverständlich, kann aber gelingen.

Eines schönen Tages ritt der Cowboy John Kitzes mit seinen Männern durch die Einöde, als sie unversehens an eine Herde Pferde gerieten. Weil ihre eigenen Pferde alle schlapp waren und die anderen noch frisch, wechselten sie die Pferde und ritten aufs Neue weiter. John ritt im Galopp voraus, als er plötzlich in die Luft ging. Das Pferd flog! Es flog und flog und war bald zwei Kilometer hoch.
Endlich erreichten sie eine Stadt. Aber das Pferd wollte nicht landen. Es flog direkt auf das höchste Haus zu, um daran vorbeizufliegen. John paßte gut auf, schwang sich auf das Dach und kletterte herunter.
Das kommt davon! Wenn man stiehlt, kann man in große Schwierigkeiten kommen. (Jörg)

Schülerarbeit – viertes Schuljahr

Der Schülertext entstand in einer Unterrichtsreihe über „Lügengeschichten, die sich die Cowboys in Amerika erzählten“ aus Frederik Hetmanns Buch „Wildwest-Show“. Ähnlich wie der Baron von Münchhausen tatsächlich einige Kriegszüge mitgemacht hat und dabei vielerlei Gefahren ausgesetzt war, hatten auch die amerikanischen Cowboys in der Realität manches gefährliche Abenteuer zu bestehen. Bei Münchhausen in seiner Tischrunde, bei den Cowboys am Lagerfeuer oder in den Saloons wurden die bestandenen Gefahren wieder ins Bewusstsein gehoben, jetzt aber beschönigt oder übertrieben und zuweilen bis ins Unwahrscheinliche gesteigert. Augenzwinkernd wird dabei der Anschein einer angeblich wahren Geschichte aufrecht erhalten. Von Schwindelei ist keine Rede. Diesen Schluss zu ziehen, bleibt den Zuhörern überlassen, die sich trotzdem – oder gerade deshalb – bestens unterhalten fühlen.

2.5.4 Assoziatives Schreiben nach Textvorbildern

Das analoge Schreiben erfährt eine gleichermaßen verfremdende wie innovatorische Version, wenn als Ausgangstexte nicht deutsch–, sondern fremdsprachige Texte gewählt werden. In der Praxis bewährt haben sich das *Eskimolied* und Eugen Gomringers konkretes Gedicht *avenidas*.

Das Verfremdende wird in diesen Texten dadurch wirksam, dass es nicht wie beim Nachgestalten eigensprachlicher Gedichte dazu kommen kann, dass die Vorlage einfach imitiert wird. Bei fremdsprachigen Vorbildern geht es darum, die Strukturen als 'Spielregeln' zunächst zu erfassen und dann als Grundmuster für die eigenen Texte zu verwenden. Dies nun bewirkt die Innovation.

Die Vorlage wird gleichsam „übersetzt", aber freilich nicht wörtlich; ihre Lautgestalt, der Rhythmus ihrer Verse und Strophen, d. h. also ihre sprachliche Struktur, rufen vielmehr die Assoziationen hervor, wecken die Vorstellungen und regen die Ideen an, die dann in den neuen, eigenen Texten verarbeitet werden. Auf diese Weise initiiert eine derartige Aufgabe Schreibhandlungen, die in besonderer Weise die Kreativität herausfordern und freisetzen.

(1) Eskimolied (drittes/viertes Schuljahr)

Atte katte nuwa

Atte katte nuwa,
atte katte nuwa,
emi, sademi, sadula misa de.

Hexa kola misa woate,
hexa kola misa woate.
Atte katte nuwa,
atte katte nuwa,
emi sademi, sadula misa de.

Dieses sogenannte *Eskimolied* lebt ganz von seinem Rhythmus, es sollte darum lesend (auch: singend, Melodie in: Liederbuch Student für Europa, Bad Soden/Ts 1974, S. 2) erschlossen, der Rhythmus vor allem auch durch Bewegungen erfahren werden. Für das Lesen können folgende Impulse hilfreich sein: Stelle dir beim Sprechen vor:

- du bist eine ältere vornehme Dame/ein älterer vornehmer Herr;
- du bist ein geheimnisvoller Zauberer in langem Zaubermantel;
- du bist sehr wütend und ärgerlich.

Auch zum chorischen Sprechen eignet sich der Text:

Erste Strophe: Chor I

Zweite Strophe: Chor II

Dritte Strophe: Chor I

Beim Umsetzen des Rhythmus' in Bewegung sind mindestens zwei Grundformen denkbar:

– Gehen: Wir waten durch Wasser / stapfen durch Schnee
– Armschwingen: Wir winken ...

Beim Schreiben geht es darum, durch 'Übersetzen' eine analoge Gestaltung zu verfassen. Die Spielregel lautet: für das jeweils gleiche 'fremde' Wort muss ein jeweils gleiches deutsches Wort eingesetzt werden. Angezielt sind sinntragende Texte, wobei die Inhalte frei gewählt werden können; prinzipiell sind auch Unsinnverse zulässig, wenn sie der Spielregel entsprechen. Zwei Proben:

Braunes großes Pferd,
braunes großes Pferd,
bist gar so groß, sag', wie komm' ich auf dich rauf?
Du bist schneller als ich wollte!
Du bist schneller als ich wollte!
Braunes großes Pferd
braunes großes Pferd
bist gar so groß; sag' wie komm' ich auf dich rauf?

Dicker, kleiner Moppel,
dicker, kleiner Moppel,
du bist so faul und rührst dich nicht vom Fleck.
Warum bist du so ein „Fauli"?
Warum bist du so ein „Fauli"?
Dicker, kleiner Moppel,
dicker, kleiner Moppel,
du bist so faul und rührst dich nicht vom Fleck.

Schülerarbeiten – drittes Schuljahr

(2) „avenidas" von Eugen Gomringer (zweites bis viertes Schuljahr)

avenidas
Eugen Gomringer

avenidas
avenidas y flores
flores
flores y mujeres
avenidas
avenidas y mujeres
avenidas y flores y mujeres y
un admirador

Der Text ist ein typisches Beispiel der konkreten Poesie dessen Form als „Konstellation" bezeichnet wird. Der Autor Eugen Gromringer erläutert: „Unter konstellation verstehe ich die gruppierung von wenigen verschiedenen worten, so daß ihre gegenseitige beziehung nicht vorwiegend durch syntaktische mittel entsteht, sondern durch ihre materielle, konkrete anwesenheit im selben raum. dadurch entstehen statt der einen beziehung meist deren mehrere in verschiedenen richtungen, was dem leser erlaubt, in der vom dichter (durch die wahl der worte) bestimmten struktur, verschiedene sinndeutungen anzunehmen und auszuprobieren. die haltung des lesers der konstellation ist die des mitspielenden, die des dichters die des spielgebenden“ (zit. nach Th. Klopfermann, Hrsg.: Theoretische Positionen zur konkreten Poesie. Tübingen 1974, S. 93).

Nehmen wir Gomringers Gedanken vom Leser als dem „Mitspielenden“ auf, heißt das, dass dieser nicht fragen soll: „Was ist das konkrete Gedicht?“ (Heißenbüttel), sondern: Wie konkretisiere ich das „Konkrete“ des Gedichts? Die Frage zielt also auf eine erhöhte Aktivierung und Sensibilisierung des Lesers, auf eine umfassendere Sinneswahrnehmung. Genau dies geschieht, wenn die Kinder analoge Texte schreiben, in denen der fremdsprachige Text assoziativ in eigene Konstellationen ‘übersetzt’ wird.

Konstellationen sind nicht nur mit eigensprachlichen Wörtern möglich, Gomringer komponiert sie auch mit fremdsprachigen, hier aus sechs spanischen Wörtern. *Avenidas* sei sogar seine erste Konstellation gewesen, seine „Grundform“ (zit. in Schmieder/Rückert 1977, 100). Die Wörter der Konstellation bedeuten:

avenidas = Straßen
flores = Blumen
y = und
un = ein
mujeres = Frauen
admirador = Bewunderer

Schmieder/Rückert (ebd., 62 ff.) schlagen vor, den Zugang zu dieser Konstellation über das Hören zu wählen, obwohl der streng strukturierte und inhaltlich pointierte Text nicht primär vom Klanglichen her lebe, wie etwa viele Kinderreime oder moderne Lautgedichte. Dieses Vorgehen entspreche am ehesten der kindlichen Freude an fremdartigen Wortklängen und deren spielerischer Nachahmung.

Im Sinne des „Mitspielens“ als Leser (Gomringer) werden dann analoge Gestaltungen produziert, anders gesagt: der fremdsprachige Text wird in eigene deutsche Konstellationen ‘übersetzt’. Dazu ist es nicht erforderlich, die Bedeutung der spanischen Wörter zu kennen, es ist für das kreative ‘Übersetzen’ sogar anregender, wenn sie unbekannt sind. Voraussetzung ist allerdings, dass die Strukturen des fremdsprachigen Textes (als Sprachspielregeln) so durchschaut sind, dass sie als Grundmuster für die eigenen Texte verwendet werden können. Die Spielregel lautet: Ersetze jedes spanische Wort durch ein deutsches, und wähle für dasselbe spanische auch immer ein und dasselbe deutsche Wort. Die Themen des produktiven Spiels ‘Übersetzen’ können aus den verschiedensten Bereichen genommen werden, die den Kindern vertraut sind: dem schulischen, familiären, emotionalen, aus der Natur, dem Sport usw. Außerdem birgt die Form mit ihrer zum Ende hin orientierten Aufgipfelung, mit der ‘Pointe’ ein Kriterium, wieviel Spannung der Text auf den Leser ausübt.

Gomringers Konstellation hat für den Umgang mit konkreter Poesie Modellcharakter. Die Erprobungen in mehreren Klassen des zweiten bis vierten Schuljahrs haben ergeben, dass die Kinder sich diesen Text so weit verstehend aneignen können, dass sie zu eigenen Nachgestaltungen fähig sind. Die folgenden Belege sind Proben aus einem zweiten und einem vierten Schuljahr

Kinder
Kinder
Kinder und Lachen
Lachen
Lachen und Spiel
Kinder
Kinder und Spiel
Kinder und Lachen und Spiel
und Gesang

Schülerarbeit – zweites Schuljahr

3 Kinderbücher[1]

Umgang mit Kinderliteratur bildet mittlerweile ein Kernstück der Didaktik des Deutschunterrichts. Während die Erschließung kurzer Prosaformen und lyrischer Texte zum Selbstverständnis des Deutschunterrichts der Grundschule der Reformpädagogik gehörten, ist der Einsatz von Kinderbüchern ein Ergebnis der Diskussion der letzten Jahrzehnte. Der Markt flankiert die Entwicklung durch die Herausgabe preiswerter Taschenbuchausgaben. Kinderbücher gehören inzwischen als selbstverständliches Lehrplanelement in den Unterricht der Grundschule: im Lese- und Erzählkreis, als ein Baustein literarischen Lebens in der Schule, aber auch als Kernstück eines modernen Literaturunterrichts.

Die Erschließung von Kinderbüchern erfordert andere Rezeptionsstrategien als die kurzer Prosatexte. Die in den realen oder auch literarischen Erfahrungshorizont der Kinder hineingeschriebenen Bücher bieten eine Fülle von unterschiedlichen Möglichkeiten der Auseinandersetzung mit dem literarischen Text und seinem kommunikativen Gefüge. Man kann hier die außenliterarische Kommunikation von der binnenliterarischen unterscheiden. Bei ersterer geht es um die Autorinnen und Autoren, um Verlage, Bibliotheken, Büchereien – um Rezensionen beispielsweise für die Parallelklasse und Ähnliches. Die binnenliterarische Kommunikation richtet sich auf den Text, die evozierten Kontexte, das inhaltliche Geschehen, die Problemfelder, die Figurenkonstellation, auf die spezifische Erzählweise, die sprachliche Schicht u. a. Wesentliche Umgangsformen in diesem literarisch-kommunikativen Gefüge sind vorab das Lesen, die Gespräche und Problemdiskussionen, dann Umsetzungen in das bildnerische Medium, in Spiele unterschiedlichster Art, auch in Hörspiele oder Videoszenen. Eine besonders wirksame Form des Erschließens eines Buches bildet allerdings die Auseinandersetzung in schriftlicher Form; zum Beispiel:

- Charakterisierung der Protagonisten,
- Stichworte zum Handlungsgeschehen eines Kapitels,
- Vergleich des Verhaltens einer Figur am Anfang und am Ende des Textes,
- Weiterführen innerer Monologe oder von Dialogen,
- Motivieren einer in Außensicht dargestellten Handlung durch Monologe oder Erlebte Rede,
- das Eingreifen in die Textstruktur durch Perspektivwechsel, durch Stellungnahme zum Handeln der Figuren in Briefform (Adressaten können Mitschüler, Dritte oder auch die Protagonisten des Buches sein),
- durch Weiterführen eines offenen Schlusses,
- durch Texte als Legende eines Bilderbuches usw.,
- durch Briefe an die Autoren oder andere literarische Instanzen des Marktes.

Dabei werden unterschiedliche Schreibhaltungen, aber auch unterschiedliche Textsorten relevant. Die Auflistung einiger der zahlreichen Umgangsformen und

[1] Verfasser dieses Kapitels ist Wilhelm Steffens

besonders Schreibmöglichkeiten zur vertieften Erschließung von Kinderbüchern darf jedoch nicht als beliebige 'Setzung' bzw. jedem Text beliebig zuzuordnendes Kompendium verstanden werden, das man nur abzurufen braucht. Zwar sind die Freiheitsgrade und didaktisch-methodischen Spielräume insgesamt überraschend hoch. Dennoch finden sie ihre Grenzen in den Möglichkeiten der Kinder der einzelnen Schuljahre bzw. den Entwicklungs- und Altersstufen, dem Leistungsniveau der Klasse, insbesondere aber auch in den strukturellen Vorgaben des einzelnen Kinderbuchs. Diese Aussage ist vor allem auf dessen Erzählsituation zu beziehen, auf das literarisch-kommunikative Angebot an den Leser und die sprachlich-stilistische Schicht. Der auktorial erzählte, spritzige 'Schelmenroman' Paul Maars *Eine Woche voller Samstage* provoziert andere Lesarten, auch andere schriftliche Umgangsformen als die stille, verhaltene Ich-Erzählung *Ein Meer für Sarah* von Patricia MacLachlan, als der moderne realistische Bewusstseinsroman *Sonntagskind* von Gudrun Mebs, oder als die pointiert personale Erzählsituation in *Der Zauberhut* von Hans-Eric Hellberg.

3.1 Didaktische Prämissen

Kinderbuch als Schreibanlass muss, didaktisch und lernpsychologisch gesehen, in zwei Dimensionen erfasst werden. Einmal dienen schriftliche Auseinandersetzungen mit dem literarischen Werk der vertieften Erschließung von Kinderromanen, sind also gleichsam ein rezeptionsästhetisches Instrumentarium. Dieses umschließt bzw. vermittelt insbesondere Erfahrungswelt und -horiziont des Kindes einerseits und das spezifische Strukturgefüge des literar-ästhetischen Textes andererseits. Zugleich sind Schreiben und Schreibanforderung im Erschließungshorizont eines Kinderbuchs aber auch ein aufsatzdidaktisches Instrumentarium gewichtiger Art. Im Vordergrund steht die fundamentale Schreibhaltung des kreativ-stilistisch-literarischen Schreibens, auf das Wilhelm Gössmann angesichts der damaligen Dominanz des kommunikativ-sozialen Schreibens (1976 und 1977) aufmerksam machte. Es bedeutet, dass Schreiben in besonders profunder Weise anhand literarischer Vorlagen und Anstöße entfaltet werden kann, dass sich der Schreibprozess stärker im Binnenraum sprachlich-literarischer Gefüge bewegt und dass Schriftlichkeit sich durch Schriftlichkeit entfaltet.

Literarisches Schreiben ist oft auch kreatives Schreiben. Dieses fußt jedoch nicht nur auf unreflektierter Subjektivität oder Spontaneität, sondern steht immer zugleich in Verantwortung vor dem Angebot der literarästhetischen Kommunikation des einzelnen Buchs, vor den spezifischen Darstellungsmitteln, durch die hindurch Wirklichkeiten erschlossen werden. Es bedeutet zugleich, wie Gundel Mattenklott (1989) in kritischer Analyse heutiger Schreibbewegungen vermerkt, dass das „Regelwerk der Grammatik", sagen wir erweitert, dass das Instrumentarium der Erzählformen, der literarästhetischen Mittel, mit dem moderne Kinderliteratur operiert, nicht als einengender Zwang gesehen, vielmehr als Spielraum literarischer Erfindungen genutzt werden kann. So verläuft anspruchsvolles Schreiben intertextuell, indem sich Lesen und Schreiben verzahnen.

Den Brückenschlag zwischen Lesen und Schreiben leistet „die Ordnung der Sprache“. Wie Literatur überhaupt, ist dieses Schreiben immer auch aus anderen Texten mitgemacht, ist Dialog mit kinderliterarischer Tradition und kinderliterarischer Gegenwart. Im Angebot spielerischer Texte ergeben sich oft, wie vielfältig durch Beispiele dieses Bandes belegt, Formen lockeren *kreativen* Gestaltens, *spontanen* Schreibens, unmittelbarer Schreibhandlungen. Andererseits setzen herausfordernde literarästhetische Kinderromane aber auch Lesebarrieren, erfordern Kenntnisse und Wissen und verlangen Lernanstrengung (vgl. das Modell *Sonntagskind*, S. 263). Diesen Lernbarrieren weichen wir nicht aus, versuchen vielmehr, sie in Freude am Widerstand, am Schwierigen und auch am Fremden umzumünzen. Dies führt zu literarischen Einsichten und zu verantwortbaren Formen literarischen Schreibens, wie nochmals mit Verweis auf Gundel Mattenklott vermerkt werden soll. Mit Blick auf die lernspychologischen Einsichten Piagets ist damit nichts anderes betont als das Wechselspiel von Assimilation und Akkommodation. In didaktischen Tendenzen des letzten Jahrzehnts scheint uns der Aspekt der Assimilation dominant gesetzt zu sein: einseitige Einschmelzung literarischer Begegnungen und Schreibaktivitäten in den unmittelbaren Erfahrungshorizont des Kindes, in Subjektivität, Spontaneität, Emotion und hedonistisches Lustgefühl – ein Erfahrungshorizont, dem aber gerade literarische Werke und literarisches Schreiben Reibungswiderstände entgegensetzen, dafür allerdings Chancen der Horizonterweiterung, des Perspektivenwechsels bzw. der Perspektivenübernahme, der kritischen Reflexion eigener Einstellungen und Gefühle bieten. Formen literarischer Begegnung und literarischen Schreibens, wie sie hier vertreten werden, setzen deshalb bewusst das Prinzip der Akkommodation, des Sich-Reibens an dem (noch) nicht Vertrauten, dem Aufregenden und Weiterführenden, das ausgetretene Pfade des Fühlens, Denkens, Urteilens übersteigt, gleichrangig neben das ernstgenannte.

Konkretere schreibdidaktische Reflexion des literarischen Schreibens führt zu den vertrauten Kategorien Textsorte, Schreibanlass und Schreibhaltung. Das übliche schreibdidaktische Spannungsfeld zwischen Textsorte und Schreibhaltung einerseits und Schreibanlass andererseits ist auch im Umgang mit Kinderbüchern relevant. Kinderbuch als Schreibanlass, unter Berücksichtigung der lernpsychologischen und textstrukturellen Vorgaben, führt in der Regel zu unterschiedlichen Schreibhaltungen und Textsorten. Das ist nach allen unseren Erfahrungen die zentrale schreibdidaktische Möglichkeit, die der Umgang mit Kinderbüchern in der Grundschule bietet, insbesondere auch in seiner Ausweitung zu literarischen Projekten (vgl. die Beispiele S. 254ff.). Der Schreibanlass ist bei dieser Reflexionsrichtung die dominante didaktische Kategorie.

Dennoch ist es auch möglich, von einer Schreibhaltung oder einer Textsorte her zu planen, sofern dies die Struktur des Textes zulässt. In diesem Falle sind Schreibhaltung und Textsorte die primären Kategorien, Schreibanlass wäre eine sekundäre. Letzteres ist vor allem im außerliterarischen Feld möglich: fast jedes kinderliterarische Projekt bietet den Brief an literarische Institutionen an, vorrangig an Autorinnen und Autoren. Dies wäre prototypisch für kommunikatives Schreiben. Häufig drängt das eigene Interesse der Kinder am Text zur Mitteilung an Dritte: Informationen über das Buch, Annäherung an erste Rezensionen, etwa in der Klassen- oder Schülerzeitung. Hier kommen informativ-sachliches und wertendes Schreiben ins Spiel. Diese Motivationslage kann auch zu appellativem Schreiben führen: der Werbe-Handzettel als Mischform verbaler und bildhafter Botschaft an die Parallelklasse oder andere Adressaten. Bei der gemeinsamen Erstellung von Klassenbüchern, Lesechroniken, Buchporträts oder welche der spezifischen, handlungsorientierten Aktivitäten und literarischen Umgangsformen genannt werden mögen, rückt wiederum die Kategorie 'Kinderbuch als Schreibanlass' mit dem Ergebnis unterschiedlicher Schreibhaltungen und Textsorten in den Vordergrund.

Im Blick auf reale Planung, bezogen auf die spezifische Situation der Lerngruppe, ist in der Regel die Frage der Auswahl aus der Gruppe der möglichen Schreibanlässe, die ein Buch bietet, von Bedeutung. Dies gilt insbesondere für den didaktischen Ansatz, Kinderbücher als Klassenlektüre bzw. als literarische Projekte einzusetzen. Da die Gruppe der Beispielbelege dies in den Mittelpunkt rückt, soll an dieser Stelle zumindest darauf verwiesen werden, dass der Ansatz 'Kinderbuch als Schreibanlass' natürlich weiter reicht. Beispielhaft seien genannt:

- Bei Formen *freien* und *freiwilligen* Schreibens berichten einzelne Kinder über Leseeindrücke bzw. Lektüreerfahrungen: inhaltliche Zusammenfassung, Darstellung einer herausragenden Szene, eines besonderen Ereignisses, des Verhaltens einer Person, kritische Wertung.
- Beim Vorstellen eines Buches im Lesekreis werden die wichtigsten Personen auf Plakaten zusammengestellt: gemalt und kurz schriftlich charakterisiert.
- Anlässlich einer Ausstellung von Lieblingsbüchern, die der Parallelklasse gezeigt wird, werden Hinweistafeln beschriftet, eine kurze Inhaltsangabe und/oder Wertung jedem Buch zugefügt, wird auf Plakaten für das Lesen geworben.
- Für eine Lese(anregungs)kartei werden wichtige Daten zu Büchern auf Karteikarten geschrieben: Autor(in), Titel, Verlag, Inhalt, Hauptfigur(en), Besonderheiten der Handlung.
- Zu jedem Buch wird ein Kontrollquiz erstellt: inhaltliche Fragen, Ordnung wichtiger Stichworte nach der Chronologie der Handlung, verschiedene Rätselformen, gewürfelte Teilsätze zur Personencharakterisierung zum Ordnen; Zuordnung von Redehandlungen zu den Personen.

3.2 Beispielskizzen

3.2.1 *Der Großvater im Bollerwagen* von Gudrun Pausewang – im dritten Schuljahr

Zum Buch

Das Buch von Gudrun Pausewang erzählt die Geschichte eines Großvaters, der des Lebens überdrüssig ist. Er lässt sich von seinem Enkel Pepito einen Berg hinaufziehen – bis zu einem Abhang, um dort sein Leben zu beenden.

Unterwegs begegnen sie unterschiedlichen Menschen: dem Lehrer Damian, der Nachbarin Astedia, dem Gitarrenspieler Profino, Rosalina mit dem kranken Kind, Antonio mit der Sense, Isabell und Isidor, die trotz unterschiedlicher Hautfarbe heiraten wollen, den Hirten mit der Ziegenherde. Immer wird der Großvater freundlich gegrüßt, immer ist sein Rat den Leuten teuer, immer hilft er, immer wird er eingeladen. Als Textprobe sei die Begegnung mit Antonio wiedergegeben:

Auf der halben Höhe des Berges kamen sie an Antonios Hütte vorüber. Antonio saß davor und wetzte die Sense.
„Hallo, bist du's?" rief er. „Wohin so früh?"
„Auf den Berg", antwortete der Großvater.
„Ich hab's satt.
Die Knie sind steif,
die Finger sind krumm,
die Augen tränen, der Magen drückt,
der Rücken schmerzt, und ich – "
„Gut, dass du kommst", sagte Antonio. „Du verstehst dich doch aufs Wetter. Wie wird's? Bleibt's trocken?"
Der Großvater blinzelte in den dunstigen Himmel und schnupperte.
„Es gibt prächtiges Heuwetter", sagte er.
„Dann gehe ich mähen!" rief Antonio.
„Auf deinem Rückweg kehr bei mir ein, zu einem Glas Most, mein Lieber!"
„Ich komme nicht zurück", sagte der Großvater und starrte Antonio trotzig an.
„Willst du dir meinen Most entgehen lassen?" fragte Antonio. „Das überleg dir noch mal!"

Während der zwischen die Episoden eingelagerten Pausen zeigt und erklärt Pepito seinem Großvater Buchstaben, bis dann dessen Name Aurelio entstanden ist. Schließlich lässt sich der Großvater durch die Begegnungen, das Wissen des Gebrauchtwerdens, die Einladungen und auch den Reiz des Lesen- und Schreibenlernens wieder in das Leben zurückrufen.

Die einfache, bildkräftige, mit archaischen Zügen ausgestaltete Geschichte ist eine parabolische Form mit didaktischem Gehalt. Es geht um den Sinn des gelebten Lebens, um Sinnerfüllung im Alter, um das Gefühl eines alten Menschen, nicht mehr gebraucht zu werden.

Der Erzählduktus ist volksliterarischen Formen angenähert; das sind hier: Reihengeschichte mit strukturgleichen Teilen, stilisierte Bauformen, Schwellformen, Wiederholungen durch nahezu identische Versatzstücke. Dem steht eine überaus kunstvolle Komposition der Handlungsstränge gegenüber, wie sich u. a. in den subtil eingebauten Verzögerungssignalen (wird es der Großvater wirklich tun?), die sich zum Schluss hin steigern, zeigt. So entsteht eine bildkräftige Sinnstruktur, die doppelgliedrig ist:

- in den auf urtümliche Lebensformen reduzierten Episoden (archaische Bilder des einfachen Lebens mit seinen materialen und idealen Bezügen) leuchtet auf, welche humane Dimension Alter, Erfahrung und Altersweisheit haben,
- in dem Lernakt, dem Eindringen in die Geheimnisse der Schrift erschließen sich parallel dazu ein neuer Lebenssinn und zugleich Selbstfindung und -bestätigung.

Die Geschichte führt die Leser in eine fremde Welt, einen anderen Kontinent mit anderen, gegenüber unserer technischen Welt transparenteren Lebensformen. Der Bezug zur Situation des Altseins in unserer Gesellschaft ist jedoch unübersehbar.

Die Sprache ist, trotz der partiellen Raffungsintensität und inhaltlichen Verdichtung in den Episoden, die ganze Lebens–, Berufs- und Tätigkeitsfelder und existentielle Ursituationen umschließen, im lexikalischen und syntaktischen Bestand überaus konkret.

Herausstechendes sprachliches und erzähltheoretisches Merkmal ist der hohe Grad der Dialogisierung, gebunden an klar konturierte Sprechakte, wie Begrüßung, Wunsch, Rat und Vorschlag, Dank, Einladung, Abweisung.

Schreibhandlungen

Sprachform und Aufbau der Episoden, durch die eben genannten Elemente strukturiert, sind eingängig. Von Episode zu Episode öffnet sich dem Leser diese Bauform. Die Kinder können sie bald antizipieren, in Spielszenen, Kartontheater, Hörfolgen, Zeichenfilme umsetzen. Anlässlich einer auf eine große Rolle gewikkelten gemalten Bildfolge denken sich die Kinder eigene Episoden aus, die sie mündlich in dichter literarischer Form vortragen.

Dies ist Anlass, solche Episoden auch schriftlich festzuhalten. Zuvor wird das identische Handlungsgerüst der Episoden noch einmal an der Tafel festgehalten:

- Der Großvater wird angeredet: Hallo Großvater, hallo Nachbar. Wohin so früh?
- Der Großvater nennt sein Ziel: Auf den Berg, an den Abgrund.
- Der Großvater nennt seine Krankheiten: Ich hab' es satt. Die Knie sind steif ...
- Die Leute bitten Aurelio um Hilfe.
- Der Großvater hilft ihnen.
- Die Leute laden den Großvater ein: Kehr auf dem Rückweg bei uns ein.

Die Kinder erhalten dann ein Arbeitsblatt, auf dem als Schreibimpuls zwei Sätze notiert sind, die sie zu einer Episode mit einem neuen, selbst ausgedachten Inhaltsaspekt ausarbeiten sollen. Die Sätze heißen: „Der Großvater und Pepito gehen weiter den Berg hinauf. Da begegnen sie ..." Der nachfolgend mitgeteilte Schülertext zeigt, in welch hohem Maß die Kinder sich das Textgefüge des Buches sprachlich zu eigen machen, ja ihrem Sprachrepertoire einverleiben.

Der Großvater und Pepito gehen weiter den Berg hinauf. Da begegnen sie Britta. Sie läuft ihnen entgegen und begrüßt den Großvater und Pepito. Sie fragt den Großvater: „Wohin so früh?"
„Auf den Berg", ruft er. „Ich hab's satt. Die Knie sind steif, die Finger sind krumm."
„Du kennst dich doch mit Tierkrankheiten aus, sieh dir mein Pony an, es geht so störrisch." „Dein Pony hat Entzündungen am Huf. Reite nicht aus, denn es tut dem Pony weh. Lass es am besten im Stall. Du musst deinem Pony den Dreck aus dem Huf kratzen. Danach musst du die Hufe waschen und mit dieser Creme einschmieren, das hilft." „Oh danke, Großvater. Ich lade dich ein zu einer selbstgebackenen Kirschtorte. Kehr auf dem Rückweg bei mir ein." „Nein, ich muss auf den Berg." (Corinna)

Die Selbstmordgedanken des Großvaters, das thematisch heikle Element, sind durch den hohen Grad der Stilisierung – vergleichbar den Darstellungen von Grausamkeiten im Märchen – kein Problem. Insbesondere sind es auch die genannten Verzögerungssignale, die sich im Fortgang der Lektüre von unsicherer zu zukunftsgewisser Vorausdeutung verdichten, die eine psychische Entlastungsfunktion gewinnen. Kinder dritter Schuljahre äußern in Problemdiskussionen zum Text allerdings oft ihr Verwundern über Pepitos Verhalten, seinen absoluten Gehorsam, seine (scheinbar?) fraglose Ergebenheit, der allerdings eine Sicherheit und Selbstverständlichkeit des Handelns korrespondiert. Anders formuliert: Den Kindern drängt sich zweifellos die Frage nach der psychischen Motivierung der Handlungen Pepitos auf, sie suchen den in der Außensicht der auktorialen Darstellung ausgesparten „Weg nach innen". Dieses Problemfeld ist in der folgenden Schreibhandlung, einem inneren Monolog – durch eine Denkblase auf dem vorgegebenen Arbeitsblatt motiviert – thematisiert.

Was hat Großvater wohl vor, will er sich den Abgrund hinunterstürzen? Soll ich ihn wirklich da hochziehen? Ich überrede ihn, dass er es lässt. (Maike)
Wie lange dauert es denn noch? Wie kann ich nur Großvater ablenken? Vielleicht überlegt er es sich anders. Ob ich den Weg noch durchhalte? Wann machen wir wohl wieder eine Pause? (Arne)
Warum will sich der Großvater den Abgrund hinunterstürzen? Es gibt doch noch etwas, was er noch nicht erlebt hat. Er weiß nicht, wie es ist, Lesen und Schreiben zu können. Ganz sicher lässt er sich die Einladungen nicht entgehen. Hoffentlich überlegt er es sich noch einmal. (Marc)

3.2.2 *Ein Meer für Sarah* von Patricia MacLachlan – im dritten und vierten Schuljahr[2]

Zum Buch

Anna, die Ich-Erzählerin dieses in Amerika spielenden Kinderbuchs, ihr jüngerer Bruder Caleb und der Vater leben auf einer kleinen Farm mitten in der Prärie. Die Mutter ist kurz nach Calebs Geburt gestorben.

„Hat Mama wirklich jeden Tag gesungen?" fragt Caleb seine große Schwester. „Jeden und jeden Tag?" Immer wieder fragt er, alles will er wissen, von seiner Geburt und wie Mama war ...

Vater trauert ebenfalls. Dann gibt er eine Heiratsanzeige auf. Es meldet sich Sarah aus Maine, von der Küste, die das Meer liebt und überaus selbstständig und eigenwillig ist. Sie kommt auf eine Probezeit zu den Wittings. Behutsam werden die Gefühle der Personen aufgedeckt, behutsam nähern sie sich einander an. Sensibel beobachtet und registriert vor allem Caleb jedes kleine Anzeichen, das auf ein Bleiben Sarahs schließen lässt. Sarah lebt sich in der Prärie ein. Ein Ausflug mit dem Pferdegespann, den sie in die nächstgelegene Stadt unternimmt, stürzt die Kinder in Zweifel. Dann aber entscheidet sich Sarah, bei den Wittings in der Prärie zu bleiben. Und so heißt es in der Schlusspassage:

Papa nahm die Zügel, und Sarah stieg vom Wagen herunter. Caleb brach in Tränen aus. [...] Sarah nahm ihn in die Arme, und er heulte in ihr Kleid. „Und wir haben gedacht, das Haus ist zu klein. Und ich bin laut und lästig!"

Über Calebs Kopf hinweg sah Sarah zu Papa und mir hin.

„Wir haben geglaubt, du wolltest vielleicht wieder fort von uns", sagte Papa. „Weil dir das Meer fehlt."

Sarah lächelte.

„Nein", sagte sie. „Ich werde mein altes Zuhause immer vermissen, aber es ist nun mal so, dass ihr mir noch mehr fehlen würdet."

Papa lächelte Sarah zu. Dann bückte er sich schnell und schirrte die Pferde los. Er führte sie in den Stall, um ihnen Wasser zu geben.

Sarah reichte mir ein Päckchen.

„Für Anna", sagte sie. „Und Caleb. Für uns alle."

Das Päckchen war klein. Es war in braunes Papier eingewickelt, mit einem Gummiband drumrum. Ganz vorsichtig packte ich es aus. Caleb sah gespannt zu. Im Päckchen waren drei Buntstifte.

---

[2] Planung und Durchführung dieses Modells erfolgte im Zusammenarbeit mit Frau Röll, Grundschule Herkulesstraße in Kassel, und einer Gruppe von Studentinnen der Universität Gesamthochschule Kassel.

„Blau“, sagte Caleb langsam, „und grau. Und grün.“

Sarah nickte.

Plötzlich strahlte Caleb.

„Papa“, rief er. „Papa, komm schnell! Sarah hat das Meer mitgebracht!“

Patricia MacLachlan schreibt ein realistisches Kinderbuch, aber ihr gelingt bei aller Verankerung im realen Hier und Jetzt der Personen und der Handlung ein hoher Grad an Fiktionalisierung und Poetisierung. Dies betrifft die Erzählhaltung ebenso wie die syntaktische und sprachlich-stilistische Schicht. Bei aller Annäherung an reale Sprechhandlungen gibt es auch Schichten anspruchsvollerer, alltagsenthobener, abstrakterer Wörter, gibt es warmherzige Natur- und Landschaftsbeschreibungen, subtile Darstellung von Gefühlen. Gerade diese stilistischen Elemente führen Kinder manchmal in sprachliche Grenzsituationen, zu Lese- und Verstehensbarrieren. Dies gilt es, durch entsprechende methodische Maßnahmen abzufangen.

Die Erzählstruktur der Ich-Erzählung hebt schwerpunktmäßig auf ein erzählendes Ich ab, so dass streckenweise neben Anna auch Caleb und Sarah Erlebnismittelpunkt werden. Erinnerungen der Ich-Erzählerin, kleine kursiv gesetzte Schlüsselszenen: Bewusstseinselemente, Denkhandlungen, aber auch in Druck und Illustration hervorgehobene Briefe sowie die Dialoge strukturieren den Erzählfluss.

Schreibhandlungen

In der Struktur der feinfühligen Erzählung sind mehrere Schreibmöglichkeiten angelegt.

(1) Zwei Landschaften spielen eine gewichtige Rolle: die Prärie und die Küste Maines. Die Menschen sind ihnen in besonderer Weise verbunden. Die Erschließung dieses zentralen Elements des „Raumromans“ gelingt Kindern gut über bildliche Darstellung mit kurzer Textlegende. Beide Lebensräume können auch verbal im Überblick erfasst und z. B. an der Tafel schriftlich festgehalten werden.

Prärie:	*kleines, einfaches Haus – kein Strand – Felder – flaches Land – keine Nachbarn – Hügel – Schafe und Kühe – Sträucher.*
Meer:	*Seevögel, Wale, Robben – Angeln und Fischen – mehrere Häuser – Küste – Strand und salzige Seeluft – viele Fischmahlzeiten – Bootsfahrten auf das Meer – Baden im Salzwasser.*

(2) Gegen Ende des ersten Kapitels wird erzählt, dass Jacob Witting auf seine Anzeige hin einen Brief von Sarah erhält.Das zweite Kapitel beginnt mit der Mitteilung: „Jeder von uns, Caleb und Papa und ich, schrieb Sarah einen Brief. Noch bevor der Schnee von den Feldern weggeschmolzen war, bekamen wir Antwort.“ Was in den Briefen der drei steht, wird nicht mitgeteilt, es folgen gleich die Antwortbriefe Sarahs an Anna, Caleb und den Vater. Aus diesen ist aber zu erschließen, wie in etwa die Briefe der Wittings lauteten.

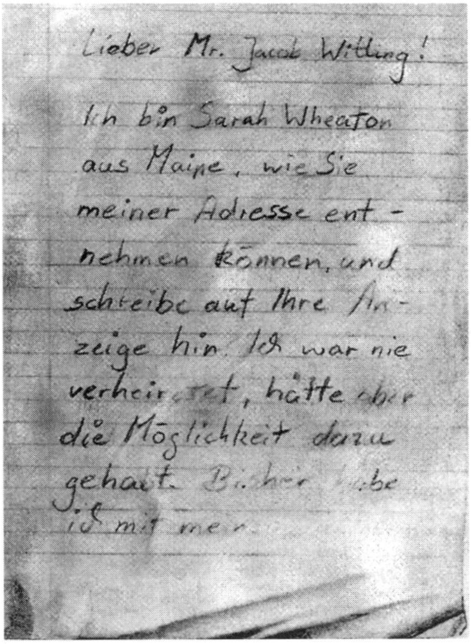
Lieber Mr. Jacob Witting!
Ich bin Sarah Wheaton aus Maine, wie Sie meiner Adresse ent- nehmen können, und schreibe auf Ihre An- zeige hin. Ich war nie verheiratet, hätte aber die Möglichkeit dazu gehabt. Bisher habe ich mit mein-

Buchillustration, S. 12

Diese Aufgabe lösen die Kinder schriftlich. Zum Beispiel schreibt Jonathan als Caleb:

Liebe Sarah Elisabeth Wheaton!

Sarah, wie heißt deine Katze? Mag die Katze Hunde? Wie groß sind die Pfotenabdrücke von der Katze. Wir haben nämlich zwei Hunde, und hier sind die Pfotenabdrücke. Die Hunde heißen Lottie und Nick. Unser Haus ist zwar klein und schön, es gibt aber keine unmittelbaren Nachbarn. Wie sehen eure Schindeln aus? Wachsen in der Nähe Rosen? Magst du kleine Zimmer? Weißt du, was man tun muss, dass ein Feuer über Nacht nicht ausgeht? Schnarchst Du?

Viele Grüße Dein Caleb

Und Elisa schreibt als Anna:

Liebe Sarah,

kannst du Zöpfe flechten? Ich koche oft Eintopf und backe gerne Brot. Kannst du das auch? Was machst du sonst gerne? Ich würde gern wissen, was deine Lieblingsfarben sind? Was hat dein Bruder für eine Arbeit? Bei uns gibt es Kühe und Schafe, was gibt es bei dir für Tiere? Ich wäre dir sehr dankbar, wenn du mir ein Buch über eure Tiere schikken könntest.

Viele Grüße von deiner Anna

(3) Die Kinder sprechen zum Inhalt der Kapitel 3 bis 5 und zu zentralen Aspekten der Erzählung. Sie halten in Gruppenarbeit mit vorgegebenen Themen die wichtigsten Daten schriftlich fest, dazu benutzen sie eine große Schreibfläche, auf der sich alle Gruppenmitglieder betätigen können.

1. Gruppe: Wichtige Inhalte der Kapitel 3 bis 5:

Sarah kam im Frühling.
Sie kam mit dem Zug.
Sie wurde vom Bahnhof abgeholt.
Sie hatten Angst, weil die neue Mutter kam.
Ob sie uns auch mögen wird?
Sie warteten und hielten Ausschau.

2. Gruppe: Was erzählt Sarah von ihrer Heimat?

Sarah erzählt, dass ihr erstes Wort „Düne" war.

Sarah erzählt, dass sie mit William auf einer Düne saß.

Das Meer umspült die Steine von allen Seiten, rollt sie hin und her und schleift sie rundherum ab, bis sie ganz glatt und rund sind.

Die Möwen fliegen hoch in den Himmel hinauf und lassen die Muscheln auf die Felsen fallen.

Wenn die Schale dann kaputt ist, essen wir auf, was innen in der Muschel ist.

Sarah erzählt, dass ihr Bruder groß und nicht besonders hübsch ist.

3. Gruppe: Wie lebt sich Sarah in der Prärie ein?

Die Familie singt.
Sarah baut gerne.
Sie badet gerne im Bottich.
Sarah bringt Geschenke vom Meer mit.
Sarah findet die Prärie sehr gut.
Sie singt und malt Bilder.
Sie rutscht von der Heudüne.
Sie hat Heimweh.
Sie schreibt Briefe.
Sie pflückt mit Caleb und Anna Blumen.
Sarah liebt Hunde und Katzen sehr.
Sie bringt eine Katze mit.
Sarah backt Brot.
Sarah kocht gern und flechtet Zöpfe.

4. Gruppe: Welche Gedanken machen sich die Kinder über Sarah?

Ob sie uns mögen wird?
Ob sie uns ein Stück Meer mitbringt?
Ob sie nett ist?
Ist mein Gesicht sauber?
Ob sie singt?
Ob sie das Meer vermisst?
Ob sie Heimweh hat?
Ob sie die Katze mitbringt?
Ob Sarah wohl hierbleiben wird?

(4) Die erzählte Geschichte des Kinderromans vermittelt weniger eine spannende Handlungsfolge als die Art und Weise, wie die Protagonisten einander begegnen oder miteinander umgehen, und lässt über subtile, oft symbolträchtige Handlungselemente auf die Intentionen insbesondere Sarahs schließen. Dem entspricht die Gliederung des Buches nach Schlüsselszenen. Diese lassen sich gut bildlich umsetzen. Bereits sparsame Textzusätze können die angedeutete Tiefenschicht der Erzählung aufdecken, z. B.:

Dieses Schaf gehört Caleb. Er hat es sehr lieb. Er taufte es Lou.
Es hat dicke, graue Wolle.
Sarah hatte sich wieder ins Gras zurückgelegt, so dass ihr Gesicht verborgen war.
Sarah bringt Caleb und Anna das Schwimmen bei
Schwimmen im Kuhteich.
Sarah und Papa holen die Hühner. Sarah holt schnell noch ein paar Rosen.
Anna und Caleb weinen, weil sie Angst haben, dass Sarah nicht wiederkommen würde.
Sarah fährt mit der Kutsche in die Stadt, und Caleb hofft, dass sie wiederkommt.

Die Texte verdeutlichen, welche Gefühle die Kinder mit dem Stadtausflug Sarahs verbinden. Dies wird noch einmal Zentrum der Erschließung, wenn die Kinder auf vorbereiteten Arbeitsblättern, die Gesichter und Sprechblasen zeigen, die folgenden Anstöße schriftlich aufgreifen:

- Vor dem Stadtausflug sagt Caleb zu Sarah: ...
- Vor dem Stadtausflug sagt Anna zu Sarah: ...
- Sarah antwortet: ...

(5) Auch an Sarah können die Kinder Briefe schreiben, möglicherweise unter Einbezug des Vaters. Die schriftliche Kommunikationshandlung wird durch den organisatorischen Rahmen zusätzlich aktiviert, indem alle Briefbögen und Briefumschläge erhalten und in der Klasse ein Briefkasten aufgestellt wird, in den die Kinder ihre Briefe werfen.

(6) Feinfühlig reagieren die Personen im Buch auf Äußerungen, Handlungen, Hinweise der anderen. Besonders für Anna und Caleb geht dies nicht ohne Spannungen ab. Die Situationen können Anlass sein, dass sich die Personen in einem Tagebucheintrag darüber Rechenschaft geben. Das vorbereitete Arbeitsblatt ist überschrieben: „Tagebuch für ...“. Als Aufgabe wird formuliert: Am Abend schreiben Anna, Caleb, Sarah und der Vater in das Tagebuch. Suche dir eine Person aus. Dazu zwei Belege:

Tagebuch für Caleb

Also, ich habe heute den Brief von Sarah bekommen. Ich habe ihn viele Male durchgelesen. Und alle meine Fragen, die ich ihr gestellt habe, hat sie mir beantwortet. Das Tollste ist, sie will für einen Monat zu uns kommen, oder auch länger.

Tagebuch für Sarah

Heute hat Jacob uns eine Heudüne gebaut und wir, Anna, Caleb, Jacob und ich, sind dann hinunter gerutscht. Das war toll. Dann habe ich auch allen außer Anna und mir die Haare geschnitten, und dann haben wir die Überreste überall verstreut. Rolle hat mit einem Büschel Haare gespielt, quer über die Veranda. Schafe habe ich heute auch gestreichelt, und ein totes Schaf habe ich auch gesehen.

3.2.3 *Ruf doch an, Papa!* von Beverly Cleary – im vierten Schuljahr

Zum Buch

Der realistische Kinderroman erschien 1983, die deutschsprachige Ausgabe 1986. Er wurde mehrfach ausgezeichnet. Das Buch für 9- bis 12jährige Leser darf unter thematischen und erzählerischen Aspekten (Mischform eines Brief- und Tagebuchromans) als ein herausragendes kinderliterarisches Ereignis angesprochen werden.

Im Mittelpunkt des Romans steht Leigh Botts, ein Junge, der zu Beginn der Geschichte die zweite Klasse besucht, zum Ende zehn Jahre alt ist. Er lebt nach der Scheidung seiner Eltern mit seiner Mutter in einem kleinen Haus in Pacific Grove in Kalifornien.

Seine Mutter ist berufstätig und viel außer Haus. Sein Vater durchquert als Fernfahrer mit seinem Laster den Kontinent – immer unterwegs, an wechselnden Orten. Manchmal ruft er an. Darauf wartet Leigh. Die unregelmäßigen Telefonate sind sein Kontakt zum Vater. Früher hat die Familie das unstete Leben geteilt, bis Mutter es nicht mehr aushielt. In der neuen Schule muss Leigh sich durchsetzen und um Beachtung ringen, schwer gewinnt er Kontakte. Kernstück des Heranwachsens ist für Leigh jedoch die Bewältigung der Scheidung, das Ergründen des Warum in der Ehegeschichte und der Persönlichkeit der Eltern. Zum Ende kommt es zu einer Begegnung der Eltern. Leigh beginnt zu hoffen. Doch die Hoffnung trügt. Inzwischen ist er aber reifer geworden, an Schwierigkeiten gewachsen, so dass er mit erstaunlicher Kraft die endgültige Trennung zu bewältigen beginnt.

Die Thematik der Scheidung und deren Bewältigung teilt das vorliegende Buch mittlerweile mit einer größeren Zahl kinderliterarischer Texte. Die herausragende Besonderheit liegt hier in der Art des Erzählens begründet: einer Ich-Erzählung als

Brief- und Tagebuchroman. Damit treten zunächst weitere Protagonisten hinzu: Mr. Henshaw, ein Autor, an den Leigh schreibt, thematisch angeregt durch eine Schullektüre und zu der Korrespondenz angestoßen durch die Lehrerin; später eine Autorin, die einen Schreibwettbewerb der Schule Leighs begleitet.

Leigh also schreibt an Mr. Henshaw, dessen Antworten sind nur aus Leighs Briefen zu erschließen. Zunächst stellt Leigh ihm Fragen, dann „kontert" der Autor selbst mit einer Frageliste. Diese zwingt Leigh (zähneknirschend) zu detaillierten Briefberichten. Dabei offenbart er dem Autor schrittweise seine Probleme. Schließlich schlägt ihm der Autor vor, Tagebuch zu schreiben. Im zweiten Teil des Buches greift Leigh den Vorschlag auf. Zunächst fingiert er in seinen Tagebuchaufzeichnungen noch den Adressaten Mr. Henshaw (eine entwicklungs- und schreibpsychologisch interessante Zwischenstufe), dann geht er zu originalen Tagebucheintragungen über: als Schreiben für sich selbst, zur Klärung seiner Probleme, zur Vergewisserung seines Selbst. In dieses Tagebuchkapitel sind noch einige wenige Briefe an den Autor eingestreut.

Das didaktische Handlungsfeld 'Kinderbuch als Schreibanlass' gewinnt mit diesem Kinderroman gleichsam eine neue Dimension. Wie zahlreiche Erwachsenenromane der Moderne fußt er auf gestörter Kommunikation: Ruf doch an, Papa! In diesem Rahmen wird nun schriftliche Kommunikation selbst thematisiert: der Adressat als Ersatzvater, der Brief als psychisches Ventil eigener Nöte, als Formgefüge und in den Anrede- und Schlussformeln als Spiegel der Einstellung zum Adressaten (Leigh lädt seinen Zorn über die Herausforderung des Autors in den Grußformeln gleichsam ab).

Das Tagebuch wird Instrument persönlichen Schreibens, es dient der Vergewisserung des Fühlens, Denkens und Handelns im Spannungsfeld von erlebendem und reflektierendem Ich. Weiterhin werden die Mühen des Schreibens allgemein und des Formulierens bzw. Auf-Setzens im Rahmen des Schreibwettbewerbs transparent. In den Elementen des Briefromans richtet sich das Ich auf ein Du – Leigh an Mr. Henshaw –, in den Elementen des Tagebuchromans spricht das Ich zu sich selbst, es monologisiert. Zu dieser diarischen Selbstdarstellung gehört die Reflexion. Die Tagebucheintragungen sind gleichsam ideales Mittel der Selbstfindung und Selbstbesinnung, wie sie der Protagonist Leigh angesichts seiner Nöte im vorliegenden Roman leistet.

Schreibhandlungen

Der psychologische Kinderroman erschließt sich jungen Lesern nur dann hinreichend, wenn sie die im Text vorgezeichneten oder angedeuteten Kommunikationslinien nachvollziehen:

- als Kommunikation Leighs mit dem Autor und mit sich selbst: die in die Darstellung eingezeichneten Kommunikationsverhältnisse und insbesondere Kommunikationsbrüche der Protagonisten der Handlung

– die Kommunikationsbedingungen moderner Gesellschaften einschließlich der Medienkomponenten, hier Brief und Telefon.

Schließlich verlangt das in der Oberflächenstruktur heterogene Gefüge der Einzeldaten deren aktive Einbindung durch den Leser in dichtere Zusammenhänge, Begründungskomplexe und thematische Ordnungen.

Das spezifische literarische Gefüge von *Ruf doch an, Papa!* provoziert geradezu auf seinen unterschiedlichen Ebenen Reflexion schriftlicher Kommunikation und fordert zu eigenen Schreibhandlungen heraus. Dazu erfolgen anschließend einige Hinweise, basierend auf den Erfahrungen eines literarisches Projekts.

Im *ersten Unterrichtsschritt*, der Einführungsstunde, stellen die Kinder in Partnerarbeit zusammen, was sie in den ersten acht Briefen von Leigh erfahren haben. Die wichtigsten Angaben werden dann an der Tafel gesammelt:

– Der Junge schreibt dem Autor.
– Er will selbst Autor werden.
– Den ersten Brief hat er in der 2. Klasse geschrieben.
– Leigh liest gern Bücher.
– Er hat einen Vortrag über den Autor in seiner Klasse gehalten.
– Er war sauer, weil die Antwort des Autors so spät gekommen ist.
– Leigh Botts ist Fan Nr. 1 von Mr. Henshaw.

Im *zweiten Unterrichtsschritt* wird die familiäre Situation Leighs detailliert im Gespräch erfasst. Im zweiten Teil stehen die Fragen des Autors an Leigh im Mittelpunkt. Die Frage „Was geht Dir auf die Nerven?" findet besonderes Interesse. Abschließend verfassen die Kinder einen Brief an Mr. Henshaw, sie berichten, was ihnen persönlich auf die Nerven geht (eine Form individuellen, persönlichen Schreibens):

Lieber Mr. Henshaw! Mich nervt, wenn man mir so blöde Fragen stellt. Mich nervt, wenn ich immer Zähne putzen muss. Mich nervt, wenn man mich anschreit. Mich nervt, wenn ich immer so früh aufstehen muss. Mich nervt, wenn ein Junge mich ärgert. Mich nervt, wenn ich schon satt bin und doch alles aufessen muss. Wenn ich mich melde und die Lehrerin mich nicht drannimmt. Mich nervt, wenn ich beim Spiel verliere. Mich nervt, wenn man mich stört. Mich nervt, wenn wir so viele Hausaufgaben aufkriegen.
Ihr stocksaurer Dilek

Im *dritten Unterrichtsschritt* steht zunächst der Übergang von der Brief- zur Tagebuchform im Mittelpunkt der Erörterung. Dann wird die Mutter als literarische Figur konturiert: „Was wir bisher von ihr erfahren haben?" Der Lehrer stößt an: Das alles berichtet Leigh. Die Mutter macht sich sicherlich selbst ihre Gedanken. – Sie könnte sie wie Leigh in ihr Tagebuch niederschreiben. – Dieser Wechsel der Perspektive bewirkt, dass die Mutter einen anderen literarischen Stellenwert gewinnt: Sie wird Erlebniszentrum, in sie wird der Erzählerstandort verlagert. – Auf dem Tagebuchvordruck für die Kinder ist der erste Halbsatz notiert.

Liebes Tagebuch!

Heute habe ich mit Leigh zum ersten Mal darüber gesprochen, ob ich nochmal heiraten soll. Er hat gesagt: meinen Nachbarn, weil ich viermal mit ihm essen gegangen bin. Nett ist er ja, wenn er bloß nicht so viel trinken würde. Er geht jeden zweiten Abend in die Kneipe. Deswegen mache ich mir auch nicht viel aus ihm. Leigh braucht wirklich einen Vater. Aber wo soll ich bloß einen gutaussehenden Mann herkriegen?

In der Schule hat Leigh auch keine Freunde. Deshalb ist am besten, ich heirate wieder, damit er einen Vater hat. Aber bloß keinen Fernfahrer, der trinkt. Einen richtig netten Vater braucht der Kleine.

Das war Mittwoch, der 10. Januar. (Benjamin)

Im *vierten Unterrichtsschritt* wird u. a. die Funktion des Tagebuchschreibens von den Kindern diskutiert und mit einer überraschenden Fülle eigener Erfahrungen, besonders mit größeren Geschwistern, angereichert.

Im *fünften Unterrichtsschritt* ordnen die Kinder gewürfelte Satzstreifen zu Dialogen zwischen Leigh und Mutter, Leigh und Vater, Leigh und dem Hausmeister der Schule, zu dem er Kontakt gefunden hat. Sie tragen diese als Lesespiele (Rollenlesen) vor.

Im *sechsten Unterrichtsschritt* steht die Konstruktion einer Alarmanlage im Vordergrund, wie sie Leigh baute. Die Beschriftung einer Skizze mit Fachwörtern ist eine wichtige gedankliche Stütze.

Im *siebten Unterrichtsschritt* steht der Schlussabschnitt des Buches – die endgültige Entscheidung der Eltern – zunächst im Mittelpunkt. Er wird sehr ernsthaft diskutiert. Immer kommt dabei die Frage auf, wie es hätte anders laufen können. Dies führt zu einer schriftlichen Äußerung in Partnerarbeit.

Wenn Papa Leigh und Mama schon Weihnachten besucht hätte, dann wären sie vielleicht wieder zusammengekommen. Vielleicht hätte Papa für Mama ein tolles Geschenk mitgebracht. Dann hätte Papa vielleicht Bandit (ein Hund) auch wiedergebracht.

Wenn Papa nach dem Besuch nicht so schnell schon wieder fortgefahren wäre, dann hätten sie sich vielleicht wieder versöhnt und geheiratet. Und ein schönes Leben gehabt. Dann wäre Bandit dageblieben. Dann könnte Barry (der Freund) mal mit im LKW mitfahren.

Die Kinder sind auch in dieser Stunde noch immer motiviert, auf Problemaspekte des Buches einzugehen. Deshalb folgen zwei weitere abrundende Unterrichtsschritte, in deren Mittelpunkt zunächst ein Rollenspiel zum Schluss des Buches steht. Dieser Schluss spiegelt sich im Verhalten von vier Personen in besonderer Weise, und immer anders akzentuiert: Leigh, Papa, Mama, Barry. Wie sie über das Geschehen denken, wird in der schriftlichen Fassung von Denkmonologen formuliert. Hieraus einige Proben:

Mama

Jetzt sitze ich ganz allein vor meiner Tasse Kaffee und bin traurig. Ich weiß nicht, ob ich nochmal heiraten soll. Ich denke über die Scheidung nach. Ich denke über das Leben mit Papa nach. Ich denke, ob wir es nicht noch mal versuchen können.

Papa

Eigentlich könnte ich mit dem Lastwagen einfach wieder zurückfahren und meinen Job fallen lassen. Und mir einen anderen suchen. Dann hätte ich zwar meinen geliebten Lastwagen nicht mehr, aber dafür hätte ich wenigstens meine Familie wieder und mein Sohn wäre glücklich. Und vielleicht kriegte ich auch einen anderen Job. Wenn ich Schlosser wäre, dann hätte ich zweimal eine so große Gehaltssumme. Und wir wären wieder ganz, ganz glücklich.

Barry

Ich denke, Leigh, dass du niemanden dabei haben willst. Ich möchte mich nicht einmischen. Und die Sache ist unter euch auszumachen. Ich wäre euch bestimmt im Wege.

Leigh

Warum haben sich Mama und Papa bloß scheiden lassen? Hm, vielleicht haben sie sich gezankt, oder es ist sonst etwas passiert. Vielleicht haben sie sich auch wegen mir getrennt, weil Mama dann nicht mehr mit dem LKW fahren wollte?

In der *Abschlussphase*[3] schließlich erfolgt noch einmal ein Überblick zur Figurenkonstellation. Die Personen werden im Bild-Porträt (Kopf-Brust-Bild) und Text (Steckbrief) dargestellt.

Mr. Henshaw

Er schreibt Briefe an Leigh und ist Schriftsteller. Mr. Henshaw hat nicht alle Fragen beantwortet, die Leigh ihm gestellt hat. Er hat Leigh Tips für die Geschichte gegeben. (Martina)

Mr. Fridey

So sieht er aus: ca. 180 cm groß, 52 Jahre alt. Ist Hausmeister in einer Schule. Er wiegt 75 kg. Verheiratet, drei Kinder. Macht den Dreck weg. Hat einen strengen Blick. Hat einen Freund namens Leigh. Hisst jeden Morgen die Flagge.

Bonni Botts

Bonni Botts antwortet nur, wenn Leigh Fragen stellt. Sie arbeitet bei Kati. Sie sorgt fürs Essen. Sie bringt auch, wenn was übrig bleibt, Essen mit nach Hause. Sie war verheiratet, und jetzt ist sie geschieden und lebt mit ihrem Sohn allein. Und sie lebt bequem in ihrem Haus. Sie ging dreimal mit Charly zum Essen. Sie ist ganz nett. Sie schimpft ihren Sohn nie aus und mag Kinder. Ich vermute, dass sie auch Bandit mag. Sie ist eine charmante Frau. (Dilek)

3 Planung und Durchführung dieses Projekts erfolgte in Zusammenarbeit mit Frau Elvira Armbröster-Groh, Grundschule Rengershausen, und Studentinnen und Studenten der Gesamthochschule Kassel.

3.2.4 *Oma* von Peter Härtling – im vierten Schuljahr

Zum Buch

Mittelpunktsfigur von Peter Härtlings Kinderroman *Oma* ist Kalle. Er ist fünf Jahre alt, als er seine Eltern bei einem Autounfall verliert. Erst kann er es gar nicht begreifen. Er wird von seiner Großmutter aufgenommen, weil die nicht will, dass er in ein Heim kommt.

In diesem Kinderroman, der mit dem Deutschen Jugendliteraturpreis ausgezeichnet worden ist, wird in überzeugender Weise dargestellt, wie die alte Frau mit ihrem jungen Enkel in einer ebenso spannungsreichen wie vertrauensvollen Atmosphäre zusammenlebt.

Härtlings Buch kann als ein Meilenstein kinderliterarischer Entwicklung angesehen werden. Der preisgekrönte Roman über Kalle, der seine Eltern verliert und von seiner Oma aufgenommen und erzogen wird, hat vor allem auch durch seine Erzählstruktur Aufmerksamkeit erregt, weil sich jedem in auktorial-personaler Mischform erzählten Kapitel ein innerer Monolog der Oma anschließt. So heißt es beispielsweise nach dem zweiten Kapitel „Was an Oma anders ist“:

Kalle hat schnell spitzgekriegt, dass es hier anders ist als zu Hause. Lieber Himmel, diese „freie Erziehung“! Soll ich denn jetzt morgens oder abends nackig aus dem Bad rennen, nur weil er es von seinen Eltern so gewöhnt ist. Der weiß doch nicht, wie alte Leute aussehn. Und außerdem schäme ich mich. Ich kann das nicht so mitmachen. Ich komme aus einer anderen Zeit. Da war man noch nicht – wie soll ich sagen? –, so schamlos. Nur ist schamlos das falsche Wort. Die müssen sich heute nicht mehr schämen; und das ist ja eigentlich richtig. Aber ich kann das nicht. Das muss er eben begreifen.

Die spezifische literarästhetische Struktur des Kinderromans mit ihrem Wechsel von auktorial-personalem Erzählen und innerem Monologisieren wirkt intensiv auf die jungen Leser ein.

Schreibhandlungen

Mit der Erzählstruktur des Romans sind zahlreiche Schreibmöglichkeiten eng verknüpft, auf die im Überblick aufmerksam gemacht werden soll.

- Kalle macht sich Gedanken über den möglichen Tod seiner Oma. Die Form ist ein innerer Monolog oder ein Denkmonolog analog der literarischen Vorlage, aber nicht in der Gedanken- und Vorstellungswelt der Oma, sondern in der Kalles verankert.
- So ist Kalles Oma (Sicht des Lesers)/So ist meine Oma (Sicht Kalles). Die Form ist eine Annäherung an die Personenbeschreibung. Sie ist im Text insofern in be-

sonders dynamischer Weise angelegt, als Kalles Oma durch eine große Zahl von Besonderheiten auffällt.

- Als ich beim Spaziergang in eine Rübengrube fiel. Schriftliche Form einer Erlebniserzählung in der Ich-Form mit stark übertreibenden Elementen (eine deutliche menschliche Schwäche der Oma im Text).
- Dagegen: Oma fiel in eine Rübengrube. Zwei mögliche Formausprägungen: sachlicher (Erlebnis)Bericht als Korrektur zu Omas Übertreibungen oder Darstellung des Sachverhalts mit anschließender Erzählung dessen, was Oma daraus machte.
- Kalle schreibt einem Freund aus dem Urlaub. Briefform mit zwei inhaltlichen Komponenten,
  a) persönliche Anreden, Daten und Bezüge, die den Briefpartner betreffen und
  b) raffender Überblick der wichtigsten Daten des Urlaubsgeschehens (ohne erzählerische Ausschmückung).
- Oma spricht mit Frau Wendelin (oder: dem Beamten, der Fürsorgerin). Dialogischer Text mit appellativen und informativen Komponenten, auch als Hörszene auszuweiten.
- Die Fürsorgerin: die wichtigsten Beobachtungen und Daten ihres Besuchs bei Oma und Kalle. Sachbericht.

3.2.5 *Jan Jansson, ein Junge mit Glück* von Hans Peterson – im dritten und vierten Schuljahr

In den bislang beschriebenen Beispielen wird realer Unterricht skizziert. Deshalb sind jeweils nur einige der möglichen Schreibhandlungen bzw. -formen im Umgang mit einem Kinderbuch realisiert. Deren zentrale Begründungsfaktoren sind die Lernsituation der Klasse, der spezifische Stand der schreibdidaktischen Entwicklungsphase, aktuelle schreibdidaktische Intentionen sowie die literar-ästhetischen Gegebenheiten des Textes. Unter dem Aspekt der didaktischen Sensibilisierung lohnt es sich jedoch auch, einmal eine größere Zahl von Schreibmöglichkeiten darzustellen und zu bedenken, die ein Kinderbuch insgesamt bietet.

Zum Buch

Im Mittelpunkt dieses realistischen, nach wie vor aktuellen und motivierenden Buches, das in die Auswahlliste zum Deutschen Jugendbuchpreis aufgenommen wurde, steht Jan. Er hat eine doppelte Spannung auszuhalten. Er ist mit seinen Eltern wegen Arbeitsverlust des Vaters von Nordschweden nach Göteborg gekommen. Dort muss er sich in die neue städtische Umwelt einleben, was durch die Verstehensschwierigkeiten (gravierende Dialektspanne) erschwert wird. Zugleich wird er massiv mit den Eheproblemen und dem stockenden Eingliederungsprozess des Vaters konfrontiert. In dem älteren Per gewinnt er einen Freund, der aber zwiespältige Verhaltensweisen Jan gegenüber entwickelt und ihn zum Schluss in einen Diebstahl hineinzieht. In dem gleichaltrigen Mädchen Anna gewinnt er eine echte Freundin. Über sie macht er Bekanntschaft mit ganz anders gearteten Familien- und Erziehungsverhältnissen.

Die Konfliktsituation spiegelt sich, dem Grundschulkind als Leser einsichtig, in zahlreichen äußeren Geschehnissen und Handlungsdetails. Zugleich aber läuft ein Strang der Situationsbewältigung im Denken und Fühlen des Außenseiters Jan ab, vor allem bezogen auf den Kontrast zwischen dem Leben in Norrland und in Göteborg, aber auch auf Jans Auseinandersetzung mit fremden Personen und seinen Eltern.

Das Buch ist in sieben Kapitel gegliedert. Sie sind von unterschiedlicher Länge. Jedes Kapitel spricht eine unterschiedliche Ausprägung der allgemeinen Problemlage Jans an. Der optimistische Titel gewinnt in dem Schlusskapitel an Realität: Vor Weihnachten lenkt sich vieles für Jan ein. In der Schule kommt er zurecht. Die Eltern scheinen ebenfalls ins Gleichgewicht zu kommen. Jan spricht sich mit Anna wegen Per aus. Die Freundschaft der beiden Kinder vertieft sich.

Insgesamt herrscht die Grundform des perspektivischen Erzählens vor: Die Handlung wird durchgehend aus der Wahrnehmungs–, Denk- und Gefühlsperspektive des Jan erzählt. Das öffnet auch den seelischen Binnenraum. Gewichtig sind die Rückwendungen bzw. Rückblenden. Sie spannen gleichsam ein Netz, das mit der erzählten Gegenwart verwoben ist, aber Vergangenheit des Jan in der Erinnerung spiegelt. Ein gutes Beispiel findet sich am Anfang des Buches: Jan sitzt in der Schule, inmitten der neuen Mitschüler, und seine Gedanken schweifen ab:

> In Laxenträsk hatte es nur eine kleine Klasse gegeben, und sie waren nur sieben Kinder gewesen, denn dort oben in Nordschweden standen viele Häuser und Höfe leer. Die Leute zogen in den Süden des Landes oder an die Küste, weil es im Wald keine Arbeit mehr gab, seitdem Maschinen die Bäume fällten, entrindeten, entästeten und zerlegten. In der ganzen Schule hatte es nur zehn Mädchen und acht Jungen gegeben ... Manchmal hatten sie Wettläufe auf Skiern gemacht. Jan hatte dabei ziemlich oft gewonnen. Er war es gewohnt, weit und schnell zu laufen. Ihr Haus war nämlich fünf Kilometer von der Schule entfernt. Morgens war es schnell gegangen, weil es den ganzen Weg bis zur Schule bergab ging. Nachmittags war es schwieriger gewesen. Da musste er ein gutes Stück bergauf steigen, bevor er zu Hause war. Ja, Skilaufen, das konnte er.
> „Jan Jansson“, sagte die Lehrerin.
> Man konnte es ihr anhören, dass sie schon ein paarmal 'Jan Jansson' gerufen hatte. Jan sah zu ihr auf. Sie war rot im Gesicht und sah böse aus.

Der differenzierten Erzählweise stehen eine relativ einfache syntaktische, jedoch nicht parataktische Strukturierung und ein konkreter, dem Sprach- und Handlungsfeld des Grundschulkindes angemessener Wortschatz gegenüber, so dass das Buch in der zweiten Hälfte des dritten Schuljahres schon gelesen werden kann. Die Erschließung der inneren Bezüge bedarf jedoch methodischer Hilfen.

Schreibhandlungen

Die nachfolgend aufgezeigten Schreibmöglichkeiten sind die Summierung der in mehreren Klassen (sowohl im dritten wie im vierten Schuljahr) erprobten Schreibmodelle. In den einzelnen Klassen wurden, je nach Gesamtsituation und -intention des Modells, drei bis fünf Schreibmöglichkeiten realisiert.

- Personen der Handlung
  a) auflisten, gruppieren,
  b) kurz beschreiben (nicht 'charakterologisch', sondern unter der Perspektive der Handlung)
  Formen: Zettelnotiz – gegliederte Namenübersicht – Beschreibung
- Mein erster Schultag in Göteborg (Bezug: 1. Kapitel)
  Formen: Brief – Tagebuchnotiz – Erlebniserzählung
- Wie die Lehrerin Jan empfängt und behandelt
  Form: kurze Nacherzählung mit wertenden Einschüben
- Die Lehrerin macht sich Gedanken über Jan (literarischer Perspektivenwechsel, bei dem man der Lehrerin eher gerecht wird)
  Formen: Denkmonolog, inneres Sprechen oder Sprechen mit sich selbst
- Jan und Anna (bzw. Jan und Per) sprechen miteinander (erste Begegnung oder spätere Begegnungen)
  Form: Dialog, u. U. nach vorlaufendem Rollenspiel
- Jan spricht mit Anna über Per; Jan erzählt Anna von Per
  Formen: Dialog – Erzählbericht mit Einbau von wörtlicher Rede
- Jan und seine Eltern in Laxenträsk (Zusammenfassung der zahlreichen in erlebter Rede/Rückerinnerungen gegebenen Inhaltsdetails)
  Formen: Erlebnisbericht mit beschreibenden Elementen aus der (damaligen) Perspektive Jans oder neutrales Berichten (des wissenden Buchlesers)
- Jan schreibt an Per (in das Erziehungsheim), Per schreibt an Jan (aus dem Erziehungsheim); Jan schreibt an Karin, seine Lehrerin in Laxenträsk
  Form: Brief
- Die Eltern unterhalten sich über Jan; Jan macht seinen Eltern Vorwürfe; Jan denkt über seinen Vater nach; Jan denkt über das Verhalten von Annas Mutter nach
  Formen: Dialog – (Denk-)Monolog (Ich-Text) – Vorform der Erörterung (wertend, Stellung nehmen)
- Polizeibericht über den Einbruch in den Kiosk (literarischer Perspektivenwechsel, Umstrukturierung eines erzählten Vorgangs)
  Form: Sachbericht mit Anreicherung durch Fachausdrücke.

Projekte

Projekte, in nicht wenigen didaktischen Untersuchungen in synonymem Wortgebrauch auch *Vorhaben* genannt, sind Unternehmungen, die Lehrer und Schüler gemeinsam planen und in denen sie sich gemeinsam bemühen, ein meist komplexes Thema zu bearbeiten oder ein oft umfangreiches Vorhaben zu bewältigen. Das Schreiben von Texten ist *im Zusammenhang* solcher *Projekte* nur ein Teilbeitrag in einem übergreifenden Arbeitszusammenhang. Gleichwohl ist der potentielle Ertrag für das Schreibenlernen nicht gering zu achten. Die Schreibanlässe sind zumeist nahe an der Wirklichkeit, die Inhalte orientieren sich weitmöglichst an den Interessen der Schüler, und nur in Ausnahmefällen muss ihnen noch plausibel gemacht werden, warum sie eigentlich schreiben sollen.

Ist das Schreiben *in* Projekten nur eine von mehreren Tätigkeiten, ist in *Schreibprojekten* dagegen das Texteschreiben selbst Gegenstand des Vorhabens. Während im normalen Schreibunterricht zumeist ein Thema rasch das andere ablöst, bedingt das Schreibprojekt ein längeres Verweilen. Die Schreibergebnisse kann man bündeln, zusammenheften oder zu einem Buch zusammenbinden, vervielfältigen und anderes mehr. Der didaktische Wert von Schreibprojekten liegt aber nicht allein in den Ergebnissen, sondern gleichermaßen im Verlaufsprozess, im gemeinsamen Schreiben zu einem Thema, das Lehrer und Schüler miteinander verabredet haben. Pädagogisch gesehen ist wichtig, dass jeder Schüler einen Beitrag zum Projektthema leistet und alle Beiträge prinzipiell als gleichwertig angesehen werden.

Seite aus einem Sprachspiele-Buch mit einmontiertem Originaltext

Literarische Projekte, die sich mit einem Kinderbuch beschäftigen, sind didaktisch zwischen umfassenderen Vorhaben und Schreibprojekten einzuordnen. In der Regel sind sie mehrperspektivisch, oft auch fächerübergreifend angelegt. Sie umschließen Aspekte des Literaturunterrichts, des Schreibunterrichts, des Sachunterrichts und des Kunst–, partiell sogar des Musikunterrichts. Zugleich sind sie multimedial konzipiert; das Buch steht zwar im Mittelpunkt der Projektarbeit, Hörspielformen, Filmszenen (mit der Videokamera aufgenommen), Bildfolgen u. ä. sind jedoch integriert.

In einer Bücherei sind Bücher geordnet:
Bilderbücher
Märchen
Sagen
Fabeln
Tiergeschichten
Abenteuer- und Detektivgeschichten
Erzählungen
Sachbücher aus vielen Wissensgebieten wie
- Erdkunde
- Geschichte
- Naturkunde
- Technik

Außerdem gibt es Spiel-, Sport- und Bastelbücher. Manche Bibliotheken haben auch Kinderbücher in fremden Sprachen.

Wenn ihr ein Buch sucht, von dem ihr nur den Titel oder den Namen des Verfassers kennt, dann seht ihr im **Katalog** nach. In den Schubladen des Katalogs befindet sich für jedes Buch eine Karteikarte.
Jede Karte und das dazugehörige Buch haben ein gemeinsames Kennzeichen aus einigen Buchstaben oder Zahlen. Man nennt dieses Kennzeichen **Signatur**. Jedes Buch trägt sein Kennzeichen auf dem Rücken. Wenn ihr die Signatur auf der Katalogkarte gesehen habt, könnt ihr das Buch im Regal finden.

Lesebuchtext

Klasse 3a Pestalozzischule
Mainzer Str. 50
55218 Ingelheim

Frau
Beate Fiedler
Stadtbücherei
Wilhelm-Leuschner-Str. 61
55218 Ingelheim

Ingelheim, den 3.9.19..

Sehr geehrte Frau Fiedler!

Im Deutschunterricht haben wir gelesen, wie man Bücher in der Bibliothek entleiht. Einige Kinder unserer Klasse waren schon bei Ihnen, aber meist mit ihren älteren Geschwistern. Wir würden Sie gerne einmal mit unserer Lehrerin in der Stadtbücherei besuchen. Montags oder Mittwochs würde es uns am besten passen, vielleicht nach der ersten großen Pause um 10 Uhr. Geben Sie uns Bescheid?

Viele Grüße
Ihre Klasse 3a
von der Pestalozzischule
mit Ilse Weber

1 Schreiben in Projekten

1.1 Besuch der Stadtbücherei

Unterrichtsgänge gehören zum festen Bestandteil des Grundschulunterrichts. Sofern der Lehrer die Schüler bereits bei der Vorbereitung mit einbezieht, eignen sie sich als Projekte. „Wir besuchen die Stadtbücherei" hat exemplarischen Charakter und kann auf öffentliche (z. B. Post, Markthalle, Stadtverwaltung, Theater, Krankenhaus) und nichtöffentliche Einrichtungen (z. B. Bauernhof, Bäckerei, Gärtnerei, Arztpraxis) übertragen werden.

Ein Büchereibesuch ist – angesichts abnehmender Lesebereitschaft heute mehr denn je – während der gesamten Grundschulzeit sinnvoll. Unsere Projektskizze beruht auf Erfahrungen in einem *dritten Schuljahr*. Der Perspektive der Darstellung entsprechend, wird auf die Schreibtätigkeiten besonders abgehoben.

Erster Unterrichtsschritt: Vorbereitung

Zur Vorbereitung des Büchereibesuchs beschäftigen sich die Schüler – beispielsweise mittels einer passenden Lesebuchsequenz – mit drei Fragen:

- Wie kommt man überhaupt an Bücher heran?
- Was muss man wissen, um eine Bücherei benutzen zu können?
- Wie sind die Bücher in einer Bücherei geordnet?

Zweiter Unterrichtsschritt: Schriftliche Anfrage bei der Bibliotheksleiterin

Bei der Bibliotheksleiterin wird angefragt, ob und wann ein Besuch möglich ist. Dies geschieht schriftlich in einem Brief. Der Text wird in Gruppen entworfen, die endgültige Fassung gemeinsam erstellt.

Ein Schüler schreibt diesen Brief im Auftrag der Klasse auf. Der fertige Brief wird entweder per Bote überbracht (sofern die Bücherei in Schulnähe liegt) oder per Post geschickt.

Dritter Unterrichtsschritt: Erstellen eines Fragenkatalogs

Es ist ratsam, dass der Lehrer nun mit der Biliotheksleiterin Kontakt aufnimmt, um die Modalitäten des geplanten Unterrichtsganges zu besprechen. Sobald deren positive Antwort vorliegt, notieren die Schüler – in Gruppen – Fragen, die sie ihr stellen möchten. Es wird verabredet, dass nur gefragt wird, was die Bücherei betrifft, Privates (z.B. Wieviel Geld verdient eine Bibliothekarin?) dagegen ausgespart bleibt. Beispiele für Fragen:

Wieviele Bücher hat die Stadtbücherei?
Wieviele davon sind für Kinder?
Wo steht das größte Buch?
Wie heißt das dickste Buch?
Wo steht das teuerste Buch?
Wieviele Bücher haben Sie von Erich Kästner?
Wem gehören die Bücher hier?
Wann ist die Bibliothek geöffnet?
Wieviele Leute sind bei Ihnen angestellt?
Was mache ich, wenn ich ein Buch ausleihen will, das bereits ausgeliehen ist?
Was mache ich, wenn mein kleiner Bruder in ein ausgeliehenes Buch malt?
Darf ich ein ausgeliehenes Buch weiter verleihen?
Kann ich ein ausgeliehenes Buch mit in den Urlaub nehmen?
Was kann ich tun, wenn ich nach drei Wochen noch nicht mit Lesen fertig bin?
Wieviele Bücher haben Sie im letzten Jahr angeschafft?
Wieviele Kinder kommen an einem Ausleihtag?
Darf ich mir auch mehrere Bücher entleihen?
Kann man bei Ihnen auch Spiele ausleihen?
Was mache ich, wenn ich ein ausgeliehenes Buch verliere?

Auf der Basis der Gruppenergebnisse wird ein gemeinsamer Fragenkatalog erstellt. Da beim Besuch selbst nicht alle Schüler zum Zuge kommen können, werden von der Klasse einige 'Fragesteller' ausgewählt.

Vierter Unterrichtsschritt: Nachbereitung

Bei der Nachbereitung des Besuchs berichten die Fragesteller zusammenfassend über die erhaltenen Antworten. Jeder schreibt einige Stichworte als Merkhilfen an die Tafel.

Ein weiteres Element der Auswertung ist eine Befragung zum Thema: Was hat dich in der Stadtbücherei am meisten beeindruckt?

Die Formulierung der Antwort ist ein erneuter Schreibanlass und zugleich, wenn die Texte (auf DIN A6-Zettel geschrieben, mit Namenangabe) an die Pinnwand im Klassensaal geheftet werden, ein Leseanreiz. Einige Schülerantworten:

Ich fand alles toll. Manche Fragen konnte Frau Fiedler nicht beantworten. Sie sagte, wir würden ihr Löcher in den Bauch fragen. Aber sie war sehr nett und auch hübsch. (Alexandra)
Ich habe drei Bücher über Modellflugzeuge gefunden. Vielleicht leihe ich sie mir aus. (Kasi)
Mich hat am meisten beeindruckt, dass wir am Schluss in den Regalen herumstöbern durften. Ich habe mir besonders lange Tierbücher angeschaut. Nicole wollte mich immer zu den Bastelbüchern holen. Frau Weber hat sich Bilderbücher angeschaut. (Rita)

Mitteilenswert sind aus dem Projekt der Ingelheimer Grundschulklasse noch zwei Erfahrungen: ein Dankbrief und ein Bericht in der Zeitung. Während der Nachbereitung des Unterrichtsganges kam ein Schüler auf den Gedanken, man könnte einen Brief an die Bibliotheksleiterin Frau Fiedler schreiben, um sich noch einmal zu bedanken. Dies fanden alle so gut, dass gemeinsam ein Text erarbeitet wurde. Ein Mädchen übernahm das Abschreiben (diesmal auf einen bunten Briefbogen), alle anderen unterschrieben.

Ingelheim, den 17.9.19..
Liebe Frau Fiedler!
Heute vor einer Woche haben wir Sie in der Stadtbücherei besucht.
Wir denken noch gern daran. Hoffentlich haben Sie mittags ordentlich gegessen, um das Loch in Ihrem Bauch wieder zu füllen. Uns hat es bei Ihnen sehr gefallen, und wir haben viel gelernt. Einige von uns haben sich in der letzten Woche Bücher ausgeliehen. Achim war der erste! Vielen Dank, dass Sie sich so viel Mühe mit uns gemacht haben.
Viele Grüße!

Die Zeitungsberichte, die im Rahmen der „Woche der Bibliotheken" in der örtlichen „Allgemeinen Zeitung" veröffentlicht wurden, kamen an die Pinnwand und wurden mit großem Interesse gelesen.

Weiterführung: Ein Ergebnis des Besuchs in der Bücherei kann das Vorhaben sein, eine Klassenbücherei einzurichten. Hierbei ergeben sich vielfältige Anlässe, das Umgehen mit Gebrauchstexten zu üben, etwa:

- Anlegen von Karteikarten für Ausleiher
- Anlegen von Buchkarten (mit Hinweisen auf den Inhalt)
- Erstellen eines Verzeichnisses aller ausleihbaren Bücher.

1.2 Klassenfest

1.2.1 Didaktische Einordnung

Goethes bekanntes Diktum von den „frohen Festen", die auf „saure Wochen" folgen, formuliert die Erfahrung, dass wir Menschen in den Anforderungen des Alltags und des Berufs nicht völlig aufgehen möchten, sondern gleichermaßen auch das Fest (und die Feier) zu schätzen wissen, das die Gleichförmigkeit nachhaltig unterbricht.

Der Begriff 'Fest', so belehrt uns das Wörterbuch der deutschen Sprache, stamme aus dem Lateinischen und bedeute so viel wie 'festlich', 'feierlich'. Es benenne damit gleichermaßen ein schönes Erlebnis wie eine glanzvolle Veranstaltung und verweise auf das Vergnügen und die Freude, die das Ereignis den Teilnehmern bereite. Aus dieser Motivation heraus haben Menschen schon immer Feste gefeiert – bis heute. Das Fest ist eine Grundform des Lebens und ein notwendiger Bestandteil der gesamten Lebensführung.

In dieser Bedeutung reicht das Fest auch in den Lebensraum Schule hinein, und das nicht nur als ein Äquivalent zu schulischem Lernen oder schulischer Arbeit. Man soll die Feste feiern, wie sie fallen, sagt das Sprichwort. Auch Feste in der Schule dürfen beanspruchen, zuerst um ihrer selbst willen gefeiert zu werden, weil sie einfach zum Leben dazugehören. Wenn als Folge davon auch pädagogische Wirkungen ausgehen, ist dies eine willkommene Bestätigung ihres Wertes. Feste können beziehungsstiftende Funktion haben und Anlass für soziales Lernen sein. Sie können aber auch im engeren didaktischen Sinne Lernmotivationen stiften und fördern, Kreativität wecken und entfalten und Anstöße für fächerverbindende Aktivitäten geben. Ein Beispiel, dies zu demonstrieren, ist das Klassenfest.

Anlässe für ein Klassenfest bietet der Jahres- und Festkreis ebenso wie das Schuljahr selbst, z. B. als 'Berggipfelfest' in der Mitte, als 'Finale-Fest' am Schluss eines Schuljahres oder als Abschiedsfest am Ende der Grundschulzeit. Nicht selten sind es auch lehrerbezogene Anlässe: ein bevorstehender Wechsel, der Wunsch nach besserer Zusammenarbeit mit den Eltern, Integrationsprobleme mit ausländischen Kindern oder sogenannten 'Außenseitern'.

Von wem der *Anstoß* zum Fest ausgehen mag, vom Lehrer, von den Eltern oder – hoffentlich recht oft – von den Schülern, immer sollte bewusst bleiben, dass seine *Durchführung* von Lehrer und Schülern gemeinsam getragen wird. Entscheidet oder 'verordnet' der Lehrer allein, ist jeder pädagogische Sinn entleert. Die Qualität des Festes hängt auch nicht von der Anzahl der Gestaltungselemente ab, weniger kann da eher mehr bedeuten. Außerdem ist es bei vielen Texten und Spielen, die zu Programmpunkten werden, viel motivierender, auf eigene Gestaltungen zurückzugreifen als auf solche, die man in Büchern schon fertig vorfindet.

Nachfolgend ist eine Reihe von Gestaltungselementen zusammengestellt. Sie verweist auf das verfügbare Spektrum, aus dem für ein konkretes Fest eine Auswahl zu treffen ist. Den Gestaltungselementen zugeordnet sind didaktische Intentionen des Deutschunterrichts, die durch sie eingeschlossen werden.

- Begrüßung durch einen Schüler – *Redeerziehung*
- Unsere vier (acht, ...) Lieblingsgedichte – *Verstehen und Vortragen von Gedichten*
- Unsere zwei (drei, ...) Lieblingsgeschichten aus dem Lesebuch – Verstehen und Vortragen von Texten
- Unsere zwei (drei, ...) Lieblingsbücher – *Leseerziehung, Buchpädagogik*
- Aus unserem Geschichten- (Märchen–, Fabel–, Schwänke- ...)buch – *Schreiben und Vortragen von Texten*
- Berichte von Ereignissen, die die Klasse betreffen – *mündliche Kommunikation, Berichten*
- Spielentwürfe und Stegreifspiele – *Texte szenisch umsetzen bzw. darstellen*
- Handpuppenspiele, Schattenspiele, Dialoge, Spielszenen, Sketche, Scharaden, Dramatische Texte – *e verstehen, kreativ-produktiv ergänzen, selbst verfassen, in Szene setzen.*

1.2.2 Schreibhandlungen

Die Vorschläge für Gestaltungselemente lassen erkennen, dass nicht allein allgemeine Intentionen des Deutschunterrichts, sondern auch spezifische Aufgaben des Schreibunterrichts in die Durchführung eines Klassenfestes integriert werden können. Die Vor- und Nachbereitungsphase bietet aber auch eine Vielzahl von realen Schreibanlässen, zum Beispiel:

- Einladungen an die Adressaten (Eltern, befreundete Klassen ...), auch als Handzettel
- Plakate (evtl. auch als Wegweiser im Schulhaus)
- Pressemitteilung vorher; Bericht an die Presse (auch Schülerzeitung) nachher
- Handzettel mit der Programmfolge.

Diesen Formen gemeinsam ist die kommunikativ-soziale Funktion. Zu einigen von ihnen geben wir im Folgenden noch ergänzende Erläuterungen.

(1) Einladung gestalten

Einladungen können in Form eines Briefes oder einer Information (als eine Art Handzettel) ausgesprochen werden. Ausführlich oder knapp gehalten, sollten sie in jedem Fall Aufmerksamkeit erregen und Neugier wecken. Diese Absicht wie auch die unverzichtbaren Elemente müssen in der Klasse erarbeitet sein, bevor die Texte geschrieben und ihre Form gestaltet wird. Unverzichtbare Elemente sind Überschrift, Adressat, Absender, Anlass, Ort, Datum, Uhrzeit.

Entschieden werden muss,

- ob die Dauer des Festes bereits festgelegt werden soll,
- wieweit geplante Inhalte bereits angedeutet oder angegeben werden,
- ob eine Rückmeldung erbeten werden soll (evtl. besonderer Abschnitt zum Abtrennen im unteren Blattviertel).

Form und Inhalt der Einladung können von der Klasse gemeinsam erarbeitet und dann von den Schülern übernommen werden. Eine Alternative ist ein gemeinsam erarbeiteter Rahmen, der individuell ausgestaltet wird.

Der von der Klasse erarbeitete Text kann vom Lehrer geschrieben oder auch mit dem Computer gestaltet werden. Nach der Vervielfältigung erhält jedes Kind zwei Exemplare (für sich und die Eltern). Es illustriert sie und schreibt die Textvorlage eventuell farbig nach.

(2) Plakat gestalten

Mehr noch als bei der Gestaltung von Einladungen ist bei Plakaten auf Übersichtlichkeit zu achten. Die wesentlichen Informationen müssen 'plakativ' hervorspringen. Farbeinsatz und Illustration haben dienende Funktion. Beim Betrachten von Beispielen wird dies den Schülern wohl am besten bewusst.

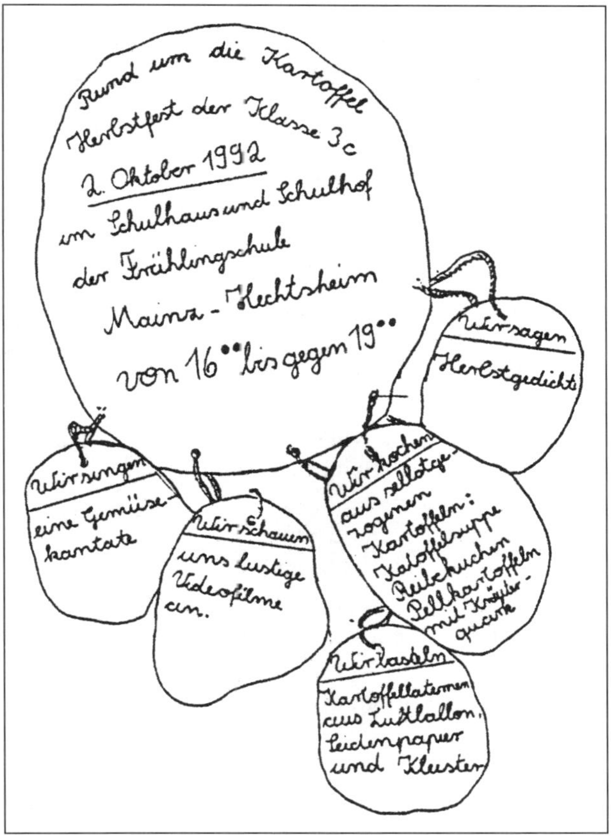

Entwurf für ein Einladungsplakat

Nach einem Vorgespräch mit der ganzen Klasse erfolgt die Planung und Anfertigung am besten in Gruppen (von möglichst nicht mehr als vier Schülern). Ob es zweckmäßig ist, erst einen verkleinerten Entwurf anfertigen zu lassen oder direkt mit der gestalterischen Aufteilung des Plakates (Din A 2 Fotokarton) zu beginnen, kann nicht verallgemeinernd vorentschieden werden, hilfreich ist es auf jeden Fall.

Dem Lehrer fällt die für das Gelingen wichtige Funktion des Beraters bzw. Betreuers zu. Bevor man sich nicht über die Aufteilung des Raumes (mit Bleistift) hat absprechen können, sollte weder geklebt noch eingefärbt werden. Anregend kann das Durchblättern von alten Zeitschriften sein. Nicht nur Buchstaben oder Wörter, auch Bilder können ausgeschnitten und aufgeklebt werden.

Programmzettel gestalten

Noch ehe man an Einladungen und Plakate denkt, beginnen die Überlegungen über mögliche Inhalte des bevorstehenden Festes. Es ist zweckmäßig, die einzelnen beschlossenen Programmpunkte auf kleine Zettel oder besser noch Karteikarten (z. B. Din A 6) zu schreiben und an der linken Seite einer Wandtafel (Flanelltafel oder Pinnwand) anzuheften. Alles was 'sitzt', kann im Verlauf der Vorbereitung nach rechts verschoben werden, so dass der aktuelle Stand auf einen Blick sichtbar wird. Mit Hilfe dieser kleinen Zettel oder Karten ist die Festlegung der endgültigen Programmabfolge, die unter Einbeziehung aller Mitwirkenden erfolgt, beinahe ein Spiel. Ein 'Protokollant' kann die Ergebnisse aufschreiben, die übrigen Schüler besprechen währenddessen, wie der Kopf des Programmblattes aussehen könnte, also Möglichkeiten der Schriftgestaltung, Illustration, usw.

Programm
des Klassenfestes der 3b

1) *Sonnenaufgang (Flöten, Orffinstrumente)*
2) *Begrüßung unserer Gäste*
3) *Wir hassen die Sorgen (Wechselgesang)*
4) *Mit Gedichten durch das Schuljahr – unsere acht Lieblingsgedichte*
5) *Rüpeltanz*
6) *Aus unserem Klassentagebuch*
7) *Protzlied (mit Pantomime)*
8) *Unsere schönsten Klassenaufsätze – sechs Kostproben*
9) *Die Rübe (Lied mit Schattenspiel)*

Pause
Kaffee, Limonade, Kuchen, Waffeln
Juxstaffel: Väter gegen Söhne
Hindernislauf: Mütter gegen Töcter

10) *Iglauer Marsch (Flöten, Gitarre)*
11) *Hab' 'ne Tante in Marokko (Lied mit unseren Gästen)*
12) *Das Apfelmännchen (selbst geschriebenes Puppenspiel)*
13) *Tiere in Wald und Flur (Pantomime nach Musik)*
14) *Der Hase Augustin (Lied)*
15) *Vom Männchen, das immer brüllte (Theaterspiel)*

Ende

Beispiel eines Programmzettels

1.3 Projektwoche „Kinder erfahren die Zeit“

An dem fächerverbindenen Vorhaben „Kinder erfahren die Zeit“, das nachfolgend skizziert und mit einigen Fotos dokumentiert wird, haben sich alle Klassen der durchführenden Grundschule beteiligt. Ziel war, in altersgemäßer Differenzierung einen Beitrag zu dem Projektthema zu planen und auszuführen. Die Arbeitsergebnisse der gesamten Schule sollten dann in einer Ausstellung öffentlich präsentiert werden.

Das Vorhaben mag sich recht komplex und auch kompliziert darstellen, es kann aber für Lehrer und Schüler zu einer anspornenden Herausforderung werden. Sicher unterscheidet sich ein solches Projekt in der Planung und im Arbeitsaufwand vom herkömmlichen Unterricht, jedoch lohnen die Arbeitsergebnisse sowie Interesse und Beifall der späteren Besucher den Einsatz aller.

Die *Themen*, die in den einzelnen Schuljahren bearbeitet wurden, waren:

- Beobachtungen zum Thema „Die Zeit vergeht" (erstes Schuljahr)
- Winterzeit (zweites Schuljahr)
- Freizeit (drittes Schuljahr)
- Die Zeit vergeht: Schulen in unserem Heimatort (viertes Schuljahr).

Schreibhandlungen

Die Themen werden nachfolgend anhand von Fotos von der Ausstellung dokumentiert. Unter der einschränkenden Perspektive der integrierten Schreibhandlungen werden sie knapp beschrieben.

Ein Baum verändert sich – erstes Schuljahr

(1) Erstes Schuljahr

Im ersten Schuljahr können die Kinder im Bereich des Schreibens nur einfache Beiträge leisten. Malen, basteln, beobachten, sprechen stehen hier im Vordergrund.

Mögliche Themen:

- Verschiedene Kalender anfertigen und mit wenigen Worten beschriften,
- Pflanzen oder Tiere über einen längeren Zeitraum beobachten und mit Texten versehen (lassen),
- Stationen aus dem Tageslauf mit Bildern und einigen Worten festhalten.

(2) Zweites Schuljahr

Ein Buch zum Thema „Winterzeit" ist das Arbeitsergebnis aller Kinder aus den zweiten Schuljahren.

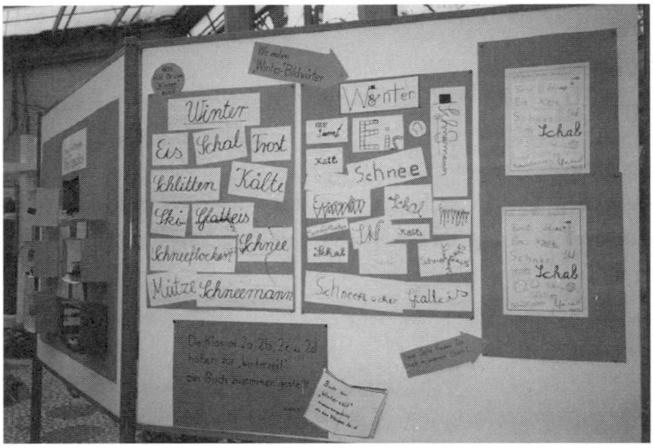

Winterzeit – zweites Schuljahr

Eigene Geschichten, selbstverfasste Gedichte, Sketche und Sprachspielereien, Bilder, Bastelanleitungen, neue Lieder u.v.m. werden von der Projektgruppe zusammengetragen.

Bei der Präsentation werden aber nicht nur die fertigen Ergebnisse ausgestellt, sondern auch die Entstehungsgeschichten der einzelnen Produkte anhand von Texten erläutert und mit Hilfe von Fotos veranschaulicht.

(3) Drittes Schuljahr

Freizeit – drittes Schuljahr

Im dritten Schuljahr steht das Thema „Zeit" unter dem Aspekt der Freizeit. Schüler erzählen, wie sie ihre Freizeit gestalten. Sie belegen ihre Texte mit Bildern und Bastelarbeiten oder entwickeln Zeittabellen mit entsprechenden Kommentaren. Sie schreiben Erlebnisse auf, die ihnen beim Spielen passiert sind, oder geben Tipps, wie Kinder ihres Alter ihre Freizeit sinnvoll verbringen können. Dazu gehören nicht nur die Öffnungszeiten der Museen, sondern auch die empfehlenden Hinweise auf lesenswerte Bücher, interessante Kinderzeitschriften, spannende Spiele und leckere Koch- und Backrezepte.

(4) Viertes Schuljahr

Schulen – viertes Schuljahr

Die Kinder des vierten Schuljahrs stellen eine Dokumentation über die verschiedenen Schulen zusammen, die im Laufe der letzten 300 Jahre in ihrem Heimatort gestanden haben bzw. heute noch stehen. In alten Quellen wird Wissenswertes gelesen; die Kinder erfahren so, dass das Schulgebäude am Ende des 18. Jahrhunderts aus einem Schulraum und einer Lehrerwohnung bestand, dass die Zahl der Schulkinder im Laufe des 19. Jahrhunderts beträchtlich anwuchs und im Schuljahr 1905/6 von 522 Kindern besucht wurde. Ältere Bürger des Ortes werden befragt, mehrere Unterrichtsgänge unternommen, Modelle der Schulhäuser werden gebaut, Bilder gezeichnet und viele Seiten mit Informationstexten beschrieben.

Ausstellung

Die Ausstellung wird, um der größeren Wirkung willen, außerhalb der Schule gezeigt. Plakate in der Stadt machen auf sie aufmerksam. Die Besucher der Ausstellung – nicht nur die Eltern der Schüler – betrachten die Bilder, begutachten die Objekte und lesen die Texte. Alle sind von der Ausstellung begeistert und sagen, dass sie jetzt viel mehr darüber wissen, wie heutzutage die Kinder in der Schule lernen.

2 Kinderliterarische Projekte[1]

Die Beispiele stellen die literarischen Projekte zwar unter schreibdidaktischer Perspektive dar, es gilt aber zu bedenken, dass die Unterrichtsprozesse, in die die Schreibhandlungen eingelagert sind, erst den schreibdidaktischen Begründungszusammenhang liefern, ohne den manche Texte als funktionslose Übungen oder lehrerzentrierte Eingaben bzw. Setzungen verstanden werden müssten. Aus diesem Grunde soll in der Darstellung der Projekte ein mittlerer Weg beschritten werden. Die beiden Beispiele werden zum einen so ausführlich skizziert, dass Projektcharakter und literarischer Einbettungsrahmen, insbesondere bezogen auf die literarästhetische Dimension der ausgewählten Kinderbücher, hinreichend deutlich werden; zum anderen bleibt aber die Konzentration auf die schreibdidaktische Perspektive gewahrt.

Da es sich bei den Beispielen um die Skizzierung realen Unterrichts handelt, sind jeweils nur einige der insgesamt möglichen Schreibformen im Umgang mit einem Kinderbuch realisiert.

2.1 *Hanno malt sich einen Drachen* von Irina Korschunow

Das Buch *Hanno malt sich einen Drachen* ist ein ideales Einstiegsmodell für Klassenlektüre im zweiten Schuljahr, für Klassen oder Kindergruppen mit Leseschwierigkeiten Anfang drittes Schuljahr. Dies bedingen die motivierende Handlung, die Erzählweise in Außensicht, die Parallelstruktur der mittleren Kapitel, die einfache syntaktische Struktur und der konkrete Wortschatz.

2.1.1 Zum Buch

Hanno malt sich einen Drachen ist eine phantastische Geschichte. Im Mittelpunkt steht Hanno, ein Junge des ersten Schuljahrs, der sich auf die Schule gefreut hat, nun aber eine Außenseiterrolle inne hat. Darunter leidet er: er ist dick, unsportlich, wird deshalb gehänselt und verliert so Freude an der Schule, Selbstverstrauen und Vertrauen in sein Können: Malen, Singen, Lesen, Schreiben.

Seine Probleme verkörpern sich real in der schulischen Gegenfigur Ludwig Hall, dem Starken, der ihn hänselt, ihm Schimpfnamen gibt, die Klasse zum Lachen bringt. Vater und Mutter bleiben Randfiguren. Sie bilden den Rahmen der Anforderungen, in denen Hanno steht. Die Oma verwöhnt ihn mit Süßigkeiten, verstärkt dadurch sein körperliches Problem.

[1] Verfasser dieses Kapitels ist Wilhelm Steffens

Mit der Figur des Drachen tritt ein phantastisches Element hervor. Das grundlegende Motiv geht zurück auf das Merkmal: Spielsachen, gemalte Figuren werden lebendig. Umfassender ist ein in der phantastischen Literatur häufiges Strukturelement: reale Schwierigkeiten bündeln sich in einer phantastischen Figur, die gleichsam die Befindlichkeit, die entsprechenden Nöte spiegelt und die zur psychischen Stabilisierung verhilft und damit zur Bewältigung der realen Probleme. Gegenüber dieser Verankerung im Kontext phantastischer Literatur präsentiert die vorliegende Geschichte neben dem genannten Altersbezug ein weiteres wichtiges Spezifikum. Das Problemgefüge wird entfaltet durch eine fast direkte Spiegelung der grundlegenden Probleme in der realen Welt des Hanno und der phantastischen Welt des Drachenreiches: körperliche Handicaps, Reaktionen der Umwelt, schulische Schwierigkeiten, Unterlegenheit in Wettkämpfen. Besondere Faszination bereitet dabei deren inhaltliche Ausfüllung: hier Dicksein, dort nur einen Kopf gegenüber dreien – hier: Lesen/Schreiben, dort Feuerspeien in unterschiedlichen Farben – hier: Schokolade essen, dort Feuer schlecken.

Wesentliche Funktion dieser Art von Spiegelung ist, dass die phantastische Figur nicht überlegene, irdische Möglichkeiten übersteigende Fähigkeiten hat, sondern auch schwach und unterlegen ist. Die Differenz der Lerninhalte in der Drachen- und der Menschenschule eröffnet die weitreichende und den inhaltlichen Aufbau des Buches mitsteuernde Möglichkeit, dass der Drache das lernen will, was in der Menschenschule gelernt wird, das Singen, das Schreiben, das Purzelbaumschlagen, das Malen und Lesen. Jedes Mal wird Hanno dabei als Lehrer herausgefordert und meistert somit selbst Lernbarrieren. Eine Leidenschaft des kleinen Drachen ist, Schokoladenfeuer zu schlecken. Diese Schokolade geht Hanno ab. Die Fresslust des Drachen bewirkt also, dass Hanno von seinen Süßigkeiten abkommt und sich sein Körpergewicht normalisiert. Er lernt, sich gegenüber Ludwig Hall durchzusetzen und gewinnt Kontakt zur Klasse, das Lob der Lehrerin und die Freundschaft Susis. Diese lädt ihn abschließend zum Geburtstag ein. Dabei beginnt Hanno, sich von dem Drachen bereits innerlich zu lösen, so dass dieser auf sich aufmerksam machen muss. Im herannahenden Sommer, wenn im Ofen kein Feuer mehr ist, kehrt der Drache, ebenfalls innerlich gefestigt, in das Drachenreich zurück. Das Abschlusskapitel selbst ist offen gehalten und schwankt zwischen traurigem Abschied und Aufbruch zu einem Neuen.

Die Abfolge der Handlungen ist transparent, linear, folgerichtig. Die Geschichte ist im Präsens erzählt, einige Passagen (Rückgriffe, Erinnerungen) im Perfekt. Die Erzählhaltung ist auktorial-neutral mit vorherrschender Außensicht. Stark ausgeprägt ist szenisches Darstellen mit hohen Dialoganteilen. Beschreibende Passagen sind selten, erörternde, kommentierende Teile fehlen. Die sprachlichen Daten, die Erzählstruktur, die Erzählhaltung, der Aufbau und die sprachliche Schicht mit ihren konkreten Wortbeständen, die im verbalen, im substantivischen und im adjektivischen Bereich in hohem Maße zum Häufigkeitswortschatz der Grundschulkinder gehören, und schließlich die einfache, noch zumeist in das → Fresko-Stilalter eingeordnete Syntax verweisen auf die Altersgruppe 8- bis 9jährige Kinder.

2.1.2 Projektskizze

Erfahrungshintergrund der Projektskizze sind mehrere Erprobungen im zweiten und dritten Schuljahr. Herausragend sind zwei Modelle. Eines wurde in einer Landschulklasse, bei der Ende des zweiten Schuljahrs noch beachtliche Leseschwächen diagnostiziert wurden, Anfang drittes Schuljahr bewusst unter lesemotivationalen Intentionen durchgeführt. Hier dient es der ergänzenden Darstellung von Schreibhandlungen. In einem zweiten Modell wurde das Kinderbuch in der zweiten Hälfte des zweiten Schuljahres in einer Großstadtklasse erschlossen. Ihm gilt zunächst die ausführliche Skizzierung eines Projekts. Es umfasst sechs Unterrichtsschritte.

(1) Projektverlauf in einem zweiten Schuljahr

Bildgeschichte

Erster Unterrichtsschritt: Einführung in das Buch

a) Die Lehrerin liest im Sitzkreis das erste Kapitel vor.

b) Die Kinder äußern sich zum Text (der hier als realistische Kinder- und Problemgeschichte erscheint). Der Problemrahmen wird abgesteckt.

   Hanno als Außenseiter, sein Dicksein, seine Schulschwierigkeiten, Ludwig Hall als Kontrahent.

c) Die Kinder malen „Das ist Hanno“ und charakterisieren schriftlich seine Situation. Bilder und Texte werden vorgestellt.

Zweiter Unterrichtsschritt (am selben Tag): Vertiefendes, schrittweises Erschließen des 2. Kapitels „Der kleine Drache kommt“ mit Hilfe einer Bildgeschichte

a) Betrachten und Verbalisieren sukzessiv präsentierter Bilder einer Bildgeschichte (Tageslichtprojektor). Die Kinder erfahren dadurch wichtige Gelenkstücke des Kapitelinhalts, aber mit offenem Horizont.

b) Die Kinder erlesen einzeln und still das Kapitel und lesen dann den Text reihum abschnittweise vor.

c) Die Kinder vergleichen die Informationen der Bildgeschichte und des Buchkapitels. Sie vergleichen Hannos und des Drachen Situation und stellen Gemeinsamkeiten heraus. Sie äußern sich zu dem Verkehrte-Welt-Motiv.

Dritter Unterrichtsschritt: Erschließung des 3. Kapitels „Der kleine Drache frisst Schokoladenfeuer“

Die Kinder erläutern die Ernährungsgewohnheiten von Hanno und dem kleinen Drachen und erfinden im Akt kreativen Schreibens Speisekarten für Hanno und den Drachen.

a) Vorlesen des Kapitels, freie Äußerungen
b) Inhaltliche Zusammenfassung; Problemgespräch
c) Vorbereitung, Durchführung und Vorstellung der Schreibaufgabe: Speisekarte (Arbeitsblatt)

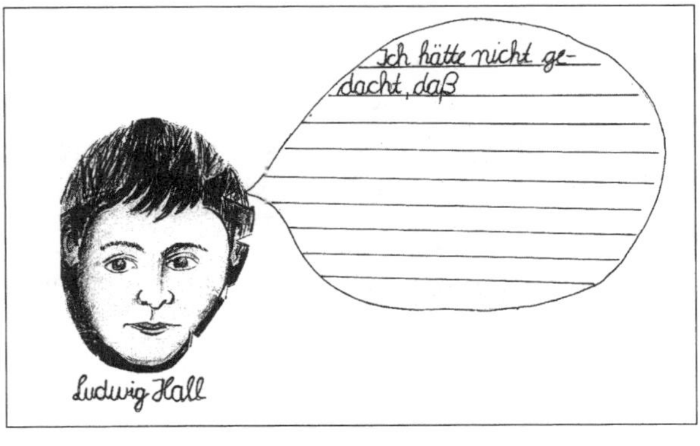

Vierter Unterrichtsschritt: Beschäftigung mit dem Kapitel „Der kleine Drache geht zur Schule.“ Erschließung des sozialen und personalen Problemgehalts dieses Kapitels mit besonderer Akzentuierung der gedanklichen Kommentierung des Geschehens der drei Hauptfiguren: Hanno, Ludwig, Susi – schriftliche Fassung eines Denkmonologs auf vorgegebenem Arbeitsblatt.

a) Besprechung des Kapitelbildes (auf Folie)
b) Vorlesen des Kapitels
c) Problemgespräch

d) Formulieren des Denkmonologs, Lesevorträge.

Fünfter Unterrichtsschritt: Kapitel „Wie Hanno und der kleine Drache voneinander lernen." Vertiefung des strukturgleichen Kapitels des Mittelteils (Lern-Geschichten) durch gemeinsames Erörtern der Gelenkstellen der Handlung und Darstellung im szenischen Spielen (jede Gruppe ein Kapitel).

a) Erarbeitung des abstrahierten Handlungsverlaufs anhand des Kapitels „Der kleine Drache lernt singen" im gelenkten Unterrichtsgespräch
b) Organisation, Vorbereitung und Aufführung der Spiele: singen, schreiben, Purzelbaum schlagen, Bild malen, klettern, Geschichte lesen.

Sechster Unterrichtsschritt: Abschluss. Allgemeine Stellungnahme zum Buch; Problemgespräche zu der Situation Hannos und des Drachen am Ende des Buches; Weiterführung der Handlung (Extrapolieren des offenen Schlusses) durch einen von der Lehrerin vorgegebenen Brief Hannos an den Drachen und der Kinder als Drache an Hanno.

a) Umfassendes, nach thematischen Gesichtspunkten strukturiertes Abschlussgespräch
b) Erlesen und Besprechen eines Briefes, den Hanno dem Drachen geschrieben hat
c) Formulieren eines Briefes des Drachen an Hanno – Vorlesen der Arbeitsergebnisse.

(2) Darstellung der integrierten Schreibhandlungen in zweiten Schuljahr

Die Erschließung des phantastischen Kinderbuchs wird, wie der Verlaufsplan belegt, von vier Schreibhandlungen flankiert.

a) Im *ersten Unterrichtsschritt* malen die Kinder Hanno und formulieren ihren spontanen Eindruck in kurzer Form schriftlich.

   Das ist Hanno (Bild)
   Ludwig nennt ihn Bratwurstfriedhof und Fußballbauch. Hanno ist dick. Hanno hat keine Freunde.

   Damit leisten die Kinder eine erste Annäherung an den Protagonisten der Geschichte. Sie benennen seine Schwierigkeit und verweisen auf die Konsequenzen des Dickseins. Insbesondere die sprachspielerischen Komponenten der Schimpfnamen werden in fast allen Texten aufgegriffen.

b) Im *dritten Unterrichtsschritt* setzen sich die Kinder mit den Ernährungsgewohnheiten Hannos ernsthaft und denen des Drachen spielerisch auseinander. Anhand des vorbereiteten Arbeitsblattes füllen sie die 'Speisekarte für Drachen' aus. Alternativ dazu schreiben sie auf eine Karte 'Hannos Lieblingsgerichte'; dies mit dem Wissen um falsche Ernährung.

Carmen notiert für den Drachen mit Preisangaben, die hier ausgelassen werden: Feuer, Schokoladenfeuer, Bonbonfeuer, Spagettifeuer, Pommes frites Feuer, Kuchenfeuer, Hähnchenfeuer, Apfelfeuer.

Corinna trägt bei Hanno ein: Spagetti mit Tomatensoße, Eis, Kuchen, Gemüse, Obst, Hähnchen, Eier, Pommes frites, Bonbons, Schokolade, Pizza, Frikadelle, Äpfel.

Arne weitet den 'Spielhorizont' für den Drachen aus: Schokoladenfeuer, Lavafeuer, Teerfeuer, Kuchenfeuer, Bonbonfeuer, Gipsfeuer, Pizzafeuer, Pommes-frites-Feuer.

c) Die dritte Schreibform, ein *innerer Monolog* als gedankliche Kommentierung des von der Autorin in Außensicht präsentierten Geschehens, hat hier wie in allen anderen Modellen eine literarische und schreibdidaktische Schlüsselfunktion. Die schriftliche Fassung eines Denkmonologs für Hanno, Ludwig und Susi erfordert die Einlösung einer spezifischen Textsorte. Er zwingt zugleich die Kinder, die im Text ausgesparte psychische Motivierung einer Handlung und die psychische Bewältigung der Auswirkung zu formulieren. Damit belegen sie in besonders intensiver Weise ihr Textverständnis, und über das Ausfüllen einer 'Leerstelle' errreichen sie eine tiefere Schicht der Texterschließung. Als besonders hilfreich erwiesen sich Arbeitsblätter in der Art, wie dies zu Ludwig Hall dokumentiert ist. Auf dem Blatt von Hanno ist nur das Eingangswort „Endlich" notiert, auf dem von Susi Vogt „Ich finde es toll, dass ..."

Textbeispiele:

Hanno: *Endlich habe ich es dem Ludwig Hall gezeigt. Jetzt weiß er, dass ich auch schubsen kann. Ich habe Mut durch den kleinen Drachen bekommen. Ich bin froh, dass ich es geschafft habe. (Arne)*

Ludwig: *Ich hätte nicht gedacht, dass der Bratwurstfriedhof mich schubst. Ich habe nicht gedacht, dass der Hanno so stark ist. (Maximilian)*

Susi: *Ich finde es toll, dass sich Hanno mal gewehrt hat. Hoffentlich hört Ludwig jetzt auf, den Hanno zu schubsen. Wenn Ludwig den Hanno schubst, hoffentlich wehrt sich Hanno dann wieder. (Carmen)*

In Ergänzung und zum Vergleich seien Texte aus dem Projekt im dritten Schuljahr abgedruckt. Sie weisen strukturelle Ähnlichkeiten auf, verdeutlichen aber auch das höhere Alter, was sich besonders in der tiefgründigeren Motivierung der Handlungen zeigt. In dieser Klasse schreiben alle Kinder sowohl aus Hannos wie aus Ludwigs Sicht. Auf dem vorgegebenen Arbeitsblatt ist Susi nicht berücksichtigt.

Hanno: *Ich glaube, dass er einen ganz schönen Schock gekriegt hat, weil ich ihn besiegt habe. Gut, dass ich den Drachen habe, der hat mir Mut gemacht und die Susi auch.*

Ludwig: *Ich hätte nicht gedacht, dass er so stark ist und mich besiegt. Sonst hatte er doch immer Angst. Sonst haben doch immer alle zu mir gehalten und jetzt hält die halbe Klasse zu ihm. (Kevin)*

Hanno: *Ich glaube, dass er mich jetzt nicht mehr ärgert. Ich bin stärker als er. Hätte ich das doch schon früher gemacht. Ein Glück, dass der kleine Drache mir so Mut gemacht hat. Das hat er davon!*

Ludwig: *Ich hätte nicht gedacht, dass er so stark ist. Hätte ich ihn doch nicht geärgert. Jetzt habe ich keine Freunde mehr. Dieser Hanno ist sehr stark, das hätte ich nicht von ihm gedacht. Er ist aber auch doof. (Nadine)*

Hanno: *Ich glaube, dass der Ludwig doch nicht so stark ist. Ich glaub, der kleine Drache hatte recht gehabt. Jetzt hab ich mal gewonnen. Ich glaube auch, dass Susi jetzt meine Freundin wird.*

Ludwig: *Ich hätte nicht gedacht, dass der Bratwurstfriedhof sich wehrt. Jetzt hab ich bestimmt keinen Freund mehr. Blöder Kerl! Ich glaube, Susi hält jetzt zum Bratwurstfriedhof. (Julia)*

d) Die vierte Schreibhandlung ist in die Abschlussstunde integriert. Sie ergibt sich durch den offenen Schluss, der die Fantasie der Kinder herausfordert. Die Basisdaten liefert den Kindern der Inhalt des Buches, den sie jetzt überblicken. Im skizzierten Modell leitet die Lehrerin die Schreibhandlung durch eine selbstgefertigte Vorgabe ein, ein Brief Hannos an den Drachen.

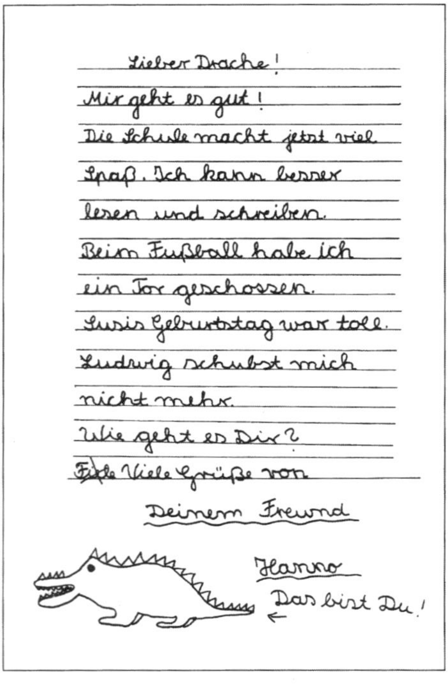
Lieber Drache!
Mir geht es gut!
Die Schule macht jetzt viel
Spaß. Ich kann besser
lesen und schreiben.
Beim Fußball habe ich
ein Tor geschossen.
Susis Geburtstag war toll.
Ludwig schubst mich
nicht mehr.
Wie geht es Dir?
Viele Grüße von
Deinem Freund
Hanno
Das bist Du!

Nun liegt nahe, dass der Drache Hanno antwortet (er hat ja Schreiben gelernt). Zur besonderen Motivierung erhalten die Kinder Briefbogen und Umschlag.

Lieber Hanno!
Mir geht es gut!
Die Schule macht jetzt viel mehr Spaß.
Du weißt sicher noch, dass ich bei dir das Schreiben und Lesen gelernt habe.
Bei uns gibt es kein Schokoladenfeuer.
Bei dem Feuerfest hat es gut geklappt.
Wie war es bei deinem Fest? Meine Eltern haben sich gefreut, dass du mir so viel beigebracht hast. Meinen Eltern habe ich es auch schon gezeigt.
Ich finde es gut, dass Ludwig dich nicht mehr schubst.
Viele Grüße von deinem Freund
Drache *(Jan)*

(3) Schreibhandlungen in einem dritten Schuljahr

Im dritten Schuljahr war der offene Schluss des Buches ebenfalls Anlass zu einer Schreibhandlung, die Kinder schrieben als Hanno an den Drachen. Die Hauptmotive der Briefe dieser Klasse waren:

- in der Schule geht jetzt alles gut;
- Ludwig Hall ärgert Hanno nicht mehr;
- die schulischen Fertigkeiten bereiten keine Sorge mehr;
- auf Susis Geburtstag war es schön;
- Entschuldigung, weil der Drache bei der Einladung zum Geburtstag von Hanno nicht beachtet wurde;
- Spiele mit Freunden;
- Dank für die Hilfe („Ohne deine Hilfe hätte ich es nicht geschafft.“);
- Oma schenkt wieder Schokolade (dünn geworden, schwach geworden);
- Frage nach Ergehen des Drachen;
- Rückerinnerungen an die gemeinsame, schöne Zeit;
- als mitgesandtes Geschenk werden Buntstifte und Malblätter genannt;
- Bitte um Antwort;
- Bitte um Wiederkommen.

In dieser Klasse wurde die andere inhaltliche Komponente, nämlich wie es dem kleinen Drachen im Drachenland ergeht, als Marionettenspiel in Gruppen dargestellt. Auf die damit verbundenen Schreibaktivitäten (Rollenbuch u.ä.) wird nur verwiesen. Weitere wichtige Erschließungselemente, die von Schreibhandlungen begleitet waren, bildeten Marionettenspiele zu den mittleren Kapiteln, in denen Hanno den kleinen Drachen jeweils eine Fertigkeit lehrt und selber dabei lernt. Die Handlungsstruktur eines Kapitels wurde gemeinsam erschlossen, dazu das Handlungsgerüst notiert. So vorbereitet, gestalteten die Kinder in Gruppen die anderen 'Lern'kapitel.

Einen vergleichbaren texterschließenden Stellenwert hatte die Umsetzung des dritten Kapitels in einen Film. Die (film-)szenische Gliederung des Textes ist verblüffend. Wie mit einem Kameraauge wird erzählt, klar zu markierende 'Einstellungen' wechseln einander ab: Totale, Halbtotale, Halbnah-, Nah-, Groß- und Detailaufnahme. Dies wurde verbal und bildlich von den Kindern umgesetzt und als Zeichenfilm mit Videokamera aufgenommen. Die hier eingebetteten und die folgenden Schreibhandlungen gehören zur Gruppe des → heuristischen Schreibens, sie unterstützen und vertiefen die gedankliche Auseinandersetzung mit dem Text.

In der sechsten des auf insgesamt sieben Unterrichtsschritte angelegten Modells erstellen Lehrerin und Kinder gemeinsam eine dreigliedrige Tafelübersicht, der eine perspektivische Durchleuchtung des gesamten Textes korrespondiert. Erörtert wird die Entwicklung Hannos in der Reihenfolge:

a) Hanno am Ende des Buches,
b) Hanno am Anfang des Buches,
c) Hanno in der Mitte des Buches (wie es zu der zuvor notierten Veränderung kam).

Diese gemeinsame schriftliche Tafelarbeit stellte einen Höhepunkt der literarischen Erschließung des Buches in dieser Klasse dar.

(4) Ergänzende Hinweise auf Schreibhandlungen

Abschließend sollen noch drei Schreibhandlungen aufgezeigt werden, die außerhalb der beiden näher skizzierten Modelle entstanden.

a) Nach dem Lesen des Kapitels „Der kleine Drache liest eine Geschichte" gehen die Kinder auf die Drachenverse ein. Sie tragen sie vor und dichten mit großer Begeisterung weiter.

Der kleine Drache guckt in die Glut
und sagt zu Hanno:
das schmeckt gut.
Der Hanno hat Mut und probiert die Glut.

Ich bin ja noch so klein,
doch schreiben kann ich fein,
und klettern kann ich gut,
und Feuer schmeckt mir gut.

b) Der Drache erzählt an mehreren Stellen vom Drachenland. In der Regel sind die Kinder davon beeindruckt. Ihr Wissen um die Heimat des Drachen wächst. Sie halten dies schriftlich fest.

Was ich vom Drachenland weiß

Im Drachenland gibt es auch eine Schule. Da lernen die kleinen Drachen Feuer speien. Mit einem Kopf rotes, mit dem anderen Kopf gelbes, und mit dem dritten Kopf blaues Feuer. Die Drachenkinder haben auch eine Drachenmutter, einen Drachenvater, eine Drachenoma und einen Drachenopa. Einmal im Jahr findet im Drachenland ein Feuerfest statt. Da müssen alle Drachenkinder um die Wette Feuer speien.

c) Eine andere Perspektive auf das Drachenland ergibt sich, wenn sich die Leser dies – die Schlußsituation des Buches weiterführend – aus der Sicht des Erzählers vorstellen.

Der kleine Drache kehrt zurück

Der kleine Drache kehrt ins Drachenland zurück. Er zeigt den Drachen mit den drei Köpfen, wie er singen, lesen, malen, tanzen, schreiben und auf Bäume klettern kann. Außerdem kann er Purzelbäume schlagen. Die anderen Drachen gucken erstaunt. Und sie sagen: „Das ist doch keine Kunst! Wir können noch was Besseres, wir können nicht nur rotes, blaues, gelbes Feuer speien, sondern auch grünes und blondes Feuer", und da antwortet der kleine Drache: „Wollen wir uns wieder vertragen?" – „Na gut", sagen die Drachen mit den drei Köpfen. Und sie spielen dann alle zusammen und der kleine Drache muss von Hanno erzählen.

2.2 *Sonntagskind* von Gudrun Mebs

Während *Hanno malt sich einen Drachen* als Einstiegsmodell in didaktisch geplanten, intensiven Umgang mit Kinderbüchern angesehen werden darf, bildet das zweite Beispiel aufgrund seines Anspruchsniveaus der thematischen und literar-ästhetischen Dimension ein ideales Abschlussmodell kinderliterarischen Arbeitens in der Grundschule. Im vorliegenden Projekt ist zusätzlich eine kinderliterarische Aufbauarbeit über die Grundschulzeit in der Klasse gegeben, die die Vielfalt auch spontaner sowie eingeübter Umgangsweisen mitbedingt. Andererseits handelt es sich um eine Landschulklasse mit einem Viertel angesiedelter städtischer Pendler, einem kleineren Anteil Ausländerkinder und insgesamt um ein mittleres sprachliches Leistungsniveau.

2.2.1 Zum Buch

Im Mittelpunkt der Handlung des Kinderromans steht ein Mädchen, das Sonntagskind, dessen Namen die Leser nicht erfahren. Das Sonntagskind lebt in einem Heim. Von seinen Eltern weiß es nichts.

Aufgrund seines unscheinbaren Äußeren fällt es den adoptionswilligen Ehepaaren, die sich über das Wochenende hin Kinder auf Probe holen, nicht auf. Das Kind hatte somit, wie der jüngere, geistig und körperlich retardierende Karli, noch nie Sonntagseltern. So hört es staunend und auch neidisch den anderen zu, die von ihren Sonntagserlebnissen berichten, besonders der Zimmernachbarin Andrea.

Eines Tages kündigt die Schwester Franziska an, dass die Protagonistin nun auch eine Sonntagsmutti erhalte. Es erträumt sich die neue Situation in leuchtenden Farben – aber die Realität ist dann eine ganz andere. Ulla Fiedler entspricht nicht dem Traumbild. Sie ist eine nach außen etwas chaotisch wirkende Schriftstellerin, mit einem unkonventionellen Zuhause. In mehreren Begegnungen, von dem Sonntagskind mit Hoffen und Bangen begleitet, nähern sich die beiden einander an. Der Freund Christian, vom Sonntagskind zunächst als Störenfried empfunden, tritt später hinzu. Schließlich, über manche Nöte hin, konturiert sich eine Adoptionshoffnung. Das Sonntagskind, zunächst ganz in sich verschlossen, auf sich selbst geworfen, wird freier, sprach- und insgesamt kommunikationsfähig. Plötzlich kann es auch dem Karli freundlich und mit Zuwendung begegnen, was sich bei ihm im ersten flüssig gesprochenen Satz äußert.

Der Kinderroman für neun- bis zwölfjährige Leser ist eine pointierte Ich-Erzählung. Der Erzählerstandort ist fast ganz in den Bewusstseinsstrom eines Kindes verlagert und erzielt somit Annäherungswerte an moderne Bewusstseinsromane der

Erwachsenenliteratur. Die Autorin bekam für dieses Buch den Deutschen Jugendliteraturpreis in der Sparte Kinderbuch.

Wie kaum ein anderes Kinderbuch spiegelt *Sonntagskind* den unübersehbaren Produktionsschub insbesondere des modernen realistischen Kinderromans: im thematischen und im literarästhetischen Bereich. Deutliche Parallelen zur Entwicklung der Erwachsenenliteratur zeichnen sich ab: Neue Aussagedimensionen angesichts einer gewandelten Kinderwelt verlangen zu ihrer literarästhetischen Darstellung gleichsam neue Aussageweisen. Der Grad der literarischen Vermittlung, Grundfigur jeden literarischen Erzählens, ist überaus hoch. Fast nirgends leuchtet die Realität, das Außenhandeln, direkt auf, berichtend oder beschreibend. Vielmehr ist alles, was wir von der Außenwelt erfahren, durch den Bewusstseinsstrom des Sonntagskinds gefiltert. Selbst ein realer Außenfaktor wie die erklärende Rede der Schwester bei der Ankündigung einer Sonntagsmama, ist in Form der indirekten Rede in die Sprech-, Denk- und Bewusstseinslage des Kindes verschmolzen. Denken und Denksprechen (innerer Monolog) werden in entsprechender Syntax – Ellipsen, Wiederholungen, Inversionen, Verschleifungen, Parataxen – präsentiert. Damit erfolgt zugleich eine Annäherung an sprechsprachliche Stilelemente. Weiterhin stößt man auf das Phänomen eines zeitdehnenden Erzählens, der Erzählvorgang erstreckt sich über einen längeren Zeitraum als das Realgeschehen, das mitgeteilt wird: Kennzeichen psychologischer Romane.

Das unter didaktischer Perspektive überraschende Moment ist nun, dass unsere Kinder, nicht zuletzt durch Wahrnehmungsmuster des Fernsehens und Films sensibilisiert, diesen „Weg nach Innen“ (Maria Lypp) ohne wesentliche Verstehensbarrieren mitgehen, ja, dass die Autorin wie unten an einem schreibdidaktischen Ansatz belegt werden kann, Kindern geradezu eine virulente Sichtweise auf Welt und Sozialverhalten öffnet, die ihnen unmittelbar zugänglich ist.

2.2.2 Projektverlauf und eingelagerte Schreibhandlungen[2]

Das darzustellende Projekt umfasst sechs Unterrichtsschritte, jeweils zwischen 45 und 60 Minuten. Es ist mehrperspektivisch angelegt, umschließt Aspekte des Literaturunterrichts, des Schreibunterrichts, der Kunstdidaktik und des Sachunterrichts. Zugleich ist es multimedial. Das Buch steht im Mittelpunkt, daneben aber kommen eine Zeitungsannonce, die Hörspielkassetten zum Buch und eine Videokamera zum Einsatz. Mit Hilfe der beiden letztgenannten Medien werden insbesondere Spezifika der Erzählweise transparent gemacht: Innenhandlung versus Außenhandlung, kommentierendes Reagieren auf Außenanforderungen im eigenen Bewusstsein, mediale Möglichkeiten zur Darstellung dieses Phänomens.

Im Unterschied zum vorigen Modell werden die Schreibhandlungen hier nicht in einem gesonderten Abschnitt präsentiert, sondern in die Skizzierung des Verlaufs

[2] Das Projekt wurde in Zusammenarbeit mit Frau Gisela Dorst, Lehrerin und Pädagogische Mitarbeiterin, und Student(inn)en der Universität Gesamthochschule Kassel geplant und durchgeführt.

integriert. Dies bietet die Möglichkeit, die besondere Verzahnung von Schreibmöglichkeiten mit den Gegebenheiten des Buches deutlicher werden zu lassen. – Die Kapitel werden teils im Unterricht, teils in häuslicher Vorbereitung gelesen.

(1) Erster Unterrichtsschritt

a) Hinführung zum zentralen inhaltlichen Problemfeld durch einen (fingierten) Zeitungsartikel (Annonce): das Heim gewährt 'Sonntagsurlaub' zum Kennenlernen –welchen Wissens- und Erfahrungshorizont bauen die Kinder auf?

b) Einführung in den Text (Darbietung) durch eine Szene des Hörspiels zum Buch
   - das Sonntagskind stellt sich vor
   - Andrea und das Zimmer
   - das Sonntagskind wird durch Karli zur Schwester gerufen: die Sonntagspatenschaft wird angekündigt

c) Vertiefendes Gespräch: Was wir über das Sonntagskind erfahren

d) Vorstellen des Buchs – Einlesen in den Text (Ausschnitt des 1. Kapitels, S. 11 unten bis 15 Mitte)
   - wie das Sonntagskind die Nachricht verarbeitet und sie Lutschhasi (seinem Spieltier) weitererzählt
   - was es sich ausdenkt, mit der Sonntagsmutter zusammen zu unternehmen
   - was sie Andrea übertreibend berichtet
   - wie die beiden sich die Situation ausmalen

e) Vertiefung, schriftliche Form: Wie sich das Sonntagskind die Sonntagsmami vorstellt (Vorstellung, Ich-Erzählung, Formgefüge des literarischen Textes) – Anstoß durch ein Arbeitsblatt: „Wie sieht sie denn aus, die Sonntagsmami? Also, ..."

> *Also, sie ist mittelgroß, dünn und hat eine Dauerwelle. Sie hat blonde Haare und ist immer schick angezogen. Sie hat blaue Augen und ist geschminkt. Sie ist noch sehr jung. Sie hat immer Pumps an.*

Die, auch an Klischees orientierte, Fantasievorstellung wird in bündiger Form – teils mehr neutraler, teils mehr ichbezogener Schreibduktus – deutlich. Schreibdidaktisch gesehen trainieren sich die Kinder, eine 'Fantasie'-Figur zu beschreiben. Literarisch gesehen, tauchen sie bereits hier partiell in den spezifischen Erzählduktus des Buches ein und setzen sich mit einem Motiv inhaltlich auseinander.

(2) Zweiter Unterrichtsschritt

a) Erschließendes Gespräch zum zweiten Kapitel:
   - Das Sonntagskind erlebt seine Sonntagsmami in deren Zuhause.
   - Das Sonntagskind kehrt wieder ins Heim zurück und verarbeitet die erste Begegnung.

b) Vorlesen der Textabschnitte S. 23 bis 26 und S. 27 oben bis S. 28

c) Vertiefende Gruppenarbeit (konkurrierend, teils thematisch differenziert, teils themengleich)
   - Wie die Sonntagsmami aussieht.
   - Wo und wie die Sonntagsmami wohnt.
   - Was würde das Sonntagskind gern essen?

Die Arbeitsergebnisse werden schriftlich fixiert.

Wie stellt sich das Sonntagskind die Sonntagsmami vor? (Schau nach auf S. 15.) *Groß und schlank. Pelzmantel, lange rote Locken. Blaue Augen wie Vergissmeinnicht.*	Wie sieht die Sonntagsmami wirklich aus? (Schau nach auf S. 23, 29, 30.) *Bommelmütze und Anorak. Klein. Doofe Brille. Kurze Jungenhaare. Abstehende Ohren.*
Wie stellt sich das Sonntagskind die Wohnung vor? (Schau nach auf S. 13, 14, 16.) *Kamin, Riesengarten, Bärenfell, Schwimmbecken, reich goldene Sessel. Im Bärenfell liegt ein goldener Apfel.*	Wie sieht die Wohnung wirklich aus? (Schau nach auf S. 26, 27, 28.) *Keine Möbel. Durcheinander. Küche klein. Küchentisch wie eine Werkstatt. Altes Haus. Eine lange weiße Gardine.*
Was würde das Sonntagskind gerne essen? (Schau nach auf S. 12, 14, 16.) *Himbeereis, Bananeneis Waldmeistereis, Schokoladeneis, Kuchen, Nusstorte mit Sahne drauf, Pralinen, Paprikachips, Gummibärchen, Rollmöpse.*	Was gibt es bei Ulla zu essen? (Schau nach auf S. 30, 32.) *Joghurt, Honigbrote, Tee mit Zucker.*

Ergebnisse der Gruppenarbeit

Die zentrale Funktion dieser Gruppenarbeit einschließlich der Schreibhandlung ist, zu vertiefter Texterschließung nach den genannten thematischen Gesichtspunkten anzuregen. Das Textgefüge ist eine Stichwortsammlung, teils Auflistung von Substantiven und attributiven Elementen, teils als Wörter, teils als Syntagmen. Wir haben es (nach Gössmann) mit der Grundform des informativ-sachlichen bzw. → heuristischen Schreibens zu tun.

d) Bildnerisches Gestalten einer der sechs Situationen (Anwendungssituation) als Hausaufgabe.

(3) Dritter Unterrichtsschritt

a) Schülervorträge: Die Kinder stellen ihre Bilder vor und sprechen dazu.

b) Vertiefendes Gespräch: Szenen, die besonders gefallen haben.

c) Vorlesen des Textabschnitts S. 60 bis 63: Picknick am See und Wolkenspiel.

Gedankliche Erschließung im Problemgespräch, besonders des Wolkenspiels (Beachtung der Spielform).

d) Erfinden eines eigenen Wolkenspiels, schriftlich, in Dialogform. – Einzel- oder Partnerarbeit.
- Vorbereitung dieser Aufgabe
- Niederschrift der Texte
- Vorlesen der Ergebnisse und Wertung.

Die Kinder erhalten dazu ein vorbereitetes Arbeitsblatt, auf dem Sprechblasen mit Linien eingezeichnet wurden. Die linke Spalte der Sprechblasen ist rot umrandet, die rechte blau. Außerdem sind die linken Sprechblasen leicht über den blauen angesetzt, so dass der Wechsel der Rede und die Reihenfolge der Redebeiträge graphisch vorstrukturiert ist. Im folgenden Beleg ist dies aus drucktechnischen Gründen nicht übernommen.

Ich denke, ich bin ein schöner, großer bunter Vogel.

Ich denke, ich bin eine Wolke und du setzt dich auf mich.

Ja, ich setze mich auf dich, damit meine Flügel sich ausruhen können.

Aber jetzt kommt ein Sturm. Ja jetzt mußt du aufpassen, daß du nicht runterfällst.

Und ob, denn gleich falle ich runter. Hilfe, Hilfe ich falle.

Warte, ich komme und fange dich auf. Halt, halt, warte.

Puh, das war knapp. Gleich wäre ich tot gewesen, wenn ich gefallen wäre.

Ja, das wäre geschehen. Aber du hast Glück gehabt.

(Melanie)

Wolkenspiel

Das Wolkenspiel zwischen Jutta Fiedler und dem Sonntagskind, im Anschluss an ein gemeinsames Picknick im Freien inszeniert, stellt einen ersten wichtigen Schritt auf dem langen Weg des Sichnäherkommens, besonders des Sichöffnens des verschlossenen Sonntagskindes dar. Die jungen Leser erfassen nahezu spontan die Bedeutung dieser Szene. Zugleich sind sie beeindruckt von der feinfühligen, auch gegenwarts- und alltagsenthobenen indirekten Art des Aufeinanderzugehens. Kurz gesagt, sie erfassen die tiefere Bedeutung eines sprachlich-literarischen Spiels. Die Faszination legt nahe, sich darin ebenfalls zu erproben. Die Grundform ist dialogisches Schreiben, in das personale und sozial-kommunikative Komponenten einfließen. Einige Kinder trauen sich zu, den Dialog beider Spielpartner allein zu formulieren, andere leisten dies in

Partnerarbeit. Entwicklungspsychologisch ist interessant, welche Motive die Kinder wählen, um dem Partner psychisch und physisch näher zu kommen. Unter der Perspektive literarischen Schreibens belegen die Texte das Spannungsverhältnis zwischen literarischer Vorlage bzw. eingegebenem sprachlichen Formgefüge und eigenständiger kreativer Leistung. Wer wollte sagen, die Kinder hätten etwas kopiert, übernommen, sich in enger Analogie bewegt? Und wer wollte andererseits behaupten, dass eine solche thematische und literar-ästhetisch subtile Form ohne die literarische Anregung entstünde?

(4) Vierter Unterrichtsschritt

Spielen der Szene: Wie Karli das Sonntagskind tröstet, wie es dabei zum Streit mit Andrea kommt und wie Schwester Franziska darauf reagiert (Einladung, Tee- und Spielstunde, Verständnis).

Vorbereitungsschritt 1:
Bezug auf Textstellen. Verweis auf den Streit um die Bluse. Vorspielen dieser Teilszenen.
Gespräch über die Szene, wie Karli das Sonntagskind tröstet.
Lesen eines Textausschnitts: Streit mit Andrea, Streit bei Schwester Franziska.

Vorbereitungsschritt 2:
- Spielvorschläge
- Bilden von Spielgruppen
- Das Einüben und Durchfeilen in Gruppen in verschiedenen Räumen (besondere Beachtung findet die Darstellung der inneren Bewegungen bzw. inneren Sprechhandlungen).
- Vorspielen: jede Gruppe vor dem Plenum (Videoaufnahmen).

(5) Fünfter Unterrichtsschritt

a) Gebundenes Problemgespräch

   Tafelskizze als Problemlösungshilfe:
   - Christian, wie steht er zu Ulla, wie sieht ihn das Sonntagskind (Störer, Vorurteil, Probevater).
   - Was das Sonntagskind gedacht hat, wie sich seine Einstellung zu Christian und Karli geändert hat und wie Karli sich wandelte.

Liebe Gudrun Mebs,

Ich fand das Buch Sonntagskind sehr schön. Das Sonntagskind hatte den Sabberkarli am Anfang gar nicht gemocht, aber zum Schluss schon. Das fand ich sehr schön. Das Sonntagskind hat sich die Sonntagsmami schön und reich vorgestellt. Aber ich fand es gut, als die Sonntgsmami doch nicht so schön aussah. Den Schluss fand ich besonders schön. Als das Sonntagskind adoptiert worden ist und der Sabberkarli der Bruder geworden ist. Ich fand gut, als der Christian die Ulla geküsst hat und das Sonntagskind eifersüchtig war.

Die Wolkengeschichte war nicht so gut, aber sonst hat mir alles gefallen.

(Nadine)

b) Zusammenfassende Wertung zum Buch, zur Lektüre, in Form eines Briefs an die Autorin: realer Schreibanlass, realer Adressat, vorgegebener Inhaltsbezug – Vorbereitung der Schreibaufgabe, Durchführung und Auswertung.
c) Hausaufgabe: Vertiefung eines spezifischen Aspekts (Kristallisationspunktes) durch bildnerische Gestaltung.
   - die Gruppe im Cafe: eine Fast-Familie, Stolz, Freude – Vorahnung.
   - Form: Applikation mit Text – innerer Monolog des Sonntagskinds.

Liebe Gudrun Mebs,

Mir hat Ihr Buch sehr gut gefallen. Vor allen Dingen der Schluss, wo der Karli seinen ersten Satz, ohne zu sabbern, gesprochen hat. Aber ich selber will nicht in ein Heim. Ich habe ja auch meine Eltern; einen Bruder und eine kleine Schwester habe ich auch. Die Andrea ist ja wirklich eine doofe Ziege. Wo sie sich auf den Boden gewälzt hat, nur weil das Sonntagskind sie einmal in den Bauch geboxt hat, fand ich, glaube ich, am lustigsten. Wir haben Ihr Buch in der Schule durchgenommen und alle hatten viel Spass dabei. Das mit der Wolkengeschichte war auch gut. In der Schule sollten wir so eine ähnliche Geschichte schreiben, die heute auf Tonband aufgenommen wird. Könnten Sie mir bitte ein Autogramm geben?

(Miriam)

Briefe an die Autorin

Herausragendes schriftliches Gestaltungselement ist in diesem Modell der Brief an die Autorin. Damit kommt neben den anderen Schreibkomponenten auch das kommunikative Schreiben voll zur Geltung. Die Kinder hatten bereits mehrfach nach der Autorin gefragt und auch Wertungen zu Text und Geschehen eingebracht. Ganz im Sinne der kommunikativen Aufsatzdidaktik sind hier unmittelbarer realer Schreibanlass, situative Einbettung und realer Adressat gegeben. Die Autorin hat dann auf die Briefe der Kinder (summarisch) geantwortet, was unter motivationalen Aspekten ein nachgetragener Höhepunkt des literarischen Projektes bedeutet.

(6) Sechster Unterrichtsschritt (Doppelstunde)

1. Vorspielen und Analysieren einer Hörszene

a) Zweimaliges Vorspielen eines kurzen Abschnitts: Das Sonntagskind wartet auf seine Sonntagsmami. Es wartet lange. Dabei macht es sich Gedanken.
   - Die Sonntagsmami kommt, spricht mit der Schwester.
   - Das Sonntagskind ist überrascht, es macht sich seine Gedanken (spricht zu sich selbst).

b) Gemeinsames Erschließen von Inhalt und Form der Szene:
   - Was passiert, was können wir sehen und hören?
   - Was läuft inwendig ab?

2. Die Kinder übertragen die Erkenntnis in eine Filmszene: die inneren Monologe, bezogen auf äußere Daten.
   - Wie können wir diese Szene spielen/filmen?
   - Wie ist das Beiseitesprechen/das Leisesprechen, das Sprechen aus dem Off zu gestalten? Ein anderer spricht, was das Sonntagskind denkt.

3. Erschließung der spezifischen Erzählweise anhand eines Textbelegs (das Sonntagskind erfährt, dass es eine Sonntagsmami erhält, im Buch S. 7 unten bis S. 8)
a) Einlesen
b) Reflektieren, was wir beobachten, sehen können (rot unterstreichen). Was das Sonntagskind denkt (blau unterstreichen).
c) Sich der Erzählweise bewusst werden.

4. Übertragung der Erkenntnis auf den eigenen Erfahrungshorizont
a) Der Lehrer gibt ein analoges Muster vor. Die Kinder sprechen darüber.
b) Die Kinder nennen selbst Situationen, in denen ihnen Ähnliches widerfährt (viel inwendig denken).
c) Die Kinder wählen eine entsprechende Situation und formulieren sie schriftlich als Ich-Geschichte. Die Texte dieser Ich-Erzählform mit inneren Monologen stellen sowohl unter literarästhetischen als auch unter schreibdidaktischen Aspekten einen weiteren Höhepunkt des literarischen Projekts dar. – Beispiele:

Meine Schwester sucht eine Kassette.
„Beate“, sagt meine Schwester Martina.
Was will die schon wieder? Sie geht mir auf die Nerven.
„Hast du meine Kassette gehabt?“ Wieso soll ich denn alles haben, nie die anderen?
„Du weißt doch, die BASF-Kassette?“
„Nein“, sage ich.
„Ach, hier ist sie ja. Entschuldige.“ Na endlich! (Beate)

Im Schwimmbad. „Nun spring doch endlich vom Fünfer, ha, ha.“
So ein gemeiner Kerl. Immer verspottet er mich. Er weiß genau, dass ich es noch nicht kann.
Oh, jetzt kommt meine Mutter. Bestimmt holt sie mich aus dem Wasser. Ich möchte aber noch drin bleiben.
„Klausi, komm endlich aus dem Wasser.“
Auwei, am besten ich tauche unter, damit mich meine Mutter nicht sieht. (Pamela)

Der Schulweg. Ach, heute kann ich ja allein zur Schule gehen.
Da ruft die Mutter: „Vater bringt dich hin.“
So, so, ich möchte aber laufen. Wegen mir brauchen sie kein Benzin zu verbrauchen. Ich sag Vater einfach, dass ich laufen will.
Aber Vater ruft: „Komm meine kleine Rübe, wir fahren los.“
Ach, das dumme Auto – und keine schöne, frische Luft. Ob ich es Papa sage, dass ich zu Fuß gehen möchte.
„Ach, da bist du ja, rein mit dir.“ Bevor ich was rausbringe, sind wir schon im Schulhof. (Virginia)

Zusammenfassend werden noch einmal die wichtigsten Gelenkstücke des Projekts aufgezeigt, die zu der letzten Schreibhandlung führten.

a) Erkenntnisakte zur spezifischen Erzählform des vorliegenden Buchs zogen sich wie ein roter Faden durch das Projekt hindurch. Thematisiert im Sinne prägnanter Lernsituationen wurden sie im letzten Unterrichtsschritt.

b) Zweifelsohne sensibilisierten die Spielszene des vierten Unterrichtsschritts (das Beiseitesprechen, das Für-Sich-Sprechen), zuletzt die Analyse der Hörszene und ein eigener Versuch mit der Videokamera und die Analyse einer Textseite (bezogen auf Innen- oder Denkhandlung und auf Außenbeobachtung zugänglicher Aussagen) die Kinder in besonderer Weise für die spezifische Erzählform des Buches.

c) Zu ihrer Überraschung wurden sich die Kinder darüber klar, dass ein entsprechendes kommunikatives Verhalten zu ihrem eignen sozialen Verhaltensrepertoire gehört – und dies wie beim Sonntagskind in gehemmten, unfreieren, rigiden Kommunikationshandlungen, insbesondere bei Streitszenen mit 'überlegenen' Partnern.

d) Hier ergab sich also eine so unmittelbare Verzahnung mit einem literarästhetischen Mittel moderner Kinderliteratur, das mit Recht als Novum empfunden wird, und einem kommunikativ-sozialen Sprachhandeln der Kinder in spezifischen sozialen Situationen. Dies wurde ihnen am Ende der Lektüre so präsent, dass sie es nahezu ohne Schwierigkeit schreibend umsetzen konnten.

e) Die entstandenen Texte korrespondieren in hohem Maße der spezifischen literar-ästhetischen Form des Romans: kurze situative Verweise, kurze direkte Redehandlungen werden (im Inneren, im Bewusstsein) durch Monologe (bzw. stille, inwendige Dialoge!) begleitet.

f) Die abgedruckten Texte sind die Zweitschrift, die besonders im Formgefüge verbessert wurde. Die meisten Kinder hatten die Formteile, besonders die äußeren und inneren Redehandlungen absatzlos hintereinander gesetzt. Im Beurteilungsgespräch zu zwei Mustern wurde die leserbezogene, kommunikative Bedeutung des räumlichen Abhebens der Sprech- und Denkhandlungen einsichtig.

3 Schreibprojekte

3.1 Eigene Bücher schreiben

Schreiben und gestalten die Kinder selbst ein Buch – wobei wir den Begriff 'Buch' nicht eng nehmen –, schaffen sie damit etwas, das die Grenzen des schulbezogenen Schreibens überschreitet und über den Augenblick des Schreibprozesses hinausreicht.

Erste *eigene Bücher* können bereits Ende des ersten oder Anfang des zweiten Schuljahrs entstehen. Die Kinder lesen oder erzählen eine Geschichte (oder ein Märchen), teilen sie in Sinnabschnitte ein und malen zuerst zu jedem Abschnitt ein Bild. Darunter werden dann ein oder mehrere Sätze geschrieben. Die so entstandenen Blätter werden zu einem ersten Buch zusammengefasst. Ein solches Buch kann je nach Schreib- und Malfähigkeit aus vier bis acht Seiten bestehen.

Im dritten und vierten Schuljahr nimmt der Umfang der Texte zu. Ihre Inhalte können auf bekannten Geschichten, Märchen oder Schwänken beruhen, die verändert, erweitert oder fortgesetzt worden sind, oder sie basieren auf frei erfundenen Handlungen.

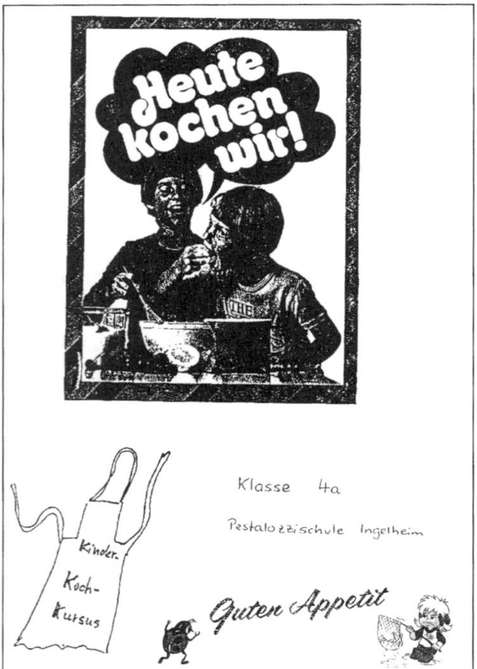

Titelseite eines Rezepte-Buches

Zum sachlich orientierten Schreiben bieten sich an: Kochbücher, Buchempfehlungen, Bastelanleitungen, Spielesammlungen, heimatliche (heimatkundliche) Informationsschriften, Haustiere und ihre Pflege, Herbarien, Ausflugsziele, Dokumentation eines gemeinsamen Projekts u. a. m.

Gemeinsam erstellte Bücher, an denen alle Kinder mitwirken, können u. a. folgende Themen haben: Rätsel, Sketche, Witze, selbst verfasste Gedichte, Comics, Sprachspiele.

Eine wenig aufwendige, aber sehr praktikable Form ist beispielsweise das *Klassen-Buch*. Anfangs ist das nicht mehr als ein Ordner, in dem Schülertexte gesammelt werden: freie Texte, Berichte aus dem Klassenleben, Geschichten, kleine Forschungsberichte aus den Sachfächern u. ä. Der Ordner steht in der Leseecke, als Angebot zum 'Schmökern'. Wenn eine hinreichende Anzahl von Texten zusammenkommt, kann man sie auch zu einem 'richtigen Buch' zusammenbinden – am Ende des Schuljahres etwa zu einem 'Jahrbuch' oder zu einem 'Jahres-Almanach'.

Ein herausragender Vorzug der Arbeit am eigenen oder am gemeinsam geschriebenen Buch ist, dass sie jedem Schüler den Freiraum gibt, den Schwerpunkt und Umfang seiner Leistung nach seinen individuellen Fähigkeiten selbst zu bestimmen.

Es muss nicht besonders betont werden, dass die Bücher auch außerhalb der Klasse gelesen werden dürfen. Eltern, Lehrern, anderen Kindern und Erwachsenen sollten sie vorgestellt und, hat man die Möglichkeit der Vervielfältigung, auch an sie weitergegeben werden.

(1) Bilderbücher

Bilderbücher, die eine Geschichte mit wenig Worten, dafür aber mit großen, bunten Bildern erzählen, können zum individuellen Schreiben auffordern, sie sind ein vorzügliches Material für Individualisierung und Differenzierung. Unterschiedliche Fantasie und sprachliche Fähigkeit der Kinder lassen beim Schreiben zu denselben Bildern sehr verschiedene Texte entstehen.

Die Auswahl der Bilderbücher sollte nicht schwer fallen, wenn man auf lineare Handlungsstränge und auf Bildmaterial achtet, das den Inhalt einer Geschichte nicht zu eng vorgibt, damit die Schüler die Möglichkeit haben, mit ihren eigenen Ideen weiter fabulieren zu können.

Titelbild des eigenen Bilderbuches

Anders als in dem oben (s. S. 149 ff.) dargestellten Modell schlagen wir hier vor, mittels Kopien die Originaltexte des Bilderbuchs auf Blättern zu montieren. In sie hinein schreiben dann die Schüler ihre ergänzenden Texte zu den Bildern und stellen diese zu einem oder mehreren neuen eigenen Büchern zusammen. Sie können das in Partnerarbeit tun. Es gibt Kinder, die aber ganz gerne ihr Buch alleine schreiben wollen. Andere arbeiten lieber in einer Gruppe, die sich arbeitsteilig den einzelnen Bildseiten widmet. Diesen Entscheidungsspielraum sollte man ihnen uneingeschränkt zugestehen. Bei einem solchen

Vorhaben sollte jedes Kind, um die Freude am Bücherschreiben zu fördern, wirklich so viel schreiben dürfen, wie es mag.

«Ich will die Eier», sagt der Bär, «und wenn du sie mir nicht gibst, dann nehm' ich dich so fest in den Arm, daß du keine Luft mehr kriegst.»
«Und wenn ich ein Ei in die Luft werfe», sagt Otto, «wetten, du bist so langsam, daß du es nicht erwischst?»

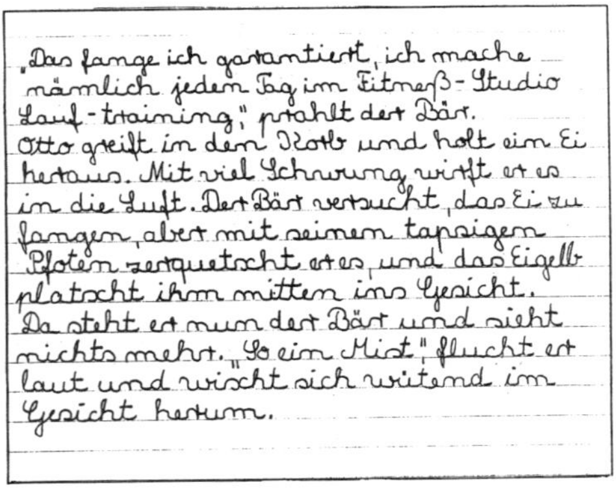
„Das fange ich garantiert, ich mache nämlich jeden Tag im Fitneß-Studio Lauf-training", prahlt der Bär. Otto greift in den Korb und holt ein Ei heraus. Mit viel Schwung wirft er es in die Luft. Der Bär versucht, das Ei zu fangen, aber mit seinen tapsigen Pfoten zerquetscht er es, und das Eigelb platscht ihm mitten ins Gesicht. Da steht er nun der Bär und sieht nichts mehr. „So ein Mist", flucht er laut und wischt sich wütend im Gesicht herum.

Mit dem Korb in der Hand macht sich Otto auf den Heimweg. Aber wie er zur Hütte des bösen Hundes kommt, steht da: – *ein Affe.*

Ausgestaltung einer Bilderbuchepisode – Schülerarbeit, viertes Schuljahr

Als Demonstrationsbeispiel ist das Bilderbuch „Mit dem Korb in der Hand ..." von John Burningham gewählt. In einer alterstypischen Reihengeschichte erzählt es von aufregenden Begegnungen, die Otto auf dem Rückweg vom Einkaufen passieren. Der Inhalt der Begegnungen wird in Bildern erzählt, und dies regt zum ergänzenden Ausgestalten an.

Nachfolgend ist der Text der Episode abgedruckt, mit der das Buch beginnt, anschließend das Arbeitsblatt mit der Ausgestaltung durch einen Schüler.

„Lauf schnell zum Laden, Otto, und hol mir sechs Eier, fünf Bananen, vier Äpfel, drei Orangen für den Kleinen, zwei Krapfen und eine Tüte Chips für dich, und gib den Zettel bei Nummer 25 ab."

Mit dem Korb in der Hand macht sich Otto auf den Weg. Er kommt vorbei an Nummer 25, an der Lücke im Zaun, am Abfallkorb, am Zelt der Straßenarbeiter, am bösen Hund und geht dann in den Laden. Er kauft sechs Eier, fünf Bananen, vier Äpfel, drei Orangen für den Kleinen, zwei Krapfen und eine Tüte Chips für sich. Aber wie er aus dem Laden kommt, steht da – *ein Bär.*

(2) Geschichten-Bücher

Wir meinen hier Bücher, in denen jedes Kind seinen selbst geschriebenen (und selbst illustrierten) Text wiederfindet, nicht ein sogenanntes 'Aufsatzbuch', in das nur einige 'gute' Schreiber ihre 'schönste' Geschichte eintragen dürfen.

In solch einem Buch können beispielsweise die Texte zusammengebunden werden, die im Rahmen des freien Schreibens entstanden sind. Eigentlich kann dies jederzeit geschehen, wer aber einen besonderen Anlass sucht, entscheidet sich vielleicht im Zusammenhang eines Klassenfestes (s. S. 247 ff.) für ein 'Gipfelbuch', weil der zeitliche Gipfel des Schuljahres erreicht ist, oder am Ende eines Schuljahrs für ein 'Erinnerungsbuch' (s. S. 49).

Eine methodische Variante ist das *Leerbuch*. Am Anfang des Schuljahres erhalten die Kinder ca. zehn bis zwölf Din-A-4-Bogen leichteren Kartons, die zu einem 'leeren' Buch geheftet oder gebunden sind. Zunächst zeichnet und beschriftet jedes Kind die Titelseite seines Exemplares. Damit ist der individuelle Unterschied sofort kenntlich gemacht. 'Mein eigenes Klassenbuch', 'Meine Geschichten' oder 'Simones Lesebuch' heißen nun die leeren Seiten, die im Laufe des Schuljahres mit den verschiedensten eigenen Beiträgen gefüllt werden.

Sind bei derartigen Büchern alle Themen zugelassen, wird man bei anderen Anlässen verabreden, das Buch unter ein bestimmtes Thema zu stellen. So geschehen am Beispiel 'Wasserbuch', das eine erste Klasse geschrieben hat.

Seite aus dem 'Wasserbuch' eines ersten Schuljahre

Mit Wasser haben alle Kinder in irgendeiner Weise schon Erfahrung gemacht. Sie erzählen im Kreisgespräch von ihrem Erlebnis, ihrer Erfahrung oder einer interessanten physikalischen Beobachtung und entscheiden sich für ihren speziellen Beitrag für das Buch.

Nun wird zuerst auf die obere Hälfte eines Blattes die Illustration passend zum Text gemalt. Es ist wichtig, dass die Schüler dieses Bild sorgfältig und detailliert gestalten und ihnen dazu ausreichend Zeit gegeben wird.

Erst dann kommt der schriftliche Entwurf. Das vorliegende Bild unterstützt den Schreibvorgang, indem es gerade die 'jüngsten Schreiber' zum ausführlichen Erzählen oder zum genauen Beschreiben auffordert und anleitet.

Nach der Korrektur wird der Text ins Reine geschrieben: entweder direkt unter das Bild, wobei man Linien für eine ordentliche Gestaltung vorzeichnen kann, oder auf liniertes Papier, das man entsprechend zuschneidet und auf die untere Blatthälfte klebt.

(3) *Fahrten-Bücher*

Klassenfahrten oder Schullandheimaufenthalte, wie sie heute auch von vielen Grundschulklassen praktiziert werden, können anregende Anlässe werden, miteinander ein Buch zu schreiben und auszugestalten.

Gummiklöße und müde Füße
Unsere Klassenfahrt
in den
Hunsrück

Titel eines Fahrten-Buches

Keinesfalls ist da an eine Geschichtensammlung zum ‘schönsten Erlebnis’ gedacht, sondern an Texte, die ebenso von ganz alltäglichen Begebenheiten berichten wie von herausragenden Ereignissen erzählen. Gedacht ist also an eine Art Tagebuch, das die berichtenswerten Ereignisse der Fahrt festhält und später zu einem schönen Erinnerungsbuch an die gemeinsam erlebten Tage wird.

Schon der – möglichst originelle – Titel des Buches kann die prägnanten Eindrücke aussagen, im Buch selbst wird aufgeschrieben, welche Aktivitäten die Tage ausfüllten.

Nun durften wir bis halb acht draußen spielen. Wir haben Federball, Fußball, Volleyball und Tischtennis gespielt. Manche Kinder sind auch in die Sträucher gekrochen und haben sie als Versteck benutzt.

Endlich war es halb acht. Wir nahmen unsere Spiele mit in den Eßaal. Wer wollte, konnte auch Briefe schreiben. Um neun Uhr gingen wir dann ins Bett. Dort sprachen wir noch miteinander. Um zehn Uhr mußten wir das Licht ausmachen. Dann kam Frau Baumann ins Zimmer und las uns noch die Geschichte vom mutigen Mädchen vor. Bald war Ruhe, aber wir waren noch bis ein Uhr wach, denn in jedem Schlafraum wurde leise noch ein bißchen Quatsch gemacht.

von Julia, Kathrin, Alexander und Denise.

Seite aus dem Fahrten-Buch einer vierten Klasse

(4) *Bücher mit Märchen und anderen Geschichten*

Geschichten, die im Schreibunterricht oder in der Freien Arbeit entstehen, sind nie dazu gedacht, nur vom Lehrer gelesen zu werden und dann in der Versenkung zu verschwinden. Sie besitzen im Gegenteil Öffentlichkeitscharakter, und gerade deswegen motivieren sie die Schüler sehr zum Schreiben. Selbstgemachte Bücher sind das bevorzugte Medium, sie begeistern die Schüler verständlicherweise am meisten, und darum äußern diese auch immer wieder den Wunsch, ihre Geschichten in einer derartigen Form zu veröffentlichen.

Titelblatt eines Märchen-Buchs – erstes Schuljahr

An Themen für ein Geschichten-Buch ist eigentlich kein Mangel, als Vorbilder erweisen sich, neben modernen Kinderkurzgeschichten, die volksliterarischen Formen immer wieder als besonders anregend. Neue Streiche von den seltsamen Bürgern aus Schilda (vgl. S. 210 ff.), nachgestaltend wieder- oder neu erzählte Märchen, Märchenverfremdungen (vgl. S. 186 ff.), Gegenmärchen oder Märchenberichte (vgl. S. 90 f.), neu ausgedachte Schelmengeschichten von Till Eulenspiegel (vgl. S. 213 ff.) oder Lügengeschichten in der Art von Münchhausen (vgl. S. 216 ff.) und manche andere Geschichte mehr lassen sich in einem selbst geschriebenen und gestalteten Buch zusammenfassen. Hiermit ist zudem eine gute Möglichkeit adressatengerechten Schreibens gewonnen, das heißt eine Möglichkeit, (unterhaltsame) Texte für einen bestimmten Leserkreis zu verfassen und an diesen weiterzugeben.

Die Schüler sind in einem derartigen Unterrichtsprozess eher zu einer sorgfältigen Arbeit motiviert, wenn die im Unterricht geplanten Schreibanlässe nicht zur 'Unterhaltung' des Lehrers durchgeführt werden, sondern in einem Buch erscheinen, das von anderen Kindern oder auch von Erwachsenen gelesen wird. Ein selbst geschriebenes Buch ist auch ein Geschenk, mit dem man viel Freude machen kann.

Auf der Wanderschaft

Es war einmal ein armes Mädchen, das hieß Rapunzel. Es machte sich auf den Weg, sein Glück zu suchen.

Das Mädchen zog in die weite Welt hinaus, bis es in einen tiefen, dunklen Wald gelangte. Dort setzte es sich auf einen Baumstumpf und verschnaufte sich erst einmal. Plötzlich hörte sie feine Kinderstimmchen, und als Rapunzel sich erstaunt umblickte, schauten zwei verstörte Kindergesichtchen sie an. „Guten Tag," sagte Rapunzel freundlich. „Hallo, wer bist du denn?", fragten die Kinder. „Ich bin Rapunzel", sagt wollt ihr nicht mit mir kommen? Ich möchte in die weite Welt ziehen und mein Glück suchen" „O ja, wir haben uns nämlich verlaufen. Ich heiße Hänsel und das ist meine Schwester Gretel. Weißt du, eine böse Hexe hat uns wochenlang in einen Stall gesperrt, und und als die Hexe zum Einkaufen in die Stadt fuhr, sind wir weggelaufen." „Dann kommt mal mit," antwortete Rapunzel. Sie trotteten weiter, bis sie an einen steinernen Brunnen kamen. „Wenn man in einen Brunnen springt, kommt man zu Frau Holle," sagte Hänsel, und weil sie daran glaubten sprangen sie hintereinander in den Brunnen, Hänsel zuerst. Die drei fielen in tiefe Ohnmacht. Als sie wieder zu sich kamen, lagen sie neben einem wundervoll gedeckten Tisch, daran saß Frau Holle mit den Bremer Stadtmusikanten. Im Hintergrund stand ein zierliches Häuschen. Hänsel, Gretel und Rapunzel durften sich an den wackeligen Holztisch setzen und sich an Speisen und Getränken laben. Als sie sich gestärkt hatten, dankten die drei Frau Holle und gingen weiter.

Ausschnitt aus dem Märchen-Buch eines vierten Schuljahres mit dem Titel „Reise ins Märchenland“

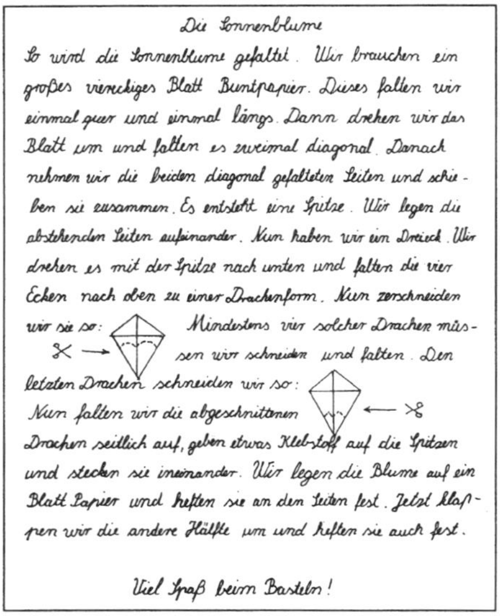
Die Sonnenblume

So wird die Sonnenblume gefaltet. Wir brauchen ein großes vierckiges Blatt Buntpapier. Dieses falten wir einmal quer und einmal längs. Dann drehen wir das Blatt um und falten es zweimal diagonal. Danach nehmen wir die beiden diagonal gefalteten Seiten und schieben sie zusammen. Es entsteht eine Spitze. Wir legen die abstehenden Seiten aufeinander. Nun haben wir ein Dreieck. Wir drehen es mit der Spitze nach unten und falten die vier Ecken nach oben zu einer Drachenform. Nun zerschneiden wir sie so: Mindestens vier solcher Drachen müssen wir schneiden und falten. Den letzten Drachen schneiden wir so: Nun falten wir die abgeschnittenen Drachen seitlich auf, geben etwas Klebstoff auf die Spitzen und stecken sie ineinander. Wir legen die Blume auf ein Blatt Papier und heften sie an den Seiten fest. Jetzt klappen wir die andere Hälfte um und heften sie auch fest.

Viel Spaß beim Basteln!

Ausschnitt aus dem Bastelbuch eines vierten Schuljahres

(5) *Bastel-, Koch- und Rezeptbücher*

Die Idee zu einem Bastelbuch oder zu einem Rezept- bzw. Kochbuch liegt nahe, wenn in einer Unterichtseinheit, in der am Beispiel von Anleitungen und Rezepten das Erklären geübt wird (s. S. 101 ff.), gebastelt und gekocht wird.

Die vorgegebenen oder selbst verfassten Texte werden gesammelt, geordnet, für jeden Schüler vervielfältigt und zu einem Buch zusammengebunden.

Eine andere didaktische Einordnung ergibt sich, wenn in einem fächerübergreifenden Vorhaben am Beispiel des Frühstücks Aspekte der gesunden Ernährung bearbeitet werden. Da müssen die benötigten Zutaten für die Rezepte benannt und die benötigten Mengen berechnet werden. Im Kunstunterricht werden Brote mit ihrem Dekor gezeichnet und beschriftet. Wenn die Zutaten eingekauft sind, belegen die Schüler mit Hilfe der Zeichnungen ihre Brote.

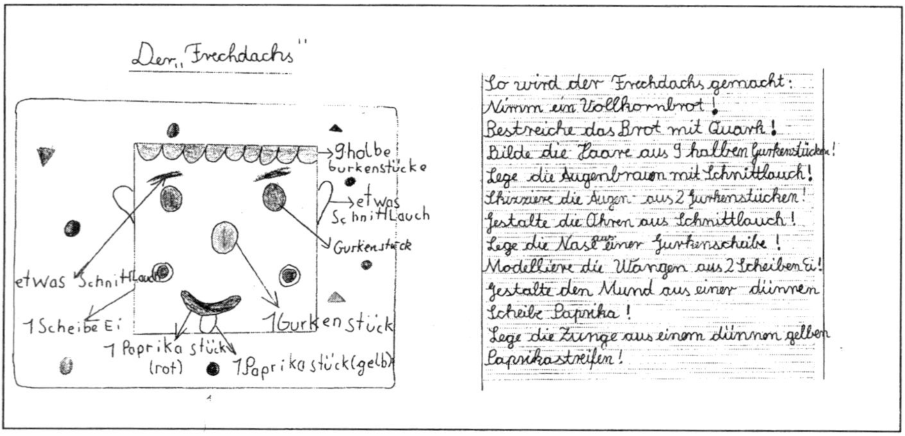

Seite aus dem Rezept-Buch „Frühstücken wie Gott in Frankreich" – zweites Schuljahr

Im Zusammenhang dieses Vorhabens ergeben sich vier Schreibanlässe:

- Zeichnungen beschriften.
- Einkaufszettel schreiben.
- Für das Brotrezept einen Namen erfinden.
- Das Rezept aufschreiben.

Da die Schüler ihre Frühstücksbrote ganz unterschiedlich dekorieren, bietet es sich an, die Rezepte zu sammeln und in einem Rezeptbuch zusammenzufassen. Vorschläge und Ideen zu einem attraktiven Titel werden gesammelt. Eine zweite Klasse entscheidet sich beispielsweise für 'Frühstücken wie Gott in Deutschland'. Die Analogie zu einem Werbeslogan ist offensichtlich.

3.2 Projektwoche 'Rund ums Buch'

Eine Projektwoche zum Thema 'Buch' kann verschieden motiviert sein, beispielsweise als Impuls zur Förderung des Lesens, weil eine Autorenlesung ansteht oder ein 'Lesefest' vorbereitet werden soll. Die nachfolgend präsentierten Beispiele sind im Zusammenhang der Aktion 'Bücherfrühling' entstanden, zu der seit einigen Jahren bundesweit aufgerufen wird.

Während der Projektwoche war der Klassenverband aufgelöst (aber nicht der Jahrgangsverband), die Kinder konnten zwischen mehreren Vorhaben auswählen, die für ihre Klassenstufe angeboten waren.

(1) Erstes Schuljahr

Eine Gruppe wählte als Ausgangstext das Gedicht *Der Faden* von Josef Guggenmoos. Sie setzten zunächst handwerklich-gestaltend um, wovon das Gedicht erzählt: dass der Faden sich zu den verschiedensten Gegenständen verwandeln kann. Als Abschluß und Höhepunkt schrieb und gestalte jedes Kind einen eigenen Vers.

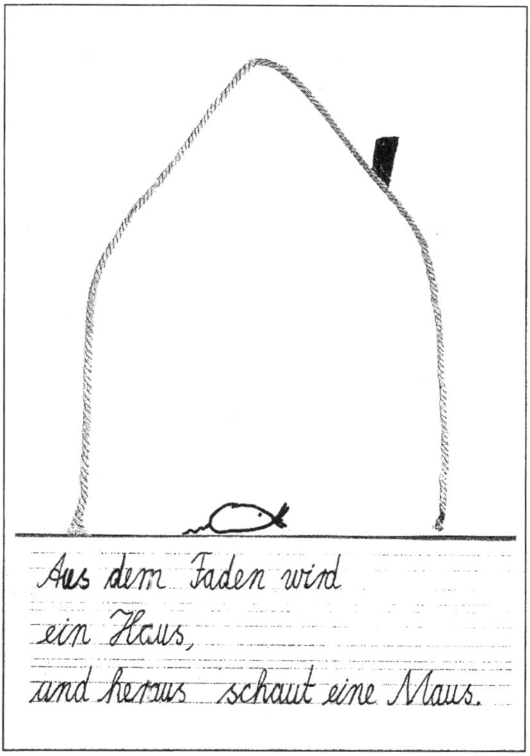

Eine andere Gruppe hatte als Vorgabe den Vers *Der Fisch reitet auf dem Tisch.* Aufgabe war, in Analogie zu diesem Vers neue, eigene Verse zu finden. Semantische Stimmigkeit (z. B. durch den Austausch des Verbs) war nicht gefordert, selbstverständlich aber zugelassen.

(2) Zweites Schuljahr

Es ist ein linguistisches Grundgesetz unserer Buchstabenschrift, dass Phoneme bzw. Grapheme kleinste bedeutungsunterscheidende, nicht jedoch bedeutungstragende Einheiten sind, Buchstaben also Bausteincharakter haben und darum auswechselbare und ständig neu kombinierbare Elemente des gedruckten Wortes sind (vgl. Steffens 1981b, 88). Dieses linguistische Faktum reizt zu allerlei Sprachspielen, beispielsweise zu dem Modell ‘Wo manche Wörter wohnen’ (nach einem Text von Vera Ferra-Mikura) oder ‘Wörter im Wort’ (vgl. Steffens 1981b, 88 ff.). Eine Gruppe der zweiten Klassenstufe hat nach Wörtern gesucht, die für ein solches Sprachspiel geeignet sind, und mit ihnen ‘gespielt’, zum Beispiel mit „und“, „ein“ oder „im“.

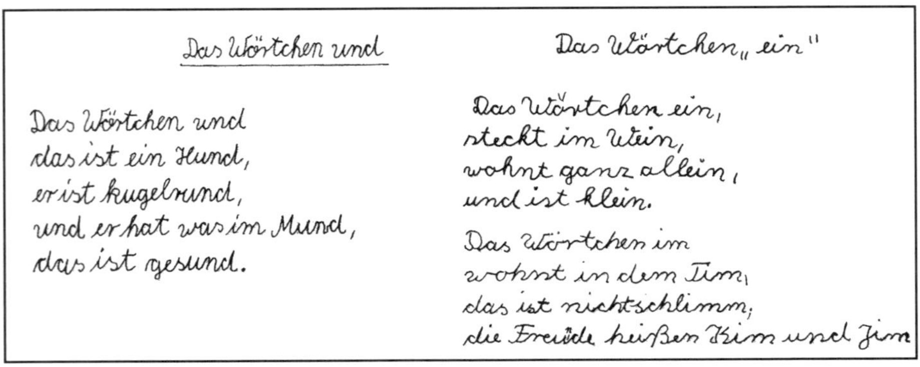

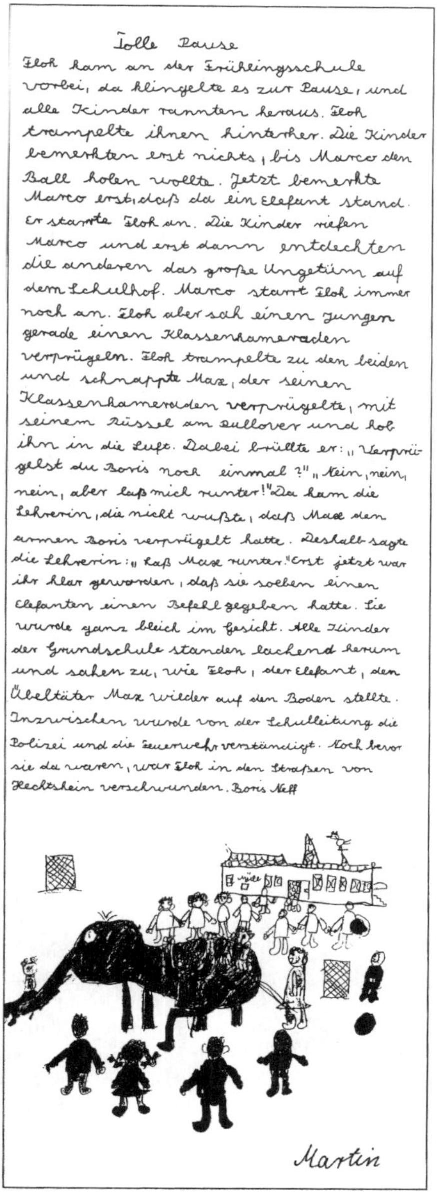

(3) Drittes Schuljahr

Eine Schülergruppe der dritten Jahrgangsstufe hat miteinander die Geschichte *Die Abenteuer des Elefanten Floh* gelesen. Sie erzählt, dass der Elefant Floh, der im Zirkus „Stella" lebt und dort seine Kunststücke präsentieren muss, davon träumt, wie es wäre, wenn er frei wäre und überall hingehen und die Welt kennen lernen könnte.

Analog zu den Geschichten im Buch haben die Kinder dann neue Abenteuer von dem Zirkuselefanten erfunden. Sie erzählten beispielsweise vom Floh in der Straßenbahn Linie 10, in der Kirche, beim Fotografen, im Schwimmbad, auf dem Bolzplatz, in der 'Frühlingsschule' (d.i. der Name der eigenen Schule) und in allerlei Geschäften wie etwa dem Supermarkt, der Bäckerei, der Gärtnerei, und – nicht zu vergessen – dem Porzellanladen. Einige Kinder 'dichteten' auch Floh-Reime wie den folgenden:

Ein Elefant namens Floh,
der machte es so:
Beim Bäcker isst er Brötchen auf,
dann steigt er auf ein Pony drauf.

Jedes Kind schrieb – allein oder in der Gruppe – für das gemeinsame Buch ein Abenteuer auf; die Ausgestaltung erfolgte, je nach individuellem Leistungsvermögen, unterschiedlich umfangreich.

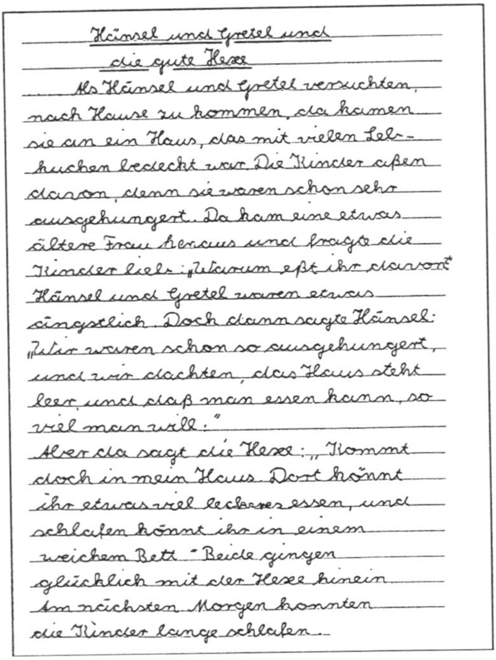
Hänsel und Gretel und
die gute Hexe
Als Hänsel und Gretel versuchten,
nach Hause zu kommen, da kamen
sie an ein Haus, das mit vielen Leb-
kuchen bedeckt war. Die Kinder aßen
davon, denn sie waren schon sehr
ausgehungert. Da kam eine etwas
ältere Frau heraus und fragte die
Kinder lieb: „Warum eßt ihr davon?"
Hänsel und Gretel waren etwas
ängstlich. Doch dann sagte Hänsel:
„Wir waren schon so ausgehungert,
und wir dachten, das Haus steht
leer, und daß man essen kann, so
viel man will."
Aber da sagt die Hexe: „Kommt
doch in mein Haus. Dort könnt
ihr etwas viel leckeres essen, und
schlafen könnt ihr in einem
weichem Bett." Beide gingen
glücklich mit der Hexe hinein.
Am nächsten Morgen konnten
die Kinder lange schlafen.

Gegenmärchen zu *Hänsel und Gretel* – Ausschnitt

(4) Viertes Schuljahr

Die Gruppen der vierten Jahrgangsstufen entschieden sich für eine kreativ-produktive Beschäftigung mit Märchen. Sie schrieben beispielsweise 'Schüttelmärchen', 'Gegenmärchen' oder gestalteten den Erzählkern eines Märchens aus.

(5) Ideen zu Buch-Themen

Ergänzend zu den Themen in der beschriebenen Projektwoche* sollen noch einige Ideen zu Buch-Themen** aufgelistet werden, die sich als praxistauglich erwiesen haben:

- das Abenteuer-Buch
- das ABC-Buch
- das Auto-Buch
- das Stadt-Buch
- das Muschel-Buch
- das Pflanzen-Buch
- das Käfer-Buch
- das Buch von den Jahreszeiten
- das Buch von der Zeitmaschine.

Selbst geschriebene und gestaltete Bilderbücher

* Die Projektwoche wurde an der Theodor-Heuss-Schule, Mainz-Hechtsheim durchgeführt. Die dokumentierten Beispiele verdanken wir Helga Baumann, Gisela Denhof, Annerose Gerber, Monika Knorre, Mechthild Schmitz.

** Die Buch-Ideen hat Dieter Hickel, Mainz-Mombach, zusammengetragen und erprobt.

3.3 Klassenzeitung

3.3.1 Didaktische Einordnung

Grundschüler können in der Regel noch nicht zum Stamm der Zeitungsleser gerechnet werden. Das Medium aber finden sie vor, sie kommen zu Hause oder in ihrer Umwelt mit ihm direkt oder indirekt in Berührung; sie erleben und erfahren, wie die Zeitung neben (oder trotz) Rundfunk und Fernsehen als wichtiges Informations–, Werbe- und auch Unterhaltungsmittel genutzt wird. Noch deutlicher als in der (Tages- und Wochen-)Zeitung wird ihnen die Verbindung von Information, Werbung und Unterhaltung in Zeitschriften und Illustrierten. Sie entdecken sich gegen Ende der Grundschulzeit zunehmend selbst als Adressaten (und das heißt auch als Käuferschicht) von speziell für Kinder und Jugendliche herausgegebenen und produzierten Presseerzeugnissen.

Die (Deutsch–, Sachunterrichts- und Medien-)Didaktik hat aus dieser Situation Konsequenzen gezogen und die Beschäftigung mit den (Massen-)Medien Zeitung und Zeitschrift bzw. Illustrierte zu einer wichtigen Unterrichtsaufgabe erklärt. In der Grundschule sollen für einen ebenso kompetenten wie kritischen Umgang mit ihnen grundlegende Kenntnisse erworben und grundlegende Fähigkeiten angebahnt werden. Stichworte wie Inhalte, Zielgruppen, Verbreitungsmarkt deuten die Richtung der unterrichtlichen Bemühungen an: Die Schüler sollen mit verschiedenen Zeitungs- und Zeitschriftentypen bekannt werden, ihre Intention, ihren Aufbau und ihren je spezifischen Leserkreis kennen lernen, um dies für ihr eigenes Leserverhalten nutzen zu können.

Die Lernerfahrungen der Schüler werden um so intensiver sein, je mehr Möglichkeiten sie haben, die rezeptiven Prozesse durch produktive zu ergänzen, wofür sich in der Grundschule mindestens drei Aktivitäten anbieten:

- sie können Zeitungen und (illustrierte) Zeitschriften durchsehen und Texte, Bilder und Text-Bild-Kombinationen, die sie interessieren, lesen, betrachten und ausschneiden;
- sie können die gefundenen und ausgewählten Texte nach Inhaltsgruppen (z. B. Nachrichten, Berichte aus aller Welt, Lokales, Sportberichte, Werbeanzeigen, Seite für Kinder, Witze) ordnen und zu einer neuen, eigenen 'Zeitung' zusammenstellen(-kleben);
- sie können selbst Zeitungen herstellen, wobei drei Formen realisierbar sind: Wandzeitung, Klassenzeitung und Schülerzeitung.

Der didaktische Wert der Erarbeitung derartiger Zeitungen (die je nach Aufmachung auch den Charakter von Zeitschriften haben können) besteht nun aber nicht allein im Erwerb rein fachbezogener Kenntnisse und Fähigkeiten, mit solchen Vorhaben werden auch Ziele schulischen Lernens verfolgt, die über die Grenzen des Faches Deutsch hinausgreifen und von allgemeinpädagogischer Relevanz sind. Vier wichtige Ziele (vgl. Fröchling 1984, 431 ff.) sind:

- die Intensivierung und Verbesserung sozialen Lernens durch die gemeinsame Planung und Durchführung eines solchen Vorhabens;
- die Intensivierung und Verbesserung kommunikativer Fähigkeiten im Umgehen mit den Mitschülern und dem Lehrer;
- Lernen, wie man eine umfangreichere Arbeit plant und durchführt;
- das Lernen, bewusst mit der Kritik umzugehen, die den Entstehungsprozess begleitet und die das Endprodukt erfährt.

„Diese Zielsetzungen insgesamt [...] tragen dazu bei, daß die Schüler an einer umfangreichen schulischen Arbeit Spaß haben und daß dieses Tun zu weiteren Tätigkeiten motiviert. Gehen mit solchen Projekten Erfolge einher, dann ergeben sich daraus auch Verstärkungen für andere Lernzusammenhänge“ (ebd., 433).

Ein Spezifikum beim Erarbeiten von Zeitungen (oder Zeitschriften) ist, dass die Schüler die Entstehung des Produkts von der Planung bis zur Veröffentlichung mitverfolgen können, und dies sowohl inhaltlich wie technisch und organisatorisch. Sie müssen erproben und lernen, zu brauchbaren Beiträgen zu kommen; sie müssen Kriterien haben, um unter guten und weniger gelungenen Text- und Bildangeboten auswählen zu können, und über Fähigkeiten verfügen, Beiträge zu redigieren, das heißt weiterzubearbeiten, auf einer Seite anzuordnen, grafisch zu gestalten und, wenn erforderlich, mit Bildern anzureichern; nicht zuletzt müssen sie wissen, wie die Zeitung (oder Zeitschrift) technisch hergestellt wird. Dies alles ist aufwendiger als der ‘normale’ Schreibunterricht, wird von den Kindern aber in aller Regel gern im Interesse eines gelungenen Produkts investiert.

Einen besonderen Erfahrungswert im Zusammenhang eines solchen Vorhabens hat der Besuch einer (lokalen) Zeitungsredaktion und/oder Zeitungsdruckerei. Faszinierend ist nicht nur der technische Apparat, die Schüler können so beispielsweise auch mitvollziehen, wie die in der Redaktion eintreffenden Meldungen zu Nachrichten, Berichten, Kommentaren verarbeitet und auf den verschiedenen Seiten der Zeitung platziert werden. Wer einmal erfahren hat, wie Nachrichten ‘gemacht’ werden, wird ihnen künftig sehr viel kritischer begegnen. Bei Schülern, die sich schon selbst mit der Herstellung einer Zeitung befasst haben, ergibt der Redaktionsbesuch die ideale Möglichkeit, eigene Erfahrungen mit der Tätigkeit professioneller Zeitungsmacher zu vergleichen und in Beziehung zu setzen, das heißt, die in der Schule nur simulierten Aktivitäten durch die realen Gegebenheiten besser zu verstehen, und umgekehrt.

Im skizzierten Sinne ist ein Projekt ‘Zeitung’ also immer auch ein Stück fachübergreifende Medienerziehung. Dies gilt es zu beachten, wenn wir im Folgenden exemplarisch am Beispiel der Klassenzeitung erläutern, welche didaktische Relevanz Zeitungen, von Schülern gemacht, für das Schreibenlernen haben, und welche methodischen Möglichkeiten sich dafür ergeben.

3.3.2 Anlässe für eine Klassenzeitung

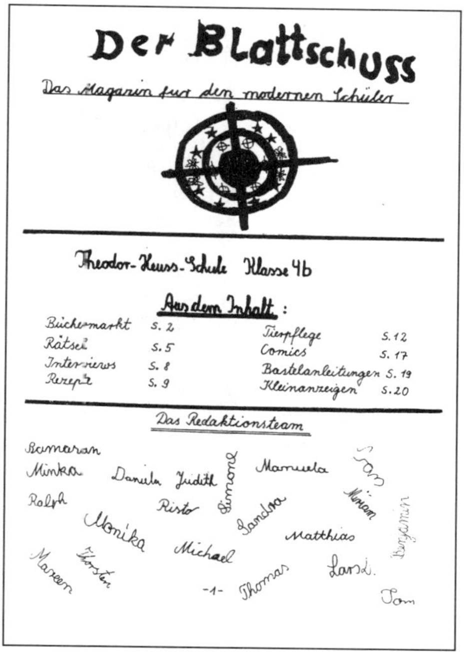

Titelbild einer thematisch offenen Klassenzeitung

Das Projekt einer Klassenzeitung lässt sich vom zweiten Schuljahr an realisieren. Je höher die Klassenstufe ist, um so intensiver wird sich der Lehrer mit seinen Schülern darauf einlassen.

Die ersten Klassenzeitungen werden meist kein besonderes Thema haben, sondern mehrere Inhalte aufgreifen. Je häufiger jedoch eine Zeitung produziert wird, um so mehr wird man sich dann auf ein (Rahmen-) Thema konzentrieren, z.B. 'Ferien', 'Fastnachtsnarren', 'Hand in Hand', 'Bücherwurm', 'Spielwiese', 'Maikäfer', 'Unsere Stadt', oder sie wird ein Problem der Klasse (z.B. einen Streitfall, einen Unfall) aufgreifen und bearbeiten.

Klassenzeitungen können in einem (mehr oder minder) regelmäßigen Turnus erscheinen, sie können aber auch aufgrund eines aktuellen Interesses oder wegen eines besonderen Anlasses nur einmalig erscheinen. Anlässe können beispielsweise ein Klassenfest oder ein Schulfest, eine Klassenfahrt oder ein Schullandheimaufenthalt oder der Schulwechsel am Ende der Grundschulzeit sein.

3.3.3 Schreibhandlungen

Das Verfassen von Beiträgen für eine Zeitung zwingt zu konsequenter Einstellung auf den Leser. Die Inhalte müssen so beschaffen sein, dass sie nicht nur für die Zeitungsmacher selbst, sondern darüber hinaus für andere Leser von Interesse sind. Die einzelnen Beiträge müssen außerdem so abgefasst sein, dass sie ohne jede Rückfrage verständlich sind.

Es ist also erforderlich, dass die Hersteller über die Zielgruppe ihrer Zeitung, das heißt über ihre potentiellen Leser, möglichst klare Vorstellungen haben. Selbstverständlich sind das zunächst einmal die Schüler der eigenen Klasse. Dass die Produzenten aber ausschließlich mit den Rezipienten identisch sind, ist nicht erstrebenswert. In der Regel werden sich weitere Leser im Umfeld der Klasse finden, bei Mitschülern, bei Geschwistern und bei Lehrern. Eltern sind ein interessiertes Publikum, wenn sie in der Klassenzeitung über schulische Geschehnisse und das Klassenleben informiert werden.

Titelbild einer thematischen Klassenzeitung

Im Unterschied zur Wandzeitung, bei der schon vorhandene Texte, Bilder und anderes Material zu einer Informationseinheit zusammen montiert werden, verfassen die Schüler für die Klassenzeitung überwiegend eigene Beiträge. Das Medium bietet ihnen eine optimale Gelegenheit, wirklichkeitsnah, anzuwenden, was sie im Schreib*unterricht* gelernt haben. Sie können ihre Texte in einer großen thematischen und formalen Vielfalt verfassen, und sie können zahlreiche Schreibintentionen verwirklichen. Dazu einige Beispiele:

unterhalten

- durch Erzählen eigener Erlebnisse, ausgedachter Geschichten, Schelmen- und Lügengeschichten, Märchen und Fabeln, Sprachspielereien, Text-Bild-Kombinationen, Text-Bild-Collagen;
- durch selbst verfasste Dialoge, Szenen, kleine Stücke;
- durch aufgesammelte oder selbst verfasste Gedichte, Lieder, Rätsel, Witze;

informieren

- durch Berichte oder Reportagen aus dem Umfeld der Klasse und Schule, aus dem Leben der Gemeinde (z. B. Kirmes) oder des Stadtteils (z. B. Stadtteilfest);
- durch Berichte über Ergebnisse von Meinungsumfragen (z. B. über Hobbies);
- durch die Wiedergabe von Interviews
- durch Hinweise auf gelesene und zu empfehlende Bücher;

kommentieren

- durch wertende Stellungnahmen zu miterlebten Geschehnissen des Klassen- und Schulalltags (z. B. Verhalten im Pausenhof);

anleiten

– durch Bastel- und Spielanleitungen oder Kochrezepte;

appellieren

– durch Einladungen zur Teilnahme an einem Klassenfest, einer Puppenspiel- oder Theateraufführung, an Fußball–, Handball- und anderen Mannschaftsspielen;
– durch Werbeanzeigen für einen Klassenflohmarkt, eine Bastelausstellung oder einen Bücherbasar.

Eine Klassenzeitung ist ein gemeinsames Vorhaben der Klasse; die Beiträge dafür entstehen im ‘normalen’ Deutsch- bzw. Schreibunterricht und sind eingebunden in den Arbeitsplan eines Schuljahres. Eine Klassenzeitung erfordert einen etwas größeren Zeitaufwand als der übliche Schreibunterricht; dennoch ist ein solches Vorhaben sinnvoll und vertretbar, weil mit ihm (fast) alle in Lehrplänen als verbindlich gesetzten Lernziele schulischen Schreibens erreicht werden können. Außerdem zeigt die Erfahrung, dass hier die Schüler erheblich mehr zum Schreiben motiviert sind als bei isolierten Aufgaben und Übungen. Dies führt dazu, dass sie gründlicher arbeiten, sich mehr als sonst um sprachliche und orthografische Richtigkeit mühen und auch stärker auf die äußere Form ihrer Texte achten.

3.3.4 Anmerkungen zum Produktionsprozess

Die Produktion einer Klassenzeitung vollzieht sich in mehreren Arbeitsschritten. Zu den wichtigsten nachfolgend einige Anmerkungen.

(1) Erörterung und Wahl des Titels der Zeitung sowie Planung der Gestaltung des Titelblattes einschließlich des Impressums (Verfasser, Erscheinungsort, Erscheinungstermin)

(2) Erörterung und Entscheidung der einzelnen Inhaltsteile, der ‘Rubriken’ oder ‘Sparten’, z. B.
   - Schule (Berichte, Kommentare, Meinungen, Umfragen, Wünsche)
   - Was sonst passiert
   - Erzählungen, Geschichten, Szenen, Spiele zur Unterhaltung
   - Tiere
   - Sport
   - Für euch gesehen: Fernsehsendungen, Filme
   - Für euch gelesen: Bücher, Zeitschriften
   - Für euch besucht: Museen, Ausstellungen
   - Bastelecke
   - Kinder-Kochklub
   - Kinder-Buchclub
   - Neues für Computer-Fans
   - Kunterbunt, z. B. Zungenbrecher, Schüttelreime, Wortspiele, Rätsel
   - Sachen zum Lachen.

Dabei versteht es sich eigentlich von selbst, dass nicht jede Nummer einer Klassenzeitung immer alle Rubriken enthalten kann. In der Regel, und insbesondere bei ersten Versuchen, dürfte es ausreichen, ja sinnvoller sein, sich auf einige wenige Inhaltsblöcke zu konzentrieren.

(3) Erster Entwurf der Beiträge. Das kann teils in Gruppenarbeit, teils in Einzelarbeit geschehen. In dieser Phase sollte nach den Neigungen bzw. Interessen der Schüler differenziert werden. In einem gemeinsamen Plan wird von jeder Gruppe das Ziel des Arbeitsschrittes festgelegt und mit den Ergebnissen verglichen, wenn er abgeschlossen ist.

Zweckmäßig ist es, wenn für den Schreibprozess 'Spielregeln' da sind, an die sich alle halten. Gemeint sind damit „Schreibhilfen für die einzelnen Gruppentische [...], die in Form weniger Aufforderungen oder Merksätze Impulse fürs Überarbeiten während des Schreibprozesses geben [...], etwa:

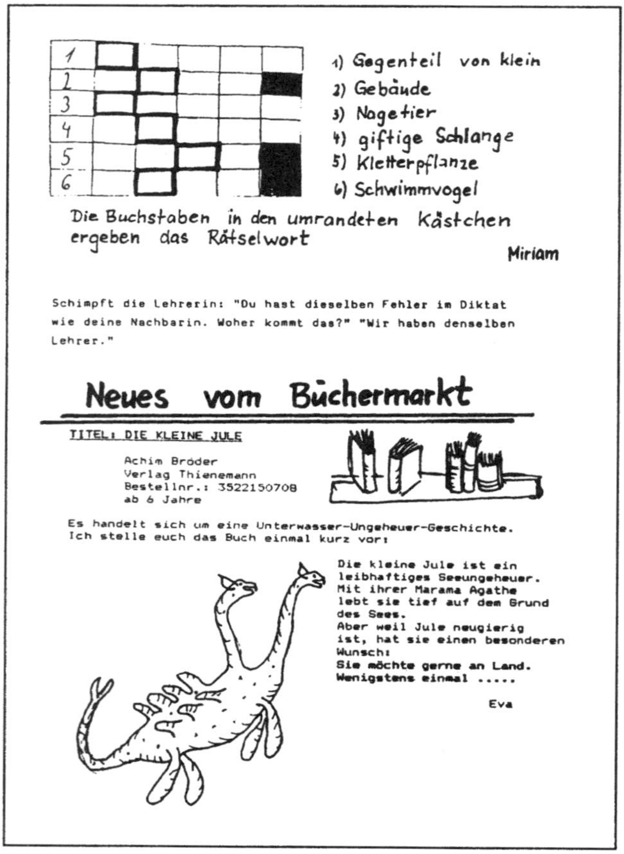
1) Gegenteil von klein
2) Gebäude
3) Nagetier
4) giftige Schlange
5) Kletterpflanze
6) Schwimmvogel

Die Buchstaben in den umrandeten Kästchen ergeben das Rätselwort

Miriam

Schimpft die Lehrerin: "Du hast dieselben Fehler im Diktat wie deine Nachbarin. Woher kommt das?" "Wir haben denselben Lehrer."

Neues vom Büchermarkt

TITEL: DIE KLEINE JULE

Achim Bröder
Verlag Thienemann
Bestellnr.: 3522150708
ab 6 Jahre

Es handelt sich um eine Unterwasser-Ungeheuer-Geschichte. Ich stelle euch das Buch einmal kurz vor:

Die kleine Jule ist ein leibhaftiges Seeungeheuer. Mit ihrer Marama Agathe lebt sie tief auf dem Grund des Sees. Aber weil Jule neugierig ist, hat sie einen besonderen Wunsch: Sie möchte gerne an Land. Wenigstens einmal .....

Eva

[...]

– Das ist zu unverständlich.

[...]

– Das muß ich umformulieren.

– Dafür sollte ich ein Beispiel geben“ (Rossié/Ingendahl 1992, 45)

(4) Die Entwürfe werden der Klasse vorgelegt bzw. vorgelesen. Die Mitschüler fungieren als 'kritisches Leserpublikum': sie loben, geben Hinweise, Anregungen oder stellen Rückfragen, wenn sie einen Text nicht verstehen oder wenn sie ihn für noch nicht genügend leserwirksam halten. Es wird dis-

kutiert, ob die Textsorte bzw. Darstellungsform für die Schreibabsicht richtig gewählt ist, ob die Zielsetzung der einzelnen Beiträge hinreichend klar ist oder ob der Leser noch zusätzliche Hinweise braucht (Verdeutlichungen, Zusatzinformationen, Gliederung des Textes mit Hilfe von Zwischenüberschriften, Bilder, Skizzen, grafische Hervorhebungen u.ä.). Zu überprüfen ist auch, ob der Inhalt der Texte sachlich richtig, im Aufbau logisch und in der Erzähl- oder Argumentationsweise plausibel ist.

(5) Die Erstentwürfe der Beiträge werden nun gemäß den Korrekturhinweisen und Verbesserungsvorschlägen überarbeitet. Hier können die Schüler die Verfahren, die sie im Schreibunterricht gelernt haben, anwenden: das Umstellen von Satzgliedern, Sätzen und Textabschnitten, das Kürzen, Erweitern oder Austauschen von Satzteilen, Textpassagen, Texten. Außerdem sind Sprach- und Rechtschreibfehler zu korrigieren.

(6) In der Endredaktion ist dann unter Beteiligung der ganzen Klasse zu entscheiden, welche Beiträge endgültig in die Klassenzeitung aufgenommen werden. Der Lehrer wird dabei, behutsam seinen Einfluss geltend machend, darauf achten, dass jeder Schüler berücksichtigt wird. Denn anders kann nicht von einer echten Gemeinschaftsarbeit gesprochen werden, auch die Motivation würde erheblich leiden.

Wenn wir meist den Begriff 'Beitrag' benutzen, soll das darauf hinweisen, dass nicht nur 'Texte', sondern auch Zeichnungen und Bilder in der Zeitung vorkommen. Ein Schüler, der sich im Verfassen von Texten schwer tut, findet hier seine Möglichkeit des Ausgleichs.

(7) Die einfachste (und preiswerteste) Form der Vervielfältigung einer Zeitung ist das Umdruckverfahren, bei dem die Beiträge auf Matrizen übertragen werden müssen. Ist ein leistungsstarkes Kopiergerät vorhanden, sind die gestalterischen Möglichkeiten allerdings ungleich größer. Vor allem können auch (Schwarz-Weiß- oder sogar Farb-)Fotos, Originalgraphiken u. ä. verwendet und Vergrößerungen oder Verkleinerungen angefertigt werden.

Die Texte selbst können bei beiden Vervielfältigungsverfahren sowohl mit der Hand wie mit der Schreibmaschine geschrieben werden. Die Handschrift ist individuell und ermöglicht zudem den Einsatz der Schrift als gestalterisches Mittel (Variationen in der Größe und Stärke der Buchstaben und Wörter). Die Maschinenschrift bietet diese Gestaltungsmöglichkeiten nicht, sie ist dafür genormter, wirkt professioneller und ist – zumeist – leichter zu lesen.

Verfügt die Grundschule über einen Computer mit (einfachem) Textverarbeitungsprogramm, sollte er für die Texterstellung und für das Layout genutzt werden. Ist auch noch ein leistungsfähiger Drucker vorhanden, lassen sich Satzspiegel, Schriftarten und Schriftgrößen vielfältig variieren. Für das Layout der Zeitung ergeben sich so interessante Möglichkeiten. Sinnvoll ist der Einsatz eines Computers aber nur, wenn die Schüler tatsächlich selbstständig mit ihm umgehen können und die Bandbreite des Softwareprogramms spielerisch-experimentell erproben dürfen.

In der Grundschule ist naheliegend, die verschiedenen Schriftformen nicht alternativ, sondern kombiniert zu verwenden. Der Wechsel von Hand- und Maschinen- bzw. Computerschrift – analog dazu von eigenen Zeichnungen und übernommenen Abbildungen – lockert das Erscheinungsbild der Zeitung auf. Im Umfeld eines maschinen- bzw. computergeschriebenen Textes wird die Handschrift sogar selbst zum grafischen Element.

(8) Stellt die Klasse zum ersten Mal eine Klassenzeitung her, sollten beim Druckvorgang alle Kinder dabei sein, damit ihnen deutlich wird, dass zum Herstellungsprozess eben auch dieser technische Vorgang gehört. Später kann dann der Lehrer die Vervielfältigung mit einer kleineren Gruppe erledigen. Als letzter Arbeitsschritt sind die Blätter nun noch zusammenzulegen (sofern der Kopierer nicht automatisch sortiert) und zu heften. Auch dabei hilft die ganze Klasse.

3.4 Klassenkorrespondenz

Die Anlässe, an wirkliche Adressaten schreiben zu können, sind in der Schule nicht allzu häufig. Einer der wenigen, der mehr als nur eine einmalige Gelegenheit bietet, ist die Klassenkorrespondenz, das heißt der Briefwechsel zwischen zwei Klassen. In dieser Intention haben wir die Erfahrungen mit unseren Klassen gesammelt, auf denen die folgenden Ausführungen basieren.

Wir möchten aber doch wenigstens darauf hinweisen, dass neben dieser *kollektiven* auch eine *innere* Klassenkorrespondenz möglich und sinnvoll ist. Gemeint ist damit eine Korrespondenz innerhalb der eigenen Klasse, zwischen den Schülern, aber auch zwischen ihnen und dem Lehrer. „Zwar fehlt hier der formale Grund einer äußeren und räumlichen Trennung für den Gedankenaustausch im Schriftverkehr, dafür können aber die inneren persönlichen Schreibbedürfnisse der Kinder anders und oft stärker zur Geltung kommen. Dem Schreiben folgt der Dialog, und außerdem können bei bestimmten Anlässen auch die Eltern in den Kreis der Korrespondenten einbezogen werden“ (Grundschule 1982, 105).

Kollektive und innere Klassenkorrespondenz geben dem Schreiben gleichermaßen vielfältigen Antrieb: Wer „adressatenbezogen schreibt, schreibt in der Regel nicht nur leserlich, sondern auch besser. Wer Fragen seiner Briefpartner beantworten will, der muß die angesprochenen Sachverhalte abklären, auf Erkundung gehen, Kenntnisse erwerben und sie festhalten – im Gedächtnis wie auf dem Papier“ (Fendrich u. a. 1982, 95).

Die Idee, zwei Klassen einen Briefwechsel miteinander führen zu lassen, hat starke Impulse von der Freinet-Pädagogik erfahren. Wie alle ‘Techniken’ ist auch die Klassenkorrespondenz dort nicht lediglich ein neues Kunstmittel zum Schreibenlernen, sondern Teil des pädagogischen Gesamtkonzepts. Das heißt: „So sehr die Motivation des Schreibers durch eine solche adressatenbezogene Kommunikation verstärkt wird, wesentlicher noch ist die pädagogische Wirkung auf die Klasse selbst, ihre Kinder und ihre Lehrer. Indem sich die Klasse durch ihre Korrespondenz öffnet, verändert sie sich zugleich“ (ebd., 94). Lehrer und Schüler werden aus ihrer festgeschriebenen Rolle in der Klasse herausgehoben und in ein erweitertes Bezugsfeld versetzt. Im Schüler eröffnet sich durch die mit dem Schriftverkehr nach draußen gegebene Distanzierung eine verändernde Dimension zur personalen Entwicklung. „Das setzt allerdings voraus, daß nicht ein formaler Briefverkehr abgewickelt wird, sondern die Kinder in ihm Möglichkeiten finden, das auszudrücken, was sie inhaltlich bewegt“ (ebd.). So kann die Klassenkorrespondenz zum „Vehikel für ‘freie und befreiende Texte’ werden“ (ebd.).

3.4.1 Partnerwahl

Grundsätzlich ist es zwar unerheblich, ob der potentielle Partner in räumlicher Nähe (z. B. an einer anderen Schule des gleichen Ortes, der gleichen Stadt) oder in weiterer Entfernung gesucht und gefunden wird. Für die Grundschule ist es jedoch von Vorteil, wenn die Partner nicht allzu weit voneinander entfernt wohnen, weil anders die später unerlässlichen gegenseitigen Besuche nur schwer zu realisieren sind. Die beiden müssen allerdings so weit auseinander sein, dass den Schülern einleuchtet, dass ihre Mitteilungen und Informationen nur auf schriftlichem Wege zu übermitteln sind.

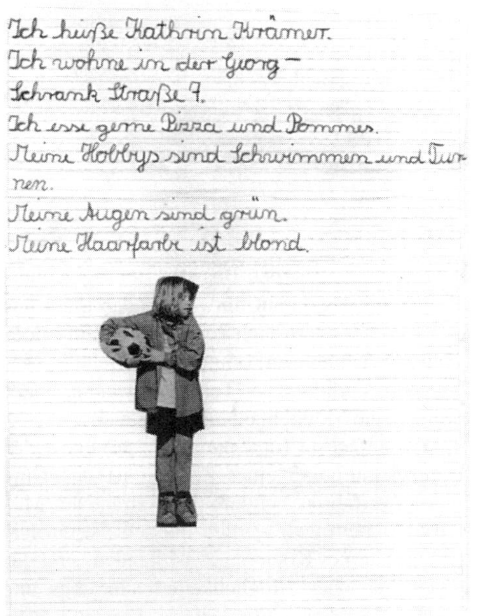

Eine Schülerin stellt sich vor – zweites Schuljahr

Zweckmäßig ist, wenn die Wahl der Partnerklasse durch den Lehrer eingeleitet wird. Die Lehrer der „Partnerklassen sollten ähnliche pädagogische Vorstellungen haben und ihre Absichten zur praktischen Durchführung der Korrespondenz ausgetauscht, präzisiert und für einen längeren Zeitraum geplant haben“ (Fendrich u. a. 1982, 95). Für eine Korrespondenz ist diese Forderung wichtig, weil anders bei einer Kontaktnahme mit einer völlig fremden Klasse das Risiko des Scheiterns – „Was wollen die von uns?“ „Wir haben keine Lust zu antworten, das macht uns zu viel Mühe.“ „Das interessiert uns nicht.“ – zu groß ist und damit der erhoffte schreibdidaktische und pädagogische Ertrag ausbleibt.

3.4.2 Inhalte

Für die Inhalte der Klassenkorrespondenz gibt es im Grunde keine Beschränkung. Alles kann zum Thema werden, was von der Klasse selbst als mitteilenswert eingeschätzt wird und von dem erwartet wird, dass es auch den Partner interessieren könnte.

Zunächst wird man zwei bis drei Briefe austauschen, die die Klassen jeweils gemeinsam verfasst haben. Darin stellen sich die Partner, d. h. die einzelnen Kinder der Klasse, gegenseitig vor und berichten beispielsweise über ihre Schulen, die Lehrer, die Wohnorte bzw. die Stadtteile. Nach diesen ersten Kontakten kann die Klassenkorrespondenz thematisch vielfältiger und individueller werden, jeder Schüler steuert etwas bei, die Beiträge werden gesammelt und der Partnerklasse geschickt.

Bastelarbeit: Weihnachtsmännchen

Beginnen kann man mit Formen des freien Schreibens, mit dem Austausch von Erlebnissen, Informationen und Problemen. Briefe, die auf eine Antwort hin angelegt sind, verlangen von dem Schreiber, dass er auf seinen Partner zugeht, dass er ihn herausfordert, fragt, um Stellungnahme bittet. Präzise Fragen, offene Diskussionen, Austausch von Arbeitsergebnissen, Rätsel, Spielbeschreibungen, Witze u. ä. helfen, die Klassenkorrespondenz über eine längere Phase hin zu sichern. Mit etwas didaktischer Fantasie sind in die Klassenkorrepondenz viele Inhalte oder Ergebnisse des Sach- und Fachunterrichts zu integrieren: geschichtliche, geografische, biologische, naturwissenschaftliche, soziale und auch künstlerische Themen.

Beispiele für Inhalte sind:

- Wir berichten über landschaftliche Besonderheiten der Gegend, in der wir wohnen.
- Wir informieren über die Geschichte unseres Dorfes bzw. unserer Stadt.
- Wir erzählen Sagen unserer Heimat.
- Wir berichten über Umfrageergebnisse: Was gefällt uns in der Schule? Was wünschen wir uns?
- Das machen wir gern: z. B. Klebebriefe, Text- oder Bildcollagen, Sprachspielereien.
- Schulgeschichten: Geschichten aus dem Alltag unserer Klasse.
- Gedichte, die wir selbst geschrieben haben.
- Geschichten, die wir uns ausgedacht haben.

- Wie wir miteinander spielen und feiern: Erlebnisse bei Klassenfeiern: gemeinsam erarbeitete Spiele; Lieder zum gemeinsamen Singen, z. T. mit neuen selbsterfundenen Strophen.
- Wir laden zu einem Fest ein.
- Wir schicken eine Wegbeschreibung, damit uns der Besuch auch sicher findet.
- Was wir gemeinsam tun: Berichte über gemeinsame Vorhaben, z. B. Wanderungen, Museumsbesuche, Besuche in der Kinder- und Jugendbücherei.
- Wir schicken eine Bastelei als Geschenk und schreiben die Bastelanleitung dazu.
- Was wir gern lesen: Vorstellen von Lieblingsbüchern.
- Wir raten: Rätsel.
- Worüber wir lachen: Witze.

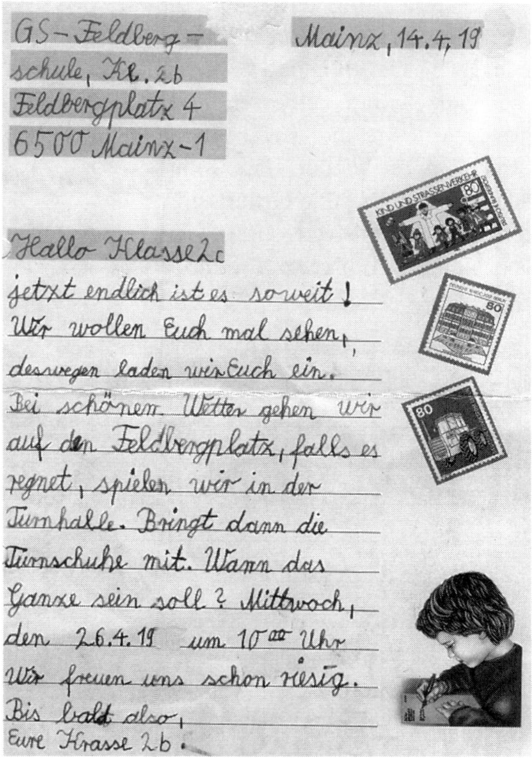
GS-Feldberg-schule, Kl. 2b
Feldbergplatz 4
6500 Mainz-1

Mainz, 14.4.19

Hallo Klasse 2c
jetzt endlich ist es soweit!
Wir wollen Euch mal sehen,
deswegen laden wir Euch ein.
Bei schönem Wetter gehen wir
auf den Feldbergplatz, falls es
regnet, spielen wir in der
Turnhalle. Bringt dann die
Turnschuhe mit. Wann das
Ganze sein soll? Mittwoch,
den 26.4.19 um 10^{00} Uhr
Wir freuen uns schon riesig.
Bis bald also,
Eure Klasse 2b.

Der Lehrer übernimmt bei der Klassenkorrespondenz die Rolle des Beraters und Helfers. Zwar kann er in der Regel voraussetzen, dass die Schüler richtig schreiben wollen, weil sie durch den Anlass motiviert sind. Er muss aber in Rechnung stellen, dass sie dieses 'richtige' Schreiben erst erlernen. Damit gehört Spracharbeit (einschließlich Rechtschreiben und Grammatik) zu den unabdingbaren Voraussetzungen für ein Gelingen des Vorhabens.

3.4.3 Dauer

Soll die Klassenkorrespondenz nicht eine kurzfristige Aktivität bleiben, deren Reiz für die Schüler schnell verpufft, ist es wichtig, dass die beiden Klassen einander bald besuchen und die Schüler sich persönlich kennenlernen.

Während dieser Besuche, besonders beim gemeinsamen Spielen, bilden sich sukzessiv feste Briefpartnerschaften. Damit geht das vorher gemeinsame Schreiben von Klasse zu Klasse auf die individuell-personale Ebene über: jeder Schüler hat seinen bestimmten, ihm bekannten Partner, und er schreibt nicht mehr an einen anonymen Adressaten.

Gemeinsam wird von nun an nur noch der Zeitraum verabredet, der zum Schreiben der Briefe erforderlich ist, und der betreuende Lehrer beschränkt sich darauf, in turnusmäßigen (Kreis-)Gesprächen die Erinnerung an die Vereinbarungen wach zu halten und für das Verschicken der Briefe zu sorgen. Nach einer angemessenen Zeit werden die Schüler dann aus der Verpflichtung entlassen, die Korrespondenz weiterzuführen. Diese wird freiwillig und verlagert sich ganz in den außerschulisch-privaten Bereich. Erfahrungen zeigen immer wieder, dass einige Schüler weit über die Grundschulzeit hinaus intensive Kontakte mit den neu gewonnenen Freunden halten.

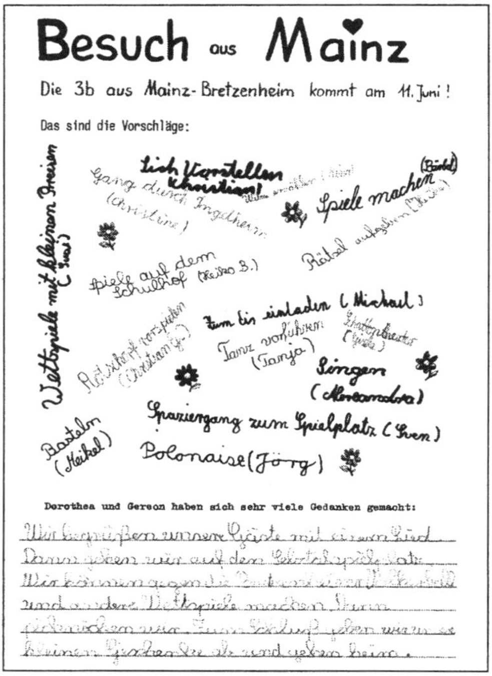

Stichworte zum Schreibunterricht

Weil wir den Haupttext nicht überfrachten wollten, haben wir bei manchen Begriffen auf Erläuterungen verzichtet, obwohl sie uns eigentlich angezeigt oder zumindest hilfreich erschienen. Mit den „Stichworten" holen wir dies nach. Zugleich möchten wir damit den Leserinnen und Lesern, die nach Ergänzung und Vertiefung suchen, erste Findehilfen geben.

Aufsatz. Begegnet uns der Begriff *Aufsatz* im Alltag, wird er meist, und dies keinesfalls nur von Pädagogen, auf sprachliche Äußerungen – eine schulische schriftliche Arbeit oder eine wissenschaftliche Abhandlung – bezogen, obwohl Wörterbücher auch noch andere Bedeutungen – beispielsweise den Aufbau an einem Schrank oder einem Schreibtisch – verzeichnen. Auch das Verb *aufsetzen* wird in diesem sprachlichen Sinne gebraucht und bedeutet dann: etwas (vorläufig schriftlich) abfassen, entwerfen, aufstellen, ins Unreine schreiben. „Für die Skizzierung, Überarbeitung und schließlich Festlegung des Wortlautes einer Äußerung eignet sich" zweifelsohne die schriftliche Aufzeichnung vorzüglich. Insofern vollzog sich das 'Aufsetzen' auch schon früher „in der Regel schriftlich. Das Produkt des Aufsetzens, der Aufsatz, mußte aber nicht unbedingt ein schriftlicher Text sein. Es konnte auch eine Rede sein, die mündlich vorzutragen war" (Baurmann/Ludwig 1986 a, 16). Erst im 18. Jahrhundert „verengte sich der Begriff des Aufsatzes in zweifacher Hinsicht. Zum einen wurde das Aufgesetzte auf das 'schriftlich Aufgesetzte' beschränkt. Nun war es nicht mehr möglich, auch mündlich vorzutragende Texte, also etwa Reden, als Aufsätze zu bezeichnen. Aufsätze waren nur noch Schriftstücke. Zum anderen wurde der Begriff in zunehmendem Maße mit der Schule in Verbindung gebracht. Man sprach von 'Schulaufsätzen', brauchte den spezifizierenden Zusatz aber bald nicht mehr, weil Aufsätze immer 'Schulaufsätze' waren. Der Gegenstand der schriftlichen Übungen, der sog. deutschen 'Stilübungen', hatte nun einen Namen" (ebd.).

Als in den 70er Jahren unseres Jahrhunderts der Deutschunterricht unter der Perspektive der Kommunikation einer grundlegenden Revision unterzogen wurde, geriet auch der Begriff *Aufsatz* in Misskredit, weil befürchtet wurde, dass man mit der Beibehaltung des Begriffs an der Tradition festhalte, von der man sich gerade lösen wollte. Deshalb wurden nun die Begriffe 'schriftliche Kommunikation', 'schriftliche Darstellung', 'Gestaltungslehre' oder einfach 'Schreiben' bevorzugt (vgl. Fritzsche 1980, 57). Fritzsche hat gegenüber solchen Ausdrücken zu Recht eingewendet, dass sie sich allein „auf den *Prozeß,* nicht auf das *Produkt*" beziehen, „das allenfalls 'schriftliche Texte' heißen könnte" (ebd.). Dass eine Verbindung beider Aspekte im Begriff *Aufsatzschreiben* eine angemessene sprachliche Lösung darstellen würde, überzeugt nicht.

Wenn der Ausdruck *Aufsatz* alle zusammenhängenden schriftlichen Äußerungen „im Zusammenhang mit Schule" (Fritzsche, ebd.) bezeichnet, ist seine weitere Verwendung durchaus sachlich vertretbar. Problematisch ist dagegen ein Sprachgebrauch, der den Begriff ausschließlich mit solchen Schülertexten gleichsetzt, deren einziger Zweck die Leistungsüberprüfung ist. *[Payrhuber]*

Freier Aufsatz. Mit Beginn des 20. Jahrhunderts wird im Geist der Reformpädagogik und der Kunsterzieherbewegung vor allem für die Volksschulen der *freie Aufsatz* entwickelt. Anreger sind die Volksschullehrer Otto Anthes, Fritz Gansberg, Adolf Jensen, Wilhelm Lamszus, Paul Georg Münch, Heinrich Scharrelmann und vor allem Rudolf Hildebrand mit seinem Buch „Vom deutschen Sprachunterricht in der Schule und von deutscher Erziehung und Bildung überhaupt (1. Aufl. 1867, 27. Aufl. 1962). „Hildebrand verabscheute alles, was den Schüler hindert, anschaulich, lebendig, ehrlich, kurz authentisch zu schreiben." (Ludwig 1988, 305) Das Kind sollte auf Grund seiner Phantasie Erlebnisse erzählen und schildern, zwar angeleitet, aber nicht – wie zuvor im → *gebundenen Aufsatz* – gegängelt werden. Ziel der sprachlichen Gestaltung war die dichterische Sprache, das Kind wurde als kleiner Dichter gesehen.

Allerdings wurden die Schülerprodukte bald auch kritisch betrachtet, einer Stilanalyse unterzogen, die den Normen des künstlerischen Schaffens nun doch meist nicht zu genügen vermochten. Doch war es das Verdienst dieser Neuerer, radikal das Kind selbst als Bezugspunkt des Schreibens angenommen zu haben. Die kreativen Ansätze der siebziger Jahre und die personalen der achtziger haben in veränderter Form darauf Bezug genommen. *[Payrhuber]*

Gebundener Aufsatz. Der Begriff *gebundener Aufsatz* wurde von den Reformpädagogen geprägt, um mit ihm die bis dahin vor allem in der Volksschule gültige schulische Schreibpraxis zu bekämpfen. Seit der von Adolf Jensen und Wilhelm Lamszus 1910 verfassten Schrift „Unser Schulaufsatz ein verkappter Schundliterat" wurde der Begriff dann aber auch auf die Praxis des Aufsatzunterrichts an anderen Schulen angewendet (vgl. Ludwig 1988, 449). In dem als „unfrei" diskreditierten *gebundenen Aufsatzunterricht* ging es vor allem um das Erläutern von Lebensweisheiten, Klären von Begriffen und Aufarbeiten sachkundlicher, moralischer und vaterländischer Stoffe aus den „Sachfächern" und der Dichtung. Dieses erwartungsgemäße Reproduzieren fremder Gedanken wird von der gesamten nachfolgenden Didaktik als unangemessene Dressurleistung beurteilt. *[Payrhuber]*

Heuristisches Schreiben. „'Heuristisch' meint eine Funktionalität der Sprachverwendung, die primär in der Auseinandersetzung zwischen Individuum und Welt liegt. Wachsendes Sprachvermögen (Kompetenz) bedeutet von da aus einen Zuwachs an Weltverständnis im weitesten (auch sozialen) Sinn, wie andererseits auch einen Zuwachs an Selbstverständnis, das sich wiederum auch seiner gesellschaftlichen Bedingungen bewußt ist" (Sanner 1975, 16).

Der Begriff „heuristisch" wird heute in einer doppelten Weise gebraucht: als Kennzeichnung eines schreibdidaktischen Ansatzes und als Bezeichnung einer Stufe der kindlichen → Schreibentwicklung. Die folgenden Ausführungen beziehen sich auf den heuristischen Ansatz im Schreibunterricht. Verbunden mit einer emanzipatorischen Zielstellung, wird er konsequent erstmals von Werner Ingendahl in seinem Buch „Aufsatzerziehung als Hilfe zur Emanzipation" (1972) vertreten. Den aus der philosophischen Tradition des deutschen Idealismus stammenden Begriff „Emanzipation" interpretiert Ingendahl dort als „Interesse des Menschen an der Erweiterung und Entfaltung der Verfügung über sich selbst", als „Aufhebung und Abwehr irrationaler Herrschaft" und „Befreiung von Zwängen aller Art" (17). Mit dem emanzipatorischen Prinzip der Sprache meint er die intellektuelle Kraft der Muttersprache, der jedes Mitglied einer Sprachgemeinschaft teilhaftig werde und von der es übernehme, „was in Jahrhunderten vor ihm an Erkenntnissen sprachlich erarbeitet worden sei" (19).

Für Ingendahl ist Aufsatzschreiben folglich kein primär kommunikatives Handeln. Der Schüler schreibt vielmehr, „um sich – schreibend – über sich selbst und sein Verhalten zur Wirklichkeit klar zu werden". Damit tritt der Partnerbezug zurück auf Kosten individueller Bewusstseinsbildung zum Zwecke einer „differenzierte[n] geistige[n] Durchdringung der Wirklichkeit" (51). Allerdings ist auch sein Ansatz insofern partnerbezogen, als die Schüler in verschiedenen Phasen der Textherstellung an gemeinsamen Projekten arbeiten. Insbesondere probieren sie in ihren „Gestaltungsversuchen" verschiedene Formulierungsmöglichkeiten anhand der von Hans Glinz entwickelten linguistischen „Operationen" (Umformungsprobe, Umstellprobe, Ersatzprobe, Entfaltungsprobe, Abstrichprobe und Klangprobe) aus. (s. die Beispiele oben auf S. 31 ff.)

Kritik an Ingendahls Konzeption wurde von Fritzsche (1973, 1974) und Merkelbach (1972) mit ideologiekritischen und soziolinguistischen, von Boettcher u. a. (1973) mit kommunikativen und motivationalen Argumenten geübt. Fritzsche beispielsweise beurteilt sehr skeptisch das Emanzipationsversprechen Ingendahls, weil er „die individuelle, vor allem aber jeweilige alters- und sozialspezifische Ausgangssituationen der Schüler" nicht berücksichtige und darum Gefahr laufe, „durch die hochsprachlichen Normen Kinder der Unterschicht ihrer Primärgruppe" zu entfremden (1974, 208).

Für Ingendahl (1972) ist die Hochsprache demgegenüber die „sozialste Form" von Sprache, „weil sie allen Mitgliedern einer Sprachgemeinschaft Kommunikation [...] ermöglicht, weil sie *den* Grad von Allgemeinheit hat, der nötig ist, um Schranken zu überwinden und sich selbst im Rahmen eigener, sozialer und umweltbedingter Determinanten bestmöglich zu verwirklichen" (53). *[Payrhuber]*

Kommunikationssituation. Die Frage, ob der Schreibunterricht von *realen* oder von *fiktiven* Kommunikationssituationen ausgehen solle, war in den siebziger Jahren zwischen „Schonraumpädagogen" (Wünsche 1972) und „Ernstfalldidaktikern" (Boettcher u.a 1973) heftig umstritten. Die Aachener Gruppe um Sitta, die eine der entschiedensten „kommunikativen" Konzeptionen vorgeschlagen hat, will beim Schreiben nur von realen Situationen ausgehen. Sie weist sogenannte „simulierte" oder „Stell-dir-vor-Situationen" mit dem Argument zurück: „Man lernt nicht schwimmen dadurch, daß man sich vorstellt, man lerne schwimmen" (111).

Diese Auffassung ist mehrfach kritisiert worden. Otfried Hoppe (1974) gibt zu bedenken, dass bei den von der Aachener Gruppe genannten Projekten – Planung einer Klassenfahrt, Brief an einen Schriftsteller, Beschwerdebrief an den Oberstadtdirektor u. a. – insofern eine Selbsttäuschung über den „Ernstfallcharakter" des Schreibens vorliegt, als die Schüler ihre Schülerrolle doch nicht verlassen. Auch in den Antwortschreiben sind sie als Schüler angesprochen; diese schulischen Kommunikationsbedingungen sind eben doch anders als die Fälle außerhalb der Schule. Hoppe propagiert demgegenüber nicht das Üben an kommunikativen Situationen in der Schule, „sondern daß möglichst genaue Kenntnisse über die Bedingungen von Kommunikation erworben werden, so wie diese sich außerhalb der Schule darstellen, und daß Fähigkeiten entwickelt werden, sich auf diese Faktoren einzustellen (41 f.). Ein solcher auf erlernbare Voraussetzungen für Kommunikationsfähigkeit bezogener Unterricht kann aber mit fiktiven Beispielen arbeiten. Diese „sind rationaler und erlauben vor allem auch, daß die Beziehung zwischen den Partnern verändert werden kann" (ebd., 47).

Zur Frage, ob das Schreiben in der Schule in simulierten, fingierten, fiktiven oder echten, realen Situationen erfolgen soll, haben neben Siegfried Schoedel (1973) und Wolfgang Herrmann (1974) Otto Ludwig und Wolfgang Menzel (1975) Überlegungen angestellt. Sie halten es für richtig und wichtig, sowohl reale als auch fiktive Situationen zu nutzen.

Da es innerhalb der Institution Schule den „Ernstfall" nur mit Einschränkungen gibt, ist diese Sowohl-als-auch-Position im Blick auf die Unterrichtswirklichkeit angemessen. Das bedeutet, dass selbstverständlich jeder sich bietende reale Schreibanlass genutzt wird. Solche Schreibanlässe sind z. B. Briefe an weggezogene oder kranke Mitschüler, an Briefpartner-Klassen. Auch die Vorbereitung eines Schulausflugs, die Bestellung von Arbeitsmaterial, das Einholen von Auskünften zum Sachunterricht, Einladungen an Eltern zu Schulveranstaltungen können echte Schreibanlässe an verschiedene Adressaten ergeben.

Da die Ernstfälle aber weder in gewünschter Anzahl noch in einer zeitlichen Abfolge verfügbar sind, die dem Arbeitsplan der Klasse korrespondiert, hat der Lehrer zusätzliche Situationen zu schaffen, die eine kontinuierliche Entwicklung des Schreibenlernens sicherstellen. Die Schreiberfahrungen, die Schüler hierbei machen, sind freilich weitmöglichst wieder auf konkrete Situationen und Schreibaufgaben in der Realität zu beziehen. *[Payrhuber]*

Kommunikatives Schreiben. Aus der Kritik am traditionellen → sprachgestaltenden Aufsatzunterricht erwuchs seit Beginn der 70er Jahre die Forderung nach einem funktionalen Aufsatz als situationsangemessene Bewältigung einer schriftlichen Kommunikationsaufgabe. Schreiben wurde dabei als schriftliche Mitteilung, als Einwirkenwollen auf andere, also in seinen funktionalen Bezügen in realen Lebenssituationen und Handlungsfeldern neu entdeckt. Als Bedingungsgefüge *schriftlicher Kommunikation* – so der neue Terminus – wurden herausgestellt:

- die Intentionen des Schreibers (z. B. informieren, appellieren, fabulieren, urteilen/werten),
- der Adressat (realer Adressat – Simulation des Empfängerverhaltens)
- der Inhalt (Verschiebung vom Fiktionalen zum Realen: Gebrauchstexte)
- die Form (Sammelbegriff für Formalia äußerer Art und für Textform i. e. Sinne).

Eine starke Abgrenzung zum traditionellen Aufsatzunterricht nehmen Eduard Haueis und Otfried Hoppe in ihrer Arbeit „Aufsatz und Kommunikation" (1972) und die Autorengruppe Boettcher/Firges/Sitta/Tymister in ihrem Buch „Schulaufsätze – Texte für Leser" (1973) ein. Ihre Kernthese ist: Nicht die Sprache an sich, sondern → Kommunikationssituation, Intention und Adressat und damit Lebensnähe und Wirklichkeitsbezogenheit stehen im Vordergrund des Aufsatzschreibens. Haueis/Hoppe erachten dabei – was den Adressaten betrifft – „lediglich" eine gezielte Antizipation der Leseerwartung im schriftsprachlichen Kommunikationsprozess für bedeutsam und schließen fiktive Partner in simulierten Situationen keineswegs aus. Anders bei Boettcher und Mitautoren: Sie gehen einen Schritt weiter, verzichten auf Simulation und gehen demgegenüber von echten Schreibnotwendigkeiten aus.

Ist bei Haueis (1972, 104) der entstandene Text „an einer präzisen Aufgabenstellung zu messen", entscheidet bei Boettcher und seinen Mitautoren (1973) die Reaktion des Adressaten, also die Wirklichkeit über „Richtigkeit" und Angemessenheit, über die Effektivität des Schreibens, nicht der Lehrer anhand eines gleichwie gearteten Kriteriums.

Mit dem Ziel, „kommunikativ richtige" bzw. situationsangemessene, partnerbezogene und effektive Texte zu „produzieren" stellen beide Werke ohne Zweifel eine Weiterentwicklung des früheren Aufsatzunterrichts dar. Relativiert werden muss jedoch der Absolutheitsanspruch des kommunikativen Schreibens (vgl. Steffens 1977, 61 ff.). Die „realen" Schreibanlässe vor allem bringen es mit sich, dass jetzt nur noch „pragmatische" oder „expositorische" Texte entstehen, so dass „zwar Kommunikation verwirklicht wird, jedoch auf Kosten jeder Art von Phantasie, Vorstellungskraft und Kreativität, die sich ja gerade im eigenen Texteinfall, in der eigenen Textproduktion verwirklichen" (Sanner 1975, 21).

Trotz dieser problematischen Begrenzung kommt den Didaktikern Haueis/Hoppe wie Boettcher u. a. das Verdienst zu, die kommunikationstheoretischen Voraussetzungen für den Aufsatzunterricht sehr genau erläutert zu haben. Der Umgang mit pragmatischen Texten „ist durch klare Operationalisierung und Lernzielplanung kein didaktisches Anhängsel des Aufsatzunterrichts mehr, und die Notwendigkeit, auch dem schreibenden Schüler die Bedingungen seines Schreibens bewußt zu machen, ist eine der wesentlichsten Schreibvoraussetzungen überhaupt. Daß bei diesem Konzept das freie (aber nicht intentionslose)

Produzieren von Texten in allen ihren möglichen Ausformungen unberücksichtigt bleibt, liegt an der Einseitigkeit des sprachdidaktischen Ansatzes“ (Sanner 1975, 21). *[Payrhuber]*

Nacherzählung. In der älteren Didaktik hatte das *Nacherzählen von Texten* seinen festen Platz. Heute ist der didaktische Wert dieser Schreibtätigkeit umstritten, wird gleichwohl in Handbüchern (Beck/Hofen 1990, 208ff.) und insbesondere in Arbeitsmaterialien für den Unterricht weiter empfohlen. Als eine Fehlform hat zu gelten, wenn die Nacherzählung als „objektive Darstellungsart“, gekennzeichnet durch die „feste Bindung an eine Vorlage“, bestimmt wird (Helmers 1971, 228). Optimal gilt danach eine Nacherzählung, wenn das Prinzip der treuen Wiedergabe der Vorlage vollständig erfüllt ist, so dass „jede Abweichung von der Textvorlage als ein Fehler beziehungweise Mangel für die Nacherzählung gewertet“ wird (Schildberg-Schroth/Viebrock 1981, 24).

Bei der Normalform der traditionellen schulischen Nacherzählung steht dem Gebot der Treue zur Vorlage zumindest die Idee der Aneignung entgegen; beides muss vom Schüler miteinander ins Gleichgewicht gebracht werden. Er soll einerseits die Struktur der Vorlage bewahren, andererseits ihren Wortlaut verändern. Dieser Regelkonstruktion liegt offenbar die Auffassung zugrunde, dass sich in der Struktur des literarischen Textes sein Eigentliches und Unwandelbares darstelle. Der Wortlaut ist dagegen dasjenige, was sich der Schüler im Akt des Verstehens aneignet.

Die Nacherzählung läuft demnach auf eine Übersetzung der Textstruktur in die Erzählsprache des Lesers hinaus. Bettina Hurrelmann (1980) nennt sie eine „Reformulierung des Geschehens nach dem Muster des Ausgangstextes“ (308). *[Payrhuber]*

Niederschrift. „Neben dem sogenannten Aufsatz sollen die Schüler auch die Fähigkeit der knappen und klaren Berichterstattung über Erlerntes erwerben. Dies geschieht besonders durch kurze Niederschriften. Sie sind als Zusammenfassungen behandelter Unterrichtsaufgaben und als Ausschnitte hieraus in einer knapp bemessenen Zeit, etwa gegen Schluß einer Unterrichtsstunde, häufig zu fertigen.“ Diese Bestimmung der „Lehrordnung für die bayerischen Volksschulen“ von 1926 (zit. n. Fickenscher 1963, 37) zieht die Konsequenz aus der von der Arbeitsschulbewegung intensiv diskutierten und gegen den → freien Aufsatz gerichteten Frage, „ob denn die Schule heute noch ‘Aufsätze’ schreiben lassen“ solle oder „ob diese nicht völlig durch ein angewendetes Schreiben im Dienste des gesamten Unterrichts und des Schullebens ersetzt werden“ sollten. Nicht nur die Fragerichtung ist bis heute aktuell geblieben, auch die Sache selbst hat sich, wenn auch mit Akzentverschiebungen, erhalten. Beck/Hofen (1990) rechnen „*das Niederschreiben (die Niederschrift*)“ zu den „Formen schriftlichen Arbeitens in der Grundschule“ und definieren es so: „Der Inhalt ist im wesentlichen bekannt (z.B. die Ergebnisse einer Sachkundestunde) und z.T. in Stichwörtern oder Skizzen festgehalten. Die sprachliche Form ist zu finden. Erstmalig handelt es sich hier um eine sprachliche Darstellung, doch noch nicht um eine eigenständige sprachliche Gestaltung im engeren Sinne“ (ebd., 32). Eine solch differenzierende Bestimmung ist freilich nur im Kontext eines Schreibunterrichts von Belang, der das Aufsatzschreiben auf das ‘sprachliche Gestalten’ einengt; für ein offenes Verständnis von Schreiben ist sie obsolet. *[Payrhuber]*

Offener Unterricht. Für das Schreibenlernen erhält das Konzept des *offenen Unterrichts* Relevanz, insofern es dort in einen kausalen Zusammenhang mit „freiem Schreiben“ gebracht wird (vgl. Spitta 1988 u. 1992). Der Begriff selbst ist nicht eindeutig definiert, pauschalierend wird darunter vom Stuhlkreis, der Freiarbeit, dem Wochenplan bis zur Projektarbeit fast alles subsumiert, was an reformpädagogischem Gedankengut derzeit virulent ist. Rainer Winkel (1993 a) schlägt darum vor, anstelle von „offenem“ von „beweglichem“

Unterricht zu sprechen, dies auch, um deutlich zu machen, daß „die freie Lernarbeit" das Ziel, „nicht aber der Beginn aller unterrichtlichen Tätigkeit" ist (14). Das heißt, für das „freie Schreiben" in einem beweglichen Unterricht mit flexiblem Methodeneinsatz sind grundlegende Schreibvoraussetzungen notwendig, die die Grundschule (als „grundlegende" Schule) über verschiedene Formen der Lernarbeit (Schularbeit, Klassenarbeit, Mitarbeit, Hausarbeit, Wahlarbeit, Freiarbeit) bei fließenden Übergängen bereitstellt (ebd.). In der „Mathetik", das heißt der Kunst, die ein wirksames Lernen ermöglicht (von mathein = lernen), stellt der Lehrer die Aufgaben bereit und zeigt dem Schüler, was er lernen kann. Schlagworte wie „Freiarbeit", „offener Unterricht" oder „Projektarbeit" charakterisieren für sich allein noch keine neue Schultheorie und Schulpraxis, solange sie keine „systematische Plazierung im Gesamtgeflecht didaktischer und edukativer Strukturen einnehmen" (Winkel 1993 b, 149). *[Schattner]*

Schreibbewegung. Die Schreibbewegung in der Bundesrepublik ist Ende der siebziger, Anfang der achtziger Jahre entstanden (aus dem anglo-amerikanischen Raum kommend) und wendet sich allgemein gegen eine Vereinnahmung durch die Massenmedien, durch die eine Konsumhaltung provoziert wird bis hin zur geplanten, verplanten Freizeit- und Feriengestaltung (vgl. Spinner 1978 u. 1980). Schreiben in solchen Gruppen soll zur Perönlichkeitsentwicklung (z.T. auch in therapeutischer Form) beitragen; literarische Intentionen (mit Veröffentlichungsabsicht) werden meist nicht vorrangig verfolgt. In der Bundesrepublik existieren vielfältige Schreibgruppen: in Universitäten, Volkshochschulen und anderen Institutionen und als freie Vereinigungen, so z.B. der *Bürgerverein Berolina* e.V. (Berlin) mit der Zeitschrift „Wortspiegel" (für Schreibgruppen und Schreibinteressierte, seit 1996). Seit 1982 existiert der *Segeberger Schreibkreis e. V.*; Lehrer, Hochschullehrer, Studenten und auch Angehörige anderer Berufsgruppen treffen sich jährlich für einige Tage, um gemeinsam zu schreiben und neue Verfahren zu erproben. Die Erörterung von theoretischen Problemen ist zwar nicht primäre Aufgabe des Kreises, wird aber andererseits auch nicht ausgeschlossen (vgl. Schalk/Rolfes 1986; Emert/Bütow 1990; v. Scheidt 1990).

Die Schreibdidaktik bezieht aus der außerschulischen Schreibbewegung viele Anregungen. Dazu einige Beispiele:

- Schreiben wird hier nicht primär unter dem Aspekt der Bewertung praktiziert.
- Die existentielle Bedeutung des Schreibens, die Entwicklung und Stärkung der Ich-Identität für die einzelne Person wird betont.
- Der *gruppendynamische Aspekt* des Schreibens wird berücksichtigt: „Das wesentlich Neue, das beim 'kreativen Schreiben' zu den klassischen literarischen Aspekten von 'Inhalt' und 'Form' hinzukommt, ist das Moment der 'Kommunikation', und zwar der unmittelbaren, direkten Kommunikation: Kreatives Schreiben wird überwiegend in Gruppen geübt und zeigt dort, innerhalb des Gruppen-Austausches seine eigentliche Stärke" (v. Scheidt 1993, 116). So wird das Sich-gegenseitig-Vorlesen und das Besprechen auch in der Schule zu einem wesentlichen Moment. Zum ersten Mal finden auch das Schreiben in der Gruppe/Klasse als Variable des Schreibprozesses Beachtung.
- *Ganzheitliches Lernen mit allen Sinnen* in Bezug auf das Schreiben charakterisiert viele dieser Verfahrensweisen.
- Da Schreiben wieder als *erfahrungsbezogen* begriffen wird, muss sich der Schreiblehrer meist auch am Schreibakt beteiligen. Er ist grundsätzlich in der gleichen Lage wie seine Teilnehmer. Dieses Prinzip wird grundsätzlich auch für die Schule gefordert, d.h. der Lehrer schreibt selbst mit. Freilich sollte man mit dieser Forderung pragmatisch umgehen, da der Lehrer ja auch u.U. helfend eingreifen muss.

- Viele Verfahren und Möglichkeiten des *kreativen Schreibens* wurden zunächst außerhalb der Schule in solchen Schreibgruppen erprobt und entsprechend veröffentlicht (vgl. → *subjektorientiertes Schreiben*, S. 65 ff.) und meist dann erst in die Schule übernommen. Dieser Prozess ist heute noch nicht abgeschlossen. *[Schuster]*

Schreibblockaden. In der didaktischen Literatur (vgl. z. B. das „Handbuch" von Beck / Hofen 1990) kommt das Stichwort *Schreibblockade* bislang nicht vor. In der Schule scheint diese nicht zu existieren. Den Begriff der *Schreibblockade* findet man im Zusammenhang mit Veröffentlichungen zur außerschulischen Schreibbewegung und zu deren Problemen. Und immer wird dabei auf die amerikanische Literatur verwiesen, so auch in der Abhandlung von Christa Böhme (1990), auf die im Folgenden des öfteren Bezug genommen wird (vgl. auch v. Werder 1990). Deshalb wird zunächst weitgehend unabhängig vom schulischen Schreiben argumentiert, und erst im Anschluss daran werden vorsichtig Konsequenzen für die Textproduktion von Schülern gezogen.

Christa Böhme (1990) gibt folgende *Definition*: „Sichtbar wird der Schreibblock, wenn eine Person, sei es ein Schüler, Student oder Schriftsteller vor einem leeren Blatt Papier sitzt, und egal, welche Mühe er sich gibt, kein Wort schreiben kann" (126). Man müsse aber zwei Eingrenzungen vornehmen: „1. Bevor man von einem Schreibblock reden kann, sollte festgestellt werden, inwieweit Grundschreibfähigkeiten vorhanden sind. 2. Die andere Eingrenzung besteht darin, daß ein Widerstand Anstrengung und ernsthaftes Herangehen voraussetzt. Eine Person kann müde und gelangweilt sein und deshalb die Schreibaufgabe nicht erfüllen. Da sie ihre Fähigkeiten nicht richtig einsetzt, kann man nicht von Widerstand sprechen" (ebd.). Böhme möchte auch noch unterscheiden „zwischen einem Schreibblock, dessen Resultat ein leeres Blatt Papier ist und einem Kreativitätsblock im Schreibprozeß, dessen Resultat nicht unbedingt bedeutet, nicht zu schreiben. Maßgebend ist nicht nur, ob eine Person überhaupt schreibt, sondern auch, was sie schreibt, wenn es ihr gelingt zu schreiben" (ebd.).

Da in der Schule das Schreiben eingefordert wird, ist ein leeres Blatt äußerst selten. Es kommt dort stattdessen zu *verdeckten Schreibblockaden*, deren Kennzeichen es ist, dass zwar etwas dasteht, das aber in Bezug zur gestellten Aufgabe weitgehend als sinnlos bezeichnet werden muss. Symptomatisch ist auch, dass der Schreibprozess äußerst mühsam, fast quälend, in Gang kommt. Bei Schreibexperimenten kann man immer wieder solche blockierten Schüler beobachten.

In der Forschung (vgl. Böhme 1990, 127) wird auch noch unterschieden nach der *Ausprägung der Blockierung:*

- Grundsätzlich blockierte Personen (Fix-Blocker)
- Sehr stark blockierte Schreiber (High-Blocker)
- Weniger stark blockierte Personen (Low-Blocker).

Die Schüler sind in der Regel zu den Low-Blockern zu rechnen, da sie es gewohnt sind, häufig und regelmäßig zu schreiben. Verschiedene psychologische Richtungen bieten ebenfalls Erklärungen zur Entstehung und Ratschläge zur Behebung der Schreibblockaden an. Die Behavioristen arbeiten beispielsweise mit einem ausgeklügelten Belohnungssystem. Die kognitive Theorie legt demgegenüber „den Schwerpunkt ihrer Forschung auf die Selbstwahrnehmung und -beurteilung einer Person. Im wesentlichen geht es um starre Denkschemata und Regeln, die den Schreibprozeß stören oder ihn blockieren" (Böhme 1990, 131). Als Ursache nennen die Betroffenen Zweifel an der eigenen Leistung, Abwertung der Aufgaben und Grübeln über Alternativen, sowie ein Sich-Verlieren in Vorahnungen von Bestrafung oder Ansehensverlust. Dass Schüler vor allem Zweifel an der eigenen Leistung quälen, darf eigentlich nicht verwundern, ist doch die Intention schulischer Aufsatzarbeit nicht selten dadurch gekennzeichnet, dem Schreibenden sein Unvermögen nachzuweisen, als ihn positiv zu verstärken und aufzubauen. Wichtig – nach der kognitiven Theorie – ist es nun, die Schüler anzuleiten, die negativen Selbstbewertungsgedanken und -gefühle durch positive zu ersetzen.

Die Psychoanalyse hat sich ebenfalls mit dem Schreibblock befasst. Nach Böhme (1990, 133) hat Sigmund Freud sich vor Schreibblockaden mit Hilfe folgender vier Grundsätze geschützt, die – in Abwandlung – auch auf die schulische Schreibarbeit übertragbar sind:

„1. Man muß regelmäßig schreiben, egal, wie es einem geht.
2. Man sollte die Sprache lieben lernen und das Vokabular zu bereichern suchen.
3. Jede Übernahme von fremden Ideen ist gestattet.
4. Man sollte fließend und assoziativ schreiben und Texte erst später überarbeiten."

Die *Ursachen* für Schreibhemmungen können sehr vielfältig sein:

- Demotivierende Themenstellung
  Statt Themen sollten Schreibaufgaben und Schreibanlässe, Situationen und Schreibexperimente geboten werden. Es lässt sich beobachten, wie die Motivation zunimmt, wenn die Aufgabe individuell subjektiv gelöst werden kann.
- Zu geringe Zeit für die Phase der Inspiration und Imagination (aber auch für die Schreibarbeit selbst). Dies trifft vor allem dann zu, wenn der Übergang von einer Stunde zur anderen sehr konträre Fächer umfasst.
- Kein erkennbarer Verwendungszusammenhang des zu schreibenden Textes. Wenn Schüler jenseits von Schreibklischees produzieren, dann werden die Texte auch für die anderen, für die Zuhörer wieder spannend.
- Kein erkennbarer Verwertungszusammenhang. Schreiben bedeutet für Schüler häufig eine Pflichtübung für eine Note.
- Behinderung durch die Klasse als Gruppe. Die Klasse kann Schreibaktivitäten behindern, wenn Spannungen zwischen einzelnen Schülern und zwischen Untergruppen existieren.

Maßnahmen zur Behebung von Schreibhemmungen können sein:

- Das Erstellen eines *Clusters.* Das Angebot, zunächst ein Cluster (s. S. 66ff.) anzufertigen, empfiehlt sich, wenn den Schülern spontan nichts einfällt. Das Cluster aktiviert Assoziationsbereiche, auf die ohne Übung nicht so ohne weiteres zurückgegriffen werden kann.
- *Gespräche zwischen Lehrer und Schüler* können ebenso hilfreich sein. Vielleicht ist etwas nicht verstanden worden oder die momentane Situation zu belastend. Dies können Gruppen–, aber auch Einzelgespräche sein.
- Auch ein *Ortswechsel* heraus aus dem Klassenzimmer kann nützlich sein. Der Gang oder die Umgebung der Schule bieten u. U. zusätzliche Motive und Eindrücke.
- „Viele Schreiber blockieren, weil sie sich unter Leistungsdruck setzen." (Böhme 1990, 140) In der Schule wird zudem dieser Druck von außen noch zusätzlich an die Schüler herangetragen. Der Lehrer sollte versuchen, diesen, wo dies immer nur möglich ist, zu mindern oder ganz abzubauen.

Der Grundsatz, regelmäßig zu schreiben, gleichgültig, wie es einem gehe, ist zwar in der Schule nur schwer zu verwirklichen, da der Lehrer es schaffen müsste, einen Schreibunterricht zu gestalten, in dem die Schüler gerne und freiwillig produzieren; gleichwohl sollte angestrebt werden, ihm zu entsprechen.

- Dem Schüler sollte umfangreiches Wissen über Schreibtechniken und -möglichkeiten (und natürlich auch die dazu notwendigen Fähigkeiten und Fertigkeiten) bereitgestellt und vermittelt werden.

- Man kann auch gegen die Schreibblockade anschreiben, indem man sie thematisiert. Häufig löst sie sich dadurch auf. Für Grundschüler ist dieser Weg allerdings noch zu anspruchsvoll. *[Schuster]*

Schreibentwicklung. Zur Beschreibung der Entwicklung des Schreibvermögens hat Carl Bereiter (1980) ein fünfstufiges Modell ausgearbeitet, das sich nach Baurmann/Ludwig (1986 a) und Ludwig (1994) wie folgt darstellt:

- Die erste Stufe ist das *assoziative Schreiben*, die einfache Niederschrift von Gedanken. „Geschrieben wird einzig und allein, um etwas, das man in sich spürt, Gedanken oder Empfindungen, nach außen zu bringen. Das Kind schreibt sozusagen aus sich heraus" (Baurmann/Ludwig 1986a, 19). Dieses Stadium ist bei Mädchen meist in der dritten, bei Jungen oft erst in der vierten Klasse erreicht, beim Erzählen in der Regel früher als bei anderen Aufgaben.
- Auf der nächsten Stufe des *performativen Schreibens*, die viele Kinder bereits im dritten und vierten Schuljahr erreichen, bemühen sich die Schreiber nachhaltig um die Einhaltung schriftsprachlicher Normen. Die Aufmerksamkeit richtet sich nicht mehr allein auf den Inhalt, sondern gleichermaßen auf die Form der Texte. Das Kind möchte grammatisch und orthografisch richtig schreiben, womöglich auch stilistisch schön.
- Beim *kommunikativen Schreiben* kommt zu den bisherigen die Fähigkeit hinzu, die rhetorische Situation berücksichtigen zu können, insbesondere die Tatsache, dass Texte für Leser geschrieben werden. Manche Schüler bewältigen den damit geforderten „Perspektivenwechsel" bereits von der fünften Klasse an, meist ist jedoch mit einer längerfristigen Entwicklung zu rechnen.
- Jugendliche vermögen sich nicht nur auf den Standpunkt eines Lesers einzustellen, sondern auch das, was sie schreiben, aus der Rolle des Lesers zu betrachten, das eigene Schreiben sozusagen von außen mit kritischem Urteil, literarisch begründeten Ansprüchen und logischen Überlegungen zu begleiten. Sie bringen Ihre Erfahrungen als Leser, zunehmend ästhetisches, vor allem aber kritisches Vermögen in den Schreibprozess ein. Das Ergebnis ist ein *authentisches Schreiben* in einem oft ausgesprochen persönlichen Stil.
- Hat der Schreiber einmal die Fähigkeit entwickelt, als kritischer Leser den eigenen Schreibvorgang zu begleiten, wird Schreiben *epistemisch* – oder auch *heuristisch* –, das heißt zu einem Medium, nicht um gefasste Gedanken darzustellen, sondern um Gedanken erst zu fassen.

Bereiters Modell hat große Beachtung gefunden, allerdings ist auch kritisch eingewendet worden, dass es sich bei der Schreibentwicklung wohl weniger um klar voneinander abhebbare Stufen als vielmehr um Dominanzen handele. „Sieht man einmal vom epistemischen Schreiben ab, so können vermutlich alle Schreibmodi auf allen Stufen auftreten, selbst bei Schreibanfängern. Sie werden nur zu unterschiedlichen Zeiten kritisch, d. h. zu einem Problem für die Kinder." (Ludwig 1994, 21) Einleuchtend ist auch die Überlegung, dass nicht unbedingt jede Stufe durch die nächstfolgende aufgehoben und überflüssig gemacht werde. Insbesondere von dem performativen Schreiben, aber durchaus nicht von ihm allein, darf angenommen werden, dass es die Schreiber auf allen Stufen beschäftigt. Otto Ludwig (ebd.) schlägt deshalb vor, dem Modell folgende veränderte Struktur zu geben:

(1) Grundlage und Voraussetzung allen Schreibens sei die Tatsache, dass Gedanken überhaupt aufs Papier kommen, dass also etwas niedergeschrieben werde. Ludwig schlägt darum vor, anstelle von „assoziativem" von „expressivem" Schreiben zu sprechen, um die Tatsache, dass Gedanken nach außen kommen, d. h. ausgedrückt werden, auch begrifflich zu fassen.

(2) Als weitere Bedingung gilt Ludwig die Tatsache, dass zumindest bis zu einem gewissen Grad schriftsprachliche Normen beachtet werden. Es sei nicht verwunderlich, wenn man schon recht früh in der Grundschule den Wunsch der Kinder feststelle, so zu schreiben, wie es die Erwachsenen tun, d. h. den Normen entsprechend.

(3) Erst wenn diese beiden Bedingungen gegeben seien, könne eine Differenzierung des Schreibvermögens in drei verschiedene Richtungen erfolgen:

- bezogen auf den Leser: kommunikatives Schreiben;
- bezogen auf den Schreibenden selbst: authentisches oder personales Schreiben;
- bezogen auf die Sache oder den Inhalt: sachbezogenes oder (später) epistemisches Schreiben.

Als didaktische Folgerung ergibt sich aus diesem Modell die Aufgabe, Ziele, Voraussetzungen und Inhalte des Schreibunterrichts zu überprüfen. Ob dies im Ergebnis zu einer mehr oder minder nachhaltigen Revision führen muss, wird sich noch erweisen. In jedem Falle aber kann, wie von Ludwig (1994, 21) vorgeschlagen, die „Stilarbeit in der Schule" eine erneuerte Grundlage erhalten, wenn sie auf der Entwicklung des Schreibvermögens aufbaut. *[Payrhuber]*

Schreibforschung. Schreibforschung wird mit verschiedenen Intentionen und unter verschiedenen Aspekten betrieben.

Die *historische orientierte Schreibforschung* befasst sich vor allem mit folgenden Phänomenen:

- Einfluss der Schriftlichkeit auf die Entwicklung von Hochkulturen; Bedingungen und Voraussetzungen des Schreibens im Laufe der Jahrhunderte; welche Funktion hatte das Schreiben für einzelne Individuen? „Schreiben mit dem Ziel, sich selbst zu erkennen, Fehler zu korrigieren, Leiden zu artikulieren und abzubauen, gibt es seit Beginn der europäischen Hochkultur. Therapeutisches Schreiben hatte dabei immer in gesellschaftlichen Krisenzeiten Hochkonjunktur und half mit, daß die Individuen in Umbruchzeiten nicht durch Auflösung gesellschaftlicher Stabilität zerstört wurden" (v. Werder 1986, 4). Lutz von Werder untersucht z. B. unter dem schreibtherapeutischen Aspekt die Schriften und das Leben des Heiligen Augustinus, des Nikolaus von der Flüe (Bruder Klaus), Benvenuto Cellini (1500–1580), Jean Jacques Rousseau, Marquis de Sade, August Strindberg.
- Erforschung der Schreibtechniken, deren sich die Dichter und Schriftsteller im Laufe der Jahrhunderte bedienten. „Aus den 100 000 Jahren der magischen Dichtung schöpft jede Literatur, die sich nicht allein der Schrift verdankt. Literatur besteht in der Entfaltung von Schreibtechniken, die die alten Poesieekstasen beleihen. [...] So erfindet Goethe den Weg der gelenkten Imagination. Novalis etabliert in der Romantik das Schreiben nach der Methode des Träumens. Zola schreibt mit allen Sinnen als Reporter in der sozialen Hölle. Assoziative Schreibtechniken prägen nach Benn den Expressionismus. Das automatische Schreiben Bretons, das wieder durch Himmel und Hölle fliegt, triumphiert im Surrealismus. Die Wortkombinatorik belebt im Manierismus die noch ausgesparten Zwischenräume der Sprache." (v. Werder 1992a, 15) Bei Lutz von Werder hat die Erforschung der Schreibtechniken der Dichter und Schriftsteller keine nur historische Bedeutung, sondern er möchte, dass Schüler und Erwachsene diese auch aktiv für ihr eigenes Schreiben nutzen. Insofern ist es nur konsequent, dass er nach der Schilderung der Schreibtechniken eines Dichters oder einer Epoche jeweils in dieser charakteristischen Art Schreibaufgaben anfügt.

Die *synchron arbeitende Schreibforschung*, die insbesondere auch die Schreibdidaktik in der Schule einschließt, befasst sich mit folgenden Aspekten:

- Empirische Erforschung des Schreibprozesses, z. B. auf gehirnphysiologischer Grundlage (vgl. Rico 1984, Beisbart 1989); Unterschiede zwischen Sprechen und Schreiben.
- Erforschung des Schreibprozesses, bezogen jeweils auf das einzelne Individuum und auf Gruppen. Welche Faktoren wirken sich insgesamt hemmend und welche fördernd aus, etwa auch im Deutschunterricht? Phasen des Schreibprozesses; Krisenpunkte; → Schreibblockaden.
- Hermeneutisches Erfassen der Schreibprodukte bzw. der Texte. Aufsätze und Texte von Schülern (u. U. auch von Erwachsenen) werden unter verschiedenen Aspekten, z. B. auf alterstypische (aber auch allgemeine) Stilmittel hin untersucht, werden interpretiert (welche Intentionen verfolgt der Schreiber, wie geht er mit der Themenstellung oder dem Schreibanlass um, welche gesellschaftlich-politischen Tendenzen allgemeiner Art sind erkennbar, sind schichten- oder geschlechtsspezifische Einflüsse festzustellen?). Man kann das Schreibprofil einer Person über einen längeren Zeitraum festhalten, die entstandenen Texte in vergleichender Weise untersuchen, z. B. inwieweit sich Entwicklungen beobachten lassen. Es können aber Texte/Aufsätze von vielen Schülern (evtl. mit demselben Thema oder entstanden aus demselben Schreibanlass) mit bestimmten kategorialen Systemen aufbereitet werden. Lehrerkorrekturen sind z. B. auch ein solches kategoriales System, das in hermeneutischer Weise untersucht werden könnte. *[Schuster]*

Schreibkonferenz. Gudrun Spitta (1992) definiert den Begriff *Schreibkonferenz* als ein Verfahren, „einen selbst verfaßten Text einer kleineren kritischen Öffentlichkeit zu präsentieren, um aus den Reaktionen der Teilnehmer Hinweise für eine eventuelle Überarbeitung des Textes zu erhalten“ (13). Die Präsentation geschieht in der Weise, dass das Autorkind seinen Text seinen selbst gewählten Konferenzteilnehmern (zwei Klassenkameraden) vorliest.

„Konferieren“ (lat. rem conferre inter se) meint das Sprechen über etwas. Spitta greift das Nomen „Konferenz“ in dieser Bedeutung auf und beschreibt damit den Sprechprozess über einen Schülertext, den Mitschüler mit dem Autor führen: „Ein erster grundlegender Vorzug der Schreibkonferenzarbeit liegt darin, daß wir mit diesem Arrangement Kindern ein konkret erfahrbares Modell der intellektuellen Prozesse beim Schreiben bieten. Die komplex und extrem schnell ablaufenden mentalen Prozesse beim Schreiben, die sonst für andere – also auch für das lernende Kind – unsichtbar, nicht greifbar, d. h. verinnerlicht im Kopf des Schreibers ablaufen, werden beim ‘lauten Denken im Schreibgespäch’ nach außen gebracht und dadurch auch für Kinder mitteilbar, nachvollziehbar und erwerbbar gemacht“ (ebd., 11). Ziel ist es, den Schülertext, durch das Gespräch zu optimieren, das heißt den Autor zu motivieren und zu veranlassen, seinen Text zu überarbeiten. Der Schülerautor soll erkennen: „Schreiben heißt Überarbeiten“ (ebd., 20).

In einem „offenen Unterricht“ werden, nach Spitta, „freie Texte“ geschrieben. Sie wendet sich mit ihrem Konzept gegen „Aufsätze“ im Sinne des „traditionellen Aufsatzunterrichts“, weil dieser nur „verdrossene Schreibvermeider“ produziere (ebd., 16). Sie konstatiert ein Versagen der Schule durch den „traditionellen Aufsatzunterricht“ und schlussfolgert, dass „verordnetes Schreiben nur allzuoft bereits im Grundschulalter zur formalen Anpassung“ degeneriere (ebd., 31). Das Schreiben „freier Texte“ eröffne hingegen „überraschende Inhaltsdimensionen sowie unerwartete Textqualitäten“ (ebd.), weil es befreie und der „selbstbestimmten Verarbeitung individueller Erfahrungen freigegeben“ sei (ebd.). Weil schreibenlernende Kinder Reaktionen auf ihre Texte benötigen, seien Schreib-„Konferenzen“ im Anschluss an „freies Schreiben“ ein Postulat. In dem Öffentlichmachen geschriebener Texte reflektiere der Autor seine Schreibstrategie. Der individuelle Reflexionsprozess beim Autorkind setze durch Erprobungen und Rückkopplungen (trial and error) ein.

Der Prozess gilt ihr dann als erfolgreich, wenn der Autor bereits während seines Textentwurfs mögliche Konferenzeinwände antizipiert und in seiner gedanklichen Konzeptionsphase berücksichtigt.

Die von Spitta vorgeschlagenen Inhalte für das „freie Schreiben" sind mit den personalen, insbesondere den kreativen Schreibweisen sehr verwandt, in vielen Details identisch. Neu ist hingegen das Konzept der Schreibkonferenz. Allerdings ist hierzu kritisch anzumerken, dass das Autorkind seinen Text den Konferenzteilnehmern nur vorliest und im Konferenz*gespräch* Überarbeitungsvorschläge inhaltlicher und sprachlich-stilistischer Art auch nur verbal geäußert werden. Das erschwert eine intensive Auseinandersetzung, weil die Mitschüler den Text nicht schriftlich vorliegen haben, ihn also nicht selbst lesen können, um auf dieser Grundlage ihre Überarbeitungsvorschläge zu machen. Dabei sind geschriebene Texte doch eigentlich 'Texte für Leser'. Wenn Spitta außerdem behauptet, dass Schreibkonferenzen nur in „freiem Schreiben" funktionierten und in „normalem Aufsatzunterricht kaputt gemacht" würden (ebd., 28), setzt sie eine Schreibweise dogmatisch absolut und erhebt einen Anspruch, den ihr Konzept im Prozess des Schreibenlernens insgesamt nicht einlöst. Außerdem muss ein solches Konzept, das unter optimalen Versuchsbedingungen erprobt wurde (Spitta 1996), seine Generalisierbarkeit erst noch nachweisen. *[Schattner]*

Schriftspracherwerb. Der Begriff kennzeichnet den Bereich des Erstschreibens, d. h. „den Bereich des Erwerbs der Kompetenzen, die für die graphemisch-orthographische, aber auch für die visuelle und motorische Kontrolle des Schreibens erforderlich sind. Dieser Prozeß ist in starkem Maße von den spezifischen Bedingungen des jeweiligen Schriftsystems und der jeweils darauf aufbauenden Orthographie geprägt" (Feilke 1993, 17). Vom Schriftspracherwerb wird in der Forschung – aus praktischen, nicht theoretischen Gründen (Feilke, ebd.) – die → Schreibentwicklung abgegrenzt, die den Prozess der Entwicklung „textorientierter Handlungs- und Ausdrucksfähigkeiten" (ebd.) betrifft.

Auf die Gemeinsamkeiten beider Bereiche hat insbesondere Mechthild Dehn (1990) aufmerksam gemacht, indem sie den Zusammenhang zwischen Schreiben und dem jeweiligen mentalen Schreibkonzept betont, über das ein Schreiber verfügt. „Sowohl für den Schriftspracherwerb als auch für die Schreibentwicklung ist die reflexive Konzeptualisierung und Schematisierung der eigenen Schreibpraxis eine zentrale Voraussetzung für Lernfortschritte. Diese gehen stets aus von einer aktiven Veränderung von Schemata (Schema-Akkomodation), die die Textproduktion bestimmen, gleich ob es nun um das Schreiben ganzer Texte oder einzelner Wörter geht" (Feilke 1993, 17). *[Payrhuber]*

Sprachgefühl. Der Begriff *Sprachgefühl* ist erstmals in Joachim Heinrich Campes *Deutschem Wörterbuch* (1907–1911) nachweisbar und wurde seither vielfach erörtert. Der Sprachpsychologe Friedrich Kainz (1956) bezeichnet als Sprachgefühl „ein dunkles, unterschwellig wirkendes Wissen um das Sprachübliche, eine durch weitgehende Sprachvertrautheit geschaffene und verfeinerte Disposition, sich der Bestände der betreffenden Sprache in normgemäßer Weise zu bedienen. Es handelt sich dabei um einen automatisierten und betriebsförmig gewordenen [...] Kenntnisbesitz [...], um einen verdichteten Erfahrungsniederschlag [...] ohne volle Bewußtseinserhellung, ferner ohne Vorhandensein und Präsenz expliziter theoretischer grammatisch-stilistischer Kenntnisse, also ohne logische Klarheit der Entscheidungsgründe" (325).

Ein derart definierter Begriff des Sprachgefühls kann dazu beitragen, den vorschulischen Spracherwerb des Kindes zu beschreiben. Vor seinem Eintritt in die Schule erlernt das Kind die Sprache in hohem Maße intuitiv. „Der Spracherwerb erfolgt unmittelbar praktisch, als eine diffuse Ansammlung von wort- und satzgrammatischen Mustern." (Birck u. a. 1993, 85) Dabei ist die von Kainz so genannte „Sprachvertrautheit" eines Kindes nicht eindimensional als Produkt des sozialen Umfeldes (etwa der Familie) zu sehen, in dem der sprachliche Entwicklungsprozess stattfindet. Gerade weil der Prozess des Spracherwerbs keine gezielte Einübung in die sprachlichen Normen darstelle, geschweige denn auf der Klärung ihres inneren Begründungszusammenhangs beruhe, sei das einzelne Kind weitgehend sich selbst überlassen, wenn es darum geht, seine sprachlichen Erfahrungen zu verarbeiten und gewohnheitsmäßig richtig zu sprechen und zu schreiben. „So ist die Entwicklung des Sprachgefühls in hohem Maße von individuellen Zufälligkeiten bestimmt, und es ist daher auch nicht verwunderlich, wenn das Sprachgefühl von Kindern am Anfang ihrer Schulzeit, aber auch noch viel später erhebliche Unterschiede aufweist“ (ebd., 86).

Neuerdings haben Gauger und Oesterreicher (1982) das Sprachgefühl als ein Wissen definiert, das sich auf die Richtigkeit oder Angemessenheit sprachlicher Formen bezieht, und als ein Normbewusstsein, das transregional, transsozial und unabhängig vom Bildungsstand ist (40ff.). „Dabei unterscheiden sie zwischen dem normbestimmten Gefühl für sprachliche Richtigkeit in lautlicher, morphologischer, syntaktischer und lexikalischer Hinsicht, dem Sprachgefühl für schulmäßige Richtigkeit also, und dem eine ‘höhere’ (oder ‘tiefere’) Richtigkeit bezeichnenden ‘Sprachsinn’. Dieser Sprachsinn wird umschrieben als ‘ein stark individuell geprägtes, ebenfalls intuitives, nicht wissenschaftliches, sondern noch immer naives Bewußtsein dessen, was mit Sprache ‘gemacht’ werden kann’. Solch ein höheres Gefühl für Sprache wird nicht nur dem Künstler zugesprochen, sondern ausdrücklich jedem, der ‘gelegentlich in seinem eigenen praktischen Umgang mit ihr, wenngleich vielleicht nur ansatzweise, etwas davon erkennen läßt’“ (Bleckwenn 1990, 17).

Helga Bleckwenn leitet aus der Definition von Gauger/Oesterreicher als didaktische Aufgabe die Entwicklung des Sprachsinns ab, „weil ohne die Unterscheidungsfähigkeit für gut/nicht gut, besser/schlechter das Gefühl für Sprachrichtigkeit, also für richtig/falsch, über eine Normerfüllung als Anpassungsleistung nicht hinausgelangen kann“ (ebd.). Bleckwenn vermerkt allerdings auch, dass die Beziehung zwischen jener Sprachkompetenz, die zum Urteil über Sprachrichtigkeit befähigt, und dem Sprachsinn noch ungeklärt sei. Auch fehlten noch Ratschläge, wie fördernd zu verfahren sei (ebd.). *[Payrhuber]*

Sprachgestaltender Aufsatz. Wiewohl der *sprachgestaltende* Aufsatz Gemeinsamkeiten mit dem → *sprachschaffenden* Aufsatz aufweist, überzeugen Otto Ludwigs (1988, 417ff.) Argumente, beide Richtungen voneinander zu scheiden. Zwar betonen sie übereinstimmend sowohl die Bedeutung der schöpferischen als auch die der gestalterischen Momente (ebd., 431), dem auf Walther Seidemann zurückgehenden sprach*schaffenden* Aufsatz wären aber die Formen und Stoffe gegenüber dem schöpferischen Ereignis beim Schreiben nachrangig, während in dem von Fritz Rahn (erstmals in den dreißiger Jahren) konzipierten sprach*gestaltenden* Aufsatz gerade die Form und ihr Inhalt ins Zentrum rücken. Das für Seidemann so wichtige „Gestaltungserlebnis“ spielt für Rahn keine Rolle mehr, das Schöpferische wird in seinem Konzept „auf die ‘Ausformung’ vorgegebener Stoffe in vorgegebenen sprachlichen Mustern reduziert“ (Ludwig ebd., 432).

Die von Otto Ludwig herausgearbeiteten Unterschiede beider Richtungen bleiben etwa bis Ende der fünfziger Jahre gültig. Danach zeigen sich zunehmend Annäherungen, bis der sprachgestaltende Aufsatz schließlich mindestens über zwei Jahrzehnte hin völlig dominiert. Für die – damals noch die Grundschule einschließende – Volksschule lässt sich diese Entwicklung am Beispiel Karl Reumuths nachvollziehen. Der Didaktiker bezog sich zwar auch auf Walther Seidemann und sprach „von ‘sprachlichen Schöpfungsakten’, doch wurden diese als Gestaltungen von Texten und nicht, wie Seidemann es verstand, als ‘ein Nachschaffen des Sprachvorgangs’ begriffen. [...] Aus der Sprache wurde das Sprachwerk, aus dem ‘Gestaltungserlebnis’ das Erlebnis des ‘Vollendungswertes’. Reumuth interpretierte also den sprachschaffenden Aufsatz im Sinne des sprachgestaltenden Aufsatzes und ebnete auf diese Weise die Unterschiede, die ursprünglich zwischen den beiden Konzepten bestanden hatten, ein Stück weit ein" (Ludwig 1988, 433).

Reumuths 1941 erstmals publiziertes Buch „Deutsche Spracherziehung" erlebte von 1950 an ebenso mehrere Neuauflagen wie die 1963 von Otto Schorb vorgenommene Neubearbeitung; es übte auf den Aufsatzunterricht der Volksschule etwa einen ähnlichen Einfluss aus wie das von Fritz Rahn zusammen mit Wolfgang Pfleiderer herausgegebene Sprachbuch auf den Unterricht der Gymnasien. Je dauerhafter sich das Konzept erwies, um so mehr gewannen die *Aufsatzarten* bzw. *Stilformen* an Bedeutung, erschöpfte sich der Aufsatzunterricht in der normativen Einübung und Schulung von *Darstellungsformen*, die literarischen Mustern nachgebildet waren und schließlich einen geradezu kanonischen Charakter annahmen. In der ersten Auflage der Neubearbeitung von Reumuths Buch hieß es bündig: „Es gibt vier Grundformen, denen ohne Ausnahme alle anderen Mischformen zuzuordnen sind, und zwar die Erzählung, den Sachbericht, die Schilderung und die Betrachtung" (Reumuth/Schorb 1963, 222).

In der „Grundstufe" (ebd.) wird ausschließlich die Erzählung praktiziert, und zwar, unter Berufung auf eine lebensphilosophische Rückbindung, in Form der Erlebniserzählung.

„Im Denken der Lebensphilosophie gelten Leben und Lebenskraft als höchster Wert, und gerade sie treten im Erlebnis zutage. Dabei ist es das Kind, das das höchste Maß an Lebensschwungkraft besitzt. Dann ist es die ausdrucksschaffende Macht des Erlebnisses, die dieses für die Pädagogik wichtig werden lässt. Ein Erlebnis will nach außen, es drängt in die Objektivierung. Sich an seine Dynamik anzuschließen, heißt besonders für den Sprachunterricht, sich die eigentliche Quelle gestalterischer Energie eröffnet zu haben" (Reumuth/Schorb 1963, S. 214).

Es wurde auch entwicklungspsychologisch argumentiert. Danach sollte der Schüler vom subjektbezogenen Erzählen über das objektive, sachbezogene Berichten und Beschreiben zum Erörtern kommen. Dem Erörtern wurde dabei eine Zwischenposition zwischen objekt- und subjektbezogenen Formen eingeräumt. An entwicklungspsychologische Voraussetzungen knüpfte auch Oswald Beck (1966) an, um die „Berechtigung der [...] Aufsatzarten aus der kindlichen Entwicklung abzuleiten und zu rechtfertigen" (Ludwig 1988, 435). „Ohne den Wert der Aufsatzerziehung für die Gesamterziehung des Kindes in Zweifel zu ziehen, sollten wir doch schlicht und einfach bekennen, daß es in der Grundschule in erster Linie darum geht, den heranwachsenden jungen Menschen aus der Enge seiner Sprach- und Audrucksnot herauszuführen und mit den Freiheiten wie Gesetzmäßigkeiten sprachlicher Gestaltung vertraut zu machen, und zwar in der Form, wie sie dem Kinde angemessen ist. Die Ausbildung mündlicher Gestaltungsgabe und das allmähliche Überführen ins Schriftsprachliche mit seinen noch höheren Anforderungen an die geistigen Gestaltungs- und Darstellungskräfte gehören zu den wesentlichen Aufgaben. Im Ringen um das gesprochene und geschriebene Wort wachsen ihm zugleich Fähigkeiten und Einsichten zu, Sprache besser zu verstehen und zu deuten" (Beck 1966, 65).

Die in den siebziger Jahren aufkommende Kritik an der Position des sprachgestaltenden Aufsatzunterrichts entzündete sich an der – häufig unreflektierten – Verwendung des Erlebnisbegriffes: Das Erlebnis mit seiner „ausdrucksschaffenden Macht", seiner „gestalterischen Energie" sei „nicht ohne weiteres zu 'vermitteln'", es verschließe sich „jeder unterrichtlichen Planung und Methodisierung" (Ulrich 1980, 178); außerdem sei es gerade als intensive Individualerfahrung so komplex und ganzheitlich, dass Schüler oft überfordert seien, sich von ihm zu distanzieren und es für die Darstellung zu gliedern und zu analysieren (ebd.).

Der schwerste Vorwurf jedoch, der dem traditionellen Aufsatzunterricht gegenüber erhoben wurde, war der des Formalismus: „Es handele sich um eine normative Einübung einzelner Stilformen nach literarischen Vorbildern einer inzwischen veralteten Gattungspoetik“ (ebd.). Was der entstehende Text in einer konkreten Kommunikationssituation leisten solle, danach werde gar nicht gefragt.

„Bestimmt wird der Lehrer der Leser sein, er soll sich freuen, aber auch die Klassenkameraden sollen den Aufsatz lesen. Es soll nicht bloß bei der Fiktion eines Lesers bleiben; die Hefte werden wirklich ausgetauscht. Wenn dann der Schüler die Resonanz seiner Arbeit erlebt, wenn sie dem Lehrer und der Klasse gefällt, empfängt er starke Schaffensantriebe“ (Reumuth/Schorb 1963, 220). Hier wird deutlich, dass der so wichtige Adressatenbezug fehlt; an einen bestimmten Leser (außer dem korrigierenden Lehrer) wird gar nicht gedacht. *[Payrhuber]*

Sprachschaffender Aufsatz. Von der Mitte der zwanziger Jahre ab ist in der Aufsatzdidaktik die Tendenz festzustellen, „die Stilbildung in den Mittelpunkt des Aufsatzunterrichtes zu stellen, das heißt Sprachbildung als Stilbildung zu begreifen, den Aufsatzunterricht als Stilunterricht zu betreiben und Fragen nach den Aufsatzformen auf Stilfragen zu reduzieren“ (Ludwig 1988, 340). Neben Wilhelm Schneider („Deutscher Stil und Aufsatzunterricht“, 1926) und Georg Kühn („Aufsatz und Spracherziehung in der höheren Schule“, 1930) hat vor allem Walther Seidemann diese Tendenz aufgegriffen und weiterentwickelt. Ihm geht es aber nicht um Stilbildung, sondern um Sprachbildung oder, um es mit dem Titel seines Buches genauer zu sagen: um den „Deutschunterricht als innere Sprachbildung“ (1927). Seine Konzeption ist unter der Bezeichnung „sprachschaffender Aufsatzunterricht“ in die Geschichte des deutschen Aufsatzes eingegangen (Ludwig ebd., 345).

Der sprachschaffende Aufsatz beruhte auf der sprachtheoretischen bzw. sprachphilosophischen Auffassung Wilhelm von Humboldts, dass die Sprache kein „Ergon“, kein Inventar von Formen und Regeln sei, sondern eine „Energeia“, kein Werk, sondern eine Kraft im Innern des Menschen, Sprache schöpferisch zu verwenden. Diese innere Kraft zu entdekken, zu mobilisieren, zu artikulieren, um mit ihr „Sprache zu schaffen“, ist für Seidemann Aufgabe des Sprachunterrichts; Aufgabe des Aufsatzunterrichts ist entsprechend die „Erziehung zu sprachschaffender Darstellung“. Sprachschöpferisch tätig wird der Schüler dadurch, dass er ihm gestellte sprachliche Gestaltungsaufgaben bewältigt:
„Die innere Sprachbildung wahrt dem Aufsatzunterricht seine eigenste Aufgabe.
[... Sie] kann kein(e) andere als die Erziehung zu sprachschaffender Darstellung sein. [...] Die innere Sprachbildung lenkt das Kind auf die sprachliche Gestaltung hin. Sie schreibt die Aufsätze nicht um des Stoffes, sondern um der Sprache willen. [...] Sprache schaffen bedeutet, für eigene Erlebnisse den eigenen Ausdruck zu finden, und er wird gefunden, wenn sich das Kind von dem Füreinander von Inhalt und Form, von der inneren Sprachform, leiten läßt, wenn es ‘in’ der Sprache lebt“ (Seidemann 1965, 86).

Otto Ludwig (1988, 348) hat darauf aufmerksam gemacht, dass in der Aufsatzdidaktik der Anspruch an den Schüler, den Unterricht und die Aufsätze nirgends so hoch angesetzt worden seien wie in dem Konzept Walther Seidemanns. Er führt darauf auch die Tatsache zurück, dass es zunächst wenig Resonanz fand, erst nach dem Zweiten Weltkrieg „in der Auseinandersetzung um die Erneuerung des muttersprachlichen Unterrichts aus dem Geiste der Sprache heraus eine bedeutende Rolle gespielt“ habe (Vorwort zur 7. Aufl. 1965). Otto Ludwig (ebd., 425) vermag jedoch zu zeigen, dass damals „aus dem Seidemannschen ‘sprachschaffenden Aufsatz’ [...] unter der Hand [...] ein ‘sprachgestaltender Aufsatz’ wurde.“ *[Payrhuber]*

Stilalter. Nicht allein im Kontext des → sprachgestaltenden Aufsatzunterrichts, dem es um die Einübung von Stil- bzw. Darstellungsformen ging, sondern vor allem in Hinsicht auf die Beurteilung von Schülertexten war (und ist) es wichtig, um sprachliche Phänomene zu wissen, die bei Kindern bestimmter Altersstufen übereinstimmend auftreten. Mit der Entwicklung der Strukturen geschriebener Sprache bzw. den stilistischen Merkmalen kindlicher Sprache befasste sich bis in die 70er Jahre hinein die Stilalterforschung, die für die Grundschule wesentlich von Dietrich Pregel und dessen Buch „Zum Sprachstil des Grundschulkindes" (1970) geprägt wurde.

Pregel unterschied in der Grundschulzeit zwei Stilalter. Das erste, durchschnittlich bis ins 9. Lebensjahr bzw. 3. Schuljahr reichend, sah er gekennzeichnet durch die Benutzung des sogenannten „Fresko-Stils". Hierfür beschrieb er besonders die „und da"-Satzanschlüsse, die Dominanz des Perfekts als Darstellungstempus und die Dominanz des bestimmten Artikels als charakteristisch. Das zweite Stilalter beginnt nach Pregel um die Mitte oder gegen Ende des 9. Lebensjahres. Das Kind benutze nun sprachliche Mittel, die Raum und Zeit detaillierter ordnen. So gewännen die Satzglieder im Bau der Sätze eine festere Ordnung, die adverbialen Satzglieder nähmen zu und würden häufig zu Gliedsätzen ausgebaut und als Zeitform beim Erzählen werde zunehmend das Präteritum verwendet. Aus diesen Faktoren schloss Pregel auf einen Rückgang der flächigen Konturen sowie auf die Entwicklung perspektivischer Tiefe und prägte zur Kennzeichnung der Sprache des zweiten Stilalters den Begriff „Reliefstil".

Die von Pregel herausgestellten stilistischen Merkmale lassen sich an Kindertexten vielfach noch heute beobachten. Allerdings liegen aktuelle Untersuchungen, die Einzelwahrnehmungen empirisch absichern würden, nicht vor. Anstelle der Stilalter beansprucht heute die → Schreibentwicklung als „Problem der Entwicklung von Schreib-Fähigkeit" (Feilke 1993, 20) das Interesse der Forschung. [Payrhuber]

Subjektorientiertes Schreiben. Obwohl oben bereits auf das subjektorientierte Schreiben (zur Klärung ähnlicher oder verwandter Begriffe s. S. 65) eingegangen wurde, wird es hier als Stichwort aufgenommen, um die Gründe noch genauer darzustellen, die es für Schule und Gesellschaft haben bedeutsam werden lassen. Außerdem soll auf weitere Verfahren hingewiesen werden. Für den Lehrer kann es hilfreich sein, diese zu kennen, auch wenn sie für die Grundschule kaum – oder nur mit Einschränkungen – in Frage kommen.

Einer der Gründe für das Interesse an subjektorientiertem Schreiben hängt mit der neu in den Blick genommenen Einsicht zusammen, dass junge Menschen im Erziehungsprozess zur *Ich-Identität* gelangen sollen (vgl. Spinner 1980). Spinner unterscheidet dabei die:

- *Soziale Identität:*
  - Der Heranwachsende wird mit gesellschaftlich bereitgestellten Rollenerwartungen konfrontiert.
  - Das Individuum hat mehrere soziale Rollen zu übernehmen, z. B. als Staatsbürger, Berufstätiger, Tochter, Sohn usw.
- *Persönliche Identität:*
  - Das Individuum distanziert sich von sozialen Rollen.
  - Dies ist besonders bei Jugendlichen in der Pubertät stark ausgebildet.

Dass Jugendliche und junge Erwachsene ihre Ich-Identität entwickeln sollen, ist nicht nur eine Forderung der Deutschdidaktik, sondern auch der Pädagogik, Psychologie und Soziologie. Seit der zweiten Hälfte der 60er Jahre haben wir es in der Gesellschaft mit einer zunehmenden Auflösung traditioneller Norm- und Wertvorstellungen zu tun. So spricht der Soziologe Ulrich Beck von der „Individualisierung" des Menschen und meint: „Die Biographie der Menschen wird aus traditionalen Vorgaben und Sicherheiten, aus fremden

Kontrollen und überregionalen Sittengesetzen herausgelöst, offen, entscheidungsabhängig und als Aufgabe in das Handeln jedes einzelnen gelegt. Die Anteile der prinzipiell entscheidungsverschlossenen Lebensmöglichkeiten nehmen ab, und die Anteile der entscheidungsoffenen, selbst herzustellenden Biographie nehmen zu. Normalbiographie verwandelt sich in Wahlbiographie – mit allen Zwängen und 'Frösten der Freiheit', die dadurch eingetauscht werden" (Beck/Beck-Gernsheim 1990, 12f.).

Und Thomas Ziehe (1985, 13) meint: „Insgesamt sehe ich in den drei kulturellen Tendenzen, [...] – Reflexivität, Machbarkeit, Individuierung – eine bedeutsame Veränderung von Möglichkeitshorizonten, die dem einzelnen zur Verfügung stehen, ihm aber auch aufgenötigt sind." Diese veränderten Möglichkeitshorizonte seien ein Produkt der Moderne. Bisherige Handlungsmuster, das Moderne biographisch zu bewältigen, würden damit schubartig entwertet.

In der Entwicklung der Ich-Identität wird *die Sprache* zum Instrument der Selbstreflexion. Sie leistet im Prozess der Interpretation des eigenen Ich die symbolische Repräsentation des Ich, das sich in diesem Vorgang selbst gegenübertritt und sich so selbst auslegen kann (vgl. Spinner 1980).

Dass das *Schreiben* in besonderem Maß geeignet ist, zu dieser Identitätsgewinnung beizutragen, ergibt sich aus dem Unterschied zwischen gesprochener Sprache und Geschriebenem. So stellt Spinner fest: „Schreiben ist nicht, wie manche unterrichtliche Praxis immer noch nahelegt, bloße Verschriftlichung gesprochener Sprache, sondern eine Umsetzung des Sprechdenkens in geschriebene Sprache", also etwas grundsätzlich anderes. Ausgehend von dieser Prämisse kann die mögliche Leistung des Schreibens für die Identitätsgewinnung (nach Spinner) in folgenden Punkten verdeutlicht werden:

„1. Stärker als das mündliche Reden kann das Selbstgeschriebene als ein eigenes Produkt erfahren werden, in dem Inneres vergegenständlicht nach außen getreten und somit faßbar ist. Solche Selbstobjektivation stärkt die Selbstgewißheit.

2. Da dem Ich im Geschriebenen Selbsterlebtes, Gefühltes, Gedachtes materiell gegenübertritt, entsteht eine ausdrückliche Bewußtheit davon, daß das Ich Subjekt seiner Erlebnisse, Gefühle und Gedanken ist. Das vergegenständlichte Eigene wird interpretierbar, das Betroffensein von der Umwelt zum Nachdenken über die Betroffenheit.

3. Im Schreiben von sich selbst kann Biographie als Vergewisserung des eigenen Lebensbezuges geleistet werden und das lebensgeschichtlich gewonnene Selbst-Sein durch Strukturierung Gestalt gewinnen. In manifester Weise erhält im biographischen Erzählen das Vergangene Dauer und erweist sich so als sichtbarer Teil der Identität.

4. Im Schreibakt selbst ist die Sprachproduktion im Vergleich zum Sprechdenken und zur mündlichen Sprache verlangsamt und wird deshalb mit begleitender Reflexion durchsetzt. Sofern es beim Geschriebenen um eigene Gefühle, Gedanken, Erlebnisse geht, kommt ein Selbstreflexionsprozeß in Gang.

5. Beim Lesen des Selbstgeschriebenen wird das Subjekt in manifester Weise zum Adressaten der eigenen Äußerung und tritt auch dadurch sich selbst gegenüber.

Zusammenfassend ist festzuhalten, daß die im Sprechdenken oft diffus und in geringer Bewußtheit ablaufenden Identitätsprozesse beim Schreiben bewußter, greifbarer und beherrschbarer werden können. Diese Rolle geschriebener Sprache als Stütze im Identitätsprozeß wird entwicklungspsychologisch faßbar in der Pubertät als der Phase der größten Identitätserschütterungen, wenn Tagebuch, bekenntnishafte Briefe und poetische Versuche mit der Tendenz der Selbstdeutung zum häufigsten Medium der Ich-Bewältigung werden" (Spinner 1980, 74f.).

Eine weitere Tendenz, die die Entwicklung des subjektorentierten Schreibens fördert, lässt sich in der Forderung erkennen, dass der Zugang zur Gedanken–, Gefühls- und Erlebniswelt des Einzelnen auch über die *affektiv- emotionalen Kanäle* erfolgen müsse. Diese Forderung wurde zwar auch schon früher erhoben, aber Verfahren und Methoden dazu fehlten weitgehend. Gabriele L. Rico (1984) geht von gehirnstrukturellen Erkenntnissen der neuro-chirurgischen Forschung aus, in denen der linken Gehirnhälfte Funktionen des begrifflichen und der rechten Gehirnhälfte Funktionen des bildlichen Denkens zugeordnet werden. Traditionell wird in der Schule (und natürlich auch beim Aufsatzschreiben) die linke Gehirnhälfte eingesetzt; nach Rico soll aber ganz gezielt die rechte gefördert werden, die für die kreativen, emotionalen, bildhaften Aspekte des „Denkens" zuständig ist. Dafür sind Verfahren notwendig, die einen stärkeren Reiz auf diese rechte Gehirnhälfte ausüben, so dass überraschende, unvorhersehbare und divergente Reaktionen ermöglicht werden.

In diesem Zusammenhang ist natürlich auch die Förderung des kreativen Potentials des Einzelnen zu sehen (→ personal-kreatives Schreiben, S. 45 ff.). Ergänzt werden diese Ansätze außerdem durch die wissenschaftstheoretische Position des *Radikalen Konstruktivismus.* Dieser besagt, dass die Welt, wie wir sie wahrnehmen, erst in unserem Gehirn entsteht. „Was wir in unserem Bewußtsein vorfinden, diese wohlgeordnete Welt, ist das Endergebnis einer langen Wahrnehmungsarbeit des Gehirns. Von dieser Arbeit selbst wird uns nichts bewußt. Was uns bewußt wird, ist eine Interpretation der Wirklichkeit durch das Gehirn. Es ist die Welt, wie sie unser Gehirn für plausibel hält. Denn das Gehirn bildet die Welt nicht ab – es konstruiert sie" (Saum-Aldehoff 1993, 63).

In diesem Zusammenhang kann die Theorie des Radikalen Konstruktivismus nicht weiter ausgeführt werden. Es soll nur angedeutet werden, welche Folgerungen für die Schreibdidaktik zu ziehen sind. Der Prozess der Verständigung, der Kommunikation, ist ein äußerst mühsamer (vgl. Schmidt 1992). Schmidt meint, es sei ein Wunder, dass der Mensch nicht noch mehr Missverständnisse produziere. Denn die Konstruktion der Wirklichkeit sieht bei jedem Individuum anders aus. Roth (1992, 322) unterscheidet zwischen Realität und Wirklichkeit. Zur Erkenntnis der Realität ist der Mensch nicht in der Lage. Wenn nun das Konstrukt der Wirklichkeit bei jedem Menschen so verschieden ist, bedingt durch viele individuelle Erfahrungen, dann ist für den Deutschlehrer wichtig und legitim, diese zu nutzen. Das Bewusstsein von den Konstrukten in den Gehirnen der Schüler sollte den Lehrer über geeignete Methoden nachdenken lassen, um an diese Schichten heranzukommen. Zu sehr ist die Schule darauf bedacht, das nachvollziehende Denken zu fördern, was sicher auch in einem gewissen Rahmen seine Berechtigung hat.

Die *Verfahren* subjektorientierten Schreibens, die in der Grundschule möglich sind, wurden oben (→ S. 66 ff.) dargestellt. Hier sollen noch einige weitere Verfahren skizziert werden, die darüber hinaus von Bedeutung sind.

(1) Situatives Schreiben. Alles, was man in einer Situation vorfindet (z. B. Raum, Gegenstände, Gerüche, Menschen, optisches und akustisches Material) kann zum Schreiben anregen. Das Schulhaus und die nähere Umgebung – z. B. ein Kaufhaus oder ein Bahnhof mit seiner Schalterhalle und den Warteräumen – werden zum Schreibanlass, zum überdimensionalen Cluster.

(2) Schreiben in Selbsterfahrungsprozessen. Die Gedanken, Assoziationen, Gefühle werden schriftlich festgehalten, die ansonsten in der Reflexionsphase mündlich im Gespräch mitgeteilt werden. Die schriftliche Form hat ein höheres Maß von Objektivität, und es wird häufiger Divergentes festgehalten, da die Vermittlungsprozesse zwischen den Teilnehmern wegfallen.

(3) Schreiben in Gruppenprozessen und als Gruppenprozess. Diese Verfahren haben gruppendynamische Aspekte und sind deshalb mit dem Schreiben in Selbsterfahrungsprozessen verwandt. Man wird in allen diesen Bereichen Überschneidungselemente feststellen können. Schreiben *in Gruppenprozessen* bedeutet, dass man sich gegenseitig wahrnimmt, z. B. ein Porträt oder eine Kurzcharakteristik anfertigt auf der Grundlage eines Partnerinterviews. Zwei grundsätzliche Aspekte sind bemerkenswert:

- *Schreiben in der Gruppe und Klasse* schließt auch immer ein, dass beim einzelnen Schüler viele atmosphärische Elemente auf die Textproduktion einwirken, auch wenn jeder Teilnehmer seinen eigenen Text schreibt. Dazu kommt, dass die Texte in der Regel auch in der Gruppe vorgelesen werden.
- Schreiben in der Gruppe kann auch bedeuten, dass die Gruppe (in der Klasse normalerweise die Kleingruppe) zum *kollektiven Autor* wird. Dabei können relativ selbstständige Einzeltexte entstehen, die sich zwar auf andere beziehen (z. B. als Antwort auf einen Ausgangstext), die aber dennoch von jedem Einzelnen allein in relativer Autonomie geschrieben werden. Zum Beispiel schreibt jeder einen Ausgangstext, der auf der Grundlage eines gemeinsamen Clusterwortes entstanden ist. Möglich wäre auch, dass jeder ein Wort, sein Wort, auf einen Zettel notiert und in die Mitte eines Tisches legt. Der Einzelne kann sich nun ein Wort, das ihm gefällt, auswählen, sich schenken lassen und damit schreiben. Die Texte werden vorgelesen und besprochen, und nun wählt sich jeder einen Text aus, auf den er antworten möchte.
- Schreiben in der Gruppe bedeutet aber auch, dass Texte gemeinsam geschrieben werden, so dass ein kollektives Produkt entsteht. Der Beitrag des Einzelnen ist nicht mehr so ohne weiteres identifizierbar, was auch nicht die Intention des Schreibvorgangs darstellt. Dennoch müssen Teilnehmer ein hohes Maß an Empathie aufbringen, um sich in die jeweilige Textvorlage einzufühlen und den Text weiterzuschreiben. Selbstverständlich ist das nicht bei jeder Schreibsituation im gleichen Maße notwendig.

(4) Schreiben zur biographischen Selbstvergewisserung (Ich-Identität) – Schreiben in Regressionsprozessen. Regression bedeutet „das Zurückschreiten, Zurückgreifen sowohl im Sinne der Rückbildung als Atrophie, Degeneration, Dissimilation als auch das Zurückgreifen auf frühere Entwicklungsstadien“ (Dorsch 1987, 560).

Im Zusammenhang mit dem Schreiben bedeutet dies, sich durch aktive Imagination in frühere Entwicklungstadien zurückzuversetzen, etwa in die frühe Kindheit. Wichtig sind dabei Räume, Gegenstände und wichtige Bezugspersonen. Die Regression wird hier bewusst provoziert und darf damit nicht negativ gewertet werden. Sie dient der Vergegenwärtigung dieser wichtigen Entwicklungsphase des Menschen. Allerdings können dabei besonders bedrängende Gefühle, Erlebnisse den Schreibvorgang bestimmen.

(5) Manche Verfahren des produktionsorientierten Literaturunterrichts. Die Textproduktion überschneidet sich mit entsprechenden Verfahren des Literaturunterrichts. Immer dann, wenn diese Texte aus der *subjektiven Perspektive des Einzelnen* abgefasst werden, haben wir es mit solchen personalen Schreibformen zu tun. Zum Beispiel:

- Identifikation mit einer Person, d. h. Darstellung, wie ich persönlich an deren Stelle gehandelt hätte.
- Der Leser/Schüler schreibt aus subjektiver Perspektive einen anderen Schluss oder einen persönlichen Brief an Figuren/Personen aus dem Text/Werk. *[Schuster]*

Therapeutische Aspekte personal-kreativen Schreibens.
„Neben Musik, Tanz, Psychodrama und Malerei wird heute das kreative Schreiben und der Umgang mit Poesie als therapeutisches Medium entdeckt. Was in den USA als Poetry-Therapie schon weite Verbreitung gefunden hat, befindet sich in der Bundesrepublik noch am Anfang. [...] Die Schreibgruppen und viele Schreiber entdecken im Schreiben mehr als eine Nebenerwerbschance, sie entdecken das Schreiben als Medium der Selbsterkenntnis, Selbstanalyse und Selbsttherapie, als Impuls einer neuen Kultur von unten, als kreatives Moment der alternativen Lebensform" (v. Werder 1988, 7).

Die therapeutischen Anteile werden als ernst zu nehmender Einwand gegen das personale Schreiben vorgebracht. Da viele Verfahren auch zu solchen Zwecken genutzt werden (vgl. v. Werder 1988; Amberg 1987; Petzold/Orth 1985), drängt sich dieser Verdacht geradezu auf. Dazu kommt, dass manche Verfahren des personalen Schreibens aus dem psychologischen Zusammenhang entlehnt wurden (wie z. B. die Fantasiereise (→ S. 69 ff.) aus der Gestaltpsychologie; vgl. Bleckwenn/Loska 1988). Der psychische Exhibitionismus und Seelenstriptease wird vehement zurückgewiesen. Und zudem seien die Lehrer nicht ausgebildet, wenn es zu Schwierigkeiten komme.

Man muss festhalten, dass es einen fundamentalen Unterschied zwischen dem *schulischen personalen* und dem *therapeutischen* Schreiben gibt. Im Deutschunterricht müssen auch immer die qualitativen Elemente eines Textes gewichtet werden, nicht das bloße Notieren der Gefühle ist gefragt, sondern auch die Gestaltung des Textes. So kann sich der Schreiber in metaphorischem, chiffriertem Sprechen verbergen. Es kann immer eine Form gewählt werden, die eine unterschiedliche Distanzierung erlaubt, bei der evtl. der Therapeut sagen würde, „warum versteckst du dich in deinem Text?" Der Lehrer wird dies nicht tun. Allerdings sollte bei der Wahl der Schreibanlässe immer die Situation der Klasse berücksichtigt werden. *[Schuster]*

Literaturverzeichnis

Amberg, Susanne: Bibliotherapie – Lesen als Heilmittel. In: Bertelsmann Briefe 1987, H. 122, S. 10–16

Antos, Gerd: Grundlagen einer Theorie des Formulierens. Textherstellung in geschriebener und gesprochener Sprache. Tübingen: Niemeyer 1982

Antos, Gerd: Eigene Texte herstellen! Schriftliches Formulieren in der Schule. Argumente aus der Sicht der Schreibforschung. In: Der Deutschunterricht 1988, H. 3, S. 37–50

Augst, Gerhard: Schreiben als Überarbeiten – „Writing ist rewriting" oder „Hilfe! Wie kann ich den Nippel durch die Lasche ziehen?". In: Der Deutschunterricht 1988, H. 3, S. 51–64

Augst, Gerhard (Hrsg.): Fehler: Defizite oder Lernschritte? Deutung eines Falles. Der Deutschunterricht 1994, H. 2

Baurmann, Jürgen: Schreiben: Aufsätze beurteilen. In: Praxis Deutsch 1987a, H. 84, S. 18–24

Baurmann, Jürgen: Diebe, räuber oder gangster? Aufsätze besprechen. In: Praxis Deutsch 1987b, H. 84, S. 34–37

Baurmann, Jürgen: Aufsatzunterricht als schreibunterricht. Für eine neue grundlegung des schreibens in der schule. In: Praxis Deutsch 1990, H. 104, S. 7–12

Baurmann, Jürgen: Differenzieren – Individualisieren. In: Praxis Deutsch 1991, H. 108, S. 10–16

Baurmann, Jürgen: Zur Didaktik und Methodik des Schreibens. In: Baurmann/Günther/Knopp 1993, S. 299–317

Baurmann, Jürgen: Schulanfänger schreiben briefe. Zur praxis und theorie des frühen schreibens. In: Bremerich-Vos, Albert (Hrsg.): Handlungsfeld Deutschunterricht im Kontext. Festschrift für Hubert Ivo. Frankfurt/M.: Diesterweg, 1994a, S. 130–141

Baurmann, Jürgen: Kindergeschichten zu einem Bild der frühen Moderne. In: Rank, Bernhard (Hrsg.): Erfahrungen mit Phantasie. Gerhard Haas zum 65. Geburtstag. Baltmannsweiler: Schneider 1994b, S. 145–158

Baurmann, Jürgen/Ludwig, Otto: Texte überarbeiten. Zur Theorie und Praxis von Revisionen. In: Boueke/Hopster 1985, S. 254–276

Baurmann, Jürgen/Ludwig, Otto: Aufsätze vorbereiten – Schreiben lernen. In: Praxis Deutsch 1986a, H. 80, S. 16–22

Baurmann, Jürgen/Ludwig, Otto: Planen, ordnen, entwerfen, besprechen. Übungsvorschläge und ein konkretes Beispiel. In: Praxis Deutsch 1986b, H. 80, S. 38–43

Baurmann, Jürgen/Ludwig, Otto: Die Erörterung – oder: ein Problem schreibend erörtern? Versuch einer Neubestimmung. In: Praxis Deutsch 1990, H. 99, S. 16–25

Baurmann, Jürgen/Ludwig, Otto: Schreiben: Texte und Formulierungen überarbeiten. In: Praxis Deutsch 1996, H. 137, S. 13–21

Baurmann, Jürgen/Müller, Astrid: Zum Schreiben motivieren – das Schreiben unterstützen. Ermutigung zu einem schreiber-differenzierten Unterricht. In: Praxis Deutsch 1998, H. 149, S. 16–22

Baurmann, Jürgen/Günther, Hartmut/Knopp, Ulrich (Hrsg.): homo scribens. Perspektiven der Schriftlichkeitsforschung. Tübingen: Niemeyer 1993

Beck, Oswald: Aufsatzerziehung und Aufsatzunterricht. Bd. 1.: 1.–4. Schuljahr. Bonn-Bad Godesberg: Dürr 1969

Beck, Oswald: Theorie und Praxis der Aufsatzbeurteilung. Ein Handbuch für Lehrende und Studierende. Bochum: Kamp 1979

Beck, Oswald/Hofen, Nikolaus: Aufsatzunterricht Grundschule. Handbuch für Lehrende und Studierende. Hohengehren: Schneider 1990

Beck, Oswald/Payrhuber, Franz-Josef (Hrsg.): Aufsatzbeurteilung heute. Problematik, Diagnose, Therapievorschläge. Freiburg: Herder 1975; [5]1980

Beck, Oswald/Payrhuber, Franz-Josef (Hrsg.): Aufsatzunterricht heute. Zielsetzung, Methoden, Beispiele. Freiburg: Herder 1977; [3]1980

Beck, Oswald/Payrhuber, Franz-Josef/Steffens, Wilhelm: Praxis des Aufsatzunterrichts in der Grundschule. Freiburg: Herder 1981

Beck, Ulrich/Beck-Gernsheim, Elisabeth: Das ganz normale Chaos der Liebe. Frankfurt/M.: Suhrkamp 1990

Beisbart, Ortwin: Schreiben als Lernprozeß. Anmerkungen zu einem wenig beachteten sprachdidaktischen Problem. In: Der Deutschunterricht 1989, H. 3, S. 5–16

Bereiter, Carl: Development in Writing. In: Gregg, Lee W./Steinberg, Erwin R. (Hrsg.): Cognitive Processes in Writing. Hillsdale: Erlbaum 1980, S. 73–93

Bergler, Edmund: The Writer and Psychoanalysis. New York: Doubleday 1950

Bergh, Marion: Textverfassen und Rechtschreiberkundungen. In: Die Grundschulzeitschrift 1995, S. 89, S. 6–14

Bleckwenn, Helga/Loska, Rainer: „Phantasiereise“ – Imaginative Verfahren im Deutschunterricht. In: Themenzentrierte Interaktion 1989, H. 1, S. 54–71

Bleckwenn, Helga: Stilarbeit. Basisartikel. In: Praxis Deutsch 1990, H. 101, S. 15–20

Blöchl, Eduard/Mischon, Claus (Hrsg.): ... sich in die Worte zu verwandeln ... Therapeutische und pädagogische Aspekte des kreativen Schreibens. Berlin: Schelsky/Jeep 1991

Boehncke, Heiner/Humburg, Jürgen: Schreiben kann jeder. Handbuch zur Schreibpraxis für Vorschule, Schule, Universität, Beruf und Freizeit. Reinbek: Rowohlt 1980

Boettcher, Wolfgang/Jean Firges/Horst Sitta/Hans Josef Tymister: Schulaufsätze – Texte für Leser. Düsseldorf: Schwann 1973

Böttcher, Ingrid/Wagner, Monika: Kreative Texte bearbeiten. In: Praxis Deutsch 1993, H. 119, S. 24–27

Böttcher, Ingrid/Hilger, Heide: Bewegt, getanzt und kreativ geschrieben. Bausteine für einen Untericht, der Tanzen und Schreiben als kreative Ausdrucksformen integriert. In. Praxis Deutsch 1993, H. 119, S. 28 und 33–35

Boettcher, Wolfgang: Schreiben im Deutschunterricht der Sekundarstufe I – Bilanz, Neuansätze. In: Mitteilungen des deutschen Germanistenverbandes 1982, H. 1, S. 4–17

Böhme, Christa: Schreibwiderstände und Methoden ihrer Überwindung. In: Nietsch, Wenn ich schreibe ... 1990

Bothe, Katrin/Waldmann, Günter: Erzählen. Eine Einführung in kreatives Schreiben und produktives Verstehen von traditionellen und modernen Erzählformen. Stuttgart: Klett 1992

Boueke, Dietrich/Hopster, Norbert (Hrsg.): Schreiben – schreiben lernen. Rolf Sanner zum 65. Geburtstag. Tübingen: Narr 1985

Boueke, Dietrich/Schülein, Frieder: „Personales Schreiben“. Bemerkungen zur neueren Entwicklung in der Aufsatzdidaktik. In: Boueke/Hopster 1985, S. 277–301

Bräuer, Gerd: Warum schreiben, Schreiben in den USA. Aspekte, Verbindungen, Tendenzen. Frankfurt/M.: Lang 1996

Brenner, Gerd: Kreatives Schreiben. Ein Leitfaden für die Praxis. Frankfurt/M.: Scriptor 1990

Buchner, Christina: Schreibvergnügen. Anregungen und Materialien für das 1. und 2. Schuljahr. München: Oldenbourg ³1992

Bundesvereinigung für kulturelle Jugendbildung (Hrsg.): Ich geb's Dir schriftlich. Junge Leute schreiben. Aktionen. Werkstätten. Wettbewerbe. Remscheid 1986

Burow, Olaf-Axel/Scherpp, Karlheinz: Lernziel: Menschlichkeit. Gestaltpädagogik – eine Chance für Schule und Erziehung. München: Kösel 1981

Dehn, Mechthild: Zeit für die Schrift. Lesenlernen und Schreibenkönnen. Bochum: Kamp ³1990

Dehn, Mechthild: Stil von Grundschülern? Schülertexte verstehen lernen – und die Folgen für den Unterricht. In: Der Deutschunterricht 1991, H. 3, S. 37–51

Dehn, Mechthild: Lernprozesse beim Textschreiben – Prozesse ästhetischer Erfahrung? In: Der Deutschunterricht 1993, H. 6, S. 78–92

Dehn, Mechthild Zur Entwicklung der Textkompetenz in der Schule. In: Feilke/Portmann, 1996, S. 172–185

Dorsch, Friedrich (Hrsg.): Psychologisches Wörterbuch. Bern: Huber 1987

Eigler, G./Nenninger, P.: Zusammenfassen von Lehrtexten – mündlich/schriftlich. In: Unterrichtswissenschaft 1985, H. 4

Eisenbeiß, Ulrich: Überlegungen zum Problem der 'Aufsatz'-Beurteilung. In: Wirkendes Wort 1990, H. 2, S. 247–267

Emert, K./Bütow, Th. (Hrsg.): Was bewegt die Schreibbewegung? Kreatives Schreiben – Selbstversuche mit Literatur. 1990. Loccumer Akademiebericht 1989

Fabulier mit mir: Südtiroler Kinder erzählen ihre schönsten Geschichten. Stuttgart: Thienemann 1981

Feilke, Helmuth: Ordnung und Unordnung in argumentativen Texten. In: Der Deutschunterricht 1988, H. 3, S. 65–81

Feilke, Helmuth: Schreibentwicklungsforschung. Ein kurzer Überblick unter besonderer Berücksichtigung der Entwicklung prozeßorientierter Schreibfähigkeiten. In: Diskussion Deutsch 1993, H. 123, S. 17–34

Feilke, Helmuth/Augst, Gerhard: Schreiben, Schreibschwächen und Grammatik in der Schule. In: Der Deutschunterricht, H. 2, S. 90–96 (auch in: Der Deutschunterricht 1994, H. 2, S. 19–25)

Feilke, Helmuth/Portmann, Paul R. (Hrsg.): Schreiben im Umbruch. Schreibforschung und schulisches Schreiben. Stuttgart u. a.: Klett 1996

Fendrich u. a.: Erfahrungen mit der Klassenkorrespondenz. In: Die Grundschule 1982, H. 3, S. 94–98

Fickenscher, Fritz: Der schriftliche Ausdruck. Praktische Stilpflege in der Volksschule. Ansbach: Prögel ^{4}1963

Freinet, Elise: Erziehung ohne Zwang. München 1985

Fritzsche, Joachim: Literaturbericht zum Thema Aufsatzdidaktik. In: Westermanns Pädagogische Beiträge 1973, H. 12, S. 665–676

Fritzsche, Joachim: Darstellung und Kritik gegenwärtiger Konzeptionen des Aufsatzunterrichts. In: Kochan, Detlev C./Wallrabenstein, Wulf (Hrsg.): Ansichten eines kommunikationsbezogenen Deutschunterrichts. Kronberg/Ts.: Scriptor 1974, S. 196–221

Fritzsche, Joachim: Aufsatzdidaktik. Kritische und systematische Untersuchungen zu den Funktionen schriftlicher Texte von Schülern. Stuttgart: Kohlhammer 1980

Fritzsche, Joachim: Schriftliche Kommunikation. In: Hopster, Norbert (Hrsg.): Handbuch „Deutsch“ Sekundarstufe I. Paderborn: Schöningh 1985, S. 281–306

Fritzsche, Joachim: Schreibwerkstatt. Geschichten und Gedichte: Schreibaufgaben, -übungen, -spiele. Stuttgart: Klett 1989

Fritzsche, Joachim: Zur Didaktik und Methodik des Deutschunterrichts. Band 2: Schriftliches Arbeiten. Stuttgart: Klett 1994

Fröschling, Jürgen: Zeitungen von Schülern. In: Baurmann, Jürgen/Hoppe, Otfried (Hrsg.): Handbuch für Deutschlehrer. Stuttgart u. a.: Kohlhammer 1984, S. 427–441

Frommer: Erzählen. Eine Didaktik für die Sekundarstufe I und II. Frankfurt/M: Cornelsen Scriptor 1992

Gansberg, Fritz: Der freie Aufsatz. Leipzig 1914. (Zit. n. Berlin u. a.: Verlag Dürrsche Buchhandlung.) ^{4}1954

Gatti, Hans: Schüler machen Gedichte. Freiburg: Herder 1979

Gauger, Hans-Martin/Oesterreicher, Wulf/Henne, Helmut/Geier, Manfred/Müller, Wolfgang: Sprachgefühl? Vier Antworten auf eine Preisfrage. Heidelberg: L. Schneider 1982

Gerth, Klaus: „Warum tut Andreas das?“ Eine Unterrichtsanregung für das argumentative Schreiben. In: Praxis Deutsch 1990, H. 99, S. 28

Gössmann, Wilhelm: Sätze statt Aufsätze. Schriftliches Arbeiten auf der Primarstufe. Düsseldorf: Schwann 1976

Gössmann, Wilhelm: Die Schriftlichkeit als Lernprozeß. Zur Didaktik des schriftlichen Arbeitens in der Grundschule. In: Blätter für Lehrerfortbildung 1977, H. 11, S. 429–434

Grünewald, Dietrich: Vom Umgang mit Comics. Berlin: Volk und Wissen 1991

Grzesik, Jürgen/Fischer, Michael: Was leisten Kriterien für die Aufsatzbeurteilung? Theoretische, empirische und praktische Aspekte des Gebrauchs von Kriterien und der Mehrfachbeurteilung nach globalem Ersteindruck. Opladen: Westdeutscher Verlag 1985

Günther, Klaus/Günther, Hartmut (Hrsg.): Schrift, Schreiben, Schriftlichkeit. Arbeiten zur Struktur, Funktion und Entwicklung schriftlicher Sprache. Tübingen: Niemeyer 1983

Haueis, Eduard: Ein Bild ist noch keine Geschichte. Eine Geschichte erarbeiten und optimieren. In: Grundschule 1997, H. 11, S. 14–17

Haueis, Eduard/Otfried Hoppe: Aufsatz und Kommunikation. Düsseldorf: Schwann 1972

Hävel, Walter: Warum nicht? Selber schreiben? Iserlohn: Die Schulpraxis 1988

Hecker, Ulrich: Klassen-Bücher. In: Bartnitzky, Horst/Hecker, Ulrich (Hrsg): Deutsch-Werkstatt. Essen: Neue Deutsche Schule 1991, S. 209–213

Heckt, Dietlinde H./Flemmer, Ursula: Klassenzeitungen: integrativ. In: Praxis Grundschule 1997, H. 4. S. 10–23

Hein, Jürgen/Koch, Helmut/Liebs, Elke (Hrsg.): Das Ich als Schrift. Über privates und öffentliches Schreiben heute. Baltmannsweiler: Schneider 1984

Heinrich, Petra: Differenzierung und Individualisierung im Schreibunterricht einer 4. Grundschulklasse. In: Der Deutschunterricht 1993, H. 2, S. 20–30

Helmers, Herrmann: Didaktik der deutschen Sprache. Stuttgart: Klett 1966, ^{6}1971, ^{11}1984

Hermanns, Fritz: Schreiben als Denken. Überlegungen zur heuristischen Funktion des Schreibens. In: Der Deutschunterricht 1988, H. 4, S. 69–81

Herrmann, Wolfgang: Zur Krise der Aufsatzdidaktik. In: Boueke, Dietrich (Hrsg.): Deutschunterricht in der Diskussion. Paderborn: Schöningh 1974, S. 234–259

Hildebrand, Rudolf: Vom deutschen Sprachunterricht in der Schule und von deutscher Erziehung und Bildung überhaupt. Bad Heilbrunn Obb.: Klinkhardt ^{27}1962

Hölzel, Pia/Claussen, Claus: Klassenkorrespondenz. In: Praxis Grundschule 1997, H. 5, S. 9–10

Hoppe, Otfried: Ansätze und Probleme eines kommunikationstheoretisch konzipierten Aufsatzunterrichts. In: Blätter für den Deutschlehrer 1974, H. 2, S. 35–48

Hoppe, Otfried: Textschreiben und Aufsatzunterricht. In: Baurmann, Jürgen/Hoppe, Otfried (Hrsg.): Handbuch für Deutschlehrer. Stuttgart: Kohlhammer 1984, S. 281–322

Hurrelmann, Bettina: Erzähltextverarbeitung im schulischen Handlungskontext. In: Ehlich, Konrad (Hrsg.): Erzählen im Alltag. Frankfurt/M.: Suhrkamp 1980, S. 296–334

Ingendahl, Werner: Aufsatzerziehung als Hilfe zur Emanzipation. Didaktik und Methodik schriftlicher Sprachgestaltung. Düsseldorf: Schwann 1972

Ivo, Hubert: Lehrer korrigieren Aufsätze. Beschreibung eines Zustandes und Überlegungen zu Alternativen. Frankfurt/M.: Diesterweg 1982

Kainz, Friedrich: Psychologie der Sprache. Bd. IV, Spezielle Sprachpsychologie. Stuttgart: Enke 1956

Karst, Theodor: Einleitung. In: Ders. (Hrsg.): Reportagen. Stuttgart: Reclam 1976, S. 5–16

Koch, Helmut/Pielow, Winfried: Schreiben und Alltagskultur. Baltmannsweiler: Schneider 1984

Kochan, Detlev C.: Schreiben für sich und über sich – ein Aufgabenfeld der modernen Schreibdidaktik. In: Praxis Deutsch 1977, H. 26, S. 11–17

Kochheim, Wilfried: Adamson oder Die Sprachlosigkeit der Bildgeschichte. In: Diskussion Deutsch 1981, H. 60, S. 320–346

Kohl, Eva-Maria: Wo wohnen die Geschichten? Geschichten erfinden für und mit Kindern. In: Rank, Bernhard (Hrsg.): Erfahrungen mit Phantasie. Gerhard Haas zum 65. Geburtstag. Baltmannsweiler: Schneider 1994, S. 130–144

Kreisel, Marina: Schreiben als Überarbeiten. Anmerkungen zu einem nicht ganz neuen Thema. In: Deutschunterricht 1994, H. 5, S. 237–245

Krings, Hans P. / Antos, Gerd: Textproduktion. Neue Wege der Forschung. Trier: Wissenschaftl. Verl. Trier 1992

Lewandowski, Theodor: Linguistisches Wörterbuch. 3 Bde Heidelberg u. a.: Quelle & Meyer [5]1990

Ludwig, Otto: Einige Vorschläge zur Begrifflichkeit und Terminologie von Untersuchungen im Bereich der Schriftlichkeit. In: Günther/Günther 1983a, S. 1–15

Ludwig, Otto: Der Schreibprozeß: Die Vorstellungen der Pädagogen. In: Günther/Günther 1983b, S. 191–210

Ludwig, Otto: Der Schulaufsatz. Seine Geschichte in Deutschland. Berlin: de Gruyter 1988

Ludwig, Otto: Schreiben: Arbeit am Stil. In: Praxis Deutsch 1994, H. 124, S. 18–22

Ludwig, Otto/Menzel, Wolfgang: Schreiben. In: Praxis Deutsch 1975, H. 9, S. 10–18

Ludwig, Otto/Wolff, Gerhart: Berichten im Alltag – Berichten in der Schule. In: Praxis Deutsch 1978, H. 28, S. 16–24

Ludwig, Otto/Spinner, Kaspar H.: Schreiben zu Bildern. In: Praxis Deutsch 1992, H. 113, S. 11–16

Mattenklott, Gundel: Literarische Geselligkeit. – Schreiben in der Schule. Mit Texten von Jugendlichen und Vorschlägen für den Unterricht. Stuttgart: Metzler 1979

Mattenklott, Gundel: Wem gehört die Literatur? Zum Verhältnis von Professionalität und allgemeiner Schreibkultur. In: Emert/Bütow 1989, S. 76–85

Menzel, Wolfgang: Schreiben über Texte. Ein Kapitel zum Aufsatzunterricht. In. Praxis Deutsch 1984, H. 65, S. 13–22

Menzel, Wolfgang: Stilanalyse und Stilarbeit. In: Praxis Deutsch 1990, H. 101, S. 24–28

Menzel, Wolfgang: Satzschlußzeichen setzen. In: Deutsch in der Grundschule 1993, Seelze-Velber: Kallmeyersche Verlagsbuchhandlung. Ausg. Juli, Kap. 2.7

Menzel, Wolfgang: Erzählen und Beschreiben. Ein Unterrichtsmodell mit Texten zu „Wesen vom anderen Stern". In: Praxis Deutsch 1994, H. 126, S. 23–24 u. 45–48

Merkelbach, Valentin: Kritik des Aufsatzunterrichts. Eine Untersuchung zum Verhältnis von schulischer Sprachnorm und Sozialisation. Frankfurt/M.: Diesterweg 1972

Merkelbach, Valentin: Korrektur und Benotung im Aufsatzunterricht. Wissenschaftliche Erkenntnisse und didaktische Konzepte. Frankfurt/M.: Diesterweg 1986

Merkelbach, Valentin (Hrsg.): Kreatives Schreiben. Braunschweig: Westermann 1993

Meyer, Volkmar: Wenn mein Lehrer fröhlich ist, wachsen Blumen auf seinem Kopf. In: Deutsche Lehrerzeitung 1994

Mosler, Bettina/Herholz, Gerd: Die Musenkußmischmaschine. 128 Schreibspiele für Schulen und Schreibwerkstätten. Essen: Neue Deutsche Schule [2]1992

Müller, Doris: Phantasiereisen im Unterricht. Braunschweig: Westermann 1994

Neumann, Hans-Joachim: Der Lernbereich „Texte verfassen". In: Ders. (Hrsg.): Der Deutschunterricht in der Grundschule. Bd. 2. Freiburg: Herder 1979, S. 56–72

Nietsch, Marion (Hrsg.): Wenn ich schreibe ... Empirische Studien zu Schreibanregung, Motivation, Blockaden, Textarbeit und -deutung. Berlin: Schelzky & Jeep 1990

Nussbaumer, Markus: Was Texte sind und wie sie sein sollen. Ansätze zu einer sprachwissenschaftlichen Begründung eines Kriterienrasters zur Beurteilung von schriftlichen Schülertexten. Tübingen: Niemeyer 1991

Ossner, Jakob: Deutschunterricht für Kinder in der Grundschule. Frankfurt/M.: Diesterweg 1994

Ostermann, Friedrich: Kreative Prozesse im „Aufsatzunterricht". Paderborn: Schöningh 1973

Payrhuber, Franz-Josef: Schreiben für eine literarische Öffentlichkeit – aufgezeigt am Beispiel der Fabel. In: Beck/Payrhuber 1977, S. 113–124

Payrhuber, Franz-Josef (Hrsg.): Verstehen und Herstellen von Texten. Publikation des Instituts für Lehrerfort- und -weiterbildung Mainz (ILF). Tagungsberichte und Arbeitsmaterial, 1980, Heft 12

Payrhuber, Franz-Josef: Geschichten erzählen: Von alten und neuen Schelmen. In: Beck/Payrhuber/Steffens 1981a, S. 108–1021

Payrhuber, Franz-Josef: Der Wolf hat sich verwandelt. Zum Verändern und Umgestalten von Märchen. In: Beck/Payrhuber/Steffens 1981b, S. 122–131

Payrhuber, Franz-Josef (Hrsg.): Praxis des Aufsatzunterrichts in der Sekundarstufe. Freiburg i. B.: Herder 1982

Payrhuber, Franz-Josef (Hrsg.): Schreib mit mir. Beispiele und Anregungen zum Aufsatzunterricht nach dem Lehrplan „Deutsch für die Grundschule". Grünstadt: Sommer 1986 (Schriftenreihe des ILF Mainz, Heft 52)

Payrhuber, Franz-Josef/Weidenbach, Maria (Hrsg.): Ausländische Schüler schreiben: Klassenkorrespondenz zwischen zwei Klassen. Publikation des Instituts für Lehrerfort- und -weiterbildung Mainz (ILF). Hilfen für den Unterricht mit ausländischen Kindern in deutschen Regelklassen 1983a, Heft 4

Payrhuber, Franz-Josef/Weidenbach, Maria (Hrsg.): Wir lesen, wir schreiben, wir spielen: Schelmengeschichten im Unterricht mit deutschen und ausländischen Hauptschülern. Publikation des Instituts für Lehrerfort- und -weiterbildung Mainz (ILF). Hilfen für den Unterricht mit ausländischen Kindern in deutschen Regelklassen 1983b, Heft 5

Petzold, Hilarion/Orth, I. (Hrsg.): Poesie und Therapie. Poesietherapie, Bibliotherapie, literarische Werkstätten. Paderborn: Junfermann 1985

Pregel, Dietrich: Zum Sprachstil des Grundschulkindes. Düsseldorf: Schwann 1970

Rabkin, Gabriele: Initiieren von schöpferischen Schreibprozessen auf der Grundlage der Ganzheits- und Gestaltpsychologie („Leipziger Schule") – dargestellt am kreativen Schreiben zu bildender Kunst. In: Spinner, Kasper H. (Hrsg.): Imaginative und emotionale Lernprozesse im Deutschunterricht. Frankfurt/M. u. a.: Lang 1995, S. 123–132

Reger, Harald: Literatur- und Aufsatzunterricht in der Grundschule. Baltmannsweiler: Schneider 1984

Reinhart, Günter: Reizwortgeschichten mit Hilfe der Cluster-Methode. In: Grundschulmagazin 1996, H. 2, S. 24–29

Reumuth, Karl/Schorb, Otto: Der muttersprachliche Unterricht. Beiträge zur deutschen Spracherziehung. Bad Godesberg: Dürrsche Buchhandlung 1963 (1. Aufl. der Neubearb.)

Reuschling, Gisela: „Als wär sie gar nicht Susanne und die Laura". Die Thematisierung der Perspektive in Schreibkonferenzen (2.–3. Schuljahr). In: Praxis Deutsch H. 137, S. 29–33

Rico, Gabriele L.: Garantiert schreiben lernen. Sprachliche Kreativität methodisch entwickeln – Ein Intensivkurs auf der Grundlage der modernen Gehirnforschung. Reinbek: Rowohlt 1984

Rodari, Gianni: Grammatik der Phantasie. Die Kunst, Geschichten zu erfinden. Leipzig: Reclam 1992

Röhner, Charlotte: Kindertexte im reformierten Anfangsunterricht. Zur personalen und sozialen Bedeutung des Schreibens in der Grundschule. Baltmannsweiler: Schneider 1997

Rose, M.: Writer's Block – The cognitive Dimension. Carbondale 1984

Rose, M.: Studies in Writer's Block and other composing process Problems. New York 1985

Rossié, Waltraud/Ingendahl, Werner: Der tägliche Schul-"Krieg". Differenzieren beim Schreiben für eine Klassenzeitung. In: Praxis Deutsch 1991, H. 108, S. 43–46

Roth, Gerhard: Das konstruktive Gehirn: Neurobiologische Grundlagen von Wahrnehmung und Erkenntnis. In: Schmidt 1992, S. 277–336

Sahr, Michael: Über die Brieffreundschaft zwischen jungen Lesern und einer Kinderbuchautorin. In: Grundschulmagazin 1996, H. 2, S. 23–26

Sander, Manon: Kinder machen ihre eigene Zeitung. In: Praxis Grundschule 1997, H. 4, S. 8–9

Sanner, Rolf: Aufsatzunterricht. Theoretische Grundlegung – Hinweise für die Praxis. München: Kösel 1975

Sanner, Rolf: Textbewertung und Schulaufsatz. Baltmannsweiler: Schneider [2]1988

Saum-Aldehoff, Thomas: Wie das Gehirn die Welt konstruiert. In: Psychologie heute 1993, H. 1, S. 58–63

Schalk, G./Rolfes, B.: Schreiben befreit. Bonn: Kleine Schritte 1986

Schau, Albrecht (Hrsg.): Von der Aufsatzkritik zur Textproduktion. Baltmannsweiler: Schneider 1974

Scheidt, Jürgen vom: Kreatives Schreiben. Texte als Wege zu sich und anderen. Selbsterfahrung, Therapie, Meditation, Denkwerkzeug, Arbeitshilfe, Abbau von Schreibblockaden. Frankfurt 1989, [2]1993

Scheidt, Jürgen vom: Kreatives Schreiben in der Erwachsenenbildung. In: Emert/Bütow 1990, S. 115–117

Schildberg-Schroth, Gerhard/Viebrock, Hans-Heinrich: Zur Wissenschaftlichkeit des Deutschunterrichts. Überlegungen am Beispiel der Inhaltsangabe. In: Der Deutschunterricht 1981, H. 5, S. 4–24

Schmidt, Siegfried J. (Hrsg.): Kognition und Gesellschaft. Der Diskurs des Radikalen Konstruktivismus 2. Frankfurt: Suhrkamp 1992

Schmieder, Doris/Rückert, Gerhard: Kreativer Umgang mit konkreter Poesie. Freiburg: Herder 1977

Schober, Otto: Themen gegenwärtiger Aufsatzdidaktik. In: Blätter für den Deutschlehrer 1988, S. 97–110

Schoedel, Siegfried: Zur Diskussion eines an Kommunikationssituationen orientierten „Aufsatz"-unterrichts. In: Linguistische Berichte 1973, H. 23, S. 87–90

Schuster, Karl: Lyrik in der Hochschule oder wie fängt man es nur an, von sich selbst und der „Welt" zu schreiben. In: InN. Nr. 10, Zeitschrift für Literatur 1987, H. 3, S. 54–56

Schuster, Karl: Das personal-kreative Schreiben im Deutschunterricht. Theorie und Praxis. Hohengehren: Schneider 1995

Schuster, Karl: Das personal-kreative Schreiben in der Grundschule und Aspekte der Bedeutung für die Entwicklung der Handschrift. In: unterrichten/erziehen 1996, H. 6, S. 35–39

Seidemann, Walther: Der Deutschunterricht als innere Sprachbildung. Heidelberg: Quelle & Meyer [7]1965

Sennlaub, Gerhard: Spaß beim Schreiben oder Aufsatzerziehung? Stuttgart: Kohlhammer 1980

Sjölin, Amelie: Eine Schulzeitung von Kindern für Kinder. In: Grundschule 1997, H. 11, S. 18–20

Spinner, Kaspar H.: Eigene Erfahrungswelt als Deutungsfolie. In: Westermanns Päd. Beiträge 1978, S. 472–474

Spinner, Kaspar H.: Identität und Deutschunterricht. Göttingen: Vandenhoek u. Ruprecht 1980

Spinner, Kaspar H.: Schreiben zu Bilderbüchern. Unterrichtsanregungen. In: Praxis Deutsch 1992, H. 113, S. 17–20

Spinner, Kaspar H.: Kreatives Schreiben. In: Praxis Deutsch 1993, H. 119, S. 17–23

Spinner, Kaspar H.: Neue und alte Bilder von Lernenden. Deutschdidaktik im Zeichen der kognitiven Wende. In: Beiträge zur Lehrerbildung 1994, H. 2, S. 146–158

Spinner, Kaspar H. (Hrsg.): Imaginative und emotionale Lernprozesse im Deutschunterricht. Frankfurt/M. u. a.: Lang 1995

Spitta, Gudrun: Kinder schreiben eigene Texte: Klasse 1 und 2. Frankfurt: Cornelsen 1988

Spitta, Gudrun: Schreibkonferenzen in Klasse 3 und 4. Ein Weg vom spontanen Schreiben zum bewußten Verfassen von Texten. Bielefeld: Cornelsen/Scriptor 1992

Spitta, Gudrun: Schreibkonferenzen – ein Impuls verändert die Praxis. In: Die Grundschulzeitschrift 1993, H. 61

Spitta, Gudrun: Fördern Schreibkonferenzen selbständiges (Sprach-)Handeln von Grundschulkindern. In: Praxis Deutsch 1996, H. 136, S. 19–21

Spitta, Gudrun (Hrsg.): Freies Schreiben – eigene Wege gehen. Lengwil: Libelle 1998

Stadler, M./Seeger, F./Reithel, A.: Psychologie der Wahrnehmung. München 1975

Steffens, Wilhelm: Kognition oder Kommunikation? Beispiele zum Aufsatzunterricht in der Grundschule. In: Beck/Payrhuber 1977, S. 61–95

Steffens, Wilhelm: Dialogischer Text und dialogische Kompetenz. Rollenspiele als Schreibanlaß im Aufsatzunterricht der Grundschule. In: Beck/Payrhuber/Steffens 1981a, S. 26–73

Steffens, Wilhelm: Spielen mit Sprache. Aspekte eines kreativen Sprach- und Literaturunterrichts im 1. bis 6. Schuljahr. Frankfurt/M.: Hirschgraben 1981b

Steffens, Wilhelm: Prosaformen der Kinderliteratur. Unterrichtsmodelle für den Deutschunterricht in der Grundschule. Frankfurt/M.: Hirschgraben 1986

Steffens, Wilhelm: Literarische und didaktische Aspekte des modernen realistischen Kinderbuchs, Teil I. In: Die Grundschulzeitschrift 1990a, H. 39, S. 30–34

Steffens, Wilhelm: Literarische und didaktische Aspekte des modernen realistischen Kinderbuchs, Teil II. In: Die Grundschulzeitschrift 1990b, H. 40, S. 28–35

Steffens, Wilhelm: Grundsätzliches zu Erfordernis und Möglichkeit der Leseförderung aus pädagogisch-didaktischer Sicht. Teil I. In: Jugendbuchmagazin 1991a, H. 3, S. 114–121

Steffens, Wilhelm: Grundsätzliches zu Erfordernis und Möglichkeit der Leseförderung aus pädagogisch-didaktischer Sicht. Teil II. In: Jugendbuchmagazin 1991b, H. 4, S. 170–176

Steffens, Wilhelm: Kinderbücher als literarische Projekte – Untersuchungen zu Struktur und Funktion moderner Kinderliteratur. In: Wittenbruch, Wilhelm/Möller, Kornelia (Hrsg.): Primarstufen-Lehrerbildung an Universitäten. Münster u. Hamburg: Lit-Verlag 1992, S. 190–201

Steffens, Wilhelm: Spielen mit Sprache im 1. bis 6. Schuljahr. Baltmannsweiler: Schneider 1998

Stolla, G.: Schriftlicher Sprachgebrauch. Neuere Ansätze zur Förderung des Lernens in einem schwierigen Lernbereich. In: unterrichten und erziehen 1989, H. 3, S. 7–12

Süselbeck, Gisela: Eine Klassenzeitung für die Kleinen. In: Praxis Grundschule 1997, H. 4, S. 4–7

Syme, Ch.: Kreatives Schreiben. Mühlheim an der Ruhr: Verlag an der Ruhr 1990

Timm, Uwe: Erzählen und kein Ende. Versuche zu einer Ästhetik des Alltags. Köln: Kiepenheuer & Witsch 1993

Ulrich, Winfried: Texte verfassen – Hinführung zum schriftlichen Sprachhandeln. In: Vogel, Harald (Hrsg.): Deutschunterricht in der Grundschule. Baltmannsweiler: Burgbücherei Schneider 1980, S. 174–203

Wahrig, Gerhard (Hrsg.): dtv Wörterbuch der deutschen Sprache. München: dtv. 1978

Werder, Lutz von: ... triffst Du nur das Zauberwort. Eine Einführung in die Schreib- und Poesietherapie. München: Urban u. Schwarzenberg 1986

Werder, Lutz von: Schreiben als Therapie. München: Pfeiffer 1988

Werder, Lutz von: Lehrbuch des kreativen Schreibens. Berlin: Schibri 1990, [2]1993

Werder, Lutz von: Schreibblockaden, kognitiv und emotionell. In: Ders., Lehrbuch des kreativen Schreibens 1990

Werder, Lutz von: Kreatives Schreiben in den Wissenschaften: für Schule, Hochschule und Erwachsenenbildung. Berlin/Milow: Schibri 1992

Werder, Lutz von/Mischon, Claus/Schulte-Steinicke, Barbara: Kreative Literaturgeschichte. Berlin/Milow: Schibri 1992

Winkel, Rainer: Offener oder Beweglicher Unterricht? In: Grundschule 1993a, H. 2, S. 12–14.

Winkel, Rainer: Von der Didaktik zur Mathetik. In: Pädagogisches Forum 1993b, H. 3, S. 146–151.

Wünsche, Konrad: Die Wirklichkeit des Hauptschülers. Berichte von Kindern der Schweigenden Mehrheit. Köln: Kiepenheuer & Witsch 1972

Zander, Sönke: Aufsatzunterricht in der Grundschule. Bochum: Kamp 1972

Ziehe, Thomas: Jugendkulturen – angesichts der Entzauberung der Welt – Veränderte Möglichkeitshorizonte und kulturelle Suchbewegungen. In: Gerdsen, R./Wolff, J. (Hrsg.): Deutschunterricht im Umfeld seiner Herausforderer: Jugendkultur und Medien. Deutscher Germanistenverband 1985, S. 7–29.

Zinker, Joseph: Gestalttherapie als kreativer Prozeß. Paderborn: Junfermann [2]1984

Quellen- und Fundstellennachweis der Texte und Bilder

S. 11 Hans Traxler: Prüfungsaufgabe. In: Lehrerjournal, Heft 6/1984. Oldenbourg-Verlag, München.

S. 18 Ursula Wölfel: Die Geschichte vom Vater, der die Wand hoch ging. In: Neunundzwanzig verrückte Geschichten. Hoch Verlag, Stuttgart 1974.

S. 19 Josef Guggenmoos: Das große, kecke Zeitungsblatt. In: H.-J. Gelberg (Hrsg.), Die Stadt der Kinder. Georg Bitter-Verlag, Recklinghausen 1969. Textanordnung mit Illustrationen von Dietrich Grünewald, aus: Leserunde 5. Dürr & Keßler-Verlag, Rheinbreitbach 1988.

S. 21 Claudia Lehnen: Thomas überlegt. In: H.-J. Gelberg (Hrsg.), Überall und neben dir. Beltz & Gelberg Verlag, Weinheim 1986.

S. 40 Iwan Krylow: Warum das Schwein weinte. In: Das große Fabelbuch. Ueberreuter Verlag, Wien o.J.

S. 57 Jörg Schubiger: Die Geschichte von den Geschichten, die es noch nicht gibt. In: Dieser Hund heißt Himmel. Beltz & Gelberg Verlag, Weinheim 1978.

S. 72 Unbekannter Verfasser: Im Land der Riesen – Im Land der Zwerge. In: Fritz Bachmann/ Herbert Chiout (Hrsg.), Gedichte für Kinder. Hirschgraben Verlag, Frankfurt a. M. 6. Aufl. 1965.

S. 87 Gerda Schäfers: Beim Fußball war Pedro einfach Klasse. In: Jo Pestum (Hrsg.), Auf der ganzen Welt gibt's Kinder. Arena Verlag, Würzburg 1976.

S. 88 Wie Eulenspiegel einem Esel das Lesen beibrachte. In: Erich Kästner erzählt Münchhausen, Gullivers Reisen, Till Eulenspiegel, Die Schildbürger, Don Quichotte. Annette Betz Verlag, München 1975.

S. 93 Peter Härtling: Ben liebt Anna. Beltz & Gelberg Verlag, Weinheim (Gulliver TB 1).

S. 98 Ursula Wölfel: Die Geschichte vom Kind und dem Vogel. In: Siebenundzwanzig Suppengeschichten, Hoch-Verlag, Düsseldorf 1968.

S. 103 Josef Guggenmoos: Das Rezept. In: I. Lustig/R. Ruzicka (Hrsg.), Der Kinderbaum. Annette Betz Verlag, München 1976.

S. 110 Erwin Moser: Die vier Spezialflugzeuge. In: H.-J. Gelberg (Hrsg.), Wie man Berge versetzt. Beltz & Gelberg Verlag, Weinheim 1981.

S. 114 [Pipi Langstrumpfs Geburtstagseinladung]. In: Astrid Lindgren: Pipi Langstrumpf. Oetinger Verlag, Hamburg 1967, S. 121.

S. 118 Irina Korschunow: Uli und sein Hund. In: Leselöwen-Stadtgeschichten. Löwes-Verlag, Bayreuth 1977.

S. 119 Erika Krause-Gebauer: Ich träume mir ein Land. In: H.-J. Gelberg: Überall und neben dir. Beltz & Gelberg Verlag, Weinheim 1986.

S. 120 Irmela Wendt: Schöne Buchstaben. In: Wie man Berge versetzt. 6. Jahrbuch der Kinderliteratur. Beltz & Gelberg Verlag, Weinheim 1981.

S. 125 Vati, mein Spielauto ist kaputt. In: Wulf Wallrabenstein, Sprechgeschichten 1. Schroedel Verlag, Hannover 1974.

S. 128 Marc Chagall: Der grüne Violinist. New York, Guggenheim Museum Collection.

S. 130 Gabriele Lorenzer: Das Tuch von Mama. Ravensburger Buchverlag, Ravensburg 1983.

S. 134 Hans Kossatz: [Dackel Willi]. In: Willi und Familie Kaiser. Verlag Illustrierte Presse, Stuttgart 1957.

S. 135 Hans Kossatz: [Der unschuldige Hund]. In: a. a. O.

S. 137 Hermann Altenburger: Wau. In: Quatsch. Weckbuch für Kinder. Rowohlt Taschenbuchverlag, Reinbek 1974.

S. 139 Jim Davis: Garfield. S. Fischer Verlag, Frankfurt 1986.

S. 140 E.O. Plauen: Der gelöschte Vater. In: Vater und Sohn. Südverlag, München 1952.

S. 140 E.O. Plauen: Der wehrhafte Schneemann. In: A.a.O.

S. 143 Wilhelm Schlote: Fliegengeschichte. In: H.-J. Gelberg (Hrsg.), Geh und spiel mit dem Riesen. Beltz & Gelberg Verlag, Weinheim 1971.

S. 144 Paul Maar: Max und Maximilian. In: Onkel Florians fliegender Flohmarkt. Oetinger Verlag, Hamburg 1977.

S. 145 Oskar Jokobsson: Adamson. Edition Sven Erik Bergh. Zug: Ingse-Verlag 1976.

S. 146 Wilhelm Schlote: Komm herüber. In: Fenstergeschichten. Insel Verlag, Frankfurt 1972.

S. 147 E.O. Plauen: Der Schmöker. In: Vater und Sohn, a. a. O.

S. 149 Leo Lionni: Tillie und die Mauer. Middelhauve Verlag, Köln 1989.

S. 153 Joachim Ringelnatz: Die Feder. In: Für kleine Wesen. Schreiber Verlag, Esslingen o.J.

S. 154 Gina Ruck-Pauckèt: In meinem Haus. In: Kindergedichte. Otto Maier Verlag, Ravensburg 1978.

S. 155 Johann Peter Hebel: Seltsamer Spazierritt. In: J.P.H.: Schatzkästlein des rheinischen Hausfreundes. Reclam Verlag, Stuttgart 1981, S. 116.

S. 156 Die Geschichte von den drei kleinen Schweinchen. Englisches Märchen. In: Richard Bamberger, Mein erstes großes Märchenbuch. Jugend und Volk Verlagsges., Wien 1960.

S. 158 Wie Eulenspiegel einen Wirt mit dem Klang des Geldes bezahlte. In: Walter Scherf, Till Eulenspiegel. Arena Verlag, Würzburg 1974.

S. 159 Joachim Ringelnatz: Die Ameisen. In: Gesammelte Gedichte. Henssel Verlag, Berlin 1950.

S. 160 Ursula Wölfel: Die Geschichte von der Dreh-Hops-Wipp-Tute-Maschine. In: Siebenundzwanzig Suppengeschichten, a. a. O.

S. 161 Jochen Möckelmann: Der Junge mit den Steinchen. In: Texte und Fragen, 4. Schuljahr. Diesterweg Verlag, Frankfurt a.M. 1985.

S. 163 Original: Eric Carle: Die kleine Maus sucht einen Freund. Gerstenberg Verlag, Hildesheim 1985.

S. 167 James Krüss: Der Sperling und die Schulhof-Kinder. In: James Tierleben. Annette Betz Verlag, München 1965.

S. 168 Ursula Wölfel: Hannes fehlt. In: Die grauen und die grünen Felder. Anrich Verlag, Mülheim/Ruhr 1970.

S. 169 Irmela Brender: Vom Jungen, der auszog, die Angst zu verlernen. In: G. Stiller/I. Brender, Jahr-Buch für Kinder. Beltz Verlag, Weinheim 1974.

S. 170 Warum es keinen Krieg geben kann. Chinesisches Märchen. In: Ernst Penzoldt: Die Liebende und andere Prosa aus dem Nachlaß. Hrsg. v. F. Penzoldt. Suhrkamp Verlag, Frankfurt a.M. 1958.

S. 173 Elisabeth Borchers: Brief an Sarah. In: Elisabeth Borchers (Text)/Wilhelm Schlote (Illustration): Briefe an Sarah. Insel Verlag, Frankfurt a.M. 1981.

S. 175 Max Bolliger: Was uns Angst macht. Was uns die Angst nimmt. In: Weißt du, warum wir lachen und weinen? Kaufmann Verlag, Lahr 1977.

S. 175 Bertolt Brecht: Was ein Kind gesagt bekommt. In: B.B.: Gesammelte Werke, Werkausgabe edition suhrkamp, Bd. 9. Suhrkamp Verlag, Frankfurt/M. 1967, S. 585.

S. 177 Jo Pestum: Blaukäppchen und der Wolf. In: Auf der ganzen Welt gibt's Kinder, a.a.O.

S. 179 Irina Korschunow: Die Kuh im Kaufhaus. In: Leselöwen-Stadtgeschichten. Löwes-Verlag, Bayreuth 1977.

S. 180 Helme Heine: Das schönste Ei der Welt. Middelhauve Verlag, Köln.

S. 184 Max Bolliger: Das Märchen von der Wunderblume. In: Rolf Krenzer/Volker Fritz (Hrsg.): Hundert einfache Texte zum Kirchenjahr. Kaufmann Verlag, Lahr 1983.

S. 185 Wie Till Eulenspiegel Turmbläser war. In: Erich Kästner erzählt, a. a. O.

S. 188 Eleonora Berger: Das Märchen von den zwölf Monaten. In: I. Lustig/R. Ruzicka (Hrsg.), Der Kinderbaum. Annette Betz Verlag, München 1976.

S. 190 Karlhans Frank: Schüttel-Märchen. In: Himmel und Erde mit Blutwurst. Fischer Taschenbuch Verlag, Frankfurt a.M. 1981.

S. 192 Jürgen Spohn: zwicke-Verse. In: Der Spielbaum. Reime und Bilder. Gütersloh 1970.

S. 194 Jürgen Spohn: Leiter. In: Drunter & Drüber. Verse zum Vorsagen, Nachsagen und Weitersagen. Carlsen Verlag, Reinbek 1976.

S. 195 Friedl Hofbauer: Reimemarkt. In: Links vom Mond steht ein kleiner Stern. Schroedel Verlag, Hannover 1977.

S. 197 Lewis Caroll: Die Wut traf die Maus. In: Alice im Wunderland. Insel Verlag, Frankfurt 1977.

S. 199 Eva Rechlin: Stell euch vor, wir hätten ... In: Jo Pestum, Auf der ganzen Welt gibt's Kinder, a. a. O.

S. 200 Hans Manz: Rede und Gegenrede. In: Worte kann man drehen. Sprachbuch für Kinder. Beltz & Gelberg Verlag, Weinheim 1974.

S. 201 Elisabeth Stiemert: Angeführt! Angeführt! Stalling Verlag, Oldenburg u. a. 1977.

S. 204 Vera Ferra-Mikura: Die Pille Dauerputzig. In: Hans Domenego/Hilde Leiter (Hrsg.), Im Fliederbusch das Krokodil singt wunderschöne Weisen. Jugend und Volk Verlagsges., Wien 1977.

S. 205 Helme Heine: Fantatu. Middelhauve Verlag, Köln, erweiterte Sonderausgabe 1979.

S. 207 Marie Bernhard von Luttiz: Bumfidel bleibt Bumfidel. Rowohlt Taschenbuchverlag, Reinbek 1977.

S. 208 Sophie Brandes: Meine Stadt. In: H.-J. Gelberg (Hrsg.), Der fliegende Robert. Beltz & Gelberg Verlag, Weinheim 1977.

S. 210 Die Schildbürger. In: Erich Kästner erzählt, a. a. O.

S. 214 Till Eulenspiegel bäckt Eulen und Meerkatzen. In: Erich Kästner erzählt, a. a. O.

S. 216 Erich Kästner: Münchhausen. In: Erich Kästner erzählt, a. a. O.

S. 217 Frederik Hetmann: Wildwest-Show. Beltz Verlag, Weinheim 1973.

S. 218 Eskimolied. In: Der Turm, hrsg. vom Voggenreiter Verlag, Bad Godesberg 1956.

S. 219 Eugen Gomringer: avenidas. In: konstellationen, ideogramme, stundenbuch. Reclam Verlag, Stuttgart 1977.

S. 226 Gudrun Pausewang: Der Großvater im Bollerwagen. Nagel und Kimche Verlag, Zürich 1988.

S. 229 Particia MacLachlan: Ein Meer für Sarah. Sauerländer Verlag, Aarau u. a. 1988.

S. 234 Beverly Cleary: Ruf doch an, Papa! Ueberreuter Verlag, Wien 1986.

S. 238 Peter Härtling: Oma. Beltz & Gelberg Verlag, Weinheim (Gulliver TB 101).

S. 240 Hans Peterson: Jan Jansson, ein Junge mit Glück. Oetinger Verlag, Hamburg 1971. Schulausgabe: Hirschgraben Lesereihe für die Grundschule.

S. 244 In einer Bücherei sind Bücher geordnet. In: Leserunde 2. Dürr & Keßler Verlag, Rheinbreitbach 1985.

S. 254 Irina Korschunow: Hanno malt sich einen Drachen. Deutscher Taschenbuch Verlag, München (dtv junior 7561).

S. 263 Gudrun Mebs: Sonntagskind. Sauerländer Verlag, Aarau u. a.

S. 274 John Burningham: Mit dem Korb in der Hand. Sauerländer Verlag, Aarau u. a. 1981.

Bei allen nicht aufgeführten Texten und Bildern handelt es sich um Originalbeiträge.

Biografische Hinweise zu den Autoren und Beiträgern

Franz-Josef Payrhuber (geb. 1942), Dr. phil., Akademischer Direktor. Nach mehrjähriger Schulpraxis in der Grund- und Hauptschule seit 1971 am Institut für Lehrerfort- und -weiterbildung (ILF) in Mainz, Leiter des Fachbereichs Deutsch. 1996/1997 Vertretungsprofessur an der Universität-Gesamthochschule Kassel, seit 1997 nebenamtlicher Lehrbeauftragter an der Pädagogischen Hochschule Heidelberg. Veröffentlichungen in Zeitschriften und Beiträge in Fachbüchern zur Literatur- und Schreibdidaktik. Mitherausgeber eines Lesebuchs. Buchpublikationen zum Aufsatzunterricht und zur Aufsatzbeurteilung, zur Fabel, zum Drama und zu Gedichten im Deutschunterricht sowie zur Kinder- und Jugendliteratur.

Johannes Schattner (geb. 1951), Schulleiter einer Koblenzer Grundschule. Referent in der Lehrerfortbildung (ILF Mainz) zu den Themen Aufsatzschreiben und Aufsatzbeurteilung.

Karl Schuster (geb. 1939), Dr. phil., Studiendirektor im Hochschuldienst. Nach mehrjährigem Schuldienst an Gymnasien von 1973 bis 1981 Dozent für Didaktik der deutschen Sprache und Literatur an der Universität Bamberg, seit 1981 an der Friedrich-Alexander-Universität Erlangen-Nürnberg. Aufsätze und Buchveröffentlichungen zur Fachdidaktik Deutsch, zum Spiel und Umgang mit dramatischen Formen, zur mündlichen Spracharbeit und zum personal-kreativen Schreiben.

Wilhelm Steffens (geb. 1926), Dr. phil., Professor i. R. Nach mehrjähriger Schulpraxis als Lehrer, Rektor und Ausbildungsleiter seit 1972 Professor für Didaktik der deutschen Sprache und Literatur an der Universität-Gesamthochschule Kassel im Fachbereich Germanistik. Besondere Forschungsschwerpunkte: Spielen mit Sprache, Didaktik der Kinder- und Jugendliteratur. Zahlreiche Zeitschriften- und Buchveröffentlichungen zur allgemeinen Didaktik, zum Erstleseunterricht, zum Aufsatzunterricht und zur Kinderlyrik und Literaturdidaktik.

Ruth Walzik, Rektorin der Grundschule Nackenheim. Referentin in der Lehrerfortbildung (ILF Mainz) zum Umgang mit Märchen, Gedichten und zu schreibdidaktischen Themen.

Ilse Weber, Fachleiterin am Studienseminar für das Lehramt an Grund- und Hauptschulen in Mainz. Langjährige Referentin in der Lehrerfortbildung (ILF Mainz) zum Deutschunterricht in der Grundschule.